普通高等院校“十二五”规划教材

高校体育与健康

（第二版）

主　编　孔　军　侯宪斌

副主编　张　军　戈友波

图书在版编目(CIP)数据

高校体育与健康/孔军,侯宪斌主编.—2版.—武汉:武汉大学出版社,2016.1

普通高等院校“十二五”规划教材

ISBN 978-7-307-17366-8

Ⅰ.高… Ⅱ.①孔… ②侯… Ⅲ.①体育—高等学校—教材 ②健康教育—高等学校—教材 Ⅳ.G807.4

中国版本图书馆CIP数据核字(2015)第295069号

责任编辑:詹　蜜　高　璐　　　责任校对:黄添生　　　版式设计:马　佳

出版发行:**武汉大学出版社**　(430072　武昌　珞珈山)

(电子邮件:cbs22@whu.edu.cn 网址:www.wdp.com.cn)

印刷:武汉中科兴业印务有限公司

开本:787×1092　1/16　印张:18　字数:435千字　插页:1

版次:2010年8月第1版　　2016年1月第2版

2016年1月第2版第1次印刷

ISBN 978-7-307-17366-8　　定价:35.00元

版权所有,不得翻印;凡购买我社的图书,如有质量问题,请与当地图书销售部门联系调换。

前　言

高校体育课程是大学生以身体练习为主要手段，通过合理的体育教育和科学的体育锻炼过程，达到增强体质、增进健康和提高体育素养为主要目标的公共必修课程。它是学校课程体系的重要组成部分；是高等学校体育工作的中心环节。体育课程是寓促进身心和谐发展，融思想品德教育、文化科学教育、生活与体育技能教育于身体活动并有机结合的教育过程；是实施素质教育和培养全面发展的人才的重要途径。

为了加强高校体育课程建设，提高教学质量，我们组织专家、学者，按照2002年教育部颁布的《全国普通高等学校体育课程指导纲要》的基本要求，结合教育部、国家体育总局实施《国家学生体质健康标准》的通知，根据2007年7月《中共中央、国务院关于加强青少年体育增强青少年体质的意见》的精神，面向高等学校的现实状况，遵循体育课程建设的客观规律，广泛参阅多本优秀教材，编写了这本集理论与实践于一体的《高校体育与健康》。

本书以全新的体育健康观，牢牢把握素质教育、健康第一和以人为本的指导思想编写，旨在不断增强大学生的体育参与意识，提高他们的体育技能，引导大学生形成健康的行为方式，培养身体锻炼的好习惯。本教材在编写过程中，力求做到借鉴和吸取体育科学和运动实践最新的研究成果，以最大限度满足现代大学生的需求。教材既注重内容的科学性和前瞻性，又讲究针对性和实用性，力求做到精练规范、覆盖面广、通俗易懂、指导性强。本书既适合普通高等院校使用，也可供高职高专学校使用。

全书共分八章。第一章至第四章为理论部分，分别介绍高校体育课程目标、课程设置与课程结构、《国家学生体质健康标准》大学生测试项目；体育锻炼与心理健康、体育锻炼与营养保证、体育锻炼与卫生保障；大学生身体锻炼的常用方法、运动处方的原理和制订；运动性病症与运动损伤原因与预防、常见的运动性病症与处理、常见运动损伤的急救处理与治疗等内容。第五章至第八章为实践部分，分别为球类运动、形体舞蹈健美、传统武术与搏击、时尚运动，涵盖篮球、排球、足球、网球、羽毛球、乒乓球、形体、健美操、健美、初级长拳、传统体育养生、跆拳道、散手、游泳、瑜伽、定向越野、野外生存等运动项目的基本技战术教学与练习方法及基本竞赛规则。

在编写的过程中，我们参考了众多优秀的专业书籍，在此向有关作者致以诚挚的谢意。

由于编写人员水平有限，书中不妥之处在所难免，恳请专家学者及广大读者给予批评指正。

编　者

2010年5月

目　录

第一章　高校体育课程概述

高校体育课程是大学生以身体练习为主要手段，通过合理的体育教育和科学的体育锻炼过程，达到增强体质、增进健康和提高体育素养为主要目标的公共必修课程；是学校课程体系的重要组成部分；是高等学校体育工作的中心环节。

体育课程是寓促进身心和谐发展，融思想品德教育、文化科学教育、生活与体育技能教育于身体活动并有机结合的教育过程；是实施素质教育和培养全面发展的人才的重要途径。

第一节　高校体育课程目标

教育部教体艺［2002］13号文件《全国普通高等学校体育课程教学指导纲要》明确指出，高校体育课程目标包括基本目标和发展目标。

一、基本目标

基本目标是根据大多数学生的基本要求而确定的，分为5个领域目标。

（1）运动参与目标：积极参与各种体育活动并基本形成自觉锻炼的习惯，基本形成终身体育的意识，能够编制可行的个人锻炼计划，具有一定的体育文化欣赏能力。

（2）运动技能目标：熟练掌握两项以上健身运动的基本方法和技能；能科学地进行体育锻炼，提高自己的运动能力；掌握常见运动创伤的处置方法。

（3）身体健康目标：能测试和评价体质健康状况，掌握有效提高身体素质、全面发展体能的知识与方法；能合理选择人体需要的健康营养食品；养成良好的行为习惯，形成健康的生活方式；具有健康的体魄。

（4）心理健康目标：根据自己的能力设置体育学习目标；自觉通过体育活动改善心理状态，克服心理障碍，养成积极乐观的生活态度；运用适宜的方法调节自己的情绪；在运动中体验运动的乐趣和成功的感觉。

（5）社会适应目标：表现出良好的体育道德和合作精神；正确处理竞争与合作的关系。

二、发展目标

发展目标是针对部分学有所长和学有余力的学生确定的，也可作为大多数学生的努力目标，分为5个领域目标。

（1）运动参与目标：形成良好的体育锻炼习惯；能独立制订适用于自身需要的健身运动处方；具有较高的体育文化素养和观赏水平。

（2）运动技能目标：积极提高运动技术水平，发展自己的运动才能，在某个运动项目上达到或相当于国家等级运动员水平；能参加有挑战性的野外活动和运动竞赛。

（3）身体健康目标：能选择良好的运动环境，全面发展体能，提高自身科学锻炼的能力，练就强健的体魄。

（4）心理健康目标：在具有挑战性的运动环境中表现出勇敢顽强的意志品质。

（5）社会适应目标：形成良好的行为习惯，主动关心、积极参加社区体育事务。

第二节　高校体育课程设置与课程结构

《全国普通高等学校体育课程教学指导纲要》对高校体育课程的设置与课程结构有明确规定。

一、高校体育课程设置

普通高等学校的一、二年级必须开设体育课程（4 个学期共计 144 学时）。学生修满规定的体育课程学分，达到基本要求是学生毕业、获得学位的必要条件之一。

普通高等学校对三年级以上学生（包括研究生）开设体育选修课。

二、高校体育课程结构

为实现体育课程目标，体育课程课堂教学应与课外、校外的体育活动有机结合，学校与社会紧密联系。要把有目的、有计划、有组织的课外体育锻炼，校外（社会、野外）活动，运动训练等纳入体育课程，论形成课内外、校内外有机联系的课程结构。

根据学校教育的总体要求和体育课程的自身规律，应面向全体学生开设多种类型的体育课程，可以打破原有的系别、班级建制，重新组合上课，以满足不同层次、不同水平、不同兴趣学生的需要。重视理论与实践相结合，在运动实践教学中注意渗透相关理论知识，并运用多种形式和现代教学手段，安排约 10% 的理论教学内容（每学期约 4 学时），扩大学生在体育方面的知识面，提高学生的认知能力。

要充分发挥学生的主体作用和教师的主导作用，提倡开放式、探究式教学，努力拓展体育课程的时间和空间。在教师的指导下，学生应具有自主选择课程内容、自主选择任课教师、自主选择上课时间的自由度，营造生动、活泼、主动的学习氛围。

应把校运动队及部分确有运动特长的学生专项运动训练纳入体育课程之中。对部分身体异常和病、残、弱者以及个别高龄等特殊群体的学生，开设以康复、保健为主的体育课程。

第三节　《国家学生体质健康标准》大学生测试项目

教育部、国家体育总局教体艺［2007］8 号文件正式颁布了《国家学生体质健康标准》及《国家学生体质健康标准》实施办法，这是教育部、国家体育总局积极贯彻中共中央、国务院“关于加强青少年体育增强青少年体质的意见”，全面推行“全国亿万学生阳光体育运动”，落实胡锦涛同志主持政治局会议“研究加强青少年体育工作和网络文化

建设工作”精神的一项重要举措，是“学校教育要树立‘健康第一’的指导思想，切实加强学校体育工作”的具体措施。

《国家学生体质健康标准》是从身体形态、身体机能、身体素质等方面综合评定学生的体质健康状况的评价体系。

《国家学生体质健康标准》适用于全日制小学、初级中学、普通高中、中等职业学校和普通高等学校的在校学生。《国家学生体质健康标准》按百分制计分。测试项目包括身高、体重、肺活量、握力、坐位体前屈、立定跳远、仰卧起坐、台阶试验、50米跑、50米×8往返跑、800米跑、1000米跑等22个项目。按学生的年级组别有不同的必测和选测项目，根据测试结果给出评分和评价等级。

一、《国家学生体质健康标准》大学生测试项目及测试方法

（一）身高

1. 测试目的

测试学生身高，与体重测试相配合，评定学生的身体匀称度，评价学生生长发育的水平及营养状况。

2. 测试方法

受试者赤足，立正姿势站在身高计的底板上（上肢自然下垂，足跟并拢，足尖分开成60°角）。足跟、骶骨部及两肩胛区与立柱相接触，躯干自然挺直，头部正直，耳屏上缘与眼眶下缘呈水平位。测试人员站在受试者右侧，将水平压板轻轻沿立柱下滑，轻压于受试者头顶。测试人员读数时双眼应与压板水平面等高进行读数，记录员复述后进行记录。以厘米为单位，精确到小数点后一位。测试误差不得超过0.5厘米。

（二）体重

1. 测试目的

测试学生的体重，与身高测试相配合，评定学生的身体匀称度，评价学生生长发育的水平。

2. 测试方法

测试时，杠杆秤应放在平坦地面上，调整0点至刻度尺水平位。受试者赤足，男性受试者身着短裤；女性受试者身着短裤、短袖衫，站在秤台中央。测试人员放置适当砝码并移动游标至刻度尺平衡。读数以千克为单位，精确到小数点后一位。记录员复诵后将读数记录。测试误差不超过0.1千克。

（三）台阶试验

1. 测试目的

测试学生在定量负荷后心率变化情况，评价学生的心血管机能。

2. 测试方法

大学各年级男生用高40厘米的台阶（或凳子），各年级女生用高35厘米的台阶（或凳子）做踏台上、下运动。测试前测定安静时的脉搏，然后受试者做轻度的准备活动，主要是活动下肢关节。上、下台阶（或凳子）的频率是30次/分钟，因而节拍器的节律为120次/分钟（每上、下一次是四动）。受试者按节拍器的节律完成试验。

被测试者从预备姿势开始，动作有：（1）被测试者一只脚踏在台阶上；（2）踏台

阶上的腿伸直成台上站立；（3）踏台阶上的脚先下地；（4）还原成预备姿势，用2秒上、下一次的速度（按节拍器的节律来做）连续做3分钟，做完后，保持静止休息状态，测量运动结束后的1分钟至1分半钟、2分钟至2分半钟、3分钟至3分半钟的3次脉搏数，并用下列公式求得评定指数，计算结果包含有小数的，对小数点后的1位进行四舍五入取整进行评分：

评定指数=踏台上、下运动的持续时间（秒）×100/2×（3次测定脉搏的和）

（四）肺活量

1. 测试目的

测试学生的肺通气功能。

2. 测试方法

房间通风良好；使用干燥的一次性口嘴（非一次性口嘴，则每换测试对象需消毒一次，每测一人时将口嘴下倒出唾液并注意消毒后必须使其干燥）。肺活量计主机放置在平稳的桌面上，检查电源线及接口是否牢固，按工作键液晶屏显示“0”即表示机器进入工作状态，预热5分钟后测试为佳。

首先告知受试者不必紧张，并且要尽全力，以中等速度和力度吹气效果最好。令被测试者面对仪器站立、手持吹气口嘴，面对肺活量计站立试吹1至2次，看仪表有无反应，还要试口嘴或鼻处是否漏气，调整口嘴和用鼻夹（或自己捏鼻孔）；学会深吸气（避免耸肩提气，应该像闻花式的慢吸气）。受试者进行一两次较平日深一些的呼吸动作后，更深地吸一口气，屏住气向口嘴处慢慢呼出至不能再呼为止，防止此时从口嘴处吸气，测试中不得中途二次吸气。吹气完毕后，液晶屏上最终显示的数字即为肺活量毫升值。每位受试者测三次，每次间隔15秒，记录三次数值，选取最大值作为测试结果。以毫升为单位，不保留小数。

（五）50米跑

1. 测试目的

测试学生速度、灵敏素质及神经系统灵活性的发展水平。

2. 测试方法

受试者至少两人一组测试。站立起跑，受试者听到“跑”的口令后开始起跑。发令员在发出口令的同时要摆动发令旗。计时员视旗动开表计时，受试者躯干部到达终点线的垂直面停表。以秒为单位记录测试成绩，精确到小数点后一位，小数点后第二位数按非零进1原则进位，如10.11秒读成10.2秒记录之。

（六）800米或1000米跑

1. 测试目的

测试学生耐力素质的发展水平，特别是心血管呼吸系统的机能及肌肉耐力。

2. 测试方法

受试者至少两人一组进行测试，站立式起跑。当听到“跑”的口令后开始起跑。计时员看到旗动开表计时，当受试者的躯干部到达终点线垂直面时停表。以分、秒为单位记录测试成绩，不计小数。

（七）立定跳远

1. 测试目的

测试学生下肢爆发力及身体协调能力的发展水平。

2. 测试方法

受试者两脚自然分开站立，站在起跳线后，脚尖不得踩线（最好用线绳做起跳线）。两脚原地同时起跳，不得有垫步或连跳动作。丈量起跳线后缘至最近着地点后垂直距离。每人试跳三次，记录其中成绩最好的一次。以厘米为单位，不计小数。

（八）掷实心球

1. 测试目的

测试学生的上肢爆发力。

2. 测试方法

测试时受试者站在起掷线后，两脚前后或左右开立，身体面对投掷方向，双手举球至头上方稍后仰，原地用力把球投向前方掷出。如两脚前后开立投掷，当球出手的同时后脚可向前迈出一步，但不得踩线。每人投掷三次，记录其中成绩最好的一次。记录以米为单位，取一位小数。丈量起掷线后缘至球着地点后缘之间的垂直距离。为了准确丈量成绩，应有专人负责观察实心球的着地点。

（九）握力

1. 测试目的

测试学生上肢肌肉力量的发展水平。

2. 测试方法

受试者两脚自然分开成直立姿势，两臂自然下垂。一手持握力计全力紧握（此时握力计不能接触受试者的衣服和身体），记下握力计指针的刻度（或握力器所显示的数字）。用有力（利）手握两次。取最大值，以公斤为单位，保留 1 位小数。

（十）引体向上

1. 测试目的

测试学生的上肢肌肉力量的发展水平。

2. 测试方法

受试者跳起双手正握杠，两手与肩同宽成直臂悬垂。静止后，两臂同时用力引体（身体不能有附加动作），上拉到下颌超过横杠上缘为完成一次。记录引体次数。

（十一）坐位体前屈

1. 测试目的

测量学生在静止状态下的躯干、腰、髋等关节可能达到的活动幅度，主要反映这些部位的关节、韧带和肌肉的伸展性和弹性及学生身体柔韧素质的发展水平。

2. 测试方法

受试者两腿伸直，两脚平蹬测试纵板坐在平地上，两脚分开约 10~15 厘米，上体前屈，两臂伸直前，用两手中指尖逐渐向前推动游标，直到不能前推为止。测试计的脚蹬纵板内沿平面为 0 点，向内为负值，向前为正值。记录以厘米为单位，保留一位小数。测试两次，取最好成绩。

（十二）仰卧起坐

1. 测试目的

测试学生的腹肌耐力。

2. 测试方法

受试者仰卧于垫上，两腿稍分开，屈膝呈 90°角左右，两手指交叉贴于脑后。另一同伴压住其踝关节，以固定下肢。受试者坐起时两肘触及或超过双膝为完成一次。仰卧时两肩胛必须触垫。测试人员发出“开始”口令的同时开表计时，记录 1 分钟内完成次数。1 分钟到时，受试者虽已坐起但肘关节未达到双膝者不计该次数，精确到个位。

（十三）跳绳

1. 测试目的

测试学生的下肢爆发力和身体协调能力。

2. 测试方法

两人一组，一人测试，一人记数。受试者将绳的长短调至适宜长度，听到开始信号后开始跳绳，动作规格为正摇双脚跳绳，每跳跃一次且摇绳一回环（一周圈），计为一次。听到结束信号后停止，测试员报数并记录受试者在 1 分钟内的跳绳次数。测试单位为次。

（十四）篮球运球

1. 测试目的

测试学生综合身体素质和篮球基本技能水平。测试年级为大学各年级。

2. 测试方法

受试者在起点线后持球站立，听到出发口令后，按所示箭头方向单手运球依次过杆，高中学生和大学生每次过杆时需换手运球。发令员发令后开表计时，受试者与球均返回起终点线时停表。每名受试者测两次，记录其中成绩最好一次。以秒为单位记录测试成绩，精确到小数点后 1 位，小数点后第 2 位数按非零进 1 原则进位。

（十五）足球运球

1. 测试目的

测试学生足球基本技能水平，测试年级为大学各年级。

2. 测试方法

受试者站在起点线后准备，听到出发口令后开始向前运球依次过杆，不得碰杆。受试者和球均越过终点线即为结束。发令员发令后开始计时，受试者与球均返回终点线时停表。每人跑两次，记录其中成绩最好的一次。以秒为单位记录测试成绩，精确到小数点后一位。小数点后第二位数按非零进 1 原则进位。

（十六）排球垫球

1. 测试目的

测试学生排球基本技能水平。

2. 测试方法

受试者在规定的测试区域内原地将球抛起，个人连续正面双手垫球，要求手形正确、击球部位准确、达到规定的高度，球落地即为测试结束，按次计数。受试者每次垫球应达到的高度，大学男生为 2. 43 米，女生为 2. 24 米。每名受试者测试两次，记录其中成绩最好的一次。测试单位为次。

二、《国家学生体质健康标准》大学生测试项目查分表

表 1-3-1 大学一年级~四年级男生身高标准体重（体重单位：公斤）

身高段（厘米）	营养不良 50 分	较低体重 60 分	正常体重 100 分	超 重 60 分	肥胖 50 分
144~144.9	<41.5	41.5~46.3	46.4~51.9	52~53.7	≥53.8
145~145.9	<41.8	41.8~46.7	46.8~52.6	52.7~54.5	≥54.6
146~146.9	<42.1	42.1~47.1	47.2~53.1	53.2~55.1	≥55.2
147~147.9	<42.4	42.4~47.5	47.6~53.7	53.8~55.7	≥55.8
148~148.9	<42.6	42.6~47.9	48~54.2	54.3~56.3	≥56.4
149~149.9	<42.9	42.9~48.3	48.4~54.8	54.9~56.6	≥56.7
150~150.9	<43.2	43.2~48.8	48.9~55.4	55.5~57.6	≥57.7
151~151.9	<43.5	43.5~49.2	49.3~56	56.1~58.2	≥58.3
152~152.9	<43.9	43.9~49.7	49.8~56.5	56.6~58.7	≥58.8
153~153.9	<44.2	44.2~50.1	50.2~57	57.1~59.3	≥59.4
154~154.9	<44.7	44.7~50.6	50.7~57.5	57.6~59.8	≥59.9
155~155.9	<45.2	45.2~51.1	51.2~58	58.1~60.7	≥60.8
156~156.9	<45.6	45.6~51.6	51.7~58.7	58.8~61	≥61.1
157~157.9	<46.1	46.1~52.1	52.2~59.2	59.3~61.5	≥61.6
158~158.9	<46.6	46.6~52.6	52.7~59.8	59.9~62.2	≥62.3
159~159.9	<46.9	46.9~53.1	53.2~60.3	60.4~62.7	≥62.8
160~160.9	<47.4	47.4~53.6	53.7~60.9	61~63.4	≥63.5
161~161.9	<48.1	48.1~54.3	54.4~61.6	61.7~64.1	≥64.2
162~162.9	<48.5	48.5~54.8	54.9~62.2	62.3~64.8	≥64.9
163~163.9	<49.0	49~55.3	55.4~62.8	62.9~65.3	≥65.4
164~164.9	<49.5	49.5~55.9	56~63.4	63.5~65.9	≥66.0
165~165.9	<49.9	49.9~56.4	56.5~64.1	64.2~66.6	≥66.7
166~166.9	<50.4	50.4~56.9	57~64.6	64.7~67	≥67.1
167~167.9	<50.8	50.8~57.3	57.4~65	65.1~67.5	≥67.6

续表

身高段（厘米）	营养不良 50分	较低体重 60分	正常体重 100分	超　重 60分	肥胖 50分
168~168.9	<51.1	51.1~57.7	57.8~65.5	65.6~68.1	≥68.2
169~169.9	<51.6	51.6~58.2	58.3~66	66.1~68.6	≥68.7
170~170.9	<52.1	52.1~58.7	58.8~66.5	66.6~69.1	≥69.2
171~171.9	<52.5	52.5~59.2	59.3~67.2	67.3~69.8	≥69.9
172~172.9	<53.0	53~59.8	59.9~67.8	67.9~70.4	≥70.5
173~173.9	<53.5	53.5~60.3	60.4~68.4	68.5~71.1	≥71.2
174~174.9	<53.8	53.8~61	61.1~69.3	69.4~72	≥72.1
175~175.9	<54.5	54.5~61.5	61.6~69.9	70~72.7	≥72.8
176~176.9	<55.3	55.3~62.2	62.3~70.9	71~73.8	≥73.9
177~177.9	<55.8	55.8~62.7	62.8~71.6	71.7~74.5	≥74.6
178~178.9	<56.2	56.2~63.3	63.4~72.3	72.4~75.3	≥75.4
179~179.9	<56.7	56.7~63.8	63.9~72.8	72.9~75.8	≥75.9
180~180.9	<57.1	57.1~64.3	64.4~73.5	73.6~76.5	≥76.6
181~181.9	<57.7	57.7~64.9	65~74.2	74.3~77.3	≥77.4
182~182.9	<58.2	58.2~65.6	65.7~74.9	75~77.8	≥77.9
183~183.9	<58.8	58.8~66.2	66.3~75.7	75.8~78.8	≥78.9
184~184.9	<59.3	59.3~66.8	66.9~76.3	76.4~79.4	≥79.5
185~185.9	<59.9	59.9~67.4	67.5~77	77.1~80.2	≥80.3
186~186.9	<60.4	60.4~68.1	68.2~77.8	77.9~81.1	≥81.2
187~187.9	<60.9	60.9~68.7	68.8~78.6	78.7~81.9	≥82.0
188~188.9	<61.4	61.4~69.2	69.3~79.3	79.4~82.6	≥82.7
189~189.9	<61.8	61.8~69.8	69.9~79.9	80~83.2	≥83.3
190~190.9	<62.4	62.4~70.4	70.5~80.5	80.6~83.6	≥83.7

注：身高低于表中所列出的最低身高段的下限值时，身高每低 1 厘米，实测体重需加上 0.5 公斤，实测身高需加上 1 厘米，再查表确定分值。身高高于表中所列出的最高身高段时，身高每高 1 厘米，其实测体重需减去 0.9 公斤，实测身高需减去 1 厘米，再查表确定分值。

表 1-3-2　　**大学一年级～四年级女生身高标准体重（体重单位：公斤）**

身高段（厘米）	营养不良 50 分	较低体重 60 分	正常体重 100 分	超　重 60 分	肥胖 50 分
140～140.9	<36.5	36.5～42.4	42.5～50.6	50.7～53.3	≥53.4
141～141.9	<36.6	36.6～42.9	43～51.3	51.4～54.1	≥54.2
142～142.9	<36.8	36.8～43.2	43.3～51.9	52～54.7	≥54.8
143～143.9	<37.0	37～43.5	43.6～52.3	52.4～55.2	≥55.3
144～144.9	<37.2	37.2～43.7	43.8～52.7	52.8～55.6	≥55.7
145～145.9	<37.5	37.5～44	44.1～53.1	53.2～56.1	≥56.2
146～146.9	<37.9	37.9～44.4	44.5～53.7	53.8～56.7	≥56.8
147～147.9	<38.5	38.5～45	45.1～54.3	54.4～57.3	≥57.4
148～148.9	<39.1	39.1～45.7	45.8～55	55.1～58	≥58.1
149～149.9	<39.5	39.5～46.2	46.3～55.6	55.7～58.7	≥58.8
150～150.9	<39.9	39.9～46.6	46.7～56.2	56.3～59.3	≥59.4
151～151.9	<40.3	40.3～47.1	47.2～56.7	56.8～59.8	≥59.9
152～152.9	<40.8	40.8～47.6	47.7～57.4	57.5～60.5	≥60.6
153～153.9	<41.4	41.4～48.2	48.3～57.9	58～61.1	≥61.2
154～154.9	<41.9	41.9～48.8	48.9～58.6	58.7～61.9	≥62.0
155～155.9	<42.3	42.3～49.1	49.2～59.1	59.2～62.4	≥62.5
156～156.9	<42.9	42.9～49.7	49.8～59.7	59.8～63	≥63.1
157～157.9	<43.5	43.5～50.3	50.4～60.4	60.5～63.6	≥63.7
158～158.9	<44.0	44～50.8	50.9～61.2	61.3～64.5	≥64.6
159～159.9	<44.5	44.5～51.4	51.5～61.7	61.8～65.1	≥65.2
160～160.9	<45.0	45～52.1	52.2～62.3	62.4～65.6	≥65.7
161～161.9	<45.4	45.4～52.5	52.6～62.8	62.9～66.2	≥66.3
162～162.9	<45.9	45.9～53.1	53.2～63.4	63.5～66.8	≥66.9
163～163.9	<46.4	46.4～53.6	53.7～63.9	64～67.3	≥67.4
164～164.9	<46.8	46.8～54.2	54.3～64.5	64.6～67.9	≥68.0
165～165.9	<47.4	47.4～54.8	54.9～65	65.1～68.3	≥68.4
166～166.9	<48.0	48～55.4	55.5～65.5	65.6～68.9	≥69.0

续表

身高段（厘米）	营养不良 50分	较低体重 60分	正常体重 100分	超　重 60分	肥胖 50分
167～167.9	<48.5	48.5～56	56.1～66.2	66.3～69.5	≥69.6
168～168.9	<49.0	49～56.4	56.5～66.7	66.8～70.1	≥70.2
169～169.9	<49.4	49.4～56.8	56.9～67.3	67.4～70.7	≥70.8
170～170.9	<49.9	49.9～57.3	57.4～67.9	68～71.4	≥71.5
171～171.9	<50.2	50.2～57.8	57.9～68.5	68.6～72.1	≥72.2
172～172.9	<50.7	50.7～58.4	58.5～69.1	69.2～72.7	≥72.8
173～173.9	<51.0	51～58.8	58.9～69.6	69.7～73.1	≥73.2
174～174.9	<51.3	51.3～59.3	59.4～70.2	70.3～73.6	≥73.7
175～175.9	<51.9	51.9～59.9	60～70.8	70.9～74.4	≥74.5
176～176.9	<52.4	52.4～60.4	60.5～71.5	71.6～75.1	≥75.2
177～177.9	<52.8	52.8～61	61.1～72.1	72.2～75.7	≥75.8
178～178.9	<53.2	53.2～61.5	61.6～72.6	72.7～76.2	≥76.3
179～179.9	<53.6	53.6～62	62.1～73.2	73.3～76.7	≥76.8
180～180.9	<54.1	54.1～62.5	62.6～73.7	73.8～77	≥77.1
181～181.9	<54.5	54.5～63.1	63.2～74.3	74.4～77.8	≥77.9
182～182.9	<55.1	55.1～63.8	63.9～75	75.1～79.4	≥79.5
183～183.9	<55.6	55.6～64.5	64.6～75.7	75.8～80.4	≥80.5
184～184.9	<56.1	56.1～65.3	65.4～76.6	76.7～81.2	≥81.3
185～185.9	<56.8	56.8～66.1	66.2～77.5	77.6～82.4	≥82.5
186～186.9	<57.3	57.3～66.9	67～78.6	78.7～83.3	≥83.4

注：身高低于表中所列出的最低身高段的下限值时，身高每低1厘米，实测体重需加上0.5公斤，实测身高需加上1厘米，再查表确定分值。身高高于表中所列出的最高身高段时，身高每高1厘米，其实测体重需减去0.9公斤，实测身高需减去1厘米，再查表确定分值。

第二章　大学生体育锻炼与健康

第一节　体育锻炼与心理健康

健康是指包括身体的、精神的、社会的诸多方面因素所维持的平衡状态。世界卫生组织对健康的定义："健康乃是一种在身体上、精神上的完满状态，以及良好的适应能力，而不仅仅是没有疾病和衰弱的状态。"一个人只有躯体健康、心理健康、社会适应性良好和道德健康几个方面都健全，才是完全健康的人。

一、心理健康的标志

人的心理意识是客观现实在大脑中的反映，感觉、知觉、记忆、思维、情感、意志、气质、性格、能力等都是人脑反映客观事物不同形式的主题活动。著名心理学家潘菽教授说：人类的心理是物质发展到人或人脑这种高级阶段所表现出来的一种机能，是人脑高度组织起来的物质所特有的一种运动形态。

作为人类健康重要内容之一的心理健康具有以下主要标志：

(1) 认知能力正常，没有精神性认知障碍。认知能力是人的基本能力，是心理健康的基础，也是衡量心理健康的首要标准。一个心理健康的人，首先必须认知能力正常。

(2) 情绪稳定，积极愉快。

(3) 有健康的理想和价值观。

(4) 个性（人格）健全，情操健康。

(5) 人际关系和谐。

(6) 自我评价恰当。

(7) 对困难和挫折有良好的承受力。

以上七个方面是心理健康的标志，它们既相互联系，又相对独立。

二、体育锻炼对于心理健康的积极作用

体育锻炼不仅可以强身健体，还能够促进人的心理健康，消除人的消极情绪（包括抑郁、消沉、悲伤、疲惫、沮丧等），培养人的积极情绪，满足人的心理需要，使人保持精神上的愉悦。体育锻炼对大学生心理健康的积极作用主要有以下几个方面：

(1) 体育锻炼能提高人的心理素质，增强自信心，克服自卑感。运动中你能体会到成功的喜悦和失败的沮丧，进步的欣慰和失误的悔恨，这对磨炼自己，增强心理承受能力有着积极的作用。一些技巧性的运动，如单双杠、跳马等，有助于人们克服害怕风险、害

怕失败的胆怯心理，培养人勇往直前的大无畏精神；长跑、游泳、举重等需要耐力或爆发力的运动，可以锻炼人的意志；跨栏、跳高、乒乓球、羽毛球等运动，可以培养人果断的性格；而棋类、太极拳、散步、慢跑等缓慢、持久、柔和的运动，则有利于增强人的自我控制能力，稳定人的情绪。

（2）体育锻炼具有宣泄功能，在身体活动时你可以释放内心压抑，忘却烦恼。大量的实验表明，运动可以释放人的心理能量，促使人的心理平衡，同时也给你带来身心上的愉悦。人在社会生活中必然会遭遇到各种各样的精神压力，运动使人从所遭受的逆境压力中解脱出来，人在直接参与或观看这些运动的过程中，情感得到宣泄。

（3）体育锻炼可以增强社会交往能力，改善人际关系。通过运动尤其是户外运动，人与人之间相互沟通，增进了解、增加交往。

（4）体育锻炼可以调节人的生活。在激烈竞争的现代生存环境中，面对单调而繁忙的工作和学习，参与运动或观看竞技比赛，可以使你的生活得到有效的调节，消除精神疲劳，丰富生活且提高生活质量。

（5）体育锻炼是实现人的自我价值的需要。人的心理需要多种多样，其中，自我价值的实现是人的一种高层的需要。自我价值的实现，可能在事业上或生活中难以达到，在运动的过程中人们可以充分开拓自己的固有潜能，走向自己所能达到的高度。运动给参加者以强烈的情绪感受，从另一个角度实现了参与者的自我价值，使人获得精神上的愉悦。

体育锻炼能愉悦人的精神，保持健康的体魄，对学习效率、生活、生命质量的提高有着十分重要的意义。体育锻炼对人体的长期益处是：可降低某些疾病的发病率，如心脏冠状动脉类疾病、糖尿病、骨质疏松、结肠癌、高血压和中风；有助于提高人体抵抗精神疲劳、较好地适应和调整应激、降低焦虑、提高睡眠；对维持自尊、自信和自重等良好心理状态，享有较高的生活质量等方面具有积极的作用。总之，体育锻炼能够改善情绪，调节精神状态，促进身心健康，是大学生心理保健的一剂良药。

第二节　体育锻炼与营养保证

食物是维持人体生命和保证身体健康的物质基础。获得与利用食物的综合过程称为营养。合理的营养能促进身体发育、增进身体健康、增强免疫功能、预防疾病、提高学习或工作效率和运动能力。大学生营养不良或营养不当，将影响人体生长发育，使机体免疫力下降，易患各种疾病。因此，大学生应讲究合理营养，培养良好、健康的饮食习惯。

一、主要营养素

营养素是指能在体内消化吸收，具有供给热能、构成机体组织和调节生理功能，为机体进行正常物质代谢所必需的物质。人体必需的营养素有 40 多种，按其化学组成和生理功能可分为蛋白质、脂肪、糖类、无机盐、维生素和水。不同营养素在人体内各有不同的功能，各类营养素的基本功能及在人体中的比例如表 2-2-1 所示。

表 2-2-1　　各类营养素在体内的比例及其主要和次要生理功能

营养素	在体内所占百分比	功　能		
		供给热能	构成组织	调节生理功能
糖	1%~2%	++	+	
脂肪	0%~15%	++	++	
蛋白质	15%~18%	+	++	++
无机盐	4%~5%		++	++
维生素	微量		+	++
水	55%~67%		++	++

注：++主要功能，+次要功能

（一）糖

糖由碳、氢、氧 3 种元素组成，其中氢和氧原子数之比正好是 2∶1，与水相同，故习惯上把糖称为碳水化合物。

糖按其分子结构的繁简可分为单糖（如葡萄糖、果糖）、双糖（如蔗糖、麦芽糖）和多糖（如淀粉、纤维素与果胶）。除纤维素和果胶外，其他糖类都可被人体吸收利用，其功用也基本相同，主要区别只是在人体内被消化吸收的速度快慢不同而已。所有糖类都在消化道内被分解成单糖后被机体吸收。

生物学功能：供给热能，糖是热能的最重要和最经济的来源；构成机体的重要物质，参与许多生命过程；保护肝脏；维持中枢神经系统的功能，是大脑的主要能源；促进蛋白质的吸收与利用；抗生酮作用，脂肪在体内的正常代谢，必须有糖的参与才能完成；维持心肌和骨骼肌的正常功能。另外，纤维素和果胶一般虽不能被机体消化、吸收和利用，但能刺激胃肠道蠕动，促进消化液分泌，有助于机体的正常消化与排便。

供给量与来源：糖的供给量与消耗量应根据工作形式和劳动强度而定，劳动强度越大、时间越长，糖的需要量就越多。一般情况下，糖占每日总热量供给量的 60%~70%。体内糖储备很少，因此，必须从每日膳食中摄取。但摄入蔗糖过多时，对身体有很多危害，如肥胖病、糖尿病、心血管病、龋齿、近视等疾病的发生都与摄入过多的糖有关。

糖的主要来源是粮食（米、面、玉米等）、豆类和根茎类食物（甘薯、马铃薯等）中所含的淀粉，此外，水果、瓜类也含糖。我国人民的膳食习惯是多糖膳食，糖在膳食中的比例较高，一般情况下没有必要在膳食之外再另补充糖。

（二）蛋白质

蛋白质是一切生命的基础。它是由碳、氢、氧、氮、硫及磷等元素组成的。

生物学功能：蛋白质是构成机体组织与细胞的主要成分，肌肉、血液、骨、皮肤等都由蛋白质参与组成；蛋白质参与调节生理功能，是体内缓冲体系的组成部分，有维持酸碱平衡的作用；1g 蛋白质在体内氧化分解可放出 16. 74kJ 热量，人体每天所需要的热量有 10%~14%来自蛋白质。

供应量与来源：蛋白质在体内的储存量甚微，营养充分时可储存约 1%。蛋白质的需要量与机体的活动强度、肌肉数量的多少、年龄及不同的生理状况等条件有关。蛋白质的供给量一般成人应占热能供给总量的10%~12%，儿童少年为12%~14%。正常成年人蛋白质供应量为每公斤体重1~1.5g。

含蛋白质较多的食物有肉类、鱼类，其蛋白质含量一般为10%~30%；奶类为1.3%~3.8%；蛋类为11%~14%；豆类为20%~49.8%；谷类一般含蛋白质为6%~10%。

（三）脂类

脂类是人体的重要组成成分，主要由碳、氢、氧3种元素组成。

生物学功能：供给热能，脂肪是高热能物质，1g脂肪在体内氧化燃烧可产生37.655kJ的热量；组成机体的重要成分，脂肪组织分布在皮下、内脏和关节周围，有储存热能、调节体温和支持、保护脏器的作用；促进脂溶性维生素的吸收和利用；增加食物的美味和饱腹感。

供给量与来源：每日膳食中有50g脂肪就能基本满足人体的需要。一般认为脂肪应占每日热能供应量的17%~20%，不宜超过30%。

脂肪来自动物性食物，如猪油、牛油、羊油、奶油及蛋黄等；也来自植物性食物，如芝麻、大豆、花生等。

（四）维生素

维生素是一类具有生物活性的、维持机体健康所必需的营养素，目前已知的主要有14种，它可分为两大类，一类称脂溶性维生素，如维生素A、维生素D、维生素E、维生素K；另一类称水溶性维生素。各种维生素功能各异，不能相互代替。维生素的主要功能、来源、缺乏症见表2-2-2。

表2-2-2　**维生素的主要生理功能、来源和缺乏症**

名　称	主要生理功能	来　源	缺乏症
维生素A	维持正常视力所必需；防癌；促进骨骼、牙齿正常发育	动物肝脏、胡萝卜、菠菜等	夜盲症、眼干燥症
维生素D	促进肠道钙、磷吸收；促进生长和骨骼钙化	肝、乳、蛋黄等；皮肤经日光照射合成	儿童：佝偻病；成人：骨软化病
维生素E（生育酚）	与生殖功能有关；抗氧化作用	食物油、奶、蛋等	不育症
维生素B_1（硫胺素）	参与糖代谢；维持神经系统正常功能	谷类、杂粮、瘦肉、蛋类	食欲差、疲劳、脚气病
维生素B_2（核黄素）	参与氨基酸、脂肪酸和糖类的代谢；与肾上腺功能有关	动物肝、肾脏、青菜	口角炎、舌炎、唇炎等
维生素PP	细胞呼吸有关	动物肝、蛋奶类、谷类	糙皮病
维生素C（抗坏血酸）	形成和维持骨胶原；促进伤口愈合；参与解毒；增强机体的免疫功能，促进造血	水果、叶菜类、谷类等	齿龈肿胀、疲劳、体重下降、抵抗力下降

（五）无机盐

无机盐也称矿物质，它包括除碳、氢、氧、氮以外的存在于体内的其他各种元素，含量较多的无机盐有钙、镁、钾、钠、磷、硫和氯7种元素。其他元素如铁、铜、锌、氟等存在数量很少，有的只有微量存在，故称为微量元素。各种无机盐总量约占体重的5%。无机元素与其他有机的营养物质不同，它不能在人体内合成，除了排出体外，也不会在代谢过程中消失。

无机盐的生理作用十分广泛，概括起来有以下几个方面：作为人体组织的组成部分，如硫、磷参与蛋白质的组成，钙、镁参与骨骼、牙齿的组成；是体液的重要成分，通过渗透压调节水分的储存和流动；维护机体酸碱平衡；参与酶和激素等活性物质组成；是生物产生电生理的物质基础；维持神经、肌肉兴奋性；完成某些特殊功能，如铁参与血红蛋白的构成，对输送氧起重要作用。

（六）水

水是人体内含量最多的组成成分，它占成人体重的57%~60%。体内缺水不仅影响人的正常生理功能，严重时甚至危及生命。

生物学功能：水是细胞和体液的重要成分，水参与体内许多代谢过程；参与维持体温的恒定，通过皮肤排汗、蒸发，使体温下降；水是润滑剂；维持脏器的形态和机能等。

供给量与来源：水的供给量随年龄、体重、气候及劳动（或运动）强度而异，正常成人每日需水2000~2500mL，不同年龄每日需水量不同。一般情况下，水的出入量是平衡的，体内不能储存多余的水分，也不能缺水。若摄入水分不足，或因出汗、腹泻等排出水分过多，会使机体失水，影响人体的生理功能（表2-2-3）。体内水的来源主要是来自饮料水、食物水和代谢水。

表2-2-3　**失水的表现**

失水程度（占体重百分比）	表　现
2%	强烈口渴、不适感、食欲不降、尿少
4%	不适感加重、运动能力下降20%~30%
6%	全身乏力、无尿
8%以上	烦躁、体温上升、心率加快、血压下降、循环衰竭甚至死亡

二、大学生的营养特征

大学生的饮食特点比其他年龄阶段的人较为复杂。其对营养的需求表现为：既要以热量充足、质量齐全、进餐规律来满足身体需求；又要以择食合理、摄食有度、个体有别等来满足学习、交往和社会活动的需要。我国的大学分布广，不仅校园的环境、专业特点、基础设施、管理模式和生活方式等地域差异较大，而且大学生的生活习惯、生活能力、经济条件等个体差异也较突出。所以，大学生的饮食行为偏差较大。这些因素虽然都不同程度地影响着大学生的身心发展，但据资料统计，大学生不良的饮食行为是造成营养不良、危害身体健康的主要因素。

在校大学生脑力劳动紧张，体力活动较多，能量消耗大，这些都需要由食物营养来补充。若此阶段营养摄取不均衡，机体会出现疲劳、精力不足、学习不能持久、学习效率低，甚至会出现神经衰弱、视力减退、注意力不集中和容易患病等现象。因此，从营养学角度分析，大学生的膳食除保证足够的糖以外，还要特别注意蛋白质、磷脂和维生素 B_1、维生素 B_2、烟酸的充分供给，以营养脑细胞，保持记忆力，提高注意力和理解能力，促进大脑机能活跃、思维敏捷，提高学习效果。

三、运动锻炼与营养补充

(一) 运动与营养的关系

经常参加体育运动，会引起能量消耗的增加，人体对营养物质的需求量也相应增加，运动中与运动后如何合理有效地补充营养，对于保持良好的身体机能、运动能力和维护身体健康都是十分重要的。在体育锻炼中，短时间、小强度的体育活动一般不会引起营养需要的明显改变，只有在长时间的剧烈运动时，热能才能被大量消耗，此时才需要有针对性地增加特殊营养。

(二) 运动与营养的补充

1. 运动与补糖

糖是运动肌肉的最佳能源。人的运动能力与糖的储备有密切关系，中枢神经的能量99%以上来自糖，低水平的血糖将首先影响中枢神经系统的功能。

(1) 比赛前的最大肌糖原储存。体内糖的储备包括肌糖原、肝糖原和血糖三部分。肌糖原是体内糖储备的最大部分。比赛前及比赛中适量补充糖可维持血糖水平，并可提高竞赛能力，延缓疲劳的发生。赛前补糖的目的是使体内有充足的肝糖原和肌糖原的储备量。

在长时间的高强度比赛之前，应该调节膳食训练计划，以便使肌体内的肌糖原储存达到最大值，即“糖原超代偿”。具体做法是：在赛前的最后 3 天，摄入高糖膳食，使肌糖原提高 20%~40%。比赛前 6 小时内使用高糖餐，使肝脏帮助维持血糖的水平。

(2) 运动中的糖摄入。在 70%最大吸氧量的强度运动时，50%~60%的能量来源于糖。运动 2~3 小时后，血糖的浓度通常会下降到相对低的水平，运动能力将明显下降，出现疲劳。因此，从事长时间高强度运动的人，运动中每小时应该补偿 30~60g 葡萄糖、蔗糖或其他高血糖指数的含糖食品。通过补糖可使疲劳推迟 30~60 分钟发生，使运动的后期保证足够的糖供给。

(3) 运动后补糖。运动者在运动后应该尽早摄入 50g 高或中血糖指数的糖，而且随后每 2 小时摄入 50g 糖，直到正式用餐。运动后 4~24 小时，食物的血糖指数在肌糖原合成率中起主要的作用。

(4) 低血糖的症状与预防。在体育活动中，有时学生发生低血糖症，轻者出现头晕、心跳、饥饿感、乏力、面色苍白，出冷汗；较重者神志模糊、语言不清、四肢发抖、精神错乱，甚至还会出现更为严重的现象。低血糖症发生的原因，主要是由于长时间剧烈运动时血糖供应不足或消耗过多，导致血糖过低，皮质调节糖代谢的机制紊乱所造成的。

预防低血糖的发生，主要在于教育学生在参加体育活动时，应避免空腹，在参加体力消耗大而运动时间长的体育比赛时，要注意补充含糖丰富的食物或饮料；对有低血糖病史的学生应去医院检查，查明原因，对症治疗。

2. 运动与蛋白质的补充

一般来说，运动员蛋白质的需要量比普通人要高，不同运动项目的运动员所需蛋白质含量也不尽相同。

蛋白质对运动能力的发挥与提高起着十分重要的作用。具体体现在以下几个方面：(1) 能够增加肌肉蛋白质合成，增加肌肉力量；可以预防运动性贫血。(2) 对体内胰岛素的分泌有良好且稳定的刺激效果，从而保持稳定的精神和体力状态。(3) 提高中枢神经系统的兴奋性。(4) 在长时间运动时可以作为细胞的部分能源，提供运动中 5%~15% 的能量。

但蛋白质摄取要适量，如果摄入过多的蛋白质，不仅对肌肉增长和提高肌肉的运动能力没有好处，反而会对正常代谢和健康产生不良影响，导致肥胖，肝、肾负担加重，易疲劳和降低运动能力。

3. 运动中的合理补水

水营养是合理营养的基础。对于运动员来说，只有保持良好的水营养，才能保证身体的健康，维持较好的竞技状态和发挥最大的运动潜能。

参加体育运动时肌肉运动产生大量热量，使皮肤血流量增加，分泌大量汗液，运动出汗的特点是出汗率高，出汗量大，失水量多。如在天热的环境下踢足球，运动员 1 小时汗液的丢失量高达 2~7L。运动中若不注意科学合理地补充水分，会造成机体内的水失衡。脱水会严重影响人的运动能力。

水平衡是指水的摄入和排出平衡。当身体水分排出量超过摄入量而发生机体缺水时称为脱水状态。当饮用大量的水，体内水过量时，机体会出现水中毒现象。

脱水对运动员的影响不仅在于体温升高和心血管负担加重，还可导致肾脏损害。因此，运动中的合理补充水分是十分重要的。脱水的分类及表现症状如表 2-2-4 所示。

表 2-2-4　**脱水的分类及表现症状**

脱水类型	脱水程度	表现症状
轻度脱水	脱水量达体重的 2%	表现为口渴
脱水综合征	脱水量达体重的 4%	表现为严重口渴，心率加快，体温升高，血压下降，感觉疲劳
重度脱水状态	脱水量达体重的 6%~10%	出现呼吸加快、恶心、情绪不稳、易激怒、肌肉抽搐等现象

怎样补水才能保证运动员的合理水营养呢？最关键的原则是积极主动地补水。

(1) 运动训练前的补水。运动前 15~20 分钟补充水 400~700mL（2~3 杯），可分次饮用。因为口渴的发生落后于机体的实际需要情况，不能在感到口渴时才喝水。专家建议运动员在参加比赛前几天多喝水，虽然多余的水分不能在体内储存，但有利于在比赛开始时，体内具有最大的水合状态。

（2）运动中补水。运动中每15~30分钟补充100~300mL（1~2杯）运动饮料或水。运动中最好采用含糖和无机盐的运动饮料来补充水分和电解质。因为在热环境下，运动饮料可以迅速地被组织吸收。在剧烈运动中，水分的最大吸收量是每小时800mL。

（3）运动后补水。运动后应及时补水，以保持体内的水分平衡。水分补充量应与汗液丢失量大体一致。补水不应过度集中，若短时间内大量暴饮，虽然可解一时的口渴感，但尿量和汗量的增加，加重体内电解质的进一步丢失，还会增加人体心肾的负担。所以，合理补水应以少量多次为原则。

4. 运动与维生素补充

体育运动促进了人的能量代谢，在能量消耗增加的情况下，某些维生素的需要量就会增加。参加体育运动（中等强度以上），应重视多种维生素的补充，促进运动恢复，延缓疲劳发生，增进体力和体能，从而保证身体健康，提高竞技能力。

通常，在获得良好平衡膳食的情况下，不会发生维生素缺乏情况，但是在长时间进行高强度大运动量的训练，控制体重或减轻体重或进食紊乱等特殊情况下，应注意适量补充维生素，但在补充维生素时，应注意供给量建议，避免过量补充的副作用。

（1）运动后造成机体维生素需要量增加的原因：

①运动训练使胃肠对维生素的吸收功能下降；

②运动引起汗液、尿液及粪便中维生素排出量增加；

③运动使维生素在体内的周转率加速，能量代谢增加等。

（2）对运动影响较多的几种维生素：

①维生素B_1。维生素B_1在能量代谢和糖代谢生成ATP的过程中起着重要作用。当维生素B_1缺乏时，其代谢物丙酮转化成乳酸，乳酸堆积会导致疲劳，损害有氧运动能力，影响正常的神经冲动和传导，并使消化功能和食欲受影响。维生素B_1的主要食物来源为粗糙的粮食（如米、面、花生、核桃、芝麻和豆类）。

②维生素B_2。维生素B_2与人体细胞呼吸有关，因此在有氧耐力运动中起着重要作用。此外，维生素B_2还可能是糖酵解酶的有效功能物质，所以对无氧运动也有作用。维生素B_2主要集中在少数食物中，其中以肝、肾含量最丰富，牛奶、黄豆和绿叶菜中也较多。

③维生素B_6。运动训练加强维生素B_6的代谢途径，因此经常锻炼的人对其需要量增加。硬果类、豆类和动植物食品以及蔬菜、水果中均含有维生素B_6，此外，米糖、麦芽中维生素B_6含量最为丰富。

④维生素C。维生素C是一种强有力的抗氧化剂。大运动量训练可能会使人体维生素C的代谢加强。运动后补充维生素C有利于减轻疲劳和肌肉的酸痛，增强体能及保护细胞免于自由基损伤，但不宜过量补充。维生素C的主要来源是蔬菜和水果。

⑤维生素E。维生素E是一种重要的抗氧化营养素，在特殊条件下进行训练后补充维生素E有提高最大吸氧量、减少氧债和血乳酸的作用。维生素E最丰富的来源是植物油、麦胚、硬果类及其他谷类食物。

5. 运动与微量元素的补充

体育运动中人体所需的微量元素主要有铁、锌、铜、锰、铬、硒、氟等，其中比较容

易发生营养问题的是铁和锌。

(1) 运动与铁的补充。铁在机体内最突出的功能是运输氧，如果铁的运氧能力被阻断，或铁的数量不足，机体可出现缺铁性或营养性贫血。因此，铁对运动能力的发挥具有重要意义。对于运动员来讲，缺铁可能直接损伤机体的氧运输能力。

运动中有大量的铁经汗液丢失，使运动员的铁丢失高于普通人。由于运动中的血液循环加快，红细胞的寿命因此又较常人短，加之大运动量训练还会降低铁的吸收率，使食物所供应的铁得不到充分的利用。综上种种原因，运动员对铁的需要量高于普通人。

铁最主要的食物来源包括肉类、蛋类、蔬菜、谷类、水果、海带等。动物性铁易溶解，且其中的一种结合铁——血红素铁可以直接吸收入小肠黏膜，因此血红素铁是铁的最好来源。

(2) 运动与锌的补充。锌是许多重要代谢酶的成分之一。运动对锌代谢的影响取决于运动量的大小或机体的适应能力。当运动量过大时，血液中的锌水平将会下降，尿锌的排量也大大增加。此外，运动还可以影响食物中锌的吸收与利用，引起体内锌的重新分布，这些都是影响人体锌量平衡的重要原因。因此，运动后应注意锌的补充。

大多数膳食锌的摄入来源于动物性食物，尤其是肉类。来源于植物食物的锌主要包含在谷类中。饮用水中也含有一定量的锌。

(三) 运动项目与营养补充的特点

参加不同的运动项目，所需的营养补充各有特点，下面从四个方面加以阐述：

1. 耐力项目运动员的膳食营养特点

耐力项目如马拉松、长跑、长距离自行车、长距离游泳和滑雪等项目，在训练方面具有运动时间长，运动员能量消耗大、运动中无间歇、动力型、运动强度小及以有氧代谢供能为主要特点。经常从事耐力运动的人，营养补充注意以下几点：

(1) 能量补充。膳食应首先满足能量的消耗，否则运动能力会下降。膳食的蛋白质供给量应丰富，如供给牛奶、奶酪、牛羊肉等富含蛋白氨酸的食物。耐力项目运动员对脂肪的利用和转换率高，耐力项目运动员膳食的脂肪可略高于其他项目运动员，达到总能量的30%~35%，膳食的碳水化合物应为总能量的60%以上。

(2) 液体的补充。在耐力运动中出汗量大，容易发生脱水，运动前、中、后适量补液有利于维持体内环境稳定。

(3) 铁和钙营养的补充。耐力项目运动员容易发生缺铁性贫血，应提供含铁丰富的食物。

2. 力量项目运动员的膳食营养特点

该运动项目要求力量和速度，如短跑、有阻力的骑车、短距离游泳、足球、举重和投掷等项目。经常从事力量项目的人，在其营养摄入时，应注意补充优质、充足的蛋白质，蛋白质的热量应占总热量的15%，并增加蔬菜、水果的摄入量，以提高体内的碱储备。

3. 灵敏、技巧项目运动员的膳食营养特点

击剑、体操、跳水和跳高等项目运动员在训练中神经活动紧张，动作为非周期性和多变，并在协调、速率和技巧性方面要求较高。为完成复杂的高难度动作，运动员常采取控制饮食措施来控制体重，因此，这一类型运动员的膳食能量摄入量较低。为保证紧张神经活动过程的需要，食物应提供充足的蛋白质，食物的脂肪供给量不宜过高。营养摄入时应

注意减少脂肪，并增加维生素 B 族、维生素 A、维生素 C、维生素 E、泛酸、钙、磷等营养的摄入，以提高应激水平。此外，乒乓球、击剑等项目运动员训练过程中视力活动紧张，应保证充足的维生素 A 供给。

4. 球类项目运动员的膳食营养特点

球类项目如篮球、排球、足球和冰球等要求运动员具备力量、耐力、灵敏、速度、技巧等多方面的素质，运动强度大，动作多变。他们的能量消耗量较高，其膳食供给应根据运动量的大小，保证充足的能量。膳食的营养也应当是全面和平衡的。

团队项目运动员的营养措施是在剧烈运动前的 3~4 小时采用高碳水化合物的饮食。在长时间的训练或比赛前，应每隔 20 分钟补充配方科学的运动饮料 150mL。为了加速糖原储备的恢复，应注意补充维生素 B_1、维生素 C、维生素 A 和钙、钾盐和磷等微量元素。

（四）不同比赛时期营养补充的特点

运动营养学家将比赛的饮食营养分为 4 个时期，分别是：比赛期的饮食营养，比赛前期的饮食营养，比赛当日赛前一餐的饮食营养，比赛途中的饮食营养。

1. 比赛期的饮食营养原则和措施

（1）食物应满足能量和体液平衡的需要。体积和重量要小，容易消化吸收。饮食应是高碳水化合物、低脂肪、适量的蛋白质和充足的水分，并含有丰富的无机盐和维生素。

（2）所选食物应当是运动员喜爱的，在比赛期个人对饮食的嗜好变得更加突出，在饮食的安排和选择上除符合生理需求外，还应考虑每个运动员的心理需要。

（3）比赛期的饮食中应避免高脂肪、干豆、含纤维多的粗杂粮、韭菜等容易产气或延缓胃肠排空时间的食物，并少用或不用辛辣、过甜的糖食，以防止食物对胃肠道的刺激。

（4）比赛期应保证饮食中有充足的糖，这对维持血糖水平、维持运动中有充足的糖氧化供能，并对训练比赛后肝糖原和肌糖原水平快速恢复均会产生良好的作用。

（5）饮食内容应针对比赛项目的特殊需要做好准备。

2. 比赛前期的饮食营养原则和措施

（1）食物应多样化，色香味美，营养平衡，含有充足的无机盐和维生素。

（2）减少蛋白质和脂肪等酸性食物，应避免在赛前添加过多的蛋白质和脂肪食物，因为蛋白质和脂肪的代谢产物是酸性的，会使体液偏酸，促使疲劳提前发生。

（3）增加碱储备，多吃蔬菜、水果。

（4）纠正体内维生素缺乏，过量补充维生素对人体运动和比赛能力无作用，但体内如果存在维生素缺乏，纠正缺乏状态将有利于运动员比赛能力的发挥。

3. 比赛当日赛前一餐的饮食营养原则和措施

（1）赛前一餐食物的体积要小，重量要轻，能提供 2.0g~4.18MJ（500~1000kcal）的能量。

（2）赛前一餐在比赛开始 3 小时前完成。赛前 30 分钟进餐，不论是固体或是液体均会产生胃肠部胀满感。

（3）比赛当日不宜换食新的食物或改变习惯饮食的时间，换食新的食物有发生过敏、胃肠道不适或腹泻的可能，运动员应食用适口的，并且是富于营养的食品，勿强吃不爱吃的食物。

(4) 大量出汗的比赛项目及在高温环境下比赛时，应在赛前补液500~700毫升。

(5) 耐力性项目比赛补糖种类以低聚糖的效果为好，低聚糖的渗透压约为葡萄糖的1/4，吸收较快，因此可通过补充低聚糖使运动员获得较多的糖。低聚糖甜度小、口感好，但个体对该糖的吸收效率却差异很大，建议在赛前试用。

4. 比赛途中的饮食营养原则和措施

运动员在剧烈的比赛中大量出汗会使体液处于相对高渗出状态。途中或赛中饮料应是低张和低渗的（即含糖和含盐量低的）。能量消耗较大的项目，可在途中摄取一些容易消化吸收的液体或质地柔软的半流质食物，液体食物排空快。食物体积要小，以免影响呼吸，运动员可根据饥饿感选用。

除此之外，还有一个问题，那就是比赛后的饮食营养问题。赛后的饮食仍应是含高糖、低脂肪、适量蛋白质和容易消化的食物。为促进赛后的恢复，补液（采用含电解质运动饮料）极其重要。液体的补充量应满足体重恢复到赛前的水平。在体内能量储备物质的恢复方面，补充糖类食物或含糖饮料的时间越早越好，因大强度、大运动量运动后的那一刻糖原合成酶活性最高。

四、营养摄入的均衡合理

营养科学是一门揭示身体状况和饮食关系的科学。营养科学证明，饮食对机体的长期影响，超过了其他任何所能控制的因素。“先天遗传，后天营养”。人的生命首先在于营养，营养是健康之本。合理营养的目的在于满足人体的正常生理需要，有助于人体的吸收与利用，同时有助于减少机体的负担。从人们的精力、体力、头发的光泽和面颊的神色中，能够反映出饮食是否良好。吃得好有助于我们生活得好，运动发挥得更好。

1. 营养摄入的均衡

平衡是指人所摄取的各种营养成分应与身体的生理需要之间形成相对平衡，反之则称为营养失衡。营养失衡的一个方面是营养摄入量过少，不能满足身体需要。主要表现为头晕、怕冷、易倦、体重减轻等，严重的有可能发生营养不良的疾病；营养失衡的另一个方面是营养过剩，主要表现为人的体重过量增加，并引起肥胖等疾病。因此，营养的摄入既不要欠缺，又不要过量。

2. 营养摄入的合理

合理是指人所摄取的各种营养成分之间的配比要适当，只有合理的营养搭配，尤其是热量中的蛋白质、脂肪和碳水化合物三者的比例要合理适当，才能有利于人体更好地吸收与利用营养成分，保证机体的各种需要，并造就健康的体魄。

3. 营养摄入的全面

全面是指人所摄取的各种营养成分要全面，不能偏食。没有任何一种天然食物能够包括人体所需要的各种营养素，能够具备全部的营养功能，完全满足人体健康的需要。

4. 注意营养摄入的个体差异

每个人的遗传因素、身体状况、所处的年龄阶段、生活环境、营养状况等各方面的条件均不相同，因此，在营养摄入和补充方面应区别对待。当生活和工作环境、生理条件改变时，营养素的供给应予以适当调整。

5. 营养摄入的因时调整

人应随四季变化，合理安排膳食。春季是冬寒转暖的季节，饮食应温和平淡。夏季气温高，人们食欲降低，消化能力减弱，应少吃油腻食物，多吃清淡食物。秋季天高气爽，人们食欲大增，要适当节制饮食量。冬季寒冷，基础代谢高，人体维持体温所用的热量增加，可多吃脂肪类食品。冬季蔬菜少，应注意补充维生素。

五、肥胖与体重控制

（一）肥胖的危害与原因

肥胖是指由于体内脂肪储存过多所引起的体重增加。一般认为体重超出正常标准10%~19%为超重，超出20%以上为肥胖。体重的计算方法有很多，常用的简易公式是：本人的身高（单位为cm）减去105，所得的差数就是正常体重（单位为kg）。比如一个人身高是170cm，其正常体重则是170-105=65（kg）。

随着人们生活水平的日益提高，脂肪摄入量也随着加大，肥胖的发生率增加，从而引起人们的重视。因为肥胖不仅使体态臃肿、行动缓慢，而且是高血压、冠心病、高脂血症、糖尿病、痛风症等病的诱因。肥胖被看做是健康的一项重要威胁。

（二）如何控制体重

影响体重变化的两个基本要素是热能摄入量与消耗量，对于成年人来说，当热能摄入量等于消耗量时，体重基本保持不变；当热能摄人小于消耗量时，则体重减轻；反之，则体重增加。可见，体重的变动必须通过变动热能平衡的措施，以达到减轻或增加控制体重的目的。

减轻体重有两种途径：一种是缓慢减体重，即是通过热量摄入与热量消耗量较长时间负平衡而实现体重减少，其丢失的主要成分为脂肪。另一种是快速减体重，即是以脱水及快速的能量平衡为主，并伴有无机盐和糖原丢失，体蛋白消耗，心血管系统负担加重，并对体力产生较大的影响。

科学合理的减肥方法是通过合理减少热能摄入量，消耗体内储存的脂肪，以达到降低体重。科学减肥的方法很多，归纳起来有如下五种。

1. 积极参加体育锻炼

节食是减少热能摄入量，增加体力活动是增加热能消耗量。青年学生正值生长发育时期，需要丰富的营养素。因此，青年学生应尽量通过体育锻炼的方式进行减肥，不可过度节食。单纯节食不易做到保持肌肉组织、减少脂肪组织的要求。因此体育运动是减少体内脂肪储存、减轻体重的最好办法。减肥的运动方法以采用有氧运动效果为好，如跑步、长跑、骑自行车、游泳等。为达到减肥目的，运动强度应达到最大吸氧量的50%~85%，或相当于最大心率的60%左右，每次持续30~60分钟，每周最少进行3~5次。运动量不宜过大，心率每分钟130~140次为宜。

2. 减少热能摄入量

热能摄入量应逐渐减少，不要减得过猛，减至使体重接近正常值时即可。青少年时期活动量最大，能量消耗也最大，不应过度控制热能的摄入，以保证合理的热能摄入，保证身体健康。

3. 营养摄入平衡

应注意营养的安排合理。蛋白质一定要充足，碳水化合物的进食量可适当减少，脂肪

的进食量必须降低，避免进食过多的动物脂肪和高胆固醇的食物。此外，无机物、维生素、膳食纤维要供给充足，以满足生理需要。

4. 养成良好的饮食习惯

（1）少吃肉。把肉作为饮食中的风味，而不是把肉作为一餐中的主食。（2）尽量少用煎炒的方法。用蒸、煮、烤或微波加工蔬菜或肉。（3）尽量不食用或少食用快餐油炸等脂肪含量高的食品。（4）晚餐肉的量减少，可以用新鲜水果和蔬菜及谷物、豆类替代。（5）少吃零食。（6）细嚼慢咽，不要狼吞虎咽。将热量摄入平均分布于全天的饮食中，不要某一餐吃得过饱。

5. 减肥贵在长期坚持

减肥的目的不在于一时的体重减轻，而在于长期维持正常体重。如果一经达到标准就不参加体育运动，放松饮食控制，恢复旧的饮食习惯，体重就会立即反弹，若再想降低，则往往更加困难。因此应长期坚持锻炼，长期坚持健康的饮食方式，才可能长期控制体重。

第三节　体育锻炼与卫生保障

一、体育锻炼与生活卫生

体育锻炼是促进健康最有效、最积极的手段，在实施体育锻炼的过程中必须遵循人体生理机能活动能力的变化规律，还要讲究卫生，才能收到良好的效果。这里将介绍体育锻炼中的生活制度、饮食卫生等方面的知识。

（一）生活制度卫生

生活制度是指对一天内的睡眠、饮食、学习、休息和体育锻炼等各项运动作出基本固定的时间安排。它有利于机体内的各种生理活动，有利于身体健康。每天养成有规律的生活习惯，有助于学生完成学习任务，提高学习效率，也有助于学生身心健康。

人的一切活动都是在大脑皮层支配下来完成的。每天在相对固定的时间起床、吃饭、休息、工作、睡眠和进行体育锻炼，养成有规律的学习、生活习惯，大脑皮层有关区域的兴奋和抑制的转换也建立起相应的顺序，形成了大脑皮层活动的“动力定型”。神经系统和组织器官的活动有了一定的规律，就可以使机体在一定时间内对某种活动有所准备。如果生活制度不合理，经常打乱作息制度，会使大脑皮层中建立起来的“动力定型”遭到破坏。神经系统的机能减弱时，各器官系统的机能也相应受到影响，这样就会降低机体的机能，影响学习和工作效率，有损身体健康。

但是，大脑皮层中的“动力定型”的建立不是一成不变的，由于大脑皮层功能的可塑性，对于新的环境，只要逐步适应，还是可以改变的。

（二）饮食卫生

1. 合理营养

在校大学生脑力劳动紧张，体育锻炼、文化娱乐、社交活动形式较多，能量消耗较大，这些都需要食物营养来补充，同时为了有助于被人体消化吸收和利用，还要注意保持各种营养之间数量的平衡。

2. 合理的饮食制度

饮食制度应包括每日进餐时间和食物量的分配等内容。一般认为早餐热量占全日热量的30%左右，午餐占40%，晚餐占30%左右较为适宜。每日三餐的时间应基本稳定，并力求做到与体育锻炼有一定的时间间隔。

(1) 饮食习惯

第一，运动后不宜立即进餐。人在剧烈运动之后，往往会产生饥饿感。为了补充失去的能量，很多人会大吃一顿，或者进食的量比平时多，他们以为这样就会将运动时消耗的东西全部补回来。据研究，人们在运动中消耗的主要是矿物质、水和脂肪。运动后产生的饥饿感，不一定是真正的饥饿，而常常是口渴，这时正确的做法应该是先补充液体，喝些水或果汁。这样补充了失去的矿物质和水。半小时以后再进食，可以吃些平时爱吃的低热量食品，以不感到饱胀为原则。这样，既能补充运动中消耗的东西，又不会使失去的多余脂肪很快回到体内，从而保持健美的身材。

第二，饭后不宜立即进行剧烈运动。运动前1小时进食，这样是为了避免因为体力活动而导致消化功能紊乱；同样，要避免食用难以消化的食物，如油炸食品等，这些食品可引起腹痛、恶心等症状，也可酿成胃下垂。

第三，合理安排一日三餐。“一日三餐”是人类古已有之的饮食制度，然而从目前的实际情况来看，大学生不吃早餐的现象有增无减。他们宁可把进早餐的时间用来睡觉，也不重视早餐，起床后即匆忙赶去教室上课，致使上课时血糖浓度降低，疲劳很快出现，使得学习效率降低，身体也受到损害。不吃早餐的学生自以为可以利用第二节课后去补充食品，殊不知这样正好打乱了自己生物钟的节奏，其结果是午餐没了食欲，不能好好地进食，导致下午不是饥饿就是腹胀，肠胃功能出现紊乱。有的同学在夜间临睡前还饱餐一顿，这些都是十分不好的饮食习惯。医学研究表明，无规则的进食很容易引起胃病，其中以胃溃疡最为普遍，这就是许多大学生肠胃功能不好、胃病发病率高的重要原因。因此，注重正常的饮食制度，吃好三餐，对保持身体健康有良好的功效。

(2) 饮食量

饮食量不单指饮食的数量，更重要的是指饮食中所含身体必需的能量。大学生一天的学习、锻炼和日常生活需消耗较多的能量，一般而言，平均一天需从食物中摄取11715~12552千焦热量来补充身体的需要。由于个体差异较大，每个人的饮食量可能不同，所以饮食量以主观感受为前提，以主食为基础，副食不宜过饱。常言说得好：一日三餐七分饱，身体健康精神好。

(3) 饮食成分

饮食成分（表2-3-1）是指饮食中所含的营养成分。现代医学、营养学研究表明，蛋白质、糖类、脂类、维生素、各种矿物盐及微量元素是人类保持健康必需的营养成分。

表2-3-1 **每天食物构成**

营养素	大学女生	大学男生
谷类	300g（6两）	500g（10两）
蔬菜	400g（8两）	500g（10两）

续表

营养素	大学女生	大学男生
水果	100g（2 两）	200g（4 两）
肉、禽	50g（1 两）	100g（2 两）
蛋类	25g（0.5 两）	50g（1 两）
鱼虾	50g（1 两）	50g（1 两）
豆类及豆制品	50g（1 两）	50g（1 两）
奶类及奶制品	100g（2 两）	100g（2 两）
油脂类	25g（0.5 两）	25g（0.5 两）

早餐应吃含有丰富蛋白质和维生素的食物；午餐一定要吃饱；晚餐不宜吃得过多，也不宜吃脂肪和蛋白质过多以及有刺激性的食物，以免影响睡眠。

(三) 睡眠卫生

每天的睡眠时间应占一天的 1/3 左右。一般来说，学龄前儿童应睡 10 小时以上，青少年应睡 8~9 小时，成人每天一般应保持约 8 小时的睡眠。因为睡眠时，中枢神经系统，特别是大脑皮质的抑制过程占优势，能量物质的合成过程也占优势，体内的一些代谢产物被利用或排除，疲劳得到消除。因此，必须有足够的睡眠时间来解除一天的疲劳。又由于人的 24 小时节奏是比较固定的，因此，要注意每天尽可能按时睡觉。保持充足的睡眠时间，不仅有利于工作与学习，而且还能使身体健康成长。

为了保证良好的睡眠，睡前 1 小时不宜进行剧烈运动，以免引起神经细胞的过度兴奋，影响睡眠。但是睡前做些适度运动，能对人体起到良好的调节作用，降低大脑的兴奋性，有助于睡眠。睡前不宜吃得过饱，以免增加肠胃负担，刺激消化液的增加，这样就会打乱消化液的正常分泌。胃不停地蠕动，管胃肠的神经也会受到刺激，人就会感到胃不舒服，“撑”得难受，而睡不踏实。临睡前也不宜过多喝水，这除导致胃液稀释、夜间多尿外，还会诱发眼睑水肿和眼袋。睡前用温水洗脚，漱口刷牙，以及保持室内通风和卧具的清洁卫生，都对睡眠有益。

(四) 戒除不良嗜好

世界卫生组织决定每年 5 月 31 日为“世界无烟日”，促使全世界人民行动起来，减少烟草对健康的危害。吸烟可诱发和形成某些严重疾病，导致许多不良后果。长期大量吸烟引发的常见病有肺癌、呼吸道疾病、心血管疾病、中枢神经系统病症、消化系统病症及其他疾病；吸烟同时也污染环境，也会使被动吸烟者致病。

长期大量饮酒，也会损害人体健康。长期大量吸烟引发的常见病有神经系统并发症、消化系统并发症、心血管系统并发症和其他并发症。

吸烟、酗酒等不良嗜好，对人体健康有很大危害，也会影响体育锻炼的正常进行。如果已经染上了这些不良嗜好，一定要坚决戒除。

二、体育锻炼与环境卫生

体育锻炼过程中，环境卫生对锻炼者的运动情绪和锻炼效率有相当的影响，环境好可激发锻炼者的情绪；反之，可抑制其情绪。

（一）体育锻炼与空气卫生

空气是人类赖以生存的重要外界环境因素之一，氧是人体生命活动中的重要物质，人们通过呼吸机能与外界环境随时进行气体交换，这是机体获取足够氧气以供代谢所需的唯一天然途径。新鲜空气中有大量的负离子，它能调节大脑中枢神经系统的功能，增强心肺功能，促进血液循环，提高机体的免疫力，精力充沛，消除疲劳，提高学习和工作效率；改善睡眠和呼吸机能，提高基础代谢；增强人体抵抗力。在体育锻炼时，由于气体交换充分，特别要摄取更多的氧分，以供给运动中的能量消耗，因此，要注意在空气新鲜的环境下进行锻炼。

（二）体育锻炼与气温

在天气极热或极冷时，运动不宜进行到精疲力竭的程度，锻炼的理想天气是：气温介于1~30°C，湿度在60%以下，风速不超过6.7m/s。气候条件不在这个范围时，应缩短锻炼的时间或减少运动强度。

（三）体育锻炼与噪声

噪声是指在一定环境中不应有而有的声音，一般指嘈杂刺耳的声音。它是一种环境污染的因素，主要来自于交通运输工具、工业机器、公共场所的高音喇叭和人群喧闹等声音。噪声对人体健康十分有害，它会严重干扰中枢神经系统的正常功能，使人头痛、失眠、恶心、呕吐、脾气暴躁、心跳加快、肌肉紧张等，因此，为了使运动技术和锻炼效果不受影响，应保持在相对安静的环境中锻炼，理想的声强级不超过35dB。

（四）运动场地卫生

1. 室外运动场地卫生

在室外运动场周围应种一些花草树木，这不仅能美化运动环境，而且能改善空气和温度。田径赛场的跑道必须平坦、结实而富有弹性，并保持一定的干湿度；田赛场的助跑道应与径赛跑道一样，跳远的踏跳板应与地面平齐，沙坑要掘松耙平没有杂物，沙坑与地面平。足球场地最好铺有草皮，场地要平坦，没有坑洼。室外篮球、排球、网球场地要平坦坚实，没有浮土，球场周围应留有余地。

2. 室内运动场馆卫生

室内运动场馆地面最好铺木制地板，要求平整、结实、不滑、没有裂缝，场馆力求光线充足，并应有完整的通风设备，保持整洁卫生。

3. 游泳池卫生

游泳池水源要清洁，水中游离性余氯为0.3~0.4mg/L，尿素≤3.5mg，细菌总数≤1000个/mL，大肠菌群≤18个/L，浑浊度≤5，PH值为6.5~8.5，水透明度的要求为水在静止时，在任何地方均能看到水底。必须经常换水，做好水池的清洗和池水的净化消毒工作。为了保证池水清洁，游泳前必须全身淋浴，并通过消毒脚池后方能入池。

三、体育锻炼与运动卫生

（一）运动前卫生

1. 准备活动

准备活动是指体育锻炼前进行的有目的和指向性的身体练习，它包括一般性准备活动

和专项性准备活动。运动前做好充分的准备活动，其目的是通过各种练习提高中枢神经系统的兴奋性，使兴奋达到适宜的水平；预先加强各器官系统的活动，克服各器官机能活动的惰性；加强心血管和呼吸器官的活动能力，使人体从相对静止的状态过渡到紧张活动的状态，预防心血管意外的发生，减少肌肉、关节和韧带的损伤。

准备活动的内容和时间的长短，应根据锻炼的项目、内容、季节变化和身体条件来安排，一般使身体稍微发热，心率上升到130~160次/分钟为宜，使内脏器官、肢体的活动幅度和肌肉力量等方面达到适宜的工作状态。

2. 运动前饮水

在运动前应适当补充水，但不宜一次性大量饮水。饮水过多，会使胃膨胀，影响膈肌运动和呼吸从而影响运动能力。

（二）运动中卫生

1. 选择好运动着装

运动时衣着以轻、松为好，大小适宜，有一定的通气性和吸水性，并经常保持清洁卫生。鞋子大小要合适，应尽可能穿运动鞋。夏季以浅色薄运动衣裤为好，冬季应注意保暖，但不能妨碍运动。锻炼时身上不能佩戴尖锐物件。

2. 选择良好的运动环境

选择在空气清新、流通性较好、温度比较适宜、场地整洁的运动场所进行锻炼，这样有利于体育活动的开展，也有利于锻炼者的身体健康。

3. 合理安排运动量

合理安排运动量是指在进行体育锻炼时应根据其年龄、性别、体质、健康水平和技术的熟练程度合理安排练习的强度、密度、时间和数量。一般学生在一堂课上平均心率达130~170次/分钟为宜。运动量适宜时睡眠良好、食欲增加、精力充沛。如果超过了锻炼者的生理负荷量，反而会伤害身体健康，影响正常的学习生活。

4. 运动中饮水

在运动中应少量、多次的饮水。水占了人体的65%，而在血液中高达90%，在运动时，机体需要保持充分的血容量，一是为了加强肌肉组织的血液供应，以保证肌肉中物质代谢过程的进行；二是运动中体内产生大量的热量，需要血液将其带到体表，以维持正常体温。而在进行体育锻炼时，身体会大量出汗，导致机体出现脱水症状，使机体机能下降，因此及时补充水分十分重要。

（三）运动后卫生

1. 整理活动

整理活动是指在正式运动后，做一些加速机体机能恢复的较轻松的身体练习，目的在于使人体由紧张激烈的肌肉运动阶段逐渐过渡到相对安静的阶段，是消除疲劳，促进体力恢复的良好措施。整理活动应着重于全身性放松，尽量采用轻松、活泼、柔和的练习，活动量减少，节奏逐步减慢，使呼吸频率和心率下降。

2. 注意保暖

运动后应注意身体的保暖。有些人运动后马上洗冷水澡，吹电扇，冬天运动后到室外吹风凉快等，这些都会对关节造成伤害。因为运动后全身的毛细血管都是张开的，热量大量散发，如用冷水刺激，容易引起感冒。经常受冷刺激，会导致关节炎的发生。

3. 不宜立即洗热水澡

运动后也不宜立即洗热水澡。因为运动时流向肌肉的血液增加，心跳也增加以适应运动所需；运动结束后，加快了的心跳和血液流动仍会持续一段时间，才会冷却下来。如果在没有冷却以前立刻洗热水澡，会使血液往肌肉和皮肤的流量继续大量增加，结果可能使剩余的血液不足以供应身体其他器官的需要，尤其是心脏和脑部，导致心脏病突发或脑部缺氧。

4. 运动服装

运动后汗湿的衣物要及时换洗，鞋要放在通风的地方去味，保持干净。

5. 运动后饮水

运动后应适当补充水分，但不宜一次性大量饮水，否则会使尿量和汗水增加，加重体内电解质的进一步丢失，还会增加人体心肾的负担；大量饮水还会造成胃液稀释，影响食欲和消化，易导致胃病。

第三章　大学生的身体锻炼与方法

身体健康是指运用各种身体练习和方法，以健身为主要目的的身体活动。一般来讲，竞技体育项目都具有竞技、健身、娱乐等多种属性的特点，但身体锻炼的目的、对象、内容等多方面都具有其自身的特点。

身体锻炼的作用：

促进青少年的正常发育和健康成长，使成人保持旺盛的精力；促进人体形成良好的体型、健壮的体格，增强体质；陶冶情操、培养意志，促进人的心理健康；调节情感，丰富精神生活，使身体得到积极的休息，精力充沛。

身体锻炼的内容：

(1) 健身运动：是指为增进健康、增强体质而从事的身体锻炼。其目的和内容大致可分为强壮身体、松弛肌体和治疗疾病三方面。

(2) 健美运动：是为了人体的健美而进行的身体锻炼。通过健美锻炼可增强体质、发达肌肉、改善体型、增进健康，同时还能培养审美能力和身体的表现能力。

(3) 娱乐休闲体育：是为了调节精神、丰富文化生活而采用的体育活动。这类活动能使人身心愉快，减轻学习、工作压力而产生的疲劳，既锻炼了身体，也陶冶了情操。

身体锻炼的基本原则：

一是自觉性原则；二是适量负荷、循序渐进原则；三是持之以恒原则；四是自我健康状态的评估原则。

第一节　大学生的身体锻炼

一、提高心、肺功能的身体锻炼

耐力是指人体长时间有节奏地进行肌肉活动的能力。耐力素质是人体体能的重要素质之一。发展耐力素质可采用有氧锻炼和无氧锻炼两种方法，前者主要用于增强心肺功能，以健身为目的，而后者主要用于发展保持快速跑的能力，以提高运动成绩为目的。

有氧耐力锻炼是指肌肉组织维持长时间大量的氧气供应，而不引起显著的乳酸堆积的锻炼，在运动过程中，耗氧量达到肌体最大耗氧量的40%~60%，肌肉中的能量代谢以有氧代谢为主。有氧锻炼的目的是使身体在一定时间内加大吸氧量，这时锻炼者会快速吸入大量空气，加快氧气与二氧化碳的气体交换，以便使身体的各部位都能得到氧的供应。因此，吸氧能力的大小，直接反映出人体的心肺功能情况。

有氧耐力锻炼持续时间最少应在5分钟以上，一般多为15~60分钟，心率一般控制在120~140次/分钟。

（一）有氧锻炼对心、肺功能的影响

第一，安静时的心率减慢，每搏输出量增加，使心脏得到充分的休息。经常进行有氧锻炼的人，在运动时能提供更多的心输出量来满足运动需要。

第二，安静时呼吸频率降低，肺活量、最大通气量等增加。运动时吸入空气量大，能提供充分的氧供身体使用。

第三，长期的有氧耐力锻炼可使脂肪代谢更加活跃，利用脂肪供能的能力提高，不仅可以有效地控制肥胖，还能使血液内甘油三酯含量下降，高密度脂蛋白含量增加，能防治动脉硬化引起的冠心病等疾病。

（二）提高心、肺功能的有氧锻炼方法

1. 健身步行

健身步行是一种最简便易行的健身方法，目前已被越来越多的人所采用。健身步行最好安排在清晨或晚上睡眠前，每天进行一次，每周至少 5 次。

步行的正确姿势是：抬头，目视前方，略挺胸收腹，步伐自然、轻松、有节奏，呼吸自然，身体的重心落在前脚掌。

正常速度步伐：大致每分钟走 80~100 步，每次 20~30 分钟。

快速步行：其速度为每分钟走 100~130 步，每次最少 20 分钟。

步行锻炼应根据性别、年龄、健康状况等具体情况制定出锻炼计划。

步行运动量的大小是否合适，可通过测量脉搏跳动次数来评定，一般步行 10 分钟后测一次脉搏跳动次数（可停下原地踏步测量），就可知道是否符合自己锻炼的预定心率数。在步行结束后 5~10 分钟内，再测量一次，这时一般心率应恢复到比运动前多 10~15 次/分钟。如超过 100 次/分钟，说明步行的运动量偏大，应作调整。

2. 健身跑

健身跑是提高人的体力和心肺功能最好的锻炼方法之一，适用于男女老少。如今，健身跑作为一种“心肺健康之路”而风行全球。

健身跑的特点是要消耗大量氧气，跑步时吸入的空气量比安静时高出数倍，使肺部得到充分活动，可提高人体携氧及利用氧的能力。实验证明，受过良好训练、体力强壮的人，在进行大强度的运动时，呼出 16%的氧，而吸收消耗的氧多达 5%，而一般的人能呼出 17%的氧，被吸收消耗的氧仅有 4%。

美国科学家经过多年的实验，研究制定出了 12 分钟跑测试标准（表 3-1-1、表 3-1-2），它简便、科学，已为世界各国广泛采用，它既可了解本人的体力水平，又是日常锻炼的有效手段。

表 3-1-1 **男子 12 分钟跑测试成绩评分表**

体力级别		30 岁以下	30~39 岁	40~49 岁	50 岁以上
1	极差	1600（m）以下	1500（m）以下	1400（m）以下	1300（m）以下
2	差	1600~1999（m）	1500~1799（m）	1400~1699（m）	1300~1599（m）
3	稍差	2000~2399（m）	1800~2199（m）	1700~2099（m）	1600~1999（m）
4	好	2400~2799（m）	2200~2599（m）	2100~2499（m）	2000~2399（m）
5	很好	2800（m）以上	2600（m）以上	2500（m）以上	2400（m）以上

表 3-1-2　　女子 12 分钟跑测试成绩评分数

体力级别		30 岁以下	30~39 岁	40~49 岁	50 岁以上
1	极差	1500（m）以下	1400（m）以下	1200（m）以下	1000（m）以下
2	差	1500~1799（m）	1100~1699（m）	1200~1499（m）	1000~1399（m）
3	稍差	1800~2199（m）	1700~1999（m）	1500~1799（m）	1400~1699（m）
4	好	2200~2599（m）	2000~2399（m）	1800~2299（m）	1700~2199（m）
5	极好	2600（m）以上	2400（m）以上	2300（m）以上	2200（m）以上

健身跑的运动量测定，可在跑步 5~6 分钟后采用测量脉搏的方法来测定。对于每一个年龄段，都有一个相应的较佳的脉搏数区间来表示。（见表 3-1-3）

表 3-1-3　　跑步、年龄、运动量对照表

年龄	脉搏数（次/分钟）	年龄	脉搏数（次/分钟）
20	140~170	45	123~149
25	137~165	50	119~145
30	133~162	55	116~140
35	130~157	65	112~135
40	126~152	70	105~128

二、发展力量的身体锻炼

（一）发展力量的身体锻炼对人体的作用

第一，使肌肉发达、有力。力量性锻炼可使肌肉发生质的变化。运动能使更多的肌纤维参加收缩和放松活动，肌肉毛细血管的血液量增多，可加强肌肉细胞营养代谢能力，使肌肉产生更多的肌酸，肌酸能促使核糖核酸的合成，并与氨基酸、多糖和脂肪结合成不同的化合物。这些化合物使肌肉细胞体积增长，肌肉纤维横切面增大。这就是肌肉越练越发达的基本原因。

第二，使人体的体形匀称、健美。人体的美在很大程度上与肌肉的强健、丰满有关，调查研究证明，运动员的肌肉占人体体重的 45.55%，而一般人的肌肉只占人体体重的 30%~40%。一个体形健美的人，肌肉必定匀称，男性体格魁梧，肌肉壮实；女性丰满圆润，富有曲线美的人体特征。通过力量性的锻炼，可使男性和女性这些特征很好地体现出来。

第三，增强全身各系统的功能。力量性锻炼要求有一定的运动负荷，经常进行锻炼，除对运动系统的影响外，对心肺功能、消化系统、神经系统等都有很好的影响。运动消耗了大量的能量，肌体需要更多的营养补充，消化功能随之得到加强。另外，力量性练习在

中枢神经的统一指挥下进行，要求保持较好的均衡、协调和灵活性，这样也提高了中枢神经的功能及对外界环境的适应能力。

第四，为其他运动打下了基础。力量素质是反映人的体质最重要的素质之一，同时也是各项运动的最基本的素质之一。从事各种项目的运动员，都很重视力量性练习，并把力量性练习作为提高运动成绩的重要手段。

（二）发展力量素质的身体锻炼方法

人体的肌肉共有500多块，每块肌肉都有其特有的功能。一个动作的完成，实际上是与此运动相关联的肌肉群的收缩和放松活动。因此，每次锻炼要有针对性地对特定的肌肉群进行锻炼。

1. 力量性锻炼的种类

（1）克服外部阻力的练习：通过各种器械及克服弹性物体阻力的练习，如杠铃、哑铃、实心球、沙袋、拉力器、橡皮筋等。

（2）克服本身体重阻力的练习：如引体向上、俯卧撑、双臂屈伸、跳跃等。

2. 力量性锻炼的不同手段

（1）不同的练习速度：发展爆发力的锻炼，应采用快速度进行重复练习，在一定的时间内，重复的次数越多，对提高爆发力的效果越好。而在健美锻炼中则要求动作平稳，速度适中，始终要有控制重量感，不能借助任何惯性，只能靠肌肉收缩完成动作。

（2）不同的动作结构：做同一动作，如果采用不同的结构，其锻炼效果是不一样的，如推举，采用宽推，能发展斜方肌和三角肌等肌肉；采用窄推，能发展肱三头肌和三角肌等。

（3）不同的呼吸方式：在发展最大力量的锻炼中，通常是在憋气过程中完成动作的。在健美锻炼中，一般采用呼吸方式，即肌肉收缩用力时吸气，在肌肉放松时呼气，这样有助于氧气的充分供给，防止头晕和休克。

（4）不同的意念：发展力量的锻炼，不应在意念上下工夫，只要把注意力集中到完成动作结构上，而健美锻炼则要求注意力集中在某块肌肉或某肌肉群上，这样往往能突出这块肌肉的锻炼，获得较满意的效果。

3. 力量性锻炼应注意的问题

（1）练习前要做好准备活动，根据自己的体力等条件选择适合的起点，防止肌肉和关节损伤。

（2）循序渐进增加负荷，练习时逐步而合理地增加负荷重量，由轻到重，速度上也应由慢到快，可采用一定重量—增加次数和组数—增加重量—再增加次数和组数—再增加重量的方法进行。

（3）练习中要采取必要的保护措施，特别是在进行大重量的杠铃练习时，一定要在有保护的情况下进行，这样既能防止伤害事故，同时也能保证动作的正确合理。

（4）每次练习要充分地做放松整理活动，以提高肌肉的弹性和协调性。

三、消除紧张的放松身体锻炼

现代社会的一个显著特点就是追求高效率、高节奏的工作方式。由此，人们越来越感

受到精神上、体力上的压力，以致造成过度的紧张。

（一）紧张的表现形式

紧张的表现可分为生理性紧张和心理性紧张。生理性紧张主要是指肌肉速度的疲劳，并由此造成局部疼痛现象。心理性紧张主要是指由于外界刺激而引起的精神方面的负面反应，如烦躁、焦虑等。无论生理性紧张还是心理性紧张，如果长时期持续下去，不仅会影响人们正常的工作学习，更重要的会在很大程度上危害人们的身体。因此，在当今充满竞争的现代社会里，消除紧张的方式和方法是人们迫切需要的。

（二）消除紧张的放松身体锻炼方法

消除紧张的放松身体锻炼主要是通过运动使大脑皮层产生抑制冲动的刺激，并传递到肌肉，使肌肉纤维得到伸展，避免紧张的肌肉过多地收缩，使其尽可能地放松。消除紧张的放松身体锻炼的方法很多，下面重点介绍身体主要部位的放松锻炼方法。

1. 颈部

大学生由于经常长时间看书、写字，往往会出现脖子酸胀、僵硬等症状，造成颈部肌肉的过度紧张。颈部肌肉中，最容易疲劳、紧张的肌肉是斜方肌和胸锁乳突肌。

斜方肌的放松方法：

第1节　自然站立，双肩放松，颈部慢慢地向前、后伸屈，然后再向左、右伸屈，到最大限度时，维持3~5秒钟，然后还原，重复3次。

第2节　自然站立，双肩放松，颈部慢慢地向左转动，转到最大限度时维持3秒钟，还原，再向右侧转动，左右交替进行，重复5次。

胸锁乳突肌放松方法：

自然站立，双手置于背后，左手握住右手手腕，头向左倾，同时左手将右手向左侧慢慢侧拉，维持10秒钟，还原，左右交替进行，重复5次。

2. 背部

背部是承受负荷的主要部位之一，同时，颈部和腰部的紧张、疲劳都会直接影响到背部。另外，心理性紧张往往也会造成背部肌肉的紧张。

背部肌肉放松方法：

第1节　背靠墙壁，双脚离墙脚20~30厘米，把上身重量靠在墙上，随后扭动双肩及身体，每次2~3分钟。

第2节　分脚坐地，双手抱住小腿，上身慢慢向前弯曲，弯曲到最大限度时，维持10~15秒钟，然后还原，重复5次。

第3节　五指胸前交叉，掌心向外，向前用力做伸展运动，伸到最大限度时，维持10秒钟，还原，重复5次。

3. 腰部

腰部是最容易产生紧张和受伤的部位。长时间站立以及在工作或运动时用力不当都可能会引起腰部肌肉的紧张甚至损伤。

放松腰部肌肉的方法：

第1节　仰卧位，右腿屈曲。动作：上身慢慢起坐，双手抱右膝，同时吸气，还原时呼气，左右交替进行，各做3~5次。

第2节　仰卧位，双手置于体侧，两腿伸直。动作：腰部慢慢地弓起，同时吸气，利

用肩部、手臂和脚部支撑地面，保持5秒钟，然后慢慢还原、呼气，重复6~8次。

第3节　仰卧位，双手自然置于体侧。动作：右腿屈膝向左侧地面伸展，带动髋成左侧卧姿。左手按压右膝，同时右手尽量向右侧地面贴紧，维持3~5秒钟，左右方向交替进行，重复6~8次。

4. 全身性放松锻炼方法

（1）跳交谊舞和健身操，运动量不宜过大，心率控制在120次/分钟以下。

（2）放松性气功，包括局部放松气功法和默念放松气功法等。通过意念的调节有侧重地放松某一部位。

（3）肩肘倒立：每次维持15~20秒钟，稍间歇后做重复练习3~5次，练习熟练后逐步延长倒立时间。此练习较容易，适合于不同年龄的人。

（4）头手倒立：每次练习15秒钟左右，休息30~60秒钟，再进行练习，重复6~8次。此练习较适合青少年。

（5）倒退步行：其目的是为了让一些不常参加活动的肌肉参加运动，以达到肌体的平衡和放松的目的。倒退步行时，脚向后退步，骨盆倾斜的方向与向前走时的方向相反，从而使腹部及下肢肌肉充分放松。倒退步行可采用叉腰和摆臂两种形式，但动作一定要协调，步子不宜过大，身体重心后移，先前脚掌着地，随后过渡到全脚掌着地。每次练习15~20分钟。

四、防治疾病的健身锻炼

防治疾病的健身锻炼（体育疗法）是以体育为手段，通过各种有针对性的身体练习，达到防治疾病，恢复功能，增进健康的一种特殊的健身锻炼。

防治疾病的健身锻炼对于许多疾病有特殊的效果，如神经衰弱、高血压、冠心病、慢性支气管炎、哮喘、肺气肿、消化不良、胃病、糖尿病、肥胖症、子宫脱垂以及各种运动器官的疾病等。但有些疾病或病情严重时应禁止锻炼，如发高烧的急性或亚急性阶段，以及在运动过程中可能会产生出血和疼痛的病症等。

常见疾病的健身锻炼方法如下：

1. 神经衰弱

神经衰弱是由于精神长期过度紧张，特别是长期繁重的脑力劳动及睡眠不足、不良的情绪刺激等原因，引起神经活动能力减弱、神经调节功能失常的病理症状。其症状有的表现为兴奋性高，情绪波动大，易激动，注意力不集中；有的表现为易疲劳，记忆力衰退，头痛，倦怠乏力等。体育锻炼对此病是一种很有效的治疗方法。

（1）传统功法中的太极拳（神经衰弱患者一般采用简化太极拳），每天早、晚各练习一次。

（2）参加中等运动量的活动性游戏、散步、郊游及球类运动。

（3）采用自我按摩方法。如头痛可按摩天柱穴和太阳穴；头眩可掩住两耳，用手指弹击至枕穴；失眠可按擦涌泉穴及运动寿眉——推摩印堂穴。

2. 关节炎

关节炎大多是因为周围软组织慢性劳损而引起的，表现为淤滞，致使关节发病。通过体育锻炼能促进局部血液循环，有利于水肿、炎症的尽快消散，增加关节活动范围，达到

治愈疾病的目的。

(1) 颈椎类疾病的体育疗法:

第 1 节 可参照前颈部放松锻炼第 1、2 节。

第 2 节 搓擦颈部:两手擦热,左右手交替搓擦颈后部,以发热为宜,然后慢慢转动颈项,依次练习。

(2) 肩周炎的体育疗法:

第 1 节 环转肩运动。以肩为轴,以双臂带动两肩由前上向后下绕环 4 次,然后以同样动作由后上向前下绕环 4 次,重复 2~3 次。

第 2 节 "托天"运动。两腿自然站立,两手置于胸前,掌心向下,双手十指交叉,上抬时外翻手腕,掌心向上,两手尽量上托,到最大限度时维持 3 秒钟,然后依势还原,重复 10~12 次。

第 3 节 冲拳运动。两膝微屈,两脚与肩同宽,两手握拳置于腰间。动作:右手用力向前冲拳,同时伸肩,冲拳时拳心顺势下转,还原的同时左拳冲拳,然后依次进行,重复 16 次。

第 4 节 可利用各种器械或重物进行压肩、拉举、摆动练习。

(3) 腰椎间盘突出症的体育疗法:

第 1 节 仰卧位,两腿自然伸直,两臂置于体侧。动作:左腿屈膝上抬,尽量贴近腹部,还原,右腿做同样练习,左、右各重复 8 次。

第 2 节 仰卧位,臂和腿同第 1 节。动作:左腿直腿上抬,尽量抬高,还原后,右腿做同样练习,左右交替进行,各重复 8 次。

第 3 节 仰卧位,屈双膝,两臂屈肘置于体侧。动作:身体抬起,尽量挺胸挺腹。到最大限度时维持 3 秒钟后还原,重复 10~12 次。

第 4 节 仰卧位,两臂屈肘于体侧。动作:下肢固定不动,挺胸,头后仰并维持 3 秒钟还原,重复 10~12 次。

3. 慢性肠胃病

慢性肠胃病的病因和发病原理较为复杂,而多数患者与长期生活无规律有很大关系。体育疗法通过调节神经系统的功能,可改善腹腔血液循环、胃肠蠕动及分泌功能,达到良好的治疗效果。主要锻炼方法如下:

(1) 太极拳。采用简化太极拳或杨式太极拳,注意意念和腹式呼吸的配合。

(2) 按摩胃部和腹部。仰卧位,两手擦热后重叠于胃腹部,先顺时针方向,后逆时针方向依次交替按摩,要求动作均匀,意念渐深,每次按摩数百次。

(3) 屈腿运动。仰卧位,两腿交替屈膝提起,使大腿尽力贴近腹部,重复 10~12 次。

4. 慢性肝炎

体育疗法主要通过专门性练习以改善肝脏血液循环,减少肝脏淤血,促进肝细胞再生,增进食欲。主要练习方法如下:

(1) 太极拳(可参照慢性肠胃病体育疗法)。

(2) 按摩。仰卧屈膝位,做肝区、腹部自我按摩,动作同肠胃按摩,同时注意意念配合。

（3）散步（可参照健身步行法）。根据自己的病情，掌握运动量。同时配合呼吸运动，心率控制在130次/分钟以下为宜。

5. 女子痛经

女子痛经是妇女的常见病，一般是由于内分泌失调、体弱和缺乏运动所致。体育疗法的作用主要在于通过锻炼改善盆腔血液循环，纠正子宫位置，减轻盆内压。主要练习方法如下：

（1）仰卧位，两手置于枕后，做两腿依次上举练习，也可采用两腿同时上举，然后慢慢还原，重复16~18次。

（2）仰卧屈膝，两臂置于体侧，用力下压，同时腹部抬起成桥形，维持3~5秒钟后还原，重复16~18次。

（3）肘膝跪撑垫上，臀部提起，持续3分钟，稍间歇后重复练习，反复做3~5次。

（4）由跪撑至提臀俯撑，慢还原，重复16~18次。

在进行上述练习时，动作要正确、协调，以略感疲劳为度。

第二节　大学生身体锻炼的常用方法

每个人的健康、体质状况不同，因此各人的锻炼目的和方法也就有所区别。为配合《学生体质健康标准》的实施，介绍一些常用的健身方法。

一、发展耐力素质的练习

（一）800米或1000米匀速跑

运动特点：匀速跑以有氧代谢为主，坚持锻炼能提高心肺功能，增强体质。

运动强度：有氧耐力运动，中等运动强度。本人最大吸氧量的55%~60%，运动心率控制在120~160次/分钟。

运动频率：每周3~5次，每次1组。

注意事项：练习中记录每次跑完全程的时间，经过一段时间的练习，逐渐缩短跑的时间，提高跑速。

（二）中长距离慢跑

运动特点：中长距离慢跑是周期性的耐力性运动，以有氧代谢为主，方法简单，无需成本，强度低，效果好。坚持长距离慢跑能提高人体的心脏功能，促进全身新陈代谢，增强体质。

运动强度：有氧耐力运动，中等运动强度。本人最大吸氧量的55%~60%，运动心率控制在120~130次/分钟。青壮年、健康人健身跑的运动心率公式=190-年龄。

运动频率：每周3~5次，每次10~20分钟。

注意事项：练习中可以采用走、跑交替的方法。

（三）定量长跑

运动特点：定量长跑能使身体代谢过程加快，体内能量消耗增加，促进多余脂肪被机体利用而不被转化、积累，是最廉价的也是最容易控制的减肥瘦身方法。若每天坚持30分钟以上的锻炼，多消耗350千卡以上的热量，并适当地控制饮食，能够达到减肥瘦身的

目的。

运动强度：长时间、长距离、定时间、定距离的中、低运动强度，以有氧代谢为主的周期性运动形式。

运动频率：每周 4~5 次，每次 30~40 分钟。

注意事项：定量长跑中手掌心、脚底板潮热，身体微微出汗时，继续运动保持此状态 10 分钟或更长。

（四）健身跑

运动特点：健身跑被体育爱好者视为“最完美的运动”，一度风靡全球。经常锻炼能有效地增强腿部肌肉力量和心肺功能。健身跑时两臂自然屈肘前后摆动，步幅不宜过大，节奏与呼吸配合自然，以脚后跟过渡到脚掌着地。每天跑的运动量不是恒定的，可根据自身状况略有增减。

运动强度：中等运动强度，运动心率为本人最大心率的 60%~70%。

运动频率：每周 3~4 次，每次 20~30 分钟不等。根据个体情况采取先慢跑 5~10 分钟，待身体渐渐发热后，稍加快步速并保持等速运动。

注意事项：练习可采取先走后跑、走走跑跑、走跑交替等措施。随着耐力水平的提高可逐渐增加运动时间与运动强度，一般不超过本人最大心率的 80%。

（五）快速步行

运动特点：快速步行是有氧运动之一，以减肥为目的的快速步行要比平时的步行速度快。练习中，全身骨骼肌群进行有节奏的舒张与收缩，末梢血管受到肌肉反复挤压，周身活动能力增强，从而使机体各脏器的新陈代谢处于最佳状态。每次步行，起初可采用舒适的步伐走上 5~10 分钟，作为准备活动，然后按照预定的要求加大步幅、加快步速。

运动强度：中等运动强度，有效的运动心率控制在 100~130 次/分钟。

运动频率：每周 2~3 次，每次 30~60 分钟左右，以早晨或傍晚练习效果好。

普通走步法：每分钟 60~80 步，每次 20~40 分钟；

快速走步法：每分钟 90~120 步，每次 30~60 分钟。

注意事项：两臂甩动有力并配合下肢跨步，呼吸均匀与动作协调一致。

二、发展速度素质的练习

（一）30 米或 60 米疾跑

运动特点：30 米或 60 米疾跑是典型的周期性无氧代谢运动项目，运动时间短、强度大，体力主要靠三磷腺苷-磷酸肌酸（ATP-CP）的分解和糖酵解供应能量。通过练习能提高中枢神经系统的反应能力，强化身体的灵活性和敏捷性，发展速度素质。

运动强度：短时间、多组数、大强度运动，运动后即刻心率可达 30~35 次/10 秒钟。

运动频率：每周 2~3 次，每次 2~3 组，组间休息 40~60 秒钟。

注意事项：以本人最快的速度完成每次练习。

（二）100 米疾跑

运动特点：100 米疾跑，运动时间短、强度大，经常练习能提高中枢神经系统的反应能力，发展速度素质。

运动强度：大运动强度，运动后即刻心率可达 30~35 次/10 秒钟。

运动频率：每周 2~3 次，每次 1~2 组；组间休息 3~5 分钟。

注意事项：以本人最快的速度完成每次练习。

（三）下坡跑

运动特点：发展速度素质。

运动强度：大运动强度，运动后即刻心率可达 30~35 次/10 秒钟。

运动频率：每周 2~3 次，每次 3~4 组，组间休息 40~60 秒钟。

注意事项：以本人最快的速度完成每次练习。

（四）原地高抬腿跑

运动特点：快速、高频率的高抬腿跑能有效地发展腿部肌肉力量，提高速度素质。练习者自然站立，两眼注视前方，一腿抬高，一腿支撑，两腿相互交替练习。大腿高抬与地面保持平行，与上身成 90°直角，踏地脚反弹有力，两臂前后自然摆动。

运动强度：中等偏上运动强度，运动心率在 150~170 次/分钟。

运动频率：每周 2~3 次，每次 2~3 组，每组 30 秒~1 分钟，组间休息 1~2 分钟。

注意事项：高抬大腿，立腰抬髋，尽可能保持较高的身体重心，切忌上身后仰。练习中可利用节奏鲜明的音乐或节拍器控制抬腿的节奏。

三、发展柔韧素质的练习

（一）肋木压腿

运动特点：利用肋木做前压腿、侧压腿，提高下肢或腰部的柔韧性，以及全身的协调性。

运动强度：柔韧性练习，小运动强度。运动中心率控制在 90~100 次/分钟。

运动频率：每周 3~5 次，每次 8~10 次。

注意事项：膝盖不弯曲，腿放在肋木上的高度与身体尽量成 90°直角。

（二）伸展运动

运动特点：提高关节活动的幅度和柔韧性。其方法，上肢关节伸展：练习者面墙站立，左手尽量缓慢顺墙摸高，可踮足；然后换右手，重复 5 次。肩关节伸展：取站立位，左上肢由前向后做回环运动 5 圈；然后换右手，重复 5 次。腰部关节伸展：两脚开立与肩同宽，双膝伸直，髋关节做缓慢的转体运动，左右各 5 次，运动幅度越大越好。背部关节伸展：直体站立，双膝伸直，身体做前屈后伸运动各 5 次，左右侧弯各 5 次，运动幅度越大越好。

运动强度：以柔韧为主的身体素质练习，小运动强度。

运动频率：不定期，随时随地进行。

注意事项：伸展动作不要过猛，以轻松舒适为度；也可借助身旁器械物品如：椅子、桌子、单双杠、肋木等进行练习。

（三）站位体前屈

运动特点：体前屈主要用来发展脊柱和下肢关节的柔韧性和灵活性。练习者两足跟并拢站立，两腿伸直双膝不弯曲，上身尽量前屈，使手指前伸触地或双手抱膝，保持此姿势

10秒钟左右，使大腿后侧韧带拉长。

运动强度：柔韧性练习，小运动强度。运动中心率控制在90~100次/分钟。

运动频率：每周7次，每次2~3组，每组3~4次。

注意事项：两腿伸直膝盖不弯曲。

（四）坐位体前屈

运动特点：练习者两腿伸直坐于平地或器械上，上身前屈，两臂伸直前伸触击双脚背，前额触膝。

运动强度：柔韧性练习，小运动强度。运动中心率控制在90~100次/分钟。

运动频率：每周7次，每次8~10次。

注意事项：两腿伸直，膝盖不能弯曲；上身尽量前屈，手指尽量前伸触击双脚，停留几秒钟。

（五）向后伸举腿

运动特点：自然站立，两手扶于支撑物，一腿直立，另一腿前后摆动，提高腿部柔韧性，增强身体的灵活性。

运动强度：柔韧性练习，小运动强度。运动中心率控制在90~100次/分钟。

运动频率：每周3~5次，每次8~10次。

注意事项：后摆腿时塌腰，前摆腿时尽量上摆，振动的幅度以能拉长大腿的韧带为宜。

四、发展力量素质的练习

（一）上肢力量

1. 弹簧拉力器直臂扩胸

运动特点：弹簧拉力器能发展上肢、胸部等身体部位的肌肉力量。练习者应该根据自身的体质、年龄、体力状况选择弹簧根数，随着训练水平的提高，逐渐增加弹簧根数。

运动强度：中等偏低运动强度。

中等运动量心率：（195次−年龄）×80%；小运动量心率：（180次−年龄）×80%。

运动频率：每周锻炼2~3次，每次2~3组，每组10~15次，组间休息1~2分钟。

注意事项：必须依靠臂力完成，身体其他部位不要跟着一起用力。

2. 双杠双臂屈伸

运动特点：发展人体的上肢力量，经常练习能发达胸部肌肉，促进胸廓运动。练习者杠端站立，双臂用力支撑身体直至伸直，通过屈伸次数来确定自己的臂力。

运动强度：力量素质练习，中等运动强度。

运动频率：每周3次，每次2~3组，每组8~12次，组间休息2~3分钟。

标准动作等级标准：不及格4次以下；及格5~9次；良好10~14次；优秀15次以上。

注意事项：练习时尽可能采用深吸气、缓慢呼气的方法；完成杠上标准化的动作稳定一定练习次数后，再增加练习次数，以获取更大的健身效果。

3. 平卧推举

运动特点：平卧推举能发展身体的胸大肌、呼吸肌群和肩带肌群。练习者仰卧在长凳上，肩部与臀部触及凳面，腰部用力收紧抬起，保持挺胸吸小腹状态。手持杠铃两臂伸直，先屈臂缓慢将横杠放在胸部第三、四肋骨间，然后用力向上推举，两臂伸直至原来位置。重复进行。

运动强度：力量素质练习为主，中等运动强度。

运动频率：每周3次，每次3组，每组10~12次，组间休息1~2分钟。

注意事项：练习者身旁要有人保护。开始练习时用鼻猛吸一口气，杠铃向下时慢慢用口呼气，但不要呼尽，如果把气呼尽，胸廓会显得无力。

4. 提举杠铃

运动特点：提举杠铃是发达上肢肌肉的有效方法之一。杠铃主要由杠铃杆、杠铃片和卡箍三部分组成。杠铃杠的规格重量为20千克，杠铃片的规格重量有25千克、20千克、15千克、10千克、5千克、2.5千克等。练习者可根据自身体力和经验，选择所需重量进行锻炼。若发展肌肉力量采用大负荷、慢速度、少次数的练习方法；若发展肌肉耐力则采用轻负荷、快速度、多次数的练习方法。

运动强度：上肢力量为主，中等运动强度。

运动频率：肌肉力量练习每周3次，每次3组，每组4~10次。肌肉耐力练习每周3次，每次3组，每组10~25次；组间休息一分钟再进行下一组练习。

注意事项：提举前做好准备活动，以免造成肌肉、韧带、关节的急性拉伤。提举中注意自我保护，掌握正确的呼吸方法。

5. 哑铃

运动特点：哑铃是健身房、俱乐部、家庭必备的小型健身器械。标准的哑铃重量规格有2.5千克、5千克、10千克等，练习者根据自身体质状况进行针对性练习。

运动强度：上肢与肩轴部肌肉力量为主的练习，采用中等或中等偏下运动强度，用45%~65%的力量锻炼。

运动频率：两臂体侧摆举：每周3次，每次2~3组，每组5~10次，组间休息一分钟。

前后摆臂：每周3次，每次3~4组，每组25次，组间休息一分钟。

两臂前上举：每周3次，每次3~4组，每组15~20次，组间休息一分钟。

注意事项：练习前做好准备活动，练习中力求动作姿势准确到位，以确保健身效果；练习后做好放松活动，并安放好器械。

6. 俯卧撑

运动特点：俯卧撑主要增强上肢肌肉力量。按身体姿势可分高、中、低姿势三种；按脚法可分两脚并拢和开立式两种。常用的方法有三种：其一，利用床桌椅进行，头部高于支撑面，难度较小；其二，双脚支撑于地面，头和躯干保持平面，难度中等；其三，双手撑于地面，双脚放置高于躯干和臀部20~40厘米处，难度提高。

运动强度：中等或偏下运动强度，以手臂不过于颤抖为宜，运动心率120~130次/分钟为好。

运动频率：每周2~3次，每次2~3组，每组15~30次不等，组间休息3~4分钟。

注意事项：两臂伸直支撑身体时不要塌腰、撅臀。可灵活选用三种方法交替练习。注意循序渐进、由易到难、由少到多地进行练习。

7. 引体向上

运动特点：引体向上练习能提高上肢肌肉力量，使胸廓发达。引体时两臂伸直握杠，可正手或反手握杠。如若发展上臂屈肌群，宜采取反握的手法。

运动强度：中等运动强度。练习者根据自身的体力进行持续练习。

运动频率：每次 2~3 组，每组 6~10 次，隔天一次。

注意事项：每次引体向上以下颌过杠记数一次，动作应尽可能规范、标准；身体不要剧烈摆动，呼吸自然，身体上引时吸气、下垂时呼气。

（二）腰腹肌力量

1. 抱头仰卧起坐

运动特点：提高腰腹肌力，减少腰腹部位的多余脂肪。取仰卧位，双手抱头，两腿伸直自然并拢，利用腹肌收缩带起上身，双肘触击腿部，然后躺下连续反复练习。

运动强度：中等运动强度，有效运动心率在 100~140 次/分钟。

运动频率：每周 3~4 次，每次连续做 30 次左右，或练习次数接近极限为好。

注意事项：起坐时两腿自然伸直，上身躺下时动作要缓慢。

2. 仰卧举腿

运动特点：提高腹肌力量，减少积聚的皮下脂肪。取仰卧位，两手握住固定物或自然放于体侧，两腿并拢伸直上举，使上身和腿的夹角小于 90°，再缓慢还原。

运动强度：以腰腹力量为主的练习，中等运动强度。

运动频率：每周 3~4 次或早晚各一次，每次 2~3 组，每组连续完成 20~30 次或达到极限举不起腿为宜。

注意事项：两腿自然伸直，膝盖不弯曲。

3. 仰卧屈膝团身

运动特点：主要发展上、下腹部肌肉，塑造平坦结实的腹部。取仰卧位，双腿伸直，尽力向上屈膝收腹，双膝触击胸部。

运动强度：中等运动强度。

运动频率：每周 3~4 次，每次连续做 20~30 次，或针对个体提出不同要求。

注意事项：两腿屈膝收腹尽量贴近胸部，腿放下时动作要缓慢。

4. 仰卧转体

运动特点：经常练习可减少腹部脂肪，缩小腰围，健美体形。仰卧上身抬起时，一手前伸触击异侧脚背，交替进行。

运动强度：以腰腹力量为主的练习，中等运动强度。

运动频率：每周 3~4 次，或早晚各一次，每次 2 组，每组 20~30 次，必须连续完成。

注意事项：起坐时，两腿自然伸直，膝盖不弯曲。仰卧时，上身下落动作宜缓慢，肩胛骨碰板面，避免头部下落时受撞击。

5. 肋木收腹举腿

运动特点：肋木是体操练习的必备器材，常用来进行柔韧、攀爬和力量练习。利用肋木练习收腹举腿是发展腰腹肌力量的有效健身方法。双手紧握肋木，上身固定不动，双腿并拢伸直向上做收腹举腿运动并尽量贴近胸部再放下。

运动强度：以力量、柔韧练习为主，中等偏低运动强度。

运动频率：每周 3~4 次，每次 2~4 组，每组 6~10 次，组间休息 2~3 分钟，或根据自身体力状况进行更多的练习。

注意事项：收腹举腿时，两腿伸直膝盖不弯曲，尽量上抬贴近胸部再缓慢放下。

（三）腿部爆发力

1. 并足连续跳

运动特点：双脚并拢前脚掌着地连续向前小跳，经常练习能有效地发展小腿肌肉的爆发力。

运动强度：中等运动强度。

运动频率：每周 2~3 次，每次 2~3 组，每组 20~30 米，组间休息 3~5 分钟。

注意事项：上身自然不挺腹，前脚掌着地协调用力向前跳。

2. 台阶交替蹬伸跳

运动特点：发展腿部肌肉爆发力。

运动强度：中等运动强度。

运动频率：每次 2~3 组，每组 10~20 次，组间休息 2~4 分钟。

注意事项：前脚掌着地腿充分蹬直。

3. 立定跳远

运动特点：是力量和速度的综合素质，经常练习能发展腿部肌肉的爆发力。

运动强度：中等运动强度。

运动频率：每周 2~3 次，每次 2~3 组，每组 5~8 次，组间休息 2~4 分钟。

注意事项：运动时穿球鞋，练习后要进行放松活动。

五、调节精神，改善情绪的练习

（一）徒手形体操

运动特点：形体操具有典型的健身、健美、健心的作用，不受场地和时间限制，经常练习能促进体格正常发育，提高全身关节的柔韧性、身体的协调性和灵活性，形成优美的形体与举止，表现出青春的活力。

运动强度：中等运动强度，运动心率控制在 120 次/分钟左右。

运动频率：每周 3~5 次，每次 1~2 套，每次 5~10 分钟。

注意事项：练习时应掌握从小幅度到大幅度，从小关节到大关节，动作由慢到快的原则，并保持积极的情绪。

（二）韵律操

运动特点：韵律操顾名思义讲究韵律节奏，在充满青春气息的练习中发展身体的灵敏与协调素质。其动作连贯节奏明快，简单易学。

运动强度：中等运动强度，运动心率控制在 120~150 次/分钟。

运动频率：每周 3~5 次，每次 1~2 套，组间休息 2~3 分钟，持续练习 12~15 分钟。

注意事项：不在饱餐和饥饿状态下跳操，练习时保持积极的情绪状态，按音乐节奏协调练习。

（三）骑自行车

运动特点：提高耐力，增强腿部力量及心肺功能，郊外远游使人心旷神怡，心胸开阔。利用周休日结伙搭伴骑车远游，可采用轮流领骑的方法，既加快了车速又增添了乐趣。

运动强度：中等运动强度，运动心率在120~150次/分钟为宜。

运动频率：车速据情况而定。

注意事项：注意交通安全。

（四）登山

运动特点：家人或朋友利用周休日进行锻炼，增强心肺及呼吸功能，提高身体耐力和腿部力量，增添生活乐趣。爬山时身体稍前倾，速度不宜太快，下山勿跑动，以免受伤。

运动强度：中等运动强度，运动心率在120~140次/分钟之间。

运动频率：每周1~2次，每次登山时间不超过1.5小时，每爬15~20分钟小憩1次，或据情而定。

注意事项：衣服要宽松，最好穿球鞋。

（五）跳绳

运动特点：跳绳是一项简单易学，不受场地限制的常用健身方式。经常练习能提高人体神经系统的灵活性和反应速度，强化身体的协调性与敏捷性，增强臂力和腿部弹跳力，增强心肺功能。可采用双摇跳，双脚跳，原地交换腿跳，单脚跳，单腿前伸跳等方法。练习者可以根据自身的体能与经验，选择其中的1~2种跳法。

运动强度：中等运动强度。运动心率控制在120~150次/分钟。

运动频率：不定期或定期。每周4~5次，每次2~3组，每组50~100次或每组1~3分钟，组间休息3~5分钟。

注意事项：呼吸自然，动作协调有节奏。

（六）游泳

运动特点：采用任何一种姿势均可，游泳时胸部要承受一定的压力，对呼吸肌提出更高的要求，故可增强心肺功能及身体各部位的肌力。

运动强度：中等运动强度。

运动频率：若有条件或天气过热，每周2~3次，每次0.5~1小时。

注意事项：游泳的速度不要过快，以自己体能的中等运动强度，游完后不感觉太累为宜。

第三节　运动处方

早在20世纪50年代，美国生理学家卡波维奇就曾提出过运动处方这个概念。1969年世界卫生组织（WHO）使用了运动处方术语，从而在国际上得到确认。运动处方的完整概念可概括为："对从事体育锻炼者或病人，根据医学检查资料（包括运动试验及体力测验），按其健康、体力以及心血管功能状况，结合生活环境条件和运动爱好等个体特点，用处方的形式规定适当的运动种类、时间及频率，并指出运动中的注意事项，以便有计划地经常性锻炼，达到健身或治病的目的。"

一、运动处方的原理

运动处方锻炼主要是采用中等强度有氧代谢为主的耐力性运动，也称有氧运动，因此，其健身作用的理论基础就是有氧运动的健身价值、超量恢复原理及全面身心健康概念。

（一）有氧运动的价值

体育锻炼的基本目的是为了增强体质，提高抗病能力，而关键环节应该是提高心肺功能和心血管的输氧能力。

耐力运动对增强呼吸系统摄取氧、心血管系统载荷及送氧的能力，以及组织的有氧代谢利用氧的能力有显著的训练作用。因此，有氧运动对肌体的影响有生理学的、生化学的、心理学的及社会学的多方面的效果。有氧运动是恒常运动，所谓恒常运动也称稳定运动，是人体活动时的一种功能状态。这种运动强度的运动刺激使各种生理功能惰性逐渐被克服，呼吸、循环功能提高，人体需氧量与吸氧量之间达到动态平衡、体内不发生乳酸堆积，心率、每搏输出量和肺通气量等保持稳定状态，因此持续运动时间长，安全性高，脂肪消耗多，提高最大摄氧量和无氧性作业阈值，改善有氧能力等。简明地说，恒常运动是持续 5 分钟以上尚有余力的运动，而非恒常运动是 5 分钟以内便疲倦了的运动。

（二）超量恢复原理

人体对一定量的运动负荷刺激有个适应过程，一般分为负荷、恢复和超量恢复三个阶段。在负荷阶段能量物质被大量消耗，物质代谢产物（乳酸、尿素等）被蓄积起来，人体机能能力下降，产生疲劳。停止运动后，到了恢复和超量恢复阶段，肌体内环境（热、酸碱和水）恢复平衡，肌肉内被消耗的能源物质得到补充，并在一段时间内超过原有水平，此现象称为超量恢复。如果在超量恢复阶段内再进行下一次超负荷锻炼，肌肉物质和肌力就会逐步积累起来，进而逐步提高肌体能力和训练水平。一般来说，超量恢复常在运动后 1~2 天内出现。

（三）全面身心健康概念

库珀博士经过 20 多年的艰苦探索与研究，创造性地揭示了保持人体全面身心健康的奥秘，他认为主要是保持人体生理、心理平衡。人体每天需要一定量的营养，以保证细胞生长和代谢的需求；同时需要适当时间的休息，以放松和消除工作造成的疲劳；还需要适当的体力活动，以保持肌肉、筋骨和内脏器官的功能。而有氧代谢运动是保持全面身心健康最有效、最科学的运动方式。

二、运动处方的内容

（一）运动种类

1. 运动的分类

对于“运动”的概念，在物理学、生物学、社会学、心理学等领域各有不同的含义，所以有必要搞清运动处方领域内的“运动”概念。日本学者小川方德将模仿类的运动分为日常运动、劳动运动、体育运动及表现运动四类。

从运动生理学上氧的代谢程度来看，对健康有效的运动项目可分为三类，即有氧运动、无氧运动及混合运动。

在运动实践中，两者不规则而混合存在的也不少，而且也有同一项目由于方法不同成为有氧运动或无氧运动的。例如长跑、轻松慢跑是有氧运动，而竞赛时全力跑即为无氧运动。按体力水平（尤其是有氧运动）也不一样，同样的速度，体力好的人为有氧运动，而体力差的人则为无氧运动。

2. 运动种类的选择

在运动处方中，对锻炼者提供最适宜的运动项目，可以说是最终的目标。

(1) 选择运动种类的条件：经过医学检查已许可；运动强度、运动量符合本人的体力；过去的运动经验、本人喜爱的项目；有进行运动的场所；运动设备、用具齐全；有同伴，有指导者。

(2) 运动处方的运动种类：现代新兴的运动处方要求包括三种运动种类，即有氧运动、伸展运动及力量性运动，以达到全面锻炼的最佳效果。

有氧运动包括步行、慢跑、走跑交替、自行车、滑冰、越野滑雪、划船、跳绳、上下楼梯及室内功率自行车、步行车、活动平板（跑台）等。

伸展运动包括：广播体操、太极拳、五禽戏、八段锦、健身迪斯科、跳舞及各种医疗体操和矫正体操等。

力量性运动包括：采取中等强度的足以发展和维持去脂体重的力量训练。

(二) 运动强度

运动强度是单位时间内的运动量，而运动量是运动强度和运动时间的乘积。运动强度是运动处方定量化与科学化的核心问题，而运动量也是取得锻炼效果与安全性的关键。两者的表示方法有多种，可根据需要分别使用。

运动强度：运动量÷运动时间

运动量：运动强度×运动时间

运动强度可分为绝对的强度和相对的强度两种。

运动量也称运动负荷，是由强度、密度、时间、数量及运动项目的特点等因素构成的。这些因素相互联系、相互制约，改变任何一种因素都会直接影响运动量的大小。

(三) 按心率确定运动强度的方法

按心率确定运动强度，可采用年龄减算法（Jungmann 标准）。其公式如下：

运动适宜心率＝180－年龄

美国学者根据运动时心率和强度的相关关系提出如下标准：心率 160 次/分钟的锻炼强度大约是 80%；心率 140 次/分钟的锻炼强度大约是 70%；心率 120 次/分钟的锻炼强度大约是 60%；心率 110 次/分钟的锻炼强度大约是 50%。

国内外科研成果表明，最适宜的锻炼强度为 65%～75%，即心率在 130～150 次/分钟之间。

(四) 运动时间

指每次持续运动的时间，由于运动时间和运动强度的乘积决定运动量，因此，即使等量的运动量，也因运动目的不同而有运动强度和运动时间不同的处方。以健身为目的的运动，以强度小而时间长的处方效果好（中老年人）。对于青少年来说，以短时间的激烈运动反复多次的处方，对增进健康有很好的作用。

据研究，每次进行 20～60 分钟的耐力性运动是比较适宜的。从运动生理学来说，5 分钟是全身耐力运动所需的最短时间，60 分钟对于坚持正常工作的人是最大限度的时间。心率达到 150 次/分钟以上时，最少持续 5 分钟即可开始收到效果；如果心率在 150 次/分钟以下，那就需要 5 分钟以上才会有效果。

1. 必要的运动时间

一次必要的运动时间是根据运动强度、运动频率、运动目的、年龄及身体条件等的不同而不同，不能一概而定。这要看某种强度的刺激对呼吸、循环功能从运动开始至达到恒常运动所需的时间。为了给予呼吸、循环系统有效的刺激，使各种生理功能充分发动起来，达到恒常运动的时间一般为：轻运动时约 5 分钟，强运动时约 3 分钟。由此可见，5 分钟以内的运动对呼吸、循环系统的刺激还是不充分的。因此，在达到恒常运动以后需要继续运动一些时间，这样合计运动时间则为 10 分钟左右，再加上准备活动及整理活动至少需要 5~8 分钟，所以，实际所需要的时间为 15~20 分钟，这是比较可行的最低限度。一般可在持续有氧运动 20~60 分钟范围内，按运动强度及身体条件决定必要的运动时间。

2. 时间与强度的配合

每次持续时间和运动强度的配合，可明显地改变运动量。一般来说，健康的成年人宜采用中等强度、长时间的运动；体力弱而时间充裕的人可采用小强度、时间较长的运动；体力好但时间不富余者，可采用大强度、短时间的运动。

（五）运动频率

指每周的锻炼次数。每周锻炼几次为好？有人研究观察到：当每周锻炼多于 3 次时，最大摄氧量（VO_2max）的增加逐渐趋于平坦；当锻炼次数增加到 5 次以上时，VO_2max 的提高就很小；而每周锻炼少于 2 次时，通常不引起改变。由此可见，每周锻炼 3~4 次是最适宜的频率。但由于运动效应和蓄积作用，间隔不宜超过 3 天。作为一般的健身保健方法，坚持每天锻炼一次当然更好。

关于必要的运动频率，研究结果表明：一周运动 1 次，运动效果不蓄积，肌肉痛和疲劳感每次都发生，运动后 1~3 天身体不适，且易发生伤害事故；一周运动 2 次，疼痛和疲劳感减轻，效果一点一点蓄积，但不显著；一周运动 3 次，基本上是隔日运动，不仅效果可充分蓄积，也不产生疲劳感，如果增加频率为每周 4 次或 5 次，效果也相应提高。

三、制定运动处方的程序

（一）制定运动处方的步骤

第一步：一般体检，包括收集病史、运动史。了解运动的目的，对运动的期望；询问病史，如既往史、家族史；运动史，如运动爱好，现在运动情况等；社会环境条件，如职业、工作与劳动条件，生活环境、经济、营养等条件，周围能够利用的运动设施，有无指导等。

第二步：临床检查，包括人体测量及体脂测定。这里所指的临床检查相当于所谓成人病的检查。检查的目的：一是对现在的健康状况进行评价；二是判断能否进行运动、运动负荷试验；三是判断有否潜在性疾病或危险因素。总之，医学检查的基本目的在于掌握个人的状况，为制定运动处方提供必要的信息。

第三步：运动试验及体力测验。运动试验是制定运动处方的基本依据之一。现在最常用的方法是“递增负荷运动试验”。只有运动负荷试验无异常的人才能接受体力测验，即

进行肌力、爆发力、柔韧性等运动能力和全身耐力测验。根据库珀等学者的研究证明，12分钟跑测验与最大摄氧量相关系数最高。所以，库珀提出的有氧代谢运动的体力测验包括走、跑、游泳三种方式，一般人可以任选其中之一，用来检查和测量心血管系统功能。由于是测验，它们的运动强度就比平常锻炼高，并要求尽全力而为之，因此，参加测验的人必须符合三个条件之一：①35岁以下，身体健康；②有半年以上运动经历；③按库珀介绍的锻炼计划至少运动了6周。

第四步：制定运动处方，安排锻炼计划。通常根据以上检查的结果，可以根据此人的健康状况、体力水平及运动能力的限度等具体情况制定运动处方。处方中主要是制定出运动强度保证安全的一次必要运动量（运动时间）以及一周的运动频率等内容。一般按照初定的运动处方试行锻炼，如有不适合的地方，可进行些微调整，待适合后坚持锻炼3~6个月，再做体力测验，重新制定长期的运动处方，以不断提高锻炼效果。

第五步：善后工作和复查。原则上医生要当面为本人制定运动处方，首先要向本人说明医学检查结果的大致情况；其次指出注意事项；最后是隔一段时间要与被检查者接触，询问运动情况，判断有无副作用。

（二）一次锻炼运动的安排

在一次锻炼运动中通常分三部分进行，即准备部分、训练部分和结束部分。在不同的锻炼阶段，这三个部分的时间划分各不相同。在早期阶段，准备部分时间要长些，一般为10~15分钟，训练部分为20~25分钟，结束部分为5~10分钟。在中期和后期阶段，准备部分时间可短一些，一般为5~10分钟，然后进入主项运动（即训练部分），最后5分钟是结束部分。以健身为目的的锻炼合计运动时间为30~45分钟。各部分训练内容的安排各有所侧重，并且运动负担量的分配也不同。准备部分的作用是使肌体组织“暖和”起来，使身体逐渐适应运动强度较大的训练，以免因心、肺等内脏器官和骨关节功能不能适应而导致意外发生，一般都采用活动强度较小的步行、伸展性体操或太极拳等。训练部分也称基本部分，其内容是运动处方的主项运动欲达到的目的。主项运动的运动强度一般定为最大能力的40%~60%，同时还要求达到一定活动范围的肌力训练，其训练强度为最大能力的80%左右。结束部分是指在训练结束后，要使高负荷的心肺和肢体活动逐渐安静下来，不要突然停止运动，因为此时血流仍大量集中于四肢，若突然停止不动，会使回心血量锐减，可能导致出现“重力性休克”，即由于搏出量不足，引起脑贫血而发生休克症状，通常可做一些放松式体操、散步或自我按摩等。

第四章　运动性病症与运动损伤

第一节　运动性病症与运动损伤的发生原因与预防

运动性病症一般指因机体对运动应激因子不适应或训练安排不当而造成体内紊乱所出现的一类疾病、综合征或机能异常，包括人体生理活动过程的有序性由于运动而受到暂时性破坏所导致的某种生理反应。体育运动过程中所发生的损伤统称为运动损伤。在运动时必须做好运动性病症与运动损伤的预防，避免发生伤害事故，做到安全锻炼。

一、运动性病症与运动损伤发生的原因

（1）思想上疏忽。对运动性病症与运动损伤防范的重视程度不够，运动前没有仔细检查器械；冒失进行锻炼；在练习时过分紧张等。

（2）准备活动方法不正确。准备活动不充足，未按项目特点进行准备活动，身体没能进入运动状态，或准备活动过多过长，在项目训练前已感疲劳。

（3）运动技术不正确。技术上存在缺陷导致运动损伤较多。如学习排球传球时，手型不正确，很容易引起手指挫伤；学习扣球腾空落地时，双膝的缓冲不够，很容易造成膝关节或踝关节等的损伤，甚至由于身体不平衡而引起其他意外。

（4）缺乏保护意识。运动时自我保护意识不强，当出现意外时无合适的处理方法。

（5）器材和服装不合乎安全要求。场地凹凸不平，跑道不符合标准，沙坑沙量不足、有杂物；器械质量不好或保养不当，安装不牢固；运动环境恶劣；运动服装、鞋不合适等均是运动损伤的隐患。

（6）运动负荷不合理。运动负荷过大，超过身体所能承受的负荷，易造成身体局部的损伤，如个别专业运动员超强度的训练，易造成职业病。

（7）组织纪律观念不强。违反课堂纪律或比赛规则，如任意穿梭于运动场或在投掷区打闹，在非投掷区投掷等，容易引起不必要的运动损伤及意外。

二、运动性病症与运动损伤的预防

为了避免或减少运动性病症与运动损伤的发生，运动时应做到以下几点：

（1）加强安全教育。提高安全意识，培养互相帮助、互相保护的习惯，做到预防为主。

（2）做好充分的准备活动。准备活动是为了提高中枢神经系统的兴奋，以适应运动时的需要。准备活动的运动量要根据气候和运动项目的特点，有目的地进行。适宜的强度应以身体感到发热为好。

（3）合理安排运动负荷。运动负荷的强度不够，达不到锻炼的目的；运动负荷的强度过大，超出运动极限，易造成运动损伤或意外。要循序渐进，合理安排科学的运动负荷。

（4）杜绝事故隐患。应对运动场地、器材设备进行安全检查和保养，避免在有空气污染的场地上锻炼，或穿着不符合安全标准的服装、鞋子进行锻炼。

（5）加强运动时的自我保护能力。提高自我保护能力是预防运动损伤的重要方式，应学会自我保护的方法。如摔倒时立即屈肘、低头、团身，以肩背部着地顺势滚翻，而不可直臂撑地。

（6）定期体检。对参加活动的学生要进行体格检查。如患有慢性病的人，应根据医生的建议进行锻炼。禁止特殊病患者，如心脏病患者等参加剧烈运动或比赛。

第二节　常见运动性病症与处理

运动性病症在体育运动中较为常见，在学校体育中也是较为常见的。

一、延迟性肌肉酸痛（DOMS）

延迟性肌肉酸痛是指机体进行大运动量训练后，特别是大强度的离心训练或进行新的不习惯的练习之后一段时间，参与运动的肌肉所出现的酸痛现象。到目前为止，其病因和发病机理还未完全清晰，也没有真正有效清除或减轻 DOMS 的方法。

（一）临床表现

一般在运动后 24 小时之内出现肌肉僵硬、酸痛和自觉酸痛部位肿胀，有压痛，多发生于双下肢主要伸、屈肌群，而肌肉远端和肌肉—肌腱移行处常常症状较重，严重者则肌肉全长发生疼痛，且以腹肌为主。24～48 小时内，酸痛达到高峰，之后可自行缓解，5～7 天消失。其过程较少受外界因素（如各种治疗措施）的影响。

大强度、大运动量锻炼或训练，较长时间未锻炼后刚开始锻炼，长时间登山及大强度离心运动（如长距离下坡跑、肌肉牵拉）等均可能引起 DOMS。它既可发生于高水平运动员，亦可发生于未经训练者，既可发生于极限强度下，亦可发生于次极限强度下。

（二）处理

（1）热敷。（2）伸展状态下的静力牵张。即患部关节伸直，慢慢拉长受伤肌肉，牵拉 2 分钟后休息 1 分钟，重复进行几次。（3）按摩。主要采用揉捏法，即将掌心及各指紧紧贴于酸痛部位皮肤，拇指与其余四指相对用力，开始时动作要轻，适应后逐渐加重，结束前放松。（4）口服维生素 C。（5）理疗。

（三）预防

（1）循序渐进，把握运动强度及运动量的递进性原则。（2）降低训练环境的温度，尤其要避免在炎热的气温条件下进行大强度的肌肉离心性工作练习。（3）大强度力量练习后，对主要工作肌肉进行推拿按摩。

二、极点和第二次呼吸

（一）极点

剧烈运动时，由于运动开始阶段内脏器官的活动满足不了运动器官的需要，氧债不断积累，大量乳酸性代谢产物堆积在血液中，而引起呼吸循环系统暂时失调，机能下降。出现呼吸困难、肌肉酸痛、动作迟缓、胸闷难忍、下肢沉重和不愿再运动下去等现象，这在运动生理学上被称为“极点”。

（二）第二次呼吸

“极点”出现后，若适当降低运动速度并有意识地加深呼吸，上述生理反应将逐渐缓解与消失，随后人体植物性机能的惰性被克服，氧供应增加，各器官系统的机能活动开始进入一种稳定状态，此时呼吸变得均匀而加深，动作感到轻快，一切不舒适的感觉都消失。这种现象在运动生理学上被称为“第二次呼吸”。

“极点”和“第二次呼吸”是长跑运动中常见的生理现象，只要坚持经常锻炼，“极点”现象是可以延缓和减轻的，并且，只有在锻炼中不断克服“极点”，人体机能才能逐步得到提高。

三、肌肉痉挛

肌肉痉挛（俗称抽筋），是肌肉不自主的强直性收缩。它是运动中较为常见的一种症状，尤其是在田径、游泳、足球等一些时间长、强度大的运动项目中，发生率高。

（一）临床表现

运动中最易发生痉挛的肌肉是小腿腓肠肌，其次为足底的屈跖肌和屈趾肌。痉挛的肌肉僵硬或隆起，疼痛难忍，痉挛肌肉所涉及关节的伸屈功能有一定障碍；痉挛缓解后，局部仍有酸痛不适感。

（二）处理

（1）牵引痉挛肌肉。如腓肠肌痉挛，可伸直膝关节，同时用力将踝关节背伸；如屈跖肌和屈趾肌痉挛，可用力背伸踝关节和足趾。牵引时用力宜均匀、缓慢，切忌暴力。

（2）配合局部按摩。一般几分钟后即可缓解。

（3）游泳时如发生肌肉痉挛，首先不要惊慌，应立即呼救，在无人或呼救无果时，可自行解脱痉挛。其具体方法是：①小腿腓肠肌或脚趾痉挛时，先吸一口气，仰卧水上，用痉挛肢体对侧的手握住痉挛的脚趾，并用力向身体方向拉，另一手掌压住痉挛肢体的膝关节，以帮助膝关节伸直。②大腿肌肉痉挛时，深吸一口气，仰卧水面，弯曲痉挛大腿的膝关节，然后用双手抱着小腿用力使它贴在大腿上，并用力向前伸直。③胃部肌肉痉挛时，先吸一口气，仰卧水上，迅速屈髋、屈膝（大腿、小腿折叠），并使大腿靠近腹部，用双手稍抱膝，随即下肢向前伸直，注意用力不要过大。④手指肌肉痉挛时，用力握拳，然后用力迅速把手张开，重复几次。⑤手掌肌肉痉挛时，两手掌相对用力压，并作震颤动作。

（三）预防

（1）经常参加体育运动，提高身体素质。（2）运动前做好充分的准备活动。（3）根据自身的实际情况，合理安排运动量。（4）冬季锻炼注意保暖，夏季运动注意加强电解

质的补充。(5) 机体饥饿或疲劳时不宜参加体育活动。

四、运动性晕厥

由于脑部一时性血液供给不足或血液中化学物质变化而突然发生的一时性知觉和行动能力丧失的现象，称为运动性晕厥。其多发生于大强度训练或激烈比赛中或比赛后。

(一) 临床表现

在运动中或运动后突然出现一般性知觉丧失及昏倒；发生前可感到全身无力，头昏耳鸣，眼前发黑，面色苍白，恶心，出虚汗等；昏倒后，皮肤苍白，四肢发凉，脉搏细弱，一般经短时间休息后神志迅速恢复。其病因和发病机理，主要由脑部供血、供氧不足所引起。

(二) 处理

(1) 立即平卧，头略低于足部，安静，保暖。

(2) 进行由小腿至大腿的重手法推摩或揉捏，同时用手指掐按人中、合谷、百会、涌泉等穴位。

(3) 如有呕吐，应将头偏向一侧，以免因舌头后坠及呕吐物堵塞气道而妨碍呼吸。

(4) 如呼吸停止，应立即做人工呼吸。如伴有心跳停止，应同时进行胸外心脏按压。

(5) 如神志不能迅速恢复，应立即送医院处理。

(三) 预防

(1) 坚持体育锻炼，提高心血管功能。(2) 发生过晕厥者应做全面的检查，并避免剧烈运动。(3) 久蹲后要慢慢地站立；疾跑后应继续慢跑，并作深呼吸。(4) 剧烈运动后，应休息约半小时后再洗澡或淋浴（因立即淋浴有可能造成心肌缺血，心排血量减少)。(5) 若有晕厥先兆时，应立即平卧。

五、运动中腹痛

运动中腹痛是指由于体育运动而引起或诱发的腹部疼痛，它是运动中常见的一种症状，尤其在长跑中发生率较高。运动中腹痛多发生在运动过程中或运动结束时，以右上腹疼痛为常见，男运动员多于女运动员。引起运动中腹痛的原因，大致可分为腹腔内疾患、腹腔外疾患和原因不明但与运动有关的运动性腹痛三大类。

(一) 处理

(1) 一般只要减慢运动速度，加深呼吸，按压疼痛部位或弯腰跑一段距离，疼痛即可减轻，以至消失。

(2) 若疼痛仍不减轻，甚至反而加重，就应停止运动，口服解痉止痛药，针刺或用手指点揉穴位内关、足三里、大肠俞等。

(3) 若以上措施均不见效，则应请医生诊治。

(二) 预防

(1) 循序渐进，把握运动训练和体育健身活动的运动强度及运动量的递进性原则。

(2) 加强全面身体训练，提高生理机能水平。

(3) 膳食安排要合理，饭后须经过一定时间（1.5 小时左右）以后才可进行剧烈运动；运动前不宜过饱或过饥。

（4）要充分做好准备活动，运动中注意呼吸节律，中长跑时要合理分配速度。

六、中暑

中暑是因高热环境或受到烈日暴晒而引起的一种物理病因性急性病。它多发生在长跑、负重行军、越野跑、马拉松、自行车及足球等运动项目。

（一）分类和临床表现

根据其发病机制，它可分为以下几类：

（1）热痉挛：在高温环境中因出汗过多，体内丢失大量的氯化钠，引起肌肉兴奋性增高，导致肌肉疼痛和痉挛。

（2）热衰竭：高温时大量出汗可引起失水，使血容量减少，同时由于皮肤散热需要，皮肤的血液循环大量增加，如心脏功能和血管舒张调节功能不能适应，可导致周围循环衰竭。其起病急，头晕，头痛，呕吐，面色苍白，皮肤湿凉，脉搏细弱，神志恍惚，有时可出现意识丧失。患者体温正常或稍低。

（3）日射病：由于头部长时间受到烈日直接照射，红外线和紫外线穿透颅骨引起脑组织充血和水肿，而导致呼吸和周围循环衰竭。表现为剧烈头痛，头晕，眼花，耳鸣，剧烈呕吐，烦躁不安，严重时出现昏迷、惊厥。患者体温正常或稍升，但头部温度很高。

（4）热射病：由于长时间处于高温、高热或不通风的环境中，机体体温调节功能失常，散热机制发生障碍，热能逐步累积导致中枢神经等损伤及凝血机制紊乱。其典型表现为高热，颜面灼热潮红，皮肤干燥无汗，呼吸快而弱，脉搏细速，神志逐渐模糊，有时出现昏迷和惊厥。

（二）处理

（1）迅速脱离热环境，到阴凉通风处平卧，解开衣服，喝清凉饮料等。

（2）对热痉挛和热衰竭患者，重点是大量口服含盐饮料。

（3）对日射病患者，重点是进行头部有效降温，可用冷水泼头颈部或采取额部冷敷，或用50%的酒精（白酒亦可）擦浴。

（4）对热射病患者，重点是迅速有效的全身降温，如冷水淋浴、冷敷、50%的酒精擦浴等。

（5）若症状较重或昏迷时，应一方面进行急救，一方面迅速送医院做进一步处理。

（三）预防

（1）平时要坚持在较热的环境中锻炼，逐步提高身体的耐热能力。（2）高温季节应调整作息时间，耐力性运动应安排在上午10点前或傍晚。（3）在烈日下运动应戴白帽，穿浅色、宽松、透气性能好的运动服。（4）室内运动场应有良好的通风、降温设备。（5）夏季运动时应备有清凉消暑或低糖含盐的饮料。

第三节　常见运动损伤的急救处理与治疗

一、常见运动损伤与急救处理

运动损伤的发生与锻炼者的运动基础、体质水平、运动项目的特点、技术难度及运动

环境等因素有关。其特点为：小创伤多，慢性伤多，严重及急性者少。

（一）出血的初步急救处理

（1）冷敷：用于急性闭合性软组织损伤有内出血者，如踝关节扭伤。用冷水冲淋或用冷毛巾敷于患处。

（2）加压包扎法：用于小静脉和毛细血管出血。先用消毒纱布覆盖伤口，然后用绷带适当加压包扎。

（3）止血带法：用于四肢部位大动脉外出血。在靠近出血部位的近心端缚扎止血带，稍紧即可，上肢每隔半小时、下肢每隔一小时放松止血带一次，以免肢体缺血坏死。止血带可用橡皮管、宽布条、皮带、毛巾等，切忌用绳索代替。

（4）充填法：用于鼻出血或躯干部位出血。用消毒药棉、凡士林油纱条或消毒的卫生纸巾充填于伤口内，以压迫止血。

（5）直接指压法：在大量出血，情况紧急，来不及采用其他止血法时，可用手指直接压迫出血的血管或出血部位，暂时止血，以便进一步采取措施。

（6）间接指压法：用于动脉出血，是一种临时性止血的好方法。用手指压迫身体表浅部位的动脉，最好压在骨面上，使该动脉供血部位的出血暂时停止。常用的有以下几种：

①头顶及额部出血：以拇指压迫耳屏前方的血管搏动处（即颞动脉）（图 4-3-1）。

②面部出血：以拇指压迫下颌角前 1.5 厘米切迹处的血管搏动部位（即面动脉）（图 4-3-2）。

③肩部和上臂出血：以拇指用力压迫锁骨上方、胸锁乳突肌外缘的动脉搏动处（即锁骨下动脉），将该动脉向内后下压在第一肋骨上（图 4-3-3）。

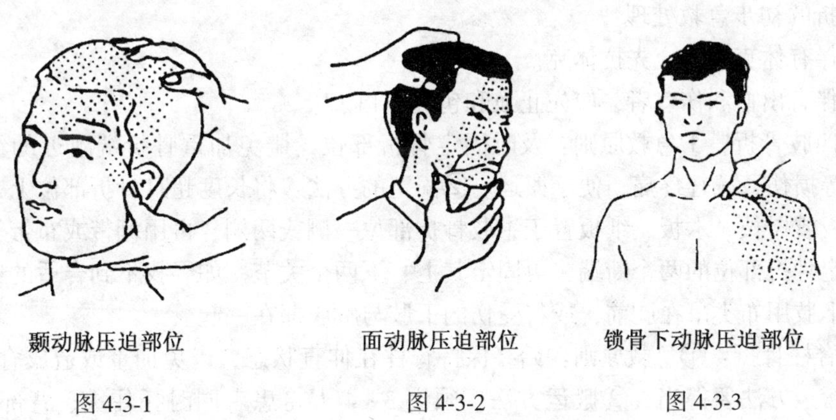

颞动脉压迫部位　　面动脉压迫部位　　锁骨下动脉压迫部位

图 4-3-1　　图 4-3-2　　图 4-3-3

④肘部和前臂出血：以拇指压迫上臂中段、肱二头肌内缘的动脉搏动处（即肱动脉），将该动脉压迫在肱骨上（图 4-3-4）。

⑤手指出血：以拇指和食指相对夹压出血手指的第一指节根部两侧（即指动脉）。

⑥大腿及小腿部出血：以双手拇指重叠压迫腹股沟中点稍下方的动脉搏动处（即股动脉），将该动脉压迫在耻骨上（图 4-3-5）。

⑦足部出血：以双手拇指分别按压踝关节背侧、足背皱纹中点的动脉搏动处（即胫

前动脉）和内踝与跟骨之间的动脉搏动处（即胫后动脉）（图 4-3-6）。

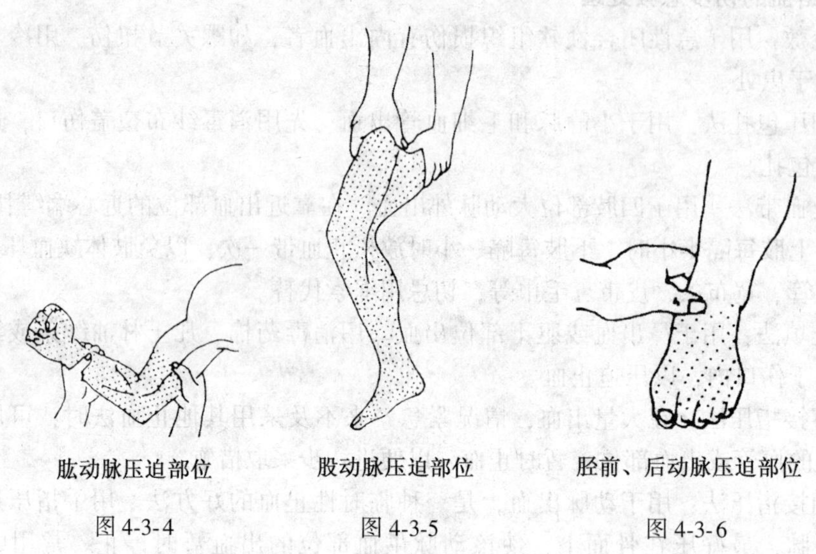

肱动脉压迫部位

图 4-3-4

股动脉压迫部位

图 4-3-5

胫前、后动脉压迫部位

图 4-3-6

（二）骨折及其初步急救处理

在外力作用下，骨的完整性和连续性遭到破坏的损伤，称为骨折。运动中，身体某部位受到直接或间接的暴力作用时，可造成骨折。

凡受伤后局部有疼痛、压痛、纵向叩击（或挤压）痛、畸形、功能障碍、假关节活动及移动肢体时有骨摩擦音者，即可作出骨折的诊断。脊柱骨折者这些征象多不明显，疑有骨折即应按脊柱骨折急救处理。

1. 骨折的初步急救处理

（1）伴有休克者，应先抗休克。

（2）伴有出血和伤口者，应先止血和包扎伤口。

（3）四肢骨折：①急救原则：及时固定骨折部位，避免加重骨折端附近的组织、神经、血管等损伤，减轻疼痛，便于搬运。②固定的办法：将长度超过骨折部位上、下两个关节的夹板或树枝、木板、纸板置于患肢骨折部位一侧或两侧，再用绷带或布带等进行包扎；先固定骨折部位的两个断端，再固定其上、下两个关节。如寻找不到合适的器材，可将受伤的上肢用布类吊在胸前，或将受伤的下肢与腱肢捆在一起。

（4）脊柱骨折：①急救原则：始终保持脊柱在伸直状态，以免加重或造成脊髓损伤。其关键是搬运方法要得当。②搬运方法：须由 3～4 人将患者同时托住头、背部和下肢，把患者身体平托起来，移至硬板上（图 4-3-7）。切忌一人抬头、一人抬脚的软抬。③疑有颈椎骨折时，应由一人专管头部的牵拉固定，使头部与身体成直线位置不摇动（图 4-3-8）；将患者抬上硬板后，应在颈下放一小垫，不用枕头，并在头颈两侧用沙袋或衣物垫好，防止头部左右摇动。④在转运过程中，要尽可能减少震动，并且，务必使躯干保持伸直位。

（5）经初步急救处理后，须立即送医院作进一步处理。

图 4-3-7

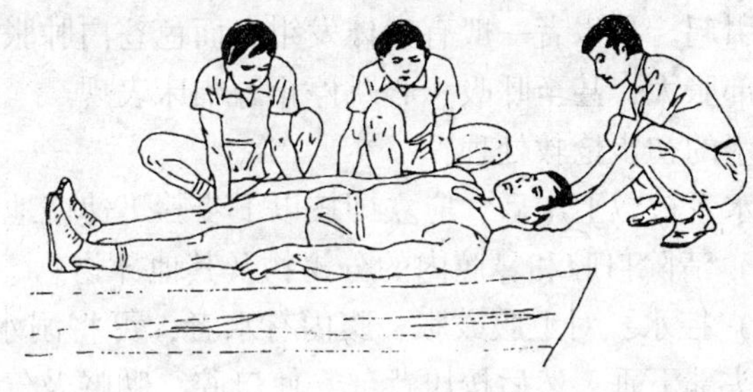

图 4-3-8

2. 骨折的愈合

正确复位与固定是骨折愈合的重要条件，但在治疗过程中，既要保持局部的相对固定，又要重视全身和患肢肌肉、关节的适当活动，以促进骨折的良好愈合和结构及功能的完全恢复。骨折愈合的整个过程是持续渐进的，一般分为血肿机化期、原始骨痂期和骨痂塑形期。

骨折的临床愈合标准：(1) 局部压痛、纵向叩击痛消失。(2) 局部异常活动消失。(3) X 线片显示骨折线模糊，有连续性致密梭形骨痂通过骨折线。(4) 解除外固定的情况下，上肢能平举 1 公斤重物达 1 分钟，下肢能连续徒步行走 3 分钟，并不少于 30 步。

(三) 关节脱位及其初步急救处理

由于暴力的作用，构成关节的各骨关节面失去正常的互相连接关系，造成关节基本结构及辅助装置破坏，引起关节功能失常者，称为外伤性关节脱位。运动中发生的关节脱位，多由间接外力所致，常见有肘关节脱位、肩关节脱位或指关节脱位。凡伤后局部有关节畸形（关节轮廓变形，骨突标志改变，肢体保持在特殊畸形位置等）、关节弹性固定(被动活动伤肢时可感到弹性阻力，被动活动停止后，患肢立即弹回原有的特殊畸形位置)、关节功能障碍、肿胀、剧烈疼痛及压痛者，即可作出关节脱位的诊断。大关节脱位或合并其他损伤时，可并发休克。

关节脱位的初步急救处理：

(1) 抗休克。

(2) 立即用三角巾、夹板、绷带等在脱位所形成的特殊畸形姿势下固定患肢。若没有合适的器材，可将患肢固定在自己的躯干或腱肢上。

(3) 肩关节脱位的固定：将患肢肘关节屈曲 90°，一条三角巾在颈后打结，将前臂悬挂于胸前，另一条三角巾绕过患侧上臂，在健侧腋下打结，将上臂固定于躯干上。

(4) 肘关节脱位的固定：将铁丝夹板弯成约 135° 的托板，置于肘后，用绷带扎好，再用三角巾将前臂悬挂于胸前。若无铁丝夹板，可直接用三角巾将前臂悬挂于胸前。

(5) 指间关节脱位：用绷带或布带将患指直接固定于腱指上。

(6) 经初步急救处理后，应立即送医院作进一步处理，争取早期复位。

(四) 溺水及其初步抢救措施

人淹没于水中，由于呼吸道被水、污泥、杂草等堵塞，或因吸水的刺激导致喉头、气管发生反射性痉挛，引起窒息和缺氧，称为溺水。因溺水引起的窒息和缺氧，可导致呼吸、心搏骤停而致死。溺水常因未掌握游泳技术而误入深水、游泳时肌肉痉挛或思想麻痹大意等引起。溺水者一般有身体发绀，面色苍白肿胀，口鼻充满泡沫，四肢冰冷，神志昏迷，腹部胀大，甚至呼吸、心跳停止等临床表现。

溺水的初步抢救处理：

溺水者被救上岸后，应立即按以下步骤迅速就地抢救：

（1）清除口腔和鼻腔内的分泌物及其他异物。

（2）控水：对上腹鼓胀、腹内有水者，可将溺水者腹部置于抢救者屈膝大腿上，使溺水者头部下垂，然后按压背部，使口腔、咽喉及气管内的水倒出。控水时间不宜过长，切不可因控水而失去心肺复苏的良机。

（3）检查呼吸、心跳情况，如呼吸、心搏停止，立即就地进行人工呼吸和胸外心脏按压（详见下述的“呼吸、心搏骤停及其初步抢救措施”）。

（4）迅速转送医院，应当尽量在运送途中仍然继续进行人工呼吸和心脏按压术。切忌不作任何抢救就将溺水者送往医院，这样会使溺水者脑缺氧时间过长而无法挽救生命。

（五）呼吸、心搏骤停及其初步抢救措施

呼吸停止和心搏停止，可单独发生或同时发生。呼吸停止后因全身缺氧，随即可引起心跳停止。心跳停止后，因延髓血流即停止，可迅速引起延髓缺氧及中枢性呼吸衰竭而导致呼吸停止。电击伤、一氧化碳中毒或药物中毒、溺水和窒息等均可引起呼吸、心搏骤停；在运动损伤中，严重创伤所导致的大量失血，亦可导致呼吸、心搏骤停。

呼吸、心搏骤停的初步抢救措施：

呼吸、心搏骤停的诊断一经确立，应立即用最简便的方法重新建立有效的循环和呼吸，而人工呼吸和胸外心脏按压是现场复苏急救的重要手段。复苏成功的关键是：必须行动迅速，争分夺秒，不可延误时机。

（1）人工呼吸：借助人工方法来维持机体的气体交换，改善缺氧状态，并排出二氧化碳，为恢复自主呼吸创造条件。对呼吸停止但心跳尚未停止的患者，应立即进行人工呼吸。

①操作方法（仅介绍口对口人工呼吸法，此方法简便有效，并可同时进行胸外心脏按压）：使患者仰卧，解开衣领、裤带和胸腹部衣服，抢救者一手托起患者下颌，掌根轻压环状软骨（喉结的下方），以避免将空气经食管吹入胃内；另一手捏住鼻孔，掌根压住患者前额，深吸一口气后对准患者口吹入（有条件时可在患者口部盖上一块纱布），吹完气后松开捏住鼻孔的手。如此反复进行。

②注意事项：人工呼吸前应清除患者口腔异物，并将其头部置于极度后仰位，以保持呼吸道的通畅。每次吹气量应为 800~1200 毫升，吹气按每分钟 16~18 次的频率进行。

（2）胸外心脏按压：通过按压胸骨下端而间接地压迫左、右心室腔，使血液流入主动脉和肺动脉，建立有效的大、小循环，为恢复心脏自主节律创造条件。对心跳停止但呼吸尚未停止的患者，应立即进行胸外心脏按压。

①操作方法：使患者仰卧于木板或地上，抢救者以一手的掌根部置于患者胸骨中、下 1/3 交界处，另一手置于前手之上，肘关节伸直，充分利用上半身之重量和肩、臂部肌肉的力量，带有一定冲击力并有节奏地垂直按压胸骨，使之下陷 3~4 厘米（儿童相应要轻些），随即迅速抬手，使胸廓复位，以利于心脏舒张。如此反复进行。

②注意事项：接触胸骨只限于掌根部。用力不可太猛，以免引起肋骨骨折。按压以每

分钟 60～80 次的频率进行，儿童应以单手掌根按压，每分钟约 100 次左右。

（3）对呼吸与心跳都停止的患者，应同时由两人进行口对口人工呼吸与胸外心脏按压。一人口对口人工呼吸，一人做胸外心脏按压，每按压 5 次，吹气一次，交替进行。若只有一人时，则应每按压心脏 15 次，进行口对口人工呼吸 2 次，反复交替进行。

（4）抢救时应沉着、冷静、迅速，抢救一经开始，就要连续进行，不能间断，一直做到患者恢复自主呼吸及心跳或确定死亡为止。

（5）在就地进行抢救的同时，要迅速请医生来处理或迅速转送医院，在运送途中仍然要不间断地进行人工呼吸和心脏按压术。

（六）休克及其初步急救处理

休克是人体遭受体内外各种强烈刺激后发生的一种因毛细血管的血流灌注量急剧减少所引起的组织代谢障碍和细胞受损的综合征，若不及时抢救，可导致患者的死亡。其临床上以急性周围循环衰竭为特征，有效循环血量的锐减是休克的主要矛盾。

（1）病理机制：由于有效循环血量的绝对或相对减少，导致组织器官的缺氧和代谢率紊乱，同时，神经系统和内分泌系统也发生不同程度的功能紊乱，并互为因果而造成恶性循环。

（2）病因：凡能引起有效循环血量不足或心排出量减少的各种因素都能引起休克。运动损伤中并发的休克多为外伤性休克，主要是损伤引起的剧烈疼痛所致，多见于脑脊髓损伤、骨折、睾丸挫伤等，由于神经作用使周围血管扩张，有效循环血量相对减少；其次为出血性休克，由于损伤引起大血管破裂出血、腹部挫伤合并肝脾破裂等，因出血引起血容量突然降低，有效循环血量绝对减少。此外，还有心源性休克、中毒性休克、过敏性休克等。

（3）主要临床表现：①兴奋期：紧跟损伤而出现，是抑制期的前导，可能只持续几分钟乃至数秒钟。此期患者多有烦躁不安、呻吟，表情紧张，面色苍白，脉搏快而有力，呼吸急促，血压正常或反而稍高。②抑制期：此期患者出现显著病容，虚弱，表情淡漠，反应迟钝，口渴，头晕，出冷汗，四肢发凉，气促，脉搏快而无力，血压下降。严重者出现发绀、酸中毒、昏迷。

休克的初步急救处理：

（1）应立即让患者平卧休息，一般应采取头和躯干部抬高约 20°～30°，下肢抬高约 15°～20°的体位。

（2）神志清醒又无消化道损伤的患者，可饮适量的盐水或姜糖水、热茶等。

（3）保暖，但不宜过热，以免皮肤血管扩张，影响生命器官的血液灌注量和增加氧气的消耗。在炎热的夏天，要注意防暑降温，防止中暑。

（4）保持呼吸道畅通，对昏迷病人要及时清除口腔分泌物及血块，松解衣领，必要时可将舌头牵出口外。

（5）剧烈疼痛时，可口服或注射止痛剂、镇静剂。

（6）可针刺或指压人中、百会、涌泉、内关、合谷等穴位，宜用强刺激手法。

（7）对有骨折或脱位者应进行必要的急救固定，对有出血者应及时采用适当的方法止血，对疑有内脏出血者应迅速送医院抢救。

（8）在进行以上现场急救的同时，应迅速请医生处理，或尽快将患者送医院治疗。

二、常见运动损伤与治疗

（一）闭合性软组织损伤及其治疗原则

软组织损伤主要是指因外力撞击、跌仆闪挫、扭转牵拉、钝器挤压、强力负重、过度活动和姿势不正等原因引起的软组织急性损伤和慢性损伤，是运动损伤中最常见的一种。常见的闭合性软组织损伤包括：挫伤，肌肉拉伤，关节囊和韧带扭伤，劳损、肌腱腱鞘和滑囊损伤等。

闭合性软组织损伤可根据损伤的病理变化过程分为急性损伤和慢性损伤两大类，其治疗的基本原则是按不同的病理过程进行处理。

（1）急性损伤：受到直接或间接外力作用、有急性伤史的软组织损伤。其治疗可按早、中、后三个时期进行。

早期：即伤后 24 小时或 48 小时以内。其临床表现主要为：红、肿、热、痛、功能障碍。其处理原则主要是：适当制动，止血，防肿，镇痛和减轻炎症。其治疗方法主要为：伤后即刻冷敷、加压包扎、抬高患肢，24 小时后外敷新伤药、内服索米痛片等。

中期：即伤后 24 小时或 48 小时后。其临床表现主要是：红、肿、热、痛逐渐消退，但仍有淤血和肿胀。其处理原则主要是：改善伤部血液循环和淋巴循环，促进组织新陈代谢，加速淤血和渗出液的吸收及坏死组织的清除，防止粘连形成，促进再生修复。其治疗方法主要为：热疗，理疗，按摩，针灸，药物痛点注射及外敷活血生新的中草药等。

后期：其临床表现主要是：肿胀和压痛消失，功能尚未完全恢复，锻炼时仍感局部微痛、酸胀、无力或僵硬。其处理原则主要是：增强和恢复肌肉、关节的功能。如有瘢痕硬结和粘连，应设法软化和松解，以促进功能的恢复。其治疗方法主要为：按摩，理疗，功能锻炼，中草药熏洗等。

（2）慢性损伤：由急性损伤后处理不当转化而来。劳损亦属此类。其病理变化主要是变性和增生。其临床表现主要是：自觉局部酸胀，疼痛，发凉，活动不便。其处理原则主要是：改善局部血液循环，促进组织新陈代谢，合理安排局部的负担量。其治疗方法与急性损伤的后期大致相同。

（二）挫伤

挫伤是身体某一部位受钝性暴力作用而引起该处及其深部组织的闭合性损伤。

其临床表现主要有：（1）单纯性挫伤：是皮肤和皮下组织（包括皮下脂肪、肌肉、关节囊和韧带）的挫伤。轻者局部仅有疼痛、压痛、肿胀、功能障碍。重者可因皮下出血形成血肿或淤斑，如有血肿可查得波动感，疼痛和功能障碍都较明显。（2）混合性挫伤：在皮肤和皮下组织受到挫伤的同时，还合并其他组织器官的损伤。如头部挫伤可合并脑震荡或脑出血，胸部和背部的挫伤可合并肋骨骨折或肺脏损伤而发生气胸或血胸，腰、腹部挫伤可合并肾挫伤和肝、脾破裂而发生内出血和休克，股四头肌、腓肠肌的严重挫伤可引起肌肉或肌腱断裂。

其治疗主要为：单纯性挫伤在局部冷敷后外敷新伤药，加压包扎，抬高患肢。头部、躯干部挫伤有休克症状出现者应首先进行抗休克处理，并立即送医院治疗。有肌肉、肌腱断裂者，将肢体包扎固定后速送医院治疗。

（三）肌肉拉伤

肌肉拉伤是肌肉主动强烈收缩或被动过度的拉长，超过了肌肉本身的负担能力或伸展性所造成的损伤。拉伤可发生在肌腹、肌腹与肌腱交界处或肌腱的附着处。

其主要临床表现有局部疼痛、肿胀、压痛、肌肉紧张或痉挛，功能受限，受伤肌肉做主动收缩或被动拉长的动作时，疼痛加重。肌肉严重拉伤者，在受伤当时可感到或听到断裂声，疼痛和肿胀明显，皮下淤血显著，运动功能严重障碍。肌纤维部分断裂或完全断裂时可在断裂处摸到凹陷或一端异常隆起。

其治疗主要为：轻者立即冷敷，加压包扎，止痛，24 小时后可外敷新伤药，痛点药物注射、针灸、理疗或按摩等。重者经加压包扎等急救处理后立即送医院，如有肌肉完全断裂应及早做手术缝合。

（四）关节囊和韧带扭伤

多为关节部位的复合性损伤。它是由于间接外力的作用，迫使关节异常扭转，而导致关节囊、韧带和关节附近其他软组织结构损伤。

其临床表现主要有：局部疼痛、肿胀、压痛、皮肤青紫，关节功能障碍及关节不稳。关节侧扳试验是检查韧带损伤的重要方法，关节侧扳时若出现疼痛，即为韧带扭伤或少量韧带纤维断裂，如果出现“关节松动”或超常范围的活动，则为韧带完全断裂。关节韧带扭伤时，常可合并其他损伤，如膝关节内侧副韧带扭伤可合并膝内侧半月板及十字韧带损伤，踝关节外侧韧带扭伤可合并副舟骨损伤或第五跖骨基底部骨折等。

其治疗主要为：轻者立即冷敷，加压包扎，止痛，24～48 小时后可外敷新伤药，痛点药物注射，3 天后进行理疗或按摩等。重者经加压包扎等急救处理后立即送医院，及早做手术缝合。

（五）劳损

劳损是局部的肌肉、肌腱、筋膜等组织因长期负荷过度或体位不正等因素引起的慢性积累性损伤。它由微细的小损伤逐渐积累而成，其实质为一种慢性无菌性炎症的病理改变。较为常见的劳损有腰肌劳损、疲劳性骨膜炎等。

其临床表现主要有：局部酸胀、疼痛，准备活动后症状减轻或消失，运动结束后症状又出现或加重，经休息后又减轻。其症状常与天气变化有关。

其治疗主要为：按摩（效果较好），理疗，痛点注射可的松类药物等。

（六）踝关节扭伤

踝关节扭伤是闭合性软组织损伤中最常见的一种，它多由于跑步、跳跃、行走时突然踏在不平的地面上，或踩在他人的脚上，或踩在球上，或下楼梯时因足部受力不稳，突然发生过度内翻或外翻，致踝外侧或内侧副韧带受到强大的扭转牵拉张力作用而损伤。

其临床表现主要有：（1）有明显扭伤史。（2）踝关节外侧（踝关节内翻、内旋位损伤）或内侧（踝关节外翻、外旋位损伤）剧烈疼痛，活动受限，行走时疼痛明显。（3）轻者仅局部肿胀，重者整个踝关节肿胀，跛行或不能行走。（4）伤处有明显压痛。（5）如有踝外侧韧带完全断裂，则伤处剧痛，肿胀严重且范围大，踝关节不稳和距骨异常活动，踝关节前抽屉试验（患足稍跖屈，检查者一手握住小腿，一手握住足跟向前推拉，使距骨向前错动）活动范围加大。

其治疗主要为：（1）伤后立即冷敷或用冷水冲淋 10 余分钟。（2）可顺足尖方向轻轻牵拉足前部，以理顺踝关节诸骨及韧带的关系。（3）用绷带或布带加压包扎。包扎时，绷带或布带的缠绕方向应与受伤暴力作用方向相反，如内翻、内旋位损伤，绷带或布带应由内向外绕过足底进行包扎，并应将踝关节包扎于轻度外翻、背屈位；如外翻、外旋位损伤，绷带或布带则应由外向内绕过足底进行包扎，并将踝关节包扎于轻度内翻、背屈位。（4）在包扎固定的同时，外敷新伤药，一般应包扎固定5~7天。（5）3天之内不要作热敷、理疗、按摩等。（6）对较严重的扭伤，应在现场初步处理后，送医院作进一步诊治。必要时可摄X光片，以判断是否有骨折。

（七）大腿后群肌肉拉伤

大腿后群肌肉拉伤亦是闭合性软组织损伤中最常见的一种，其损伤原因主要分为主动拉伤（该群肌肉强烈收缩引起，如短跑运动员猛烈蹬离起跑器、跳远运动员最后一步强力蹬地腾起等）和被动拉伤（该群肌肉超生理范围运动引起，如强行踢腿、压腿、劈叉等）两种。其好发部位多为肌腹和坐骨结节肌腱附着点。

其临床表现主要有：（1）常有急性损伤史，受伤当时可能听到断裂的声音。（2）轻伤疼痛局限于伤部，休息位不痛，重复受伤运作时才痛。（3）重伤者伤肢多处于屈曲位，疼痛剧烈，步履困难。（4）大腿后侧肿胀，伤处压痛明显，肌肉发紧，有时能触及硬结；肌肉完全断裂者，可摸到膨大的两断端与中间的凹陷。（5）受伤肌肉主动收缩或被动拉长时疼痛加重。

其治疗主要为：（1）伤后立即加压包扎。（2）冷敷4~6小时，并抬高患肢休息。（3）24小时后可外敷新伤药，痛点药物注射、针灸、理疗或按摩等。（4）重者经加压包扎等急救处理后立即送医院，如有肌肉完全断裂应及早做手术缝合。

（八）网球肘

网球肘又称肱骨外上髁炎（肱骨外上髁为前臂伸肌群附着点），是一种慢性劳损所致的肘外侧疼痛综合征，在运动损伤中较为多见，尤以网球运动员好发，故名网球肘。此外，乒乓球、羽毛球运动员等亦可发生。

其临床表现主要有：（1）无明显受伤史，其症状逐渐出现。（2）早期在做某一动作时，有肘关节外侧疼痛；病情发展，肱骨外上髁部位发生持续性疼痛，并可向前臂或上臂放射。（3）重者握物无力，手提不重的物品时，可突然发生不可抑制的无力感而丢掉物品。（4）扫地、拧毛巾、反手击球时，疼痛尤为显著。（5）肘关节外侧有明显压痛。（6）前臂桡侧上段软组织有轻度肿胀、压痛及僵硬。（7）伤肘微屈，前臂旋前，腕关节屈曲，在有外力加于腕关节背侧时用力背伸腕关节，肱骨外上髁产生疼痛。

其治疗主要为：（1）用手法按摩、药物痛点注射（泼尼松等）、针灸（阿是穴［即痛点］、曲池穴、网球肘穴［曲池穴与肩峰的连线，曲池穴上3寸，用拇指按压此处有明显的酸胀痛感］）等综合性治疗，绝大多数可获得满意效果。（2）手腕和前臂用力活动时，于前臂肌腹处缠绕弹性绷带或戴护肘，可减轻疼痛发生。（3）对少数久治不愈的患者，可考虑手术治疗。

（九）胫腓骨疲劳性骨膜炎和疲劳性骨折

该症又称应力性损伤或行军骨折或应力骨折，为长期、反复、快速、轻微的外伤应力累积于骨骼的某一部位，逐渐发生的慢性损伤。好发于跑跳运动员、长途行军的新兵等。

其临床表现主要有：（1）无明显受伤史，逐渐出现胫骨前或小腿后外侧疼痛。（2）

训练或较大运动量后，或上下楼梯时、或走路多时疼痛加重；做后蹬腿动作感觉乏力且疼痛加重。(3) 胫骨内侧或外踝上有轻度凹陷性水肿，皮肤发红、灼热。(4) 胫骨内侧的中、下段有明显压痛，部分患者在腓骨的外踝上方亦有压痛。(5) 病程较长的患者，其患部可触摸到高凸不平或硬节。

其治疗主要为：(1) 减少下肢运动量，调整训练内容，避免在过硬的场地上跑步或跳跃。(2) 患侧小腿用弹力绷带包扎。(3) 对患部进行按摩，理疗，外敷药等。(4) 对经上述治疗后，局部症状无改善甚至加剧者，应拍 X 光片确诊是否疲劳性骨折，如有骨折，则应按骨折处理。

第五章 球类运动

第一节 篮 球

篮球运动于1891年由美国马萨诸塞州斯普林菲尔德市基督教青年会训练学校体育教师詹姆斯·奈·史密斯博士借鉴其他球类运动项目设计发明。起初，他将两只竹篮钉在健身房内看台的栏杆上，竹篮上沿离地面稍高于10英尺，约3.05米，用足球作比赛工具，任何一方在获球后，利用传递、运拍将球向篮内投掷，投球入篮得一分，按得分多少决定比赛胜负。1892年，奈·史密斯制定了《青年会篮球规则》13条，比赛时间规定为上、下半时各15分钟；对场地大小也做了规定；上场人数由每队9人、7人，到1893年决定为5人。随着篮球运动在美国国内的推广和开展，场地、器材也不断改进，逐渐形成近似现代的篮板、篮圈和篮网。

由于篮球运动是一项室内、富有吸引力的新颖的运动项目，不仅在美国国内得到很快的发展，而且也相继传播到欧、亚、南美洲等一些国家。1904年，美国青年会男子篮球队在第三届奥运会上进行了表演赛。此后，篮球运动逐步在各大洲开展起来。1932年在瑞士日内瓦成立了国际业余篮球联合会，并正式出版了第一本国际篮球规则。1936年第十一届奥运会将男子篮球列入正式比赛项目，篮球运动登上了国际竞技运动舞台，成为一项世界性的运动项目。

一、篮球基本技术与练习方法

（一）移动

移动是队员在比赛中改变位置、速度、方向和争取高度时所采用的各种脚步动作的统称。

1. 基本技术

（1）起动

起动是队员在场上由静止状态变为跑动状态的一种脚步动作。突然快速起动在比赛中运用最多，是摆脱对方最简单、最有效的方法。起动时，前脚掌要短促而迅速地用力蹬地，使动作具有突然性。起动的前几步要小而快速，同时上身迅速前倾或侧转，向跑动方向转移重心，手臂协调摆动，能在最短的距离内充分发挥速度或以起动超越对方。

（2）变向跑

变向跑是队员在跑动中突然改变方向并加快速度来摆脱防守的一种方法。变向时，上身稍向前倾，同时右（左）脚前脚掌内侧用力蹬地，随之腰部扭转，上身向左（右）前倾，移动重心，左（右）脚向左（右）前方跨出一小步后，右（左）脚迅速同左（右）

腿的侧前方跨出一大步，继续跑动。

(3) 侧身跑

比赛时，队员在跑动中为了更好地摆脱或超越对手，同时观察场上变化接应队员，经常采用侧身跑。侧身跑时，头部和上身放松地向球的方向扭转，同时侧肩，脚尖朝着跑的方向，既要注意观察场上情况，又要保持奔跑速度。

(4) 急停

跨步急停：队员快速跑动到最后两步时，先向前迈出一步，用脚后跟着地并过渡到全脚掌抵住地面，迅速屈膝，同时身体稍向后仰，转移重心，减缓向前的冲力。第二步着地时，身体侧转，脚尖稍向内转，用前脚掌内侧蹬地，两膝弯曲，重心落在两脚之间。

跳步急停：队员在近距离慢跑中，用单脚或双脚起跳（离地不高），上身稍后仰，两脚同时落地。落地时用前脚掌内侧着地，两膝弯曲，下降重心，保持身体平衡。

(5) 转身

前转身：一脚从中枢脚脚尖前绕过移动为前转身。如向左做前转身时，左脚为中枢脚，右脚前脚掌用力蹬地，同时上身向左转动。

后转身：一脚从中枢脚跟后面绕过移动为后转身。如向右做后转身时，左脚为中枢脚，身体重心移到左脚，右脚前脚掌用力蹬地，同时上身向右转动。

(6) 滑步

前滑步：由前后站立姿势开始，向前滑步时，前脚向前跨一小步，与此同时后脚用力蹬地向前滑一步，保持开立姿势。注意屈膝降低重心。

侧滑步：由两脚平行站立姿势开始，向左侧滑步时，左脚向左跨出，落地的同时，右脚蹬地滑动，跟随左脚移动，保持屈膝低重心的姿势。身体不要上下起伏，两脚不要交叉，重心要落在两脚之间。向右侧滑步时动作相反。

(7) 后撤步

前脚掌内侧用力蹬地，重心后移，然后将前脚移至后脚的斜后方，紧接前滑步，保持防守位置。

2. 练习方法

(1) 基本站立姿势（面向、背向、侧向），听或看信号起动跑的练习。

(2) 自抛或别人抛球后，迅速起动快跑，把球接住。

(3) 成一路纵队，采用全场“之”字形急停急起。练习时，一队员急停变向后，第二名接上再做，依次进行。

(4) 看手势做前、后、侧滑步，后撤步练习，全场“之”字形滑步练习。

(5) 两人一组，一攻一守练习。

(6) 两人一组，一人运球做各种变向、变速运球，另一人根据对方运球做相应的防守动作。

(二) 运球

运球是篮球比赛中个人进攻的重要技术，是组织全队进攻战术配合的重要桥梁。运球练习可以提高控制球、支配球的能力。经常做各种运球练习，不仅可以提高运球技术，而且对传接球、投篮等技术都有很大的促进作用。

1. 基本技术

（1）急停急起运球

在防守较紧的情况下，运球向前推进时，可利用急停急起的变化来摆脱对手。

动作方法：在快速运球中，突然急停时，手拍按在球的前上方。运球急起时，要迅速起动拍球的后上方，要注意用身体和腿保护球。

技术要点：运球急停急起时，要停得稳、起得快。

（2）前变向运球

当对手堵截运球路线时，突然向左或向右改变运球方向，摆脱防守的运球方法。

动作方法：以右手为例，运球向右侧前进，遇到对手堵截前进路线时，右手拍球的右上方使球从体前弹向左侧。同时右脚向前跨，上身向左用肩挡住对手，然后换左手按球的后上方，左脚跨出，从对手的右侧继续运球前进。

技术要点：手、脚、肩、身体协调配合。

（3）虚晃运球

在对手堵截运球路线时，不换手的横运球，改变球路线，摆脱防守的运球方法。

动作方法：运球假动作突破是运球队员利用腿部、上身和头部虚晃，佯作运球动作迷惑对手，使其产生错误判断而做出抢球动作。当其一侧露出空隙时，立即运球突破，左晃右过，右晃左过。

技术要点：手按拍球的部位和拉拍球的动作要连贯。

（4）背后运球

这是在运球前进中，当遇到对手堵截一侧时，而且距离较近而无法采用体前变向运球时，所采用的一种运球方式。

动作方法：以右手运球，向左侧变向为例。变向时，右脚在前，右手将球拉到右侧身后。迅速转腕拍接球的右后方，将球从身后拍按至身体的左侧前方，然后用左手运球，左脚向前，加速前进。

技术要点：手拉拍球的右外侧，手、脚、腿及身体协调配合。

（5）转身运球

当对手逼近，不能用直线运球且体前变向运球突破时所采用的一种运球方法。

动作方法：变向时，左脚在前为轴，做后转身。同时，右手将球拉至身体的左侧前方，然后换手运球，加速前进。

技术要点：蹬地、转身，拉引球、拍按球动作协调。

（6）胯下运球

当防守队员迎面堵截时，用这种运球摆脱防守方法。

动作方法：当防守队员迎面堵截，贴得很近时，以右手运球为例。变向时左脚在前，右手拍按球的右侧上方。将球从两腿之间运至身体左侧然后上右脚，换手运球，加速。

技术要点：拍按球的右侧上方，球从两腿之间穿过，上步、换手要协调。

2. 练习方法

（1）原地运球：听哨音或看手势，做各种运球练习，体会运球动作，增强手感，逐步提高控球能力。

（2）直线运球：分两组或多组，成横队站于端线处。第一组持球行进间高运球至另

一端线，返回时换左手运球，然后将球交给下一组，轮流进行。

(3) 变向换手运球：身后运球转身，都采用每人一球，从端线的一边行进间“之”字形依次运到另一边。

(4) 对抗练习两人一组一球，全场一攻一防，进攻者采用各种运球方法，从一端攻到另一端攻防交换。

(三) 传球、接球

传球、接球是实现战术组织配合的纽带，它能把5名队员连成一个整体，充分发挥集体力量，体现篮球运动特点。巧妙准确的传球，能打乱对方防御部署，创造更多、更好的投篮机会；若接到传球后直接投篮得分，则这个传球被称为“助攻”。稳定牢靠合理的接球，能弥补传球的不足，从而很好地完成传球、突破、投篮等动作。

1. 基本技术

(1) 持球手法与传出后的手形

手法：根据手的大小，两拇指八字或一字相对，手指展开拿球。手心不应触球。

(2) 持球姿势与方法

持球基本姿势是可投、突、传的三威胁姿势。它的动作要领：脚尖正对篮圈，前后开立，屈膝，背要直。躯干要对篮，球放在胸前，抬头看防守及观察场上情况。

(3) 传球技术与方法

传球由动作方法、球的运行路线和球的落点构成，这是评价传球质量的重要指标。

①双手胸前传球。双手胸前传球是一种最基本而又最常用的传球方法。这种传球快速有力，可在不同方向、不同距离中使用，而且便于和突破、投篮等动作相结合。

动作方法：以基本姿势站立，双手持球，向传球方向迅速伸臂、抖腕，同时身体向传球方向移动。初次练习传球时，应向前跨一步以帮助传球。

技术要点：手臂前伸与手腕后屈的协调，伸臂与拨腕指的衔接。

②双手头上传球。双手头上传球出手点高，便于与头上投篮相结合，与突破、运球等技术相结合使用时，增加动作的幅度，所以它适于高大队员使用。

动作方法：传球时应将球举过头顶。使用双手持球，球高过前额，目光集中在传的点上，双手朝向传球的方向，应意识到对手可能会封盖传球。通过抖动指腕将球传出，球就呈直线传到同伴手中。

技术要点：摆臂与拨腕指的衔接。

③单手肩上传球。单手肩上传球是最基本的传球方法，而且是经常运用的一种远距离传球方法。

动作方法：由持球基本姿势开始，右手腕向右肩处翻转，到达合适传球位置后，以肘关节为轴，借助下肢蹬转或腰腹转动的力量，顺势带动前臂的挥动。手腕、手指前屈，球通过指端旋转传出。

技术要点：展体挥臂和蹬腿与身体重心前移的协调连贯。

④单手体侧传球。这是一种近距离隐蔽传球的方法，外围队员传球给内线同伴时常用这种方法。

动作方法：持球经身体侧后方弧线向外伸展手臂，以肩为轴向前摆臂，当手臂侧伸较充分时，及时扣、拨腕指将球传出。

技术要点：体侧弧线引球，摆臂制动与拨腕指的衔接。

⑤反弹传球。这是最常用的一种近距离隐蔽传球方式，是小个队员对付高大防守者或中锋传给往球篮方向切入的同伴的有效手段。

动作方法：双手掌心向下，置球于胸腹之间。用手指、手腕弹拨球传出。反弹点落于离接球队员三分之一处。反弹高度于腰膝之间。

技术要点：球速快，掌握好击地点。

⑥单手体前侧传球。这是最常用的一种非常隐蔽传球方式，适用于各个位置。

动作方法：以“三威胁”姿势开始，余光观察自己同伴的位置，把握时机。传球时，摆动小臂，当球基本过了前胸时及时压腕、拨指将球传出。

技术要点：摆动小臂与压腕、拨指的连贯。

⑦单手背后传球。当持球者贴近防守者时运用之，一般情况在快攻结束和突破分球时运用。

动作方法：向背后引球时肘稍上抬，上臂带动前臂摆动，当半球位于体后时及时拨腕指将球传出。

技术要点：摆臂与拨腕的时机。

（4）接球

接球就是获得传球的动作。良好的接球技巧能够弥补传球的不足。

无论何种接球，都是由伸臂迎球和缓冲握球等动作组成。接球时，要伸臂迎球，当指端触球的瞬间，手臂要顺势后引，曲肘缓冲来球的惯性后持球。有对手防守时，要先卡位再要球。接球后要随时做“三威胁”攻击姿势，并尽快衔接下一个动作。

①接球的手法

A. 双手接球。两臂先伸出迎球，双手十指自然分开成半球状，手指指端触球瞬间，双臂随球缓冲来球的力量后，自然持球于胸腹之间，保持好“三威胁”的姿势。

B. 单手接球。五指自然分开成弧形并伸出手臂迎球，手指指端触球的瞬间顺势缓冲控球。同时，借助另一手的辅助成双手持球的“三威胁”姿势。

②接球方法

A. 原地接球。包括迎、引、成基本姿势。迎：是向来球方向伸臂或上步迎接球。引：即在缓冲过程中将球带到所需部位。成基本姿势：指下一个进攻动作的开始姿势。由接球点到腹前走一条向后向下的弧线。

B. 移动接球。跨停步接球：靠近来球方向的内侧脚跨步缓冲接球，后腿膝部内扣，斜撑制动。跳停步接球：收身稍跳起接球，双脚同时落地。

2. 练习方法

（1）原地对墙做各种传球、接球。

（2）两人一组做各种传球、接球。

（3）迎面传球、接球。

（4）行进间两人传球、接球：把人数分成相等的两组站在端线后，两人一组传球、接球上篮交给对面的另一组做同样的练习，然后排到队尾，交替进行。

（5）行进间三人传球、接球：练习方法同上，要求三人传球时，中间队员稍后与左右两名同伴成三角形队形，每次传球必须通过中间队员。

（6）三人“8”字形围绕传接球：传球人始终从接球者身后绕切至前面接球。

（四）投篮

投篮得分是篮球运动所有技术、战术、技能的最终目的，是篮球比赛中唯一的得分手段。篮球所有的技、战术配合都是为了创造最佳投篮时机，提高命中率，因此投篮是篮球比赛的关键，是攻防对抗的焦点。

1. 基本技术

（1）投篮的身体姿势和持球方法

①投篮的身体姿势。

两脚开立，与肩同宽或略宽。重心在两脚之间，保持好重心平衡。两个膝关节要保持弯曲，上身要含胸直背，身体不能前后、左右摇动，目视投篮目标。

肘关节的姿势是当投篮手举起时，手应放松地贴住自己的身体。手和球举起后，肘关节适度外展，躯干与上臂，上臂与前臂，前臂与手腕都要形成90°。

②持球方法。

对于单手投篮，用投篮手的食指尖端接触球的平面中心部位。投篮手的拇指应该展开，与食指呈60°夹角，手指应有“握球”的感觉，手心自然空出。扶球手扶球的一侧，手指全面展开到最大程度。

（2）投篮技术与方法

①原地投篮。它是比赛中应用比较广泛的投篮方法，是行进间单手高手投篮、跳起单手肩上投篮等技术动作的基础。

A. 单手肩上投篮。动作方法：以投篮姿势，用力蹬地，伸展腰腹，抬肘，手臂上伸，手腕、手指前屈，指端拨球，用中指、食指将球投出，手臂向前自然伸直。技术要点：全身动作协调，用力一致。

B. 双手胸前投篮。动作方法：双手持球于胸前，肘关节自然下垂（不要外展），上身稍前倾，两膝微屈，身体重心放在两脚之间，目视投篮目标。投篮时，两脚蹬地，腰腹伸展，两臂上伸，两手腕同时外翻，指端拨球，用拇指、食指、中指投出，手自然伸直。技术要点：掌握好屈膝蹬地、腰腹伸展。手臂上伸与手腕、手指用力动作的连贯、协调。

C. 勾手投篮。动作方法：以右手为例，降低重心，上身向左倾斜，左脚用力蹬。技术要点：掌握身体重心，手腕和手指力量的控制。

②行进间投篮。行进间投篮是一种被广泛应用的投篮方法。一般在快攻中或切入篮下时运用，也可以在中、近距离投篮时运用。

A. 行进间篮下单手肩上投篮。这是快攻和突破到篮下时常运用的一种投篮方法。比赛中命中率较高。动作方法：以右手为例，在跑动中右脚向前跨出一大步，双手迎前接球，左脚接着上一步，脚跟先着地迅速过渡到前脚掌起跳，同时双手举球，右脚屈膝向上抬配合左脚起跳。当身体到达最高点时，扣腕和手指拨球，柔和地将球投出。技术要点：接球、起跳、引球、扣腕、拨指配合协调。

B. 行进间单手低手投篮。这是快速中超越对手后所采用的一种投篮方法。它具有速度快、伸展的距离远和便于保护球的优点。动作方法：以右手为例。在跑动中右脚向前跨出一大步，双手迎前接球，左脚接着上一步，脚跟先着地迅速过渡到前脚掌起跳，同时双手举球，右脚屈膝向上抬配合左脚起跳。当身体到达最高点时，左手离球，右手托住球的

下部，手臂继续向球篮上方伸展，并以手腕为轴，手指向上挑球从食指尖投出。技术要点：助跑、接球、起跳举球、挑球动作连贯协调。

③跳起投篮，跳起投篮具有突破性强、出手点高、不易防守，便于与传球、突破和其他假动作相结合的优点，经常与移动、传接球、运球突破等技术动作结合运用。

A. 原地跳投。动作方法：以投篮姿势，在两脚用力蹬地向上起跳的同时，上身向上伸展，双手举球，当身体接近最高时，右臂抬肘向上伸直，最后用手腕、手指的力量将球投出。落地时，双腿屈膝缓冲，准备下一个动作。技术要点：利用身体在空中最高点刹那间的稳定迅速出手。全身用力协调一致。

B. 接球急停跳投。动作方法：在快速移动中接球，用跨步或跳步急停。突然向上起跳，迅速举球，当身体接近最高点时前臂向前上方伸直，手腕前屈，手指拨球，通过指端将球投出。技术要点：急停时，步子要稳，连接起跳技术，身体腾空和投篮出手协调一致。

C. 运球急停跳投。动作方法：在快速运球中，用跨步或跳步急停，突然向上起跳，迅速举球。当身体接近最高点时前臂向前上方伸直，手腕前屈，手指拨球，从指端将球投出。技术要点：急停时，步子要稳，连接起跳技术，身体腾空和投篮出手协调一致。

2. 练习方法

（1）持球模仿投篮练习：成广播体操队形，体会原地或跳起投篮的手法和用力过程。

（2）接球急停跳投练习：两人一组一球，相距 5 米左右。一人跳起做投篮练习，另一人接球急停后跳起模仿投篮练习，体会动作的衔接过程。

（3）五点定位投篮。三人一个球篮，用一个或两个球，篮下有人捡球，按五点顺序投篮或跳投，每个点投中三个球才能换下一个点，设计中或未中次数。离篮 3~4 米逐渐放远到 5~6 米，并逐渐加快速度，依次练习。

（4）罚球投篮练习：持球站在罚球线后，原地或跳起投篮。进一步体会投篮手法，协调用力和投篮出手角度。

（5）在三分线区域内做一分钟投篮练习：一人一球自投自抢，先 3 米远左右投篮，再把距离拉远投篮练习。

（6）行进间运球投篮练习：把队员分成两组，从中场开始做运球上篮。

（7）行进间全场传接球投篮：三人直线传接球投篮，三人围绕跑动中传接球投篮练习。

（五）持球突破

随着篮球技术的发展，各个位置的队员都能熟练地运用持球突破技术。持球突破技术发展主要表现为突然性强、速度快，与其他技术的结合非常紧密。持球突破后的各种运球和投篮更加具有攻击性。与假动作结合，使突破防不胜防。主要有以下几种方法：

1. 基本技术

（1）交叉步持球突破

动作方法：以右脚做中枢脚为例。突破时左脚先向左跨出一小步（假动作），而后，左脚前脚掌内侧用力蹬地，同时上身向左侧转，左肩下压，使身体向右前方跨出，将球引向右侧并运球，中枢脚蹬地上步继续运球超越对手。

技术要点：蹬跨积极，转体探肩保护球。

(2) 同侧步持球突破

动作方法：准备姿势和突破前的动作要求与交叉步相同。突破时，右脚向右前方跨出一步，向右转体探肩，重心前移，右手运球，左脚前脚掌迅速蹬地，向右前方跨出，突破防守。

技术要点：蹬跨积极，转体探肩保护球，第二次加速蹬地积极。

(3) 前转身突破

动作方法：以左脚做中枢脚为例。突破前的准备动作背向球篮站立，两脚平行开立，屈膝，重心降低，两手持球于胸前。突破时重心移至左脚上，以左脚为轴前转身，右脚向球篮方向跨出，向左压肩，右手运球后左脚蹬地突破对手。

技术要点：移重心，蹬地运球动作连贯。

(4) 后转身突破

动作方法：准备动作与前转身相同，突破时以左脚为轴转身，右脚向右侧后方跨步，压肩，脚尖指向侧后方，右手向右脚前方放球，左脚前脚掌内侧迅速蹬地向球篮方向跨出，运球突破防守。

技术要点：重心平稳。右脚向右侧后方跨出，左脚掌内侧蹬地发力。

2. 练习方法

(1) 原地模仿练习。

(2) 运用假动作，做不同的突破技术练习，提高运用动作的变化能力和动作的变换速度。

(3) 半场或全场一对一对抗比赛。两人一组一球，先由一方持球开始进攻，进攻时可以运用交叉步或突破上篮。如突破成功或投篮命中，进攻者继续进攻，反之则交换。

(六) 个人防守

个人防守技术更具有攻击性。防守者降低重心，增大防守面积，充分利用自己的身体体重与灵活多变的脚步。对有球队员采用平步或斜步的紧逼攻击性防守，对无球队员采用错位防守。做到以球为主，球、人、区三位一体的防守。

1. 防守的基本动作

(1) 基本姿势

两脚左右分开，一脚稍前，屈膝下蹲，重心在两脚之间。上身挺胸塌腰。一脚稍前比两脚平行站立前后更稳定，在突然后撤或向前时易于发力而不需调整。

(2) 脚步移动

滑步：移动时先向移动方向蹬跨，跨步脚紧贴地面，再蹬地脚紧贴地面并步。

后撤步：第一步蹬跨后撤要跨步完成，紧接滑步动作。

交叉步：是后撤步接追踪步的第一步（交叉）再接滑步的组合。

追踪步：是保持给对手一定压力的、重心稍低的侧身跑动作。

2. 防有球队员的基本动作

迅速调整防守脚步贴近对方，用手干扰对方，破坏对方进攻动作。同进攻者保持一臂距离，重心降低，始终要把进攻者置于自己的两腿之间。若运球停止后，要迅速贴近，积极挥动手臂进行封堵。

(1) 平步防守

两脚平行站立，重心置于两脚之间。重心降低膝角约 100°，两手臂侧伸，五指张开，两脚处于起动状态。膝关节内扣。

(2) 斜步防守

两脚前后斜步站立，一臂上举，一臂侧伸。重心置于两脚之间，屈膝收腹。重心低于对方，两脚处于起动状态。

3. 防无球队员的基本动作

人、球、区兼顾，做到近球上、远球放，控制对手接球。防守强侧的无球队员时，采取面向对手侧向球的站位法，用眼睛的余光注意球。防守弱侧无球队员时，采取侧向对手面向球的站位法，防止对手接球。

(1) 在球、对手、球篮三点的夹角中间防守

动作方法：两腿稍屈，两臂自然，保持放松机动姿势，侧对防守对象和球。根据对手离球和球篮的远近不断调整与防守对象的距离。

(2) 绕前防守

这是一种在防守的人、球、球篮成直线或从篮下溜过时要采用的防守方法。它可分为挤绕和后转身绕。

挤绕的动作方法：后臂从上前伸下压同时后脚前跨。

后转身绕的动作方法：前臂屈肘以前脚为轴后转身。绕前防守紧贴的对手，一手后伸掌握防守对手的移动。技术要点：快速移动中身体姿势和重心的稳定；人和球兼顾。

(3) 贴身防守

这是一种在对手接近球篮时要采用的防守方法。其动作方法：两脚斜步防守，一手屈肘顶住对方腰部，一手前伸干扰传接球。

(七) 抢篮板球

篮球比赛中，抢篮板球是获得控制球权的重要手段之一。

1. 基本技术

(1) 抢进攻篮板球

根据自己场上所处的位置，及时判断出球反弹方向，快速起动，摆脱防守，抢占有利的位置。采用单脚或双脚起跳，腾空后身体和手臂充分伸展，及时调整重心，进行投篮或将球传出。

(2) 抢防守篮板球

攻方投篮时，防守队员应根据自己与进攻队员之间的不同距离，采用不同的挡人方法。然后根据球反弹的方向，及时转身，抢占有利位置，跳起用单手或双手迅速将球抢下来。落地后持球远离对手，便于及时传球或运球。

2. 练习方法

(1) 原地起跳抢球练习，向上自己抛球，然后用双脚起跳，在最高点处将球抢下来。落地屈膝缓冲。体会起跳、空中抢球和落地动作。

(2) 两人一组一球，一人站在罚球线处，传球给篮下的队员。篮下队员接球后把球向篮板上抛出碰板。罚球线处的队员上步用双脚或单脚起跳抢从篮板上反弹起来的球，抢

下后把球投进篮圈；数次后交换。

(3) 抢罚球篮板，双方按照比赛中罚球方法进行站位。确定甲方其中一人执行罚球，甲方的另外四人和乙方分别站在分位线后。当投球碰板或碰圈弹起瞬间，双方即冲抢篮板球。如投篮命中，则换由甲方的另一名队员罚球；如投篮不中，由抢得篮板球的队罚球。

二、篮球基本战术

(一) 战术基本配合

1. 进攻战术基础配合

(1) 传切配合

这是指利用传球和切入技术组成的简单配合（图 5-1-1)。

(2) 突分配合

这是指进攻队员持球突破防守队员向篮下切入，遇到防守方另一队员补防时，将球传给因对方补防而漏防的同伴，或传给转移到指定的配合位置上的接应同伴的简单配合方法(图5-1-2)。

(3) 掩护配合

这是指进攻队员以自己的身体采取合理的动作挡住同伴防守者的移动路线，使同伴借以摆脱防守的一种方法。根据被掩护者的不同方位而分为侧掩护、前掩护和后掩护(图5-1-3)。

(4) 策应配合

一般是指处于内线的队员背对或侧对球篮接球，由他作枢纽与外线队员的突切相配合而形成的一种里应外合的方法（图 5-1-4)。

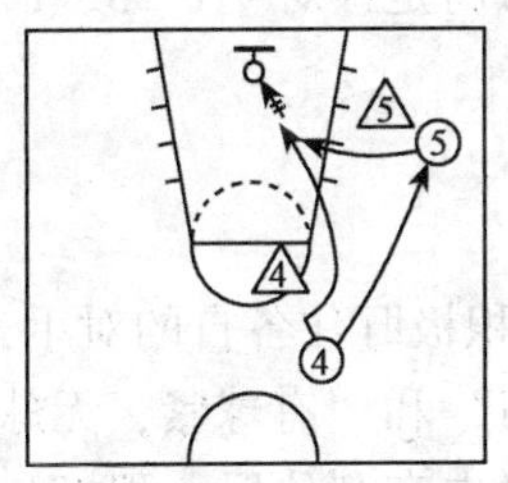

图 5-1-1（传切）

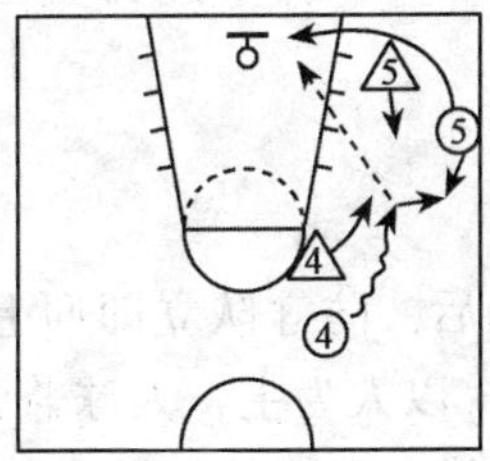

图 5-1-2（突分）

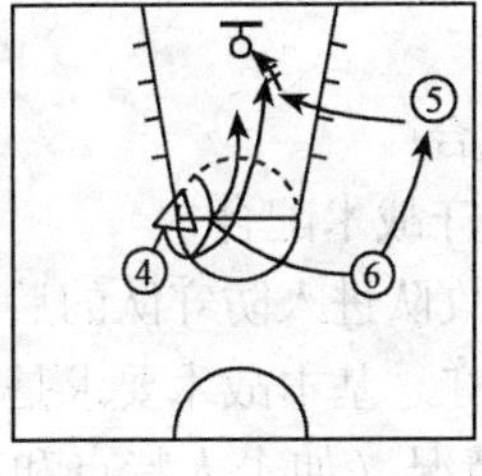

图 5-1-3（侧掩护）

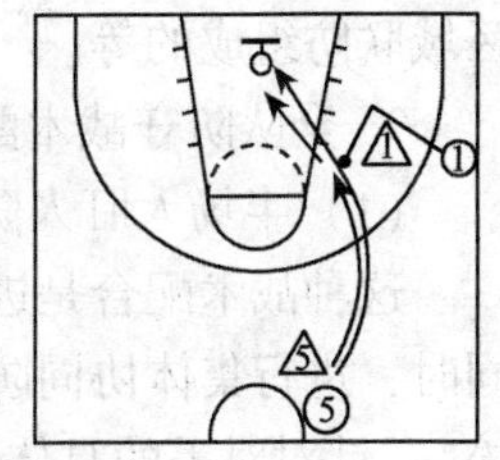

图 5-1-4（策应）

2. 防守战术基础配合

(1) 挤过配合

在对方进行掩护配合时，防守者为了破坏对方的掩护，在掩护者临近的一刹那，主动靠近自己的对手，并从两个进攻队员之间侧身挤过去，继续防住自己的对手（图 5-1-5)。

(2) 穿过配合

对方进行掩护配合时，防守掩护的队员主动后撤一步，让同伴从自己和掩护队员之间穿过去，以便继续防守自己的对手（图 5-1-6)。

（3）交换防守配合

这是为了破坏进攻队员掩护配合，防守队员及时交换所防对手的一种配合方法（图5-1-7）。

（4）“关门”配合

“关门”配合是临近的两个防守队员协同防守突破的配合方法（图 5-1-8）。

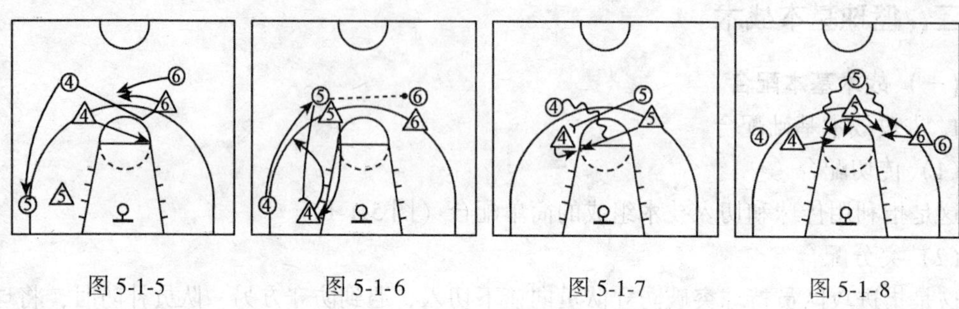

图 5-1-5　图 5-1-6　图 5-1-7　图 5-1-8

（二）全队战术配合

1. 全队进攻战术配合

（1）进攻半场人盯人

常采用内线、外线结合，积极穿插、换位，连续掩护等基本手段，制造中投或篮下投篮等各种机会。常采用的队形有：“2—1—2”（单中锋进攻法）、“1—2—2”（双中锋进攻法）、“8”字掩护进攻法、移动进攻法等。

（2）进攻区域联防

进攻区域联防的方法有很多，可根据本队的具体情况和对方联防的形式确定阵式和配合方法。其目的在于攻击对方区域联防的薄弱环节。如“1—3—1”进攻队形布局是针对“2—1—2”和“2—3”区域联防而组成的，“2—1—2”进攻队形布局是针对“1—3—1”区域联防组成的等。

2. 全队防守战术配合

（1）半场人盯人防守战术配合

这种战术配合是进攻队进入防守队的后场后，防守队立即迎上积极盯住各自的对手，同时，进行集体协同防守。基本战术要求是：“以人为主，人球兼顾”和“有球紧，无球松”；针对对手的具体情况（如个人特点和离球、离篮的远近），抢占有利位置，积极移动，进行抢、堵，控制对手的行动，破坏对方进攻配合。半场人盯人防守分松动和扩大两种形式。一般来说，对外围中投不太准而篮下攻击力量较强的对手，采用“松动”形式，反之采用“扩大”形式（图 5-1-9）。

（2）全场人盯人防守战术配合

全场人盯人防守是一种积极主动、富有攻击性的防御战术。在进攻转入防守后，立即在全场积极地阻挠对手移动、接球和投篮。这种战术不但能破坏对方有组织、有计划的战术配合，提高比赛速度，而且能促使对方失误。目前，常用的全场紧逼人盯人防守队形有“1—2—1—1”、“2—1—2”、“2—2—1”等。

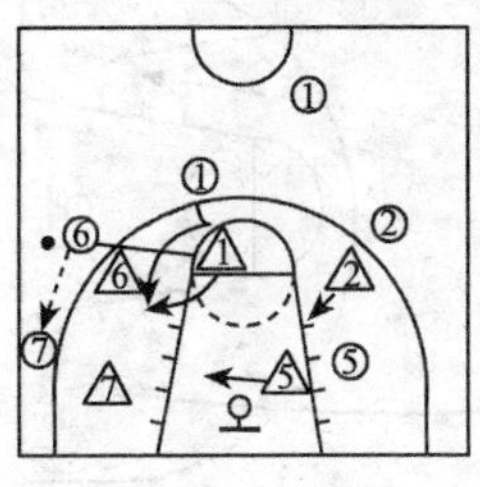

图 5-1-9

（3）区域联防

区域联防是指当进攻队转入防守时，队员迅速退回到后场，每个人负责防守一定的区域，并把每个区域有机地联系在一起所组成的集体防守网。半场区域防守要求防守队员的行动随球的转移而变化，加强有球一侧的防守，兼顾远离球的一侧，做到“近离球者紧，远离球者松，松紧结合，人球兼顾”。区域联防有许多战术队形，但要根据比赛时进攻队的特点而制定防守占位队形。例如：对付内外线攻击力量较平均的队，可采用“2-1-2”区域联防队形；对付内线较强的队，且希望加强篮板球的争夺与控制，可采用“2-3”区域联防队形；对付外围投篮较准，而内线攻击较差的队，可采用“3-2”区域联防队形（图 5-1-10～图 5-1-12）。

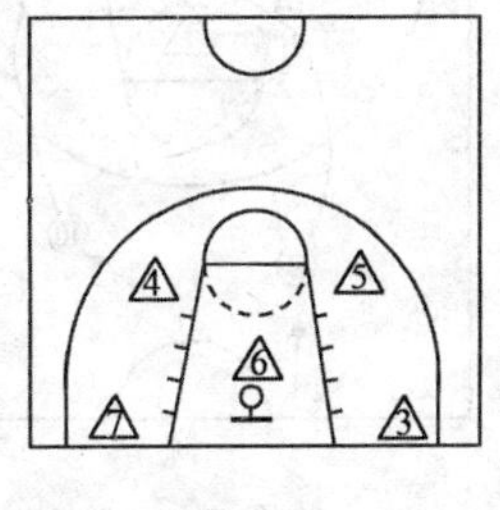

图 5-1-10

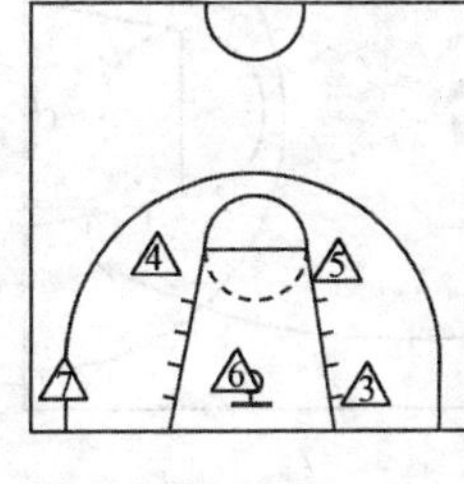

图 5-1-11

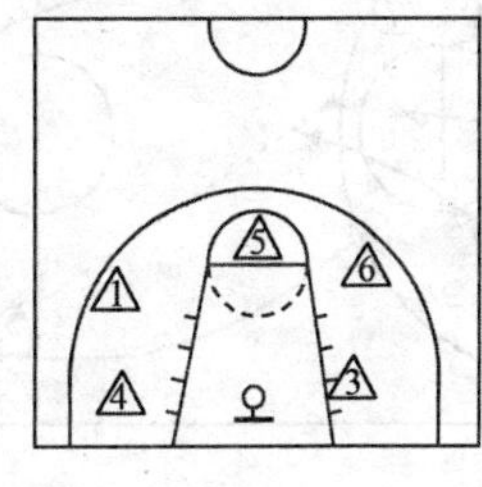

图 5-1-12

3. 快攻、防快攻

（1）快攻

快攻是以守转攻时，趁对方立足未稳，以最快的速度推进到前场，造成以多打少，或人数相等以及人数少于对方的情况下，果断而合理地进行进攻的一种速决战的进攻战术。发动快攻的机会一般有：抢到后场篮板球时，掷后场界外球时，跳球得球时，抢断球后。

快攻一般有长传快攻、短传快攻、运球突破快攻三种。长传快攻是队员在后场获得球后，立即把球传给迅速摆脱对手进行偷袭的同伴的一种配合（图 5-1-13）。短传快攻是指在防守中获球后，立即以快速的奔跑和短促的传球迫近对方篮下进行攻篮的一种配合。运球突破快攻是指在防守中获球后，不便于传球的情况下，以快速运球推进至前场，创造或寻找配合机会，以提高快攻的速度和威力（图 5-1-14）。

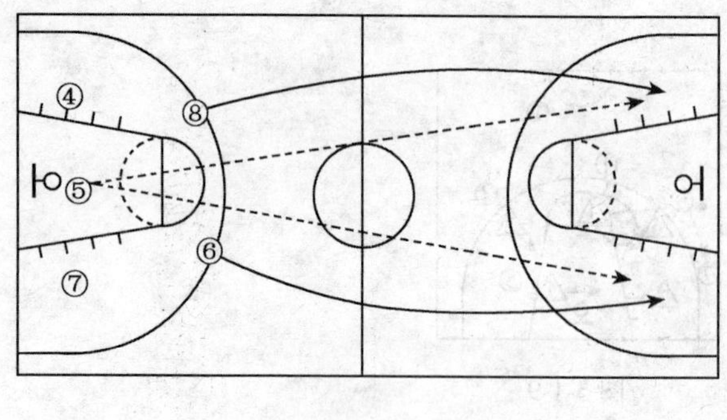

图 5-1-13

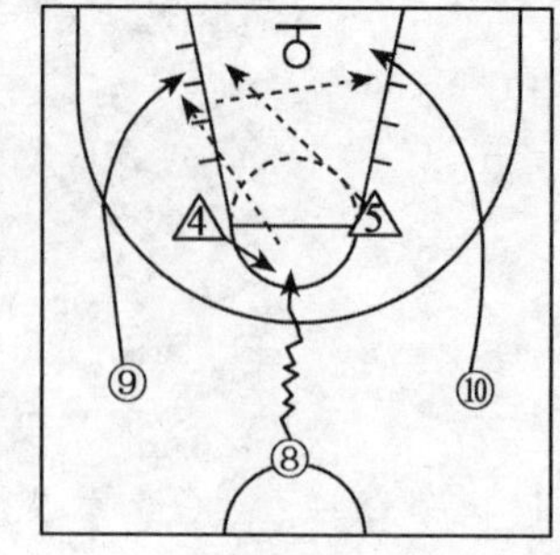

图 5-1-14

快攻由发动接应、推进和结束三个阶段组成。

接应阶段：是指由守转攻获球后，及时地组织第一传和接应第一传的配合。

推进阶段：是指快攻发动后，结束配合之前在中场一带的配合的方法。推进阶段有三种形式：运球推进、传球推进、传球和运球结合推进（图 5-1-15）。

结束阶段：是指快攻推进到前场进行攻击时运用的配合方法。快攻能否取得成功，取决于此阶段的配合。常遇到的有二攻一和三攻二的形式（图 5-1-16）。

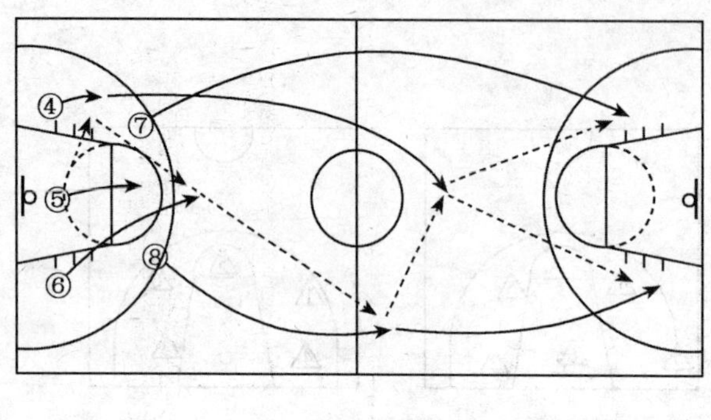

图 5-1-15

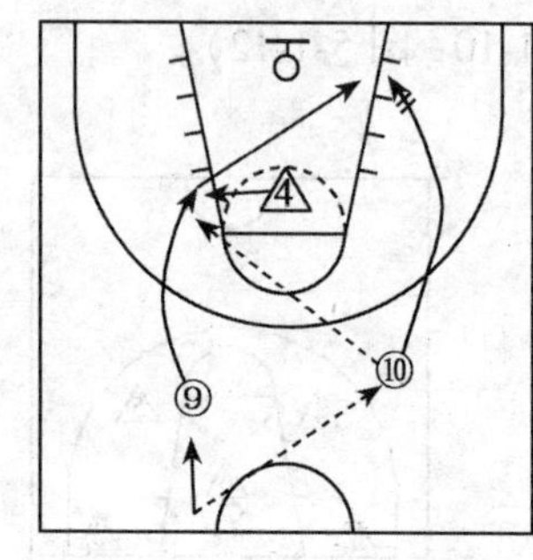

图 5-1-16

（2）防快攻

防守快攻是防守战术中的重要组成部分。其主要防守要点是封堵对方的一传和接应，这是防快攻的关键。在逐步退守中采取“堵中间、卡两边”的办法，控制对手快速推进，并切断先下队员和接应队员的联系。退守中要积极移动，始终注意占据和调整有利于兼顾的防守位置，同伴之间要紧密配合，里外兼顾，左右照应，分工明确，严控篮下。

三、篮球运动基本竞赛规则

（一）球队

1. 球队及队员

球队由教练员、助理教练员、球员和随队人员组成。当比赛时球员将分成队员和替补队员两部分，已发生 5 次犯规的队员将成为替补队员。当一名队员受伤后，在 1 分钟内无法继续比赛时，必须被替换。

2. 教练员

教练员是球队的唯一代表，在比赛期间只有教练员可以提出暂停的要求，并被允许保持站立，但必须在自己球队的球队席内，当他需要一次替换时，替补队员必须向记录员报告替换请求并立即做好比赛准备。

（二）比赛通则

1. 时间

比赛应由 4 节组成，每节 10 分钟，第 1、2 节（第一半时）之间，第 3、4 节（第二半时）之间以及每一决胜期之前应有 2 分钟的休息时间，每个决胜期为 5 分钟，决胜期应被视为第四节比赛的延伸。在比赛开始时某一球队场上队员不足 5 人时，比赛不能开始。

2. 跳球

第一节开始时，在中圈由任何两名互为对手的队员之间进行跳球。除第一节外，所有其他节开始时，实行交替拥有的方法，即以掷球入界而不是以跳球来使球成活球。在所有跳球情况中，双方球队将交替拥有在最近发生跳球情况的地点掷球人界权。

3. 控制球

当一名队员正持着、运着或可处理一个活球时为队员控制球。当某队的队员控制一个活球时或球在同队队员之间传递时为球队控制球。

4. 队员正在做投篮动作

队员将球投、扣或拍向对方球篮已开始得分尝试时为投篮动作的开始，此动作继续到球离开队员的手为止，就腾在空中的投篮队员而言，投篮动作继续到该队员双脚落回地面并允许他（她）完成连续动作。

5. 暂停

一次暂停的时间为 1 分钟，在第一半时（1、2 节），每队可准予两次要登记的暂停；在第二半时（3、4 节），可准予三次要登记的暂停，每一决胜期可准予一次暂停，未用过的要登记的暂停不得遗留给下一个半时或决胜期。暂停的机会为球成死球且比赛计时钟停止或某队在对方队投篮得分时。

6. 替换

在替换机会期间球队可以替换队员，当球成死球，比赛计时钟停止，在第四节的最后 2 分钟或任一决胜期的最后两分钟内，投篮得分时，对于非得分队，可提出替换。

7. 比赛因弃权或缺少队员告负

当球队在主裁判通知后拒绝比赛，它的行为阻碍比赛继续进行、迟到 15 分钟以上或不能使五名队员人场准备比赛时，该队将被判为弃权，对方球队以 20：0 获胜；在比赛中，如果球队在球场上的队员人数少于两名，该球队将由于缺少队员告负，如对方队比分领先，应有效，如不领先，则比分应计写为 2：0。

（三）违例

1. 出界

当球触及界外的人或物、篮板支架、篮板背面以及比赛场地上方的任何物体，将判为出界，并由对方在就近的界线外掷界外球。

2. 带球走

当队员在场上持着一个活球，其一脚或双脚超出规则所述的限制向任一方向非法移动

视为带球走。

3. 3 秒钟

当某队在前场上控制活球，并且比赛计时钟正在运行时，其同队队员在对方的限制区内停留持续超过 3 秒钟，将被视为 3 秒钟违例。

4. 被严密防守的队员

一名队员在球场上正持着活球，这时对方队员处于积极的防守位置，距离不超过 1 米，该队员必须在 5 秒钟内传、投或运。

5. 8 秒钟

当一名队员在他的后场获得控制活球时，他的队必须在 8 秒钟内使球进入前场。

6. 24 秒钟

当一名队员在球场获得控制活球时，他的队应在 24 秒钟内投篮，并触及篮圈或进入球篮。

7. 球回后场

球回后场应满足以下三个条件：（1）在前场控制球。（2）该队队员在他的前场最后触及球。（3）该队队员在他的后场首先触及球。

(四) 犯规

1. 侵人犯规

队员犯规，含有与对方队员非法的身体接触，无论球是活球还是死球。它具体包括：（1）阻挡：是阻碍对方队员行进的非法身体接触。（2）撞人：是有球或无球队员推进或移动到对方队员躯干上的身体接触。（3）背后非法防守：是防守队员从对方队员的背后与其发生的身体接触。（4）拉人：是干扰对方队员移动自由的非法身体接触。（5）非法掩护：是非法地试图拖拉或阻止不控制球的对方队员在球场上的移动。（6）非法用手：是发生在防守队员处于防守状态，并且手或手臂放置在对方队员身上并保持接触，以阻止其行进。（7）推人：是队员用身体的任何部位强行推动或试图移动对方队员时发生的非法身体接触。

在比赛中，队员们必须保持自己的合法位置，过分地伸展手、肘、膝或髋，并使对方队员处于不利位置的身体接触，将被判侵人犯规。在实际运用过程中，如果此种犯规未使对方队员处于不利位置，且可继续完成动作，裁判员应根据当时情况判断，视其为有利球，让比赛继续进行。

2. 双方犯规

双方犯规是两名互为对手的队员在大约同时相互发生接触犯规的情况。如果当时哪一个队员都没有控制球，也没有球权，一次跳球情况发生。

3. 技术犯规

技术犯规分为队员技术犯规和教练员技术犯规。

队员技术犯规是不包含与对方队员接触的队员犯规，此犯规将由对方获得两罚一掷。

教练员技术犯规是指教练员及球员席的其他人员在比赛期间进入球场（暂停时除外），或对裁判员和辅助裁判员有不礼貌的举止，此种犯规将使对方获得两次罚球和在中场掷球的权利。

4. 违反体育道德的犯规

根据裁判员的判断，一名队员不是在规则的精神和意图的范围内合法地试图去直接抢球，发生的接触犯规是违反体育道德的犯规，反复出现此种犯规的队员将被取消比赛资格。

(五) 一般犯规

1. 队员 5 次犯规

一名队员侵人犯规或技术犯规达到 5 次，应立即离开比赛，并在 30 秒钟内被替换。

2. 全队犯规处罚

在一节中，某队已发生了 4 次全队犯规时，该队处于全队犯规处罚状态。任一决胜期内的犯规应被认为是第四节的一部分。如果是控制球队的侵人犯规，不得判给罚球，应判对方队员掷球入界。

3. 罚球

一次罚球是给予一名队员在罚球线后的半圆内，在无争抢的情况下得 1 分的机会。对一起侵人犯规，应由被犯规的队员执行罚球，而一起技术犯规，可由被犯规队的任一队员执行罚球。在限制区两侧的位置区内应最多有 5 名队员（3 名防守和 2 名进攻队员）占据，并不得在球离开罚球队员的手之前进入限制区；罚球队员和其余队员应在球触及球篮之后进入限制区。

第二节 排 球

排球运动是一项两队对抗，每队 6 人，分两排站位，以中间球网为界，根据规则以身体任何部位击球过网而决定胜负的球类运动。

排球运动 1895 年由美国人威廉·莫根发明，最初是在室内球网两边用篮球胆拍来拍去使球不落地的一种游戏，取名 Volleyball，意为“空中飞球”。排球运动经历了多种发展形式，最初为 16 人制排球（每排 4 人，按 4 排站位），后来演变成 12 人制（每排 4 人，分 3 排站位）和 9 人制（每排 3 人，分 3 排站位），以及至今的 6 人制排球。因为它是按排站位打球的，所以中国人称之为排球。

1947 年 4 月，国际排球联合会在法国巴黎成立，现在已成为拥有 178 个会员国的体育组织。1949 年首届世界排球锦标赛在布拉格举行。1964 年排球运动被正式列为奥运会比赛项目。目前世界性的比赛有：世界排球锦标赛、世界杯排球赛、奥运会排球赛和世界排球联赛。

一、排球基本技术和练习方法

排球技术有两种：一种是有球技术，包括传球、垫球、扣球、发球和拦网；另一种是无球技术，包括准备姿势、移动、起跳及各种掩护动作等。

(一) 准备姿势和移动

准备姿势和移动是排球运动中各项技术的基础技术。任何一项排球技术在比赛中运用的效果，在很大程度上取决于准备姿势和移动技术。

1. 准备姿势

两脚支撑的位置：两脚左右开立，略比肩宽。站左半场的队员，左脚在前（约一只脚的距离)，右脚在后；站右半场的队员，右脚在前，左脚在后；站在场中央的队员，两脚平行开立比肩稍宽。

身体基本姿势：双目注视来球，两膝弯曲并内扣，膝部的垂直面超出脚尖，脚跟提起，身体重心的着力点在前脚掌拇趾根部，上身前倾，两肩的垂直面超出膝部。

手的位置：两臂自然弯曲，并置于胸腹之间，两手心相对，手指自然张开。

2. 移动

移动是接好球的重要条件。无论任何方向的来球，身体必须面对来球方向。因此，要尽快地移动取得好位置，做好接球前的准备姿势。

通常采用的几种移动步法是：滑步、交叉步、跨步、跨跳步、跑步、后退步等。

3. 练习方法

(1) 学生集体做准备姿势，强调两脚的位置；

(2) 原地跑或慢跑中，看教师发出的信号，迅速做准备姿势；

(3) 学生在准备姿势的基础上，看教师手势做向前、后、左移动；

(4) 两人一组，一人抛球一人按步法要求移动接球；

(5) 各种形式的移动接力。

(二) 发球

发球是比赛的开始，同时也是进攻的开始。现代的发球技术已越来越具有强大的攻击能力。攻击力强的发球不但可以直接得分，更主要是可以破坏对方的接发球，削弱其进攻威力，减轻我方的防守压力，取得比赛的主动权。

1. 基本技术

所有发球技术的动作结构是相同的，但根据不同的发球技术又有不同的技术特点。发球技术的动作结构可以分为准备姿势、抛球、击球手形、挥臂击球四个技术环节。

发球的种类很多，不管采用哪一种发球，要想把球发好，必须注意以下几点：第一，抛球稳：抛球是基础，要求掌心向上平稳地把球抛起。每次抛球的高度和身体的距离应基本固定。第二，挥臂快：手臂的挥动速度与球飞行速度成正比，手臂挥动快，则球的速度快。第三，击球准：用力方向必须和所要发出球的方向相一致。第四，正确的手法：击球手法不同，发出球的性能也不同。不同的发球种类应使用不同的击球方法。

(1) 正面下手发球

这种发球简单易学，失误率较小。但速度慢，力量小，攻击性差，适用于初学者。

发球前，面对球网，两脚前后站立，左脚在前，右脚在后，两膝微屈，上身前倾，左手持球置于腹前，右臂自然下垂。发球时，左手将球在体前右侧抛起，离手 20~30 厘米。在抛球的同时，右臂向后摆动。击球时，右脚蹬地，身体重心前移，右臂伸直，以肩为轴，向前摆动到腹前，用虎口或掌根击球的后下部。随着击球动作重心前移，迅速入场(图 5-2-1)。

(2) 侧面下手发球

①准备姿势：左肩对网站立，两脚左右开立，与肩同宽，两膝微屈，上身稍前倾，重心落在两脚间或稍偏右脚，左手持球置于腹前。

②抛球：左手将球抛至胸前，约离身体一臂之远。

图 5-2-1

③击球：在抛球的同时，右臂摆至右侧后下方，手指微屈而紧张，利用右脚蹬地和向左转体的力量，带动右臂向前摆动，在腹前用全掌击球的后中下部，将球击出。击球时，手臂要伸直，眼睛要看球。

（3）正面上手飘球

发球前在发球区选好位置，面对球网站立，左脚在前，右脚在后，重心落在后脚上。左手持球置于胸前，观察对方的站位布局，选定最佳落点。

发球时左手将球平稳地向右肩的前上方抛起，高度适中。在抛球的同时，右臂抬起，并屈肘后引，五指并拢，指尖朝上，手腕保持一定的紧张度。

击球时利用蹬地转体的动作带动手臂有力地向前上方挥动，重心随之移至左脚，以手掌根击球的后中下部，击球的力量要集中、迅猛，击球的作用力通过球的重心使球不旋转地向前飞行，击球结束时手臂要有突停动作。击球后，右脚随着击球动作自然前移，迅速进场（图 5-2-2）。

图 5-2-2

（4）勾手大力发球

这种发球的特点是力量大，弧度平。由于球向前旋转，从而加快了球的下落速度，容易造成对方措手不及，有较强的攻击性，但这种发球需要很好的体力，技术要求高，掌握不好容易造成发球失误。

发球前左肩对网站立，两脚开立与肩同宽，两膝微屈，重心落在脚与脚之间。双手持球于腹前。发球时，双手将球平稳地抛至头的左前上方，高约1米。在抛球的同时，右腿稍屈，重心移至右脚上，上身向右倾斜并转动，同时右臂向右后倾摆动，抬头看球。随着右腿用力蹬地，利用挺胸及转体的动作带动手臂向上挥击。

击球时迅速收胸、收腹、转体，身体的重心移至左脚上。击球的手臂要伸直，并要协调、自然地向上作弧形摆动，击球的手掌应放松，用全掌击中球的后下部，并利用手腕的推压动作使球向前旋转。球发出后，顺势迅速进场（图5-2-3）。

图5-2-3

2. 练习方法

（1）徒手练习。按照动作方法要领，让队员做徒手模仿练习，或做击固定球练习。

（2）抛球练习。右手持球练习向上抛起（掌心向上，平稳抛起，球不旋转）。根据发球的性能，抛球的高度和落点要合适。

（3）两人一组短距离不上网对发。

（4）抛击配合练习。近距离对墙发球，体会发球时抛球与击球的配合。

（5）上网发球。两人一组隔网对发，距离由近到远，直至发球区内。体会击球用力和动作连续性。

（6）分两组端线后发球比赛，看哪一组积分多。

（三）垫球

垫球是排球的基本技术之一，是接对方进攻性击球的主要技术动作，是组织进攻和反攻战术的基础。因此，提高垫球技术的熟练程度和运用能力，是争取胜利的重要条件。

1. 基本技术

（1）正面双手垫球

适合接速度快、弧度平、力量大、落点低的各种来球，在接发球和后排防守时广泛采用，是各项垫球技术的基础。

①准备姿势：做好准备姿势，迅速判断，及时移动，正面对准来球方向。

②击球手形：两手掌根紧靠，两手手指重叠合掌互握，两拇指平行。两臂自然伸直，手腕下压，小臂外展靠拢，手腕关节以上的前臂形成一个垫击的平面（图5-2-4）。

③击球动作：击球时，蹬腿提腰，含胸提肩，压腕抬臂等动作密切配合，手臂迅速插入球下，将球准确地垫在手腕以上10厘米的小臂上。击球时，两臂保持平衡固定，身体和两臂自然地随球伴送，以便控制球的落点和方向（图5-2-5）。

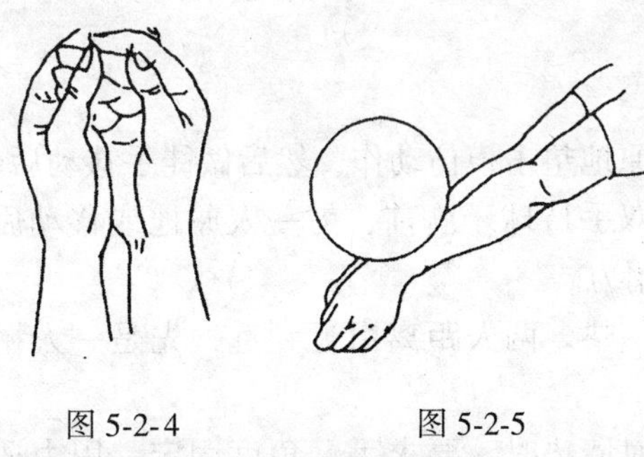

图5-2-4　　图5-2-5

④手臂角度：手臂角度对控制球的方向、弧度和落点有很大影响，应根据垫球距离和入射角等于反射角的原理加以调整（图5-2-6）。

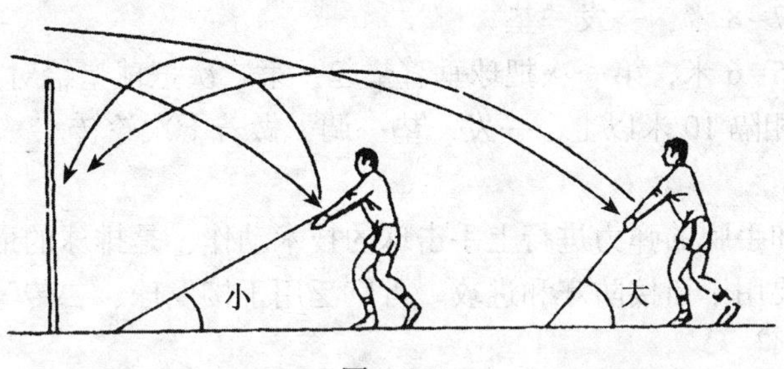

图5-2-6

正面双手垫球应掌握插、夹、提三个动作要领。插：两臂伸直，插到球下。夹：两臂夹紧，含胸收肩，用两前臂的平面击球。提：提肩送臂，身体重心随出球方向前移。垫击过程中要做好移、蹬、跟三个环节。移：快速移动，对准来球。蹬：支撑平稳，两腿蹬起。跟：随用力方向，腰紧跟（图5-2-7）。

图5-2-7

（2）体侧垫球

来球飞向体侧而来不及移动对正来球时，要采用侧垫。侧垫时切忌随球伸臂，这样会

造成球蹭手而向侧方飞出，应先用两臂到侧方截击来球。还应注意两臂不要弯曲，以保持击球平面，否则会因手臂不直或两臂间距离太大而垫不好球。

（3）背垫

背垫就是背向出球方向击球。背垫时，要清楚出球的方向、距离。用力时，要抬头后仰，两臂伸直向后扬臂。

2. 练习方法

（1）徒手模仿。先做原地垫击模仿动作，然后做徒手移动后垫击模仿动作。

（2）垫固定球。一人双手持球于胸前，另一人原地或移动后用垫球动作击球，体会手臂击球部位和全身协调用力。

（3）两人一组，一抛一垫。两人距离由近到远，先是一人抛，一人原地垫，然后是一人抛，一人移动垫。

（4）对墙连续自垫。对墙垫时，要求手臂角度固定，用力适当，控制球的高度，用蹬腿动作发力，注意身体协调用力。

（5）转换方向垫。三人一组成三角形，一人抛球，一人变方向垫球，另一人接球或传球给抛球者，循环往复。

（6）二人相距 7~8 米，一发一垫。

（7）二人相距 5~6 米，第一次把球垂直垫起，第二次把球垫给对方，连续进行。

（8）三人一组相隔 10 米以上，一发一垫一调，做若干次轮转。

（四）传球

传球是用手指和手腕的弹力进行上手击球的技术动作，是排球的最基本最原始的击球方法。在比赛中主要用于衔接防守和进攻。可广泛用于接发球、二传等。

1. 基本技术

传球的方式很多，有正面传球、背传、侧传、跳传。其技术环节可分为：准备姿势、迎球、击球点、手形、击球时的用力几个部分。

（1）双手正面传球

准备姿势：正面对准来球，两脚开立，比肩宽，一脚在前，两脚尖适当内收，脚跟稍提起，两膝稍屈。两肩放松，眼睛注视来球，两手自然弯置于胸腹前。

手形：两手手指自然张开，掌心相对，手指微屈成半球状，手腕稍后仰，以拇指、食指、中指托住球的后下部，无名指和小指在两侧辅助控制传球的方向。拇指相对成一字形或八字形置于额前（图 5-2-8）。

图 5-2-8

击球时的用力：传球时，利用蹬地、伸膝、展体和伸臂的动作，以拇指、食指、中指发力，无名指和小指控制住球的方向。触球的瞬间，手指和手腕应保持一定的紧张程度，用手指和手腕的弹力以及身体和手臂的协调力量将球传出，用力一定要协调一致。传球距离较近时，手指、手腕的弹力较多；传球距离较远时，必须加强蹬地展体的力量（图5-2-9）。

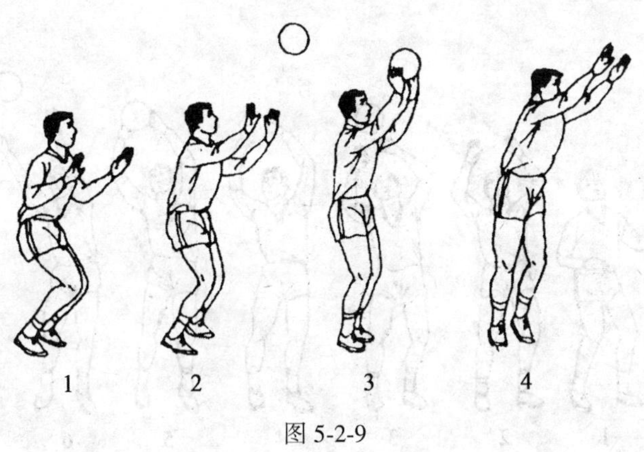

图 5-2-9

（2）背传

背传是传球的基本方法之一。在比赛过程中，使用背传技术能达到出其不意、迷惑对方的目的，使战术多样化。

准备姿势：上身比正面传球时稍直立，身体重心稳定在两脚之间，双手自然抬起，放松置于脸前。

迎球：双手上举，挺胸，掌心稍向上，手腕稍后仰。

击球点：保持在额上方。

手形：与正面传球相同，拇指托球的后下部。

击球时的用力：利用蹬地、上身后仰、挺胸、展腹、抬臂及手腕和手指的弹力将球向身体后上方送出（图 5-2-10）。

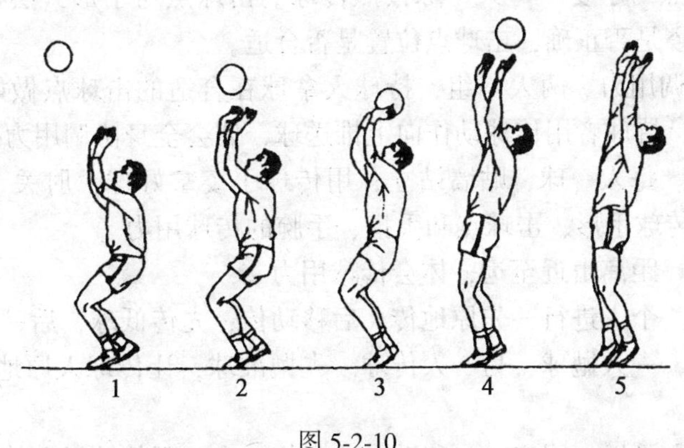

图 5-2-10

（3）侧传

身体不转动，主要靠双臂向侧方伸展的传球动作叫侧传。侧传有一定的隐蔽性。

侧传的准备姿势、迎球动作与正面传球相同，击球点保持在脸前或稍偏于出球方向一侧。传球手势与正面传球相同，但倾向出球一侧的手臂要低一些，另一侧则要高一些。用力时，蹬地后上身要向出球方向倾斜，双臂向传出一侧用力伸展，异侧手臂动作幅度较大，伸展较快（图 5-2-11）。

图 5-2-11

（4）跳传

跳起在空中做传球动作叫跳传。跳传有原地跳、助跑跳、双足跳、单足跳等动作。

起跳最好是向上垂直起跳，不宜向前或向侧冲跳。起跳的关键是掌握好起跳时机，起跳过早或过晚都会影响传球的质量。

起跳后双臂上摆至脸前，身体在空中保持平衡。当身体上升到最高点时，靠伸臂动作和手腕、手指的弹力将球传出。

2. 练习方法

（1）徒手模仿传球动作。做好准备姿势，蹬地、伸臂，模仿传球推击动作，领悟动作过程。

（2）体会击球点与手姿。每人一球按照传球的击球点与手形，摆在额前，然后另一人将球拿掉，看手姿是否正确，击球点位置是否合适。

（3）传球的协调用力。两人一组，持球人拿球在合适的击球点做好传球的手形，另一人用单手压着球，持球者用传球动作向上推送球，体会全身协调用力。

（4）贴墙传球。每人一球，贴墙站立，用传球手姿拿好球，肘关节贴墙，用传球动作向墙传球，体会传球手形、击球点和手指、手腕的传球用力。

（5）对墙传球。距离由近至远，体会传球用力。

（6）向上自传。个人进行，先原地传，后移动传；先传低球，后一高一低传。

（7）两人一组，一人抛球，另一人传球。先抛准球，让传球人原地传；后两侧抛球，让传球人移动传。

（8）两人对传。可以一固定，一移动，或自传一次，再传给对方等。

（9）跑动传球。三人或三人以上成纵队跑动传球。

（10）转换方向传球。三人一组成三角形，一人抛球，一人变方向传球，另一人接球或传球给抛球者，循环往复。

（五）扣球

扣球是进攻的最有效方法，是得分的重要手段。

1. 基本技术

扣球按其技术结构来讲，包括准备姿势、判断、助跑、起跳、空中击球和落地几个相互衔接的部分，整个动作必须协调一致，且有节奏。

（1）准备姿势

两脚开立，两膝微屈，眼睛观察来球，注意力高度集中，随时可向各种方向起动助跑。

（2）判断

判断是扣好球的基础。首先是对一传的判断，然后根据二传传球的方向、弧度、速度、落点选择起跳的地点和决定起跳的时间。判断贯穿在整个助跑与起跳、击球全过程中。

（3）助跑

助跑的目的不仅是为了增加弹跳高度，而且是为了选择起跳点和时间，助跑的方向、速度和步数是根据来球的方向、弧度和速度决定的。助跑的步法一般有两步、三步和多步助跑。助跑的起动时间非常重要，它对于能否发挥最好的弹跳，选择准确的起跳点和扣球路线的变化都有重要的作用。由于每个人助跑的速度不同，制动踏跳的能力不同，弹跳高度不同，因此，起动时间也略有区别。

（4）起跳

起跳的目的在于跳起后达到一定的高度，保持在正确的击球点击球。起跳时，上身前倾，两脚迅速而有力地蹬地踏跳；两臂由体后下方继续向体前上方挥摆，同时快速展腹，带动全身腾空而起。

（5）空中击球

击球是扣球技术的关键环节。起跳后，上身稍向后侧扭转，胸腹自然展出，右臂屈肘举起，肘关节指向侧方，并高于肩部，手置于头的右侧方，手指自然分开。击球时利用迅速转体收腹动作来带动手臂猛烈地挥击。前臂挥动的速度要快，有如挥鞭子的抽击动作。击球时手臂要伸直，用全手掌击球的后中部，手腕快速推压，使球向前下方旋转飞行。

（6）落地

落地时，应由前脚掌过渡到全脚掌，同时顺势屈膝、收腹，以缓冲下落的力量，同时立即准备下一个动作（图 5-2-12）。

2. 练习方法

（1）学习助跑起跳。包括原地双足起跳练习，一步助跑起跳练习，两步助跑起跳练习和上网助跑起跳练习。

（2）学习挥臂击球。包括徒手模仿练习，扣固定球练习，一抛一扣练习和自抛自扣练习。

（3）学习完整扣球。包括助跑起跳上网扣教师低喂抛球练习，上网扣抛球练习，上网扣传球练习。

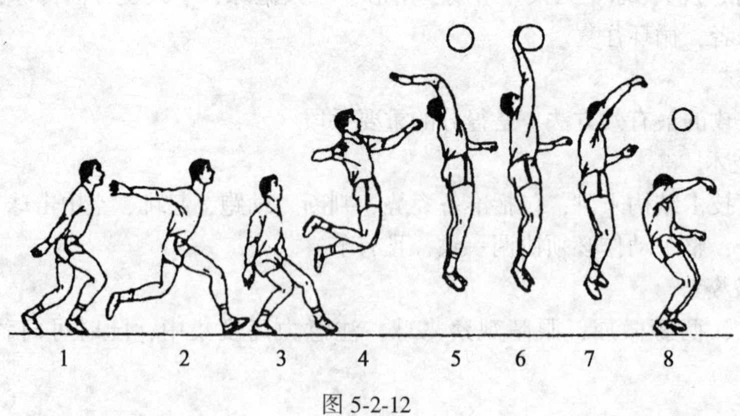

图 5-2-12

(六) 拦网

拦网是防守的第一道防线，也是得分的重要手段之一。有效的拦网可以遏止对方的进攻，减轻本方防守的压力，为防守反击创造有利条件。特别是每球得分制实施以来，攻击性的拦网越来越得到人们的重视。

1. 基本技术

拦网技术动作由准备姿势、移动、起跳、空中动作和落地几个部分组成。拦网时除应掌握上述技术外，还应有准确的判断能力，以便准确选择起跳地点、拦网时间和空间。

拦网分为单人拦网和集体拦网。其个人技术是相同的，只是集体拦网需要注意相互间的协作与配合。

(1) 准备姿势

面对球网，密切注视着对方动向，两脚平行开立，约同肩宽，两膝稍屈，两手自然弯曲置于胸前。身材高大队员双手可上举过头，随时准备起跳或移动。

(2) 移动

根据不同情况可灵活运用并步、跨步、滑步、交叉步、跑步等各种移动步法，将身体重心移动到拦网位置，准备起跳。

(3) 起跳

移动后立即制动，使身体正对球网后起跳，或在起跳过程中在空中使身体转向球网。如果是原地起跳则从拦网准备姿势开始，两脚用力蹬地，两臂在体侧划小弧线用力上摆，带动身体向上垂直起跳（图 5-2-13）。

(4) 空中动作

起跳后稍收腹，控制平衡。同时，两手从额前贴近网向上沿伸出，两臂伸直，两肩尽量上提。拦击时，两手尽量伸向对方上空，接近球时，两手自然张开，屈指、屈腕成勺形。当手触球时，两手突然抖腕，用力捂盖球前上方。拦击时根据对方扣球线路变化，两手在空中向球变线方向伸出，外侧手掌心在拦击球时内转包球。

(5) 落地

拦网后自然落回地面，落地时屈膝缓冲。落地后准备做下一个动作。

2. 练习方法

图 5-2-13

（1）徒手动作练习。包括网前原地起跳拦网，两人相对网前原地起跳空中拍击手掌，根据教师手势做各种步法移动后起跳拦网，两人相对网前移动，在 2、3、4 号位分别起跳对击拦网，一人主动、一人被动在网前移动起跳拦网。

（2）学习拦网手法。包括原地或对墙做徒手伸臂动作（要求手形正确，手指自然张开），矮网一扣一拦（要求扣球准确，拦网不起跳），教师站在高台上双手持球，学员轮流起跳拦网（掌握正确手形包住球的动作），队员站在高 40~50 厘米的凳子上，做拦球动作，体会伸手和捂盖动作。

（3）教师在高台扣固定路线球，队员移动起跳拦网。

（4）对方扣一般球，单人轮流拦网。

（5）对方扣一般球，双人原地起跳配合拦网。

（6）对方扣一般球，双人移动后起跳配合拦网。

二、排球基本战术

战术是指比赛双方运用进攻与防守的对抗，并结合临场变化，合理地运用技术，有组织、有针对性地配合行动。一个球队的战术水平往往反映着该队的技术水平，因为只有全面、准确、熟练地掌握了基本技术，才可能形成战术。排球基本战术分为个人战术和集体战术两种。

（一）阵容配备

阵容配备是合理地搭配本队队员的一种组织手段。阵容配备有三种形式。

“三三”配备：由三名进攻队员和三名二传队员组成，此种形式的战术形式简单，攻击力弱，适合初学者。

“四二”配备：由两名主攻队员，两名副攻队员和两名二传队员组成。队员分别对角站立。这种阵容配备便于采用“中一二”和“边一二”进攻战术。前排始终保持两名进攻队员和一名二传队员，这样能够组织多种战术配合，充分发挥本队的进攻力量（图 5-2-14）。

“五一”配备：由一名二传队员和五名进攻队员组成。这种配备形式攻击力强，能组织多种战术体系。二传队员在前排时，能组织“中一二”、“边一二”进攻战术。二传队员在后排时，可采用插上战术，保持前排三点进攻。具有一定水平的队多采用此种阵容配

备（图 5-2-15）。

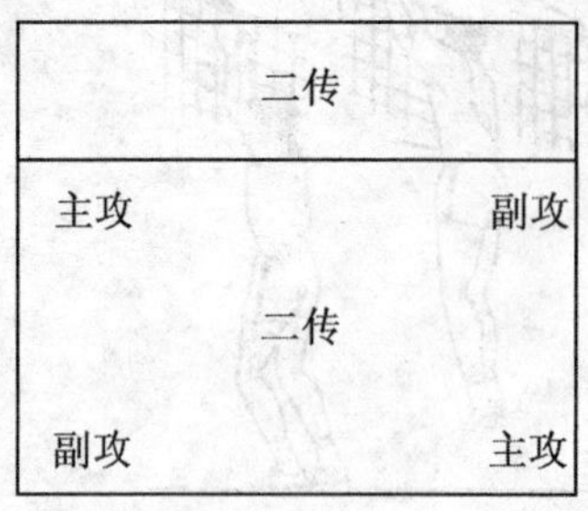

图 5-2-14

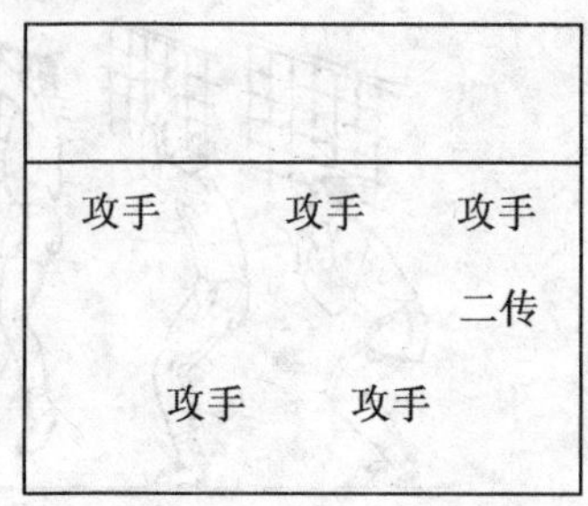

图 5-2-15

（二）交换位置

为了解决某些轮次进攻和防守力量的搭配及阵容配备上的某些缺陷，以便有效地组织攻防战术，规则允许在发球击球后，双方队员可以在本场区内任意交换位置。交换位置的主要目的是为了充分发挥每个队员的专长，以取得扬长避短的效果。前排队员之间的换位，主要是为了便于进攻战术的实施和拦网实力的调整。前后排队员之间的换位，主要是为了保持前排三点进攻。后排队员之间换位，是为了加强后排重点部位的防守。

（三）信号联系

排球运动是一个集体项目，在实现快速多变的进攻战术时，必须通过信号联系才能统一行动。一个队的战术信息力求简单、清晰、本队队员明了。

语言联系：使用语言直接进行联系。

手势信号：通过事先约定的各种手势，进行规定的战术配合。

落点信号：根据起球后的落点，作为发动某种进攻的信号。

综合信号：以手势信号为主，辅以落点信号、语言信号以及教练员的暗示等。

（四）“自由人”运用

合理地选择并运用“自由人”是战术运用的一个方面。“自由人”专司接发球和后排防守，其上下场之间只需经过一次发球比赛过程，换人不计为正规换人次数，且次数不限。因此，选择接发球和后排防守技术高超的队员作为“自由人”，能大大提高全队的防守水平。“自由人”又可在当前排进攻、拦网队员体力下降需要休息，并轮到后排时替换上去，所以，合理地运用“自由人”能大大提高全队的进攻水平。

（五）接发球阵形

在选择接发球阵形时，不仅要有利于接球，还要考虑本方所采用的进攻及对方发球的特点。按接发球人数来分，有 5 人接发球、4 人接发球、3 人接发球等。接发球的基本要求是：正确判断、合理取位、明确职责、分工配合。即：“远飘、轻飘点分散，平快、大力一条线”。这里介绍几种 5 人接发球阵形及变化。

1. “W”站位阵形

初学者进行比赛多采用“中、边二传”进攻阵形，一般都站成“W”形，也称“一三二”型站位。这种阵形队员分布均衡、职责分明，但队员之间的“结合部”较多（图 5-2-16）。

2. “M”站位阵形

“M”站位，也称“一二一二”站位，队员站位分散而均匀，分工明确，适合接落点分散、弧度高、速度慢的下沉飘球，不利于接大力球和平飘球。

3. “一”字站位阵形

采用“一”字形站位是对付跳发球、大力发球、平冲飘球的有效站位。接发球时，5名队员成“一”字形排开，左右距离较近，每人守一条线，互不干扰（图 5-2-17）。

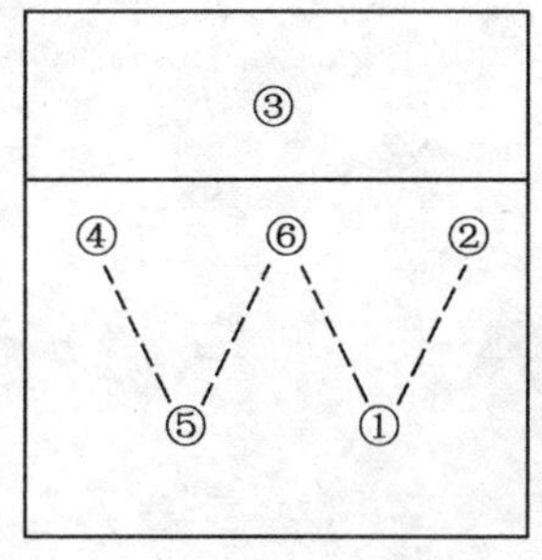

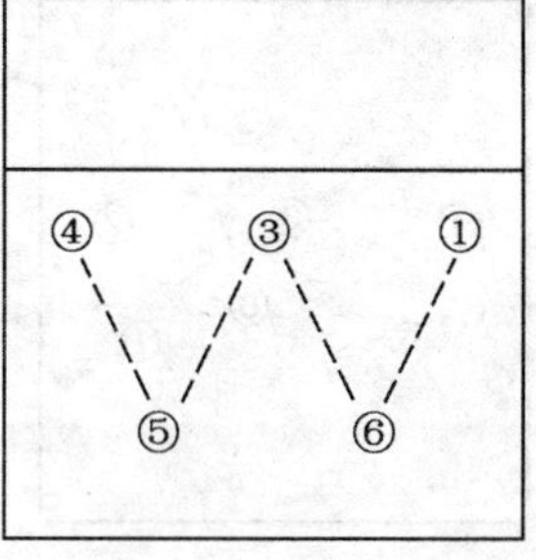

图 5-2-16

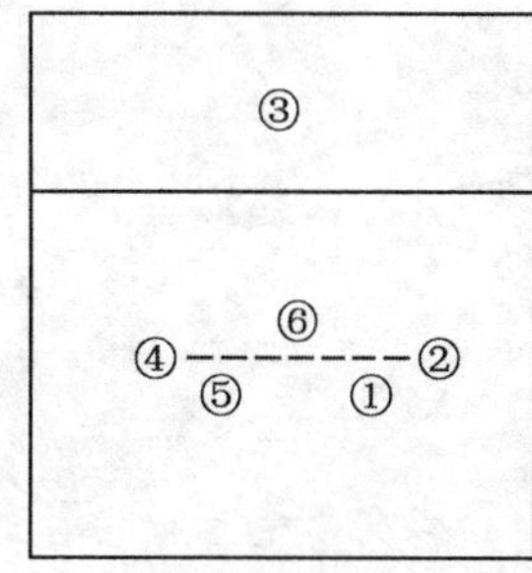

图 5-2-17

（六）“中一二”进攻战术

“中一二”进攻战术是最基本、最简单的战术形式。由 3 号位队员二传，2、4 号位队员进攻。其特点是比较容易组织，初学者易掌握，但只能两点进攻，变化少，进攻意图易被对方识破（图 5-2-18）。

（七）“边一二”进攻战术

“边一二”进攻战术由 2 号位队员担任二传，3、4 号位队员进攻，如由 4 号位队员担任二传，由 3、2 号位队员进攻，则称为“反边一二”进攻战术。它比“中一二”战术变化多、难度大，战术配合也较复杂。由于两名进攻队员的位置相邻，便于进行互相掩护配合，可以组织更多的战术配合，它的突然性和攻击性程度比“中一二”进攻战术高（图 5-2-19）。

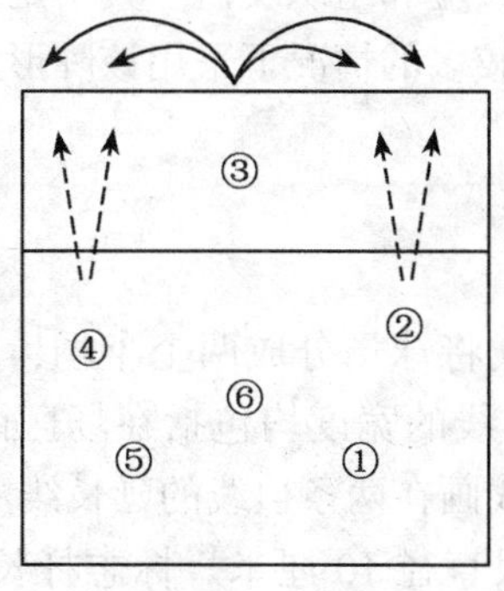

图 5-2-18

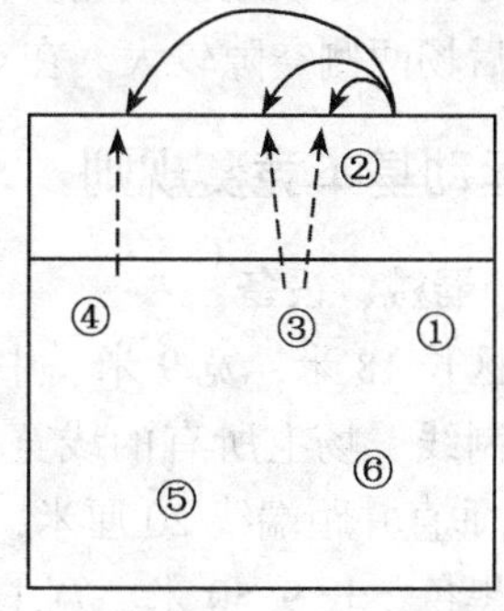

图 5-2-19

（八）“后排插上”进攻战术

“后排插上”进攻战术是现代排球先进战术的主要形式，是在“中、边一二”进攻战术的基础上发展起来的。因此，“中、边一二”进攻战术中各种战术的配合，均可在“后排插上”战术中加以运用和发挥。由于此种战术有三名队员参加进攻，可充分地利用网的全长组织进攻，而使进攻点增多，战术配合更加复杂多变，因此，更具有突然性大、进攻点多的特点（图 5-2-20）。

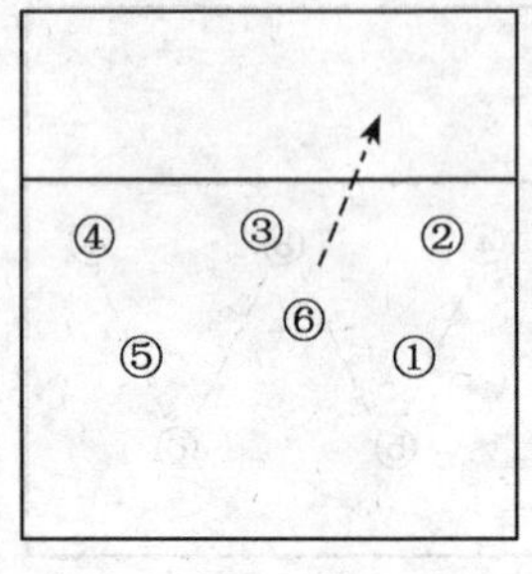

图 5-2-20

（九）“边跟进”防守战术

拦网与后排防守的配合是防守成功的关键。比赛中常采用单人、双人和三人拦网，其中双人拦网是常采用的。在双人拦网情况下，此种防守方法是：前排三名队员要形成面对进攻点的弧形防守区域，并明确各自的防守区域和范围。前排两名队员组成拦网，后排 1 号或 5 号位队员跟进到进攻线附近保护。在对方攻势较强、吊球较少情况下采用该阵形。

（十）“心跟进”防守战术

“心跟进”防守是比赛中常采用的一种防守形式，是由 6 号位队员跟进保护、防吊球的防守形式，适用于对方进攻力量不太强，善于打、吊结合时采用。此种防守方法是：前排不参加拦网的队员要及时后撤到限制线以后，准备防守，后排 1、5 号位队员应随着对方进攻点的不同，正确取位。此种形式的特点：网前有专人负责保护拦网，便于防吊球和接应拦网的反弹球，中心场地比较充实，有利于接应和组织反击。其不足是后排防守力量相对有所减弱，后场两侧空隙较大。在对方吊球较多的情况下采用该阵形。

三、排球运动基本竞赛规则

（一）场地、器械、设备

排球比赛场区长 18 米，宽 9 米。中间为中线将球场分成两个半场，两半场离中线 3 米处各有一条限制线。场上所有的线宽 5 厘米，线的宽度均包括在场区内。发球区短线 15 厘米，与端线垂直并距端线 20 厘米，两条短线画在两条边线的延长线上。

排球球网为黑色，长 9.50 米，宽 1 米，网眼直径 10 厘米。标志杆长 1.80 米，分别设置在标志带的外沿，并高出球网 80 厘米。标志带宽 5 厘米，分别设置在球网两端并垂直于边线。球网高度男子为 2.43 米，女子为 2.24 米。球网两端的高度必须相等，并不得超过规定。

（二）胜一分、胜一局、胜一场

胜一分：比赛采用每球得分制，胜一球即得一分。如果是发球队获胜，则得一分并继续发球；如果是接球队获胜，则得一分同时获得发球权。如果双方队员同时犯规，则判“双方犯规”，不得分，由原发球队重新发球。

胜一局：比赛的前四局以先得 25 分、并同时超出对方 2 分为胜一局。当比分为 24：24时，比赛继续进行至某队领先 2 分为胜一局（例如 26：24，27：25）。决胜局以先得 15 分、并同时超出对方 2 分的队获胜。当比分为 14：14 时，比赛继续进行至某队领先 2 分为止（如 16：14，17：15）。

胜一场：正式比赛采用 5 局 3 胜制，最多比赛 5 局，先胜 3 局的队为胜一场。

（三）界内、外球

球触及比赛场区地面包括界线为界内球。

球体完全触及界线以外地面，触及场外物体、天花板或非比赛成员，触及标志杆网绳、网柱或球网标志杆以外部分，球的整体或部分从非过网区完全越过球网的垂直面等为界外球。

（四）发球犯规

发球犯规：未按照位置表所登记的发球次序发球；裁判员鸣哨后 5 秒之内未将球击出；球未抛起或没完全清楚离手时击球；击球时，脚踏及端线或踏过发球区短线。

重新发球：裁判员鸣哨前的发球；因特殊情况，裁判员认为有必要停止比赛；球被抛起或持球撤离后，未触及发球队员而落地，被认为发球失误，允许再次发球，发球队员必须在再次鸣哨后的 3 秒之内将球发出。

发球击球后犯规：球触网后落入本方场内或场外；球触及发球队队员；球没有通过球网的垂直平面；发球队的队员利用掩护阻挡对方观察发球队员和球的飞行路线；球落在界外。

（五）位置错误

当发球队员击球的瞬间，双方任何一名队员不在其规则规定的位置上，则构成位置错误犯规。上述规定，均以队员脚的着地部位来确定。当发球队员击球犯规与对方位置错误同时发生时，则认为发球犯规在先而判。如果是发球队员击球后的犯规，则位置错误在先，判位置错误犯规。

（六）击球时的犯规

一个队连续触球四次（拦网除外）；队员在场内借助同伴或任何物体的支持进行击球；击球时必须清晰，如一名队员击球时，接触时间长，使球停滞，为“持球”犯规；在第一次击球时（拦网、腰部以上触球除外），允许身体不同部位在同一击球动作连续触球。其他情况下一名队员两次触球有先后，则判“连击”。判断后排队员进攻性击球犯规必须同时具备三个条件：后排队员在前场区，或踏及限制线及延长线，击球时整个球体高于球网上沿。

（七）在球网附近的犯规

只有击球活动在进攻区时，队员触网为犯规。队员无意识、轻微、不影响比赛的触网和由于球被击入球网而造成球网触及队员则不判犯规；拦网时，允许越过球网触球，但在对方进行进攻性击球前或击球时，在对方空间触及球则判过网击球；队员的一只脚或双脚越过中线触及对方场区的同时，脚的一部分还接触中线或置于中线上空是允许的。除脚以外，队员身体的任何部分都不允许接触对方场区；队员在不妨碍对方比赛的情况下，允许在网下穿越进入对方空间，但妨碍对方比赛则判犯规。

（八）拦网犯规

队员在对方进攻性击球前或击球时，在对方空间拦网触球为过网拦网犯规；后排队员靠近球网处参加集体拦网，并将手伸向高于球网处阻挡对方来球，即使本人未触球，只要集体拦网成员的任何队员触球，则判后排队员拦网犯规。拦对方发过来的球为拦发球犯规。

（九）暂停与换人

第1~4局，每局有两次技术暂停，各为1分钟，每当领先队达到8分或16分时自行执行。每队每局还有一次机会请求30秒的普通暂停。决胜局无技术暂停，每队在该局可请求两次30秒普通暂停。每局每队最多可替换6人次，可以同时替换1人或多人。每局开始上场阵容的队员在同一局中可以退出比赛和再上场各一次，而且只能回到原阵容的位置上。替补队员每局只能上场一次，替补开局上场阵容的队员，而且他只能由被他替换下场的队员来替换。每换一人计为一人次。如果某一队员受伤不能继续比赛时，须进行合法替换；如果不可能进行合法替换时，可采取特殊替换；如果合法替换和特殊替换均不能进行时，则给予受伤队员3分钟恢复时间。如果仍不能进行比赛时，该队被宣布为阵容不完整，比赛结束，保留该队所得分数和局数，判该队输掉该局或该场，并给对方胜该局或该场比赛所应得的分数和局数。

（十）后排队员进攻性击球犯规

后排队员在前场区或踏及进攻线，击整体高于球网上沿水平面的球，并使球的整体由过网区通过球网垂直面或触及对方拦网队员，则为后排队员进攻性击球犯规。

第三节　足　　球

现代足球15世纪末起源于英国。1835年，在英国谢菲尔德成立了世界上第一个足球俱乐部。1863年10月26日，英国人在伦敦皇后大街弗里马森旅馆成立了世界第一个足球协会——英格兰足球协会。1864年，英国剑桥大学为了适应本国各学校的足球比赛而综合制定了一个简单的规则，当时称为剑桥大学规则。这也是世界足球史上第一部较为统一的足球规则。

1885年，英格兰首创了职业足球俱乐部，此后，职业足球俱乐部在奥地利、西班牙、意大利、匈牙利等国家纷纷成立并合法化。1904年5月21日，国际足球协会联合会（简称国际足联，英文缩写为FIFA）在法国巴黎正式成立。

一、足球基本技术和练习方法

（一）无球技术

无球技术是指比赛中运动员在不控球的情况下所采用的合理动作的总称。无球技术的主要内容包括：起动、跑动、急停、转身、跳跃、移位和假动作。

（二）有球技术

有球技术是指运动员在比赛中，为达到进攻和防守目的所采用的各种支配球的技术。有球技术包括：踢球技术、颠球技术、停球技术、运球技术、头顶球技术、抢截球技术、掷界外球技术和守门员技术等。

1. 颠球

颠球可分为拉挑球、脚背正面颠球、脚内侧颠球、脚外侧颠球、大腿颠球、头颠球、肩颠球和胸部颠球。

（1）技术要领

拉挑球：支撑脚站在球的后方约 30 厘米处，膝关节微屈，身体重心在支撑脚上，拉挑球的脚前掌踩在球的上方并向后轻拉，在球开始向后滚动的同时，脚掌着地，脚尖插向球的底部，脚尖微翘向上挑起。

脚背正面颠球：支撑脚微屈，当球落至低于膝关节时，颠球脚向前甩动小腿，脚尖微翘，用脚背击球的底部，将球向上颠起。

大腿颠球：当球落至接近髋关节高度时，颠球的大腿屈膝上摆，当大腿摆到水平状态时，击球的底部，将球向上颠起。

（2）练习方法

①原地颠手抛的下落球。

②原地拉挑球练习。

③原地拉挑球接颠球。

④原地拉挑球接左右交替颠球。

⑤多部位交替颠球。

⑥二人对颠。

2. 踢球

踢球的方式有脚内侧、脚背正面、脚背内侧、脚背外侧、脚跟、脚尖。该技术由助跑、支撑脚站位、踢球腿的摆动、脚触球、踢球后的随前动作组成。

（1）动作要领

脚内侧踢球：脚内侧可以踢定位球，直接踢由各个方向来的地滚球、反弹球、空中球。用脚的内侧踢地滚球时应直线助跑，支撑脚踏在球的侧方 15 厘米左右，膝关节微屈，在支撑脚着地的同时踢球腿以膝关节为轴由后向前摆，在前摆过程中屈膝外展，踢球脚的脚内侧正对出球方向，小腿急速前摆，脚尖翘起，脚底与地面平行，击球的后中部，踢球脚随球前摆落地。

脚背正面踢球：脚背正面可以踢定位球、空中球、反弹球、倒勾球等。脚背正面踢地滚球时直线助跑，最后一步稍大并要积极着地，支撑脚站在球的侧方 10 厘米左右，脚尖正对出球方向，膝关节微屈；摆动腿要在准备做支撑的脚前跨和助跑的最后一步蹬离地面时，顺势向后摆起，小腿屈曲。在支撑脚着地的同时，以髋关节为轴，大腿带动小腿由后向前摆，当膝关节摆至接近球的正上方的一刹那，小腿做爆发式前摆，以髋关节为轴，大腿带动小腿由后向前摆，脚背绷直，脚趾扣紧，以脚背正面击球的后中部，踢球腿提膝随球继续前摆。

脚背内侧踢球：脚背内侧可以踢定位球、地滚球、过顶球、弧线球和转身踢球。脚背内侧踢地滚球时，斜线助跑（助跑方向与出球方向约成45°角），支撑脚是以脚掌外沿积极着地，踏在球的侧后方20~25厘米处，膝关节微屈，脚尖指向出球方向，身体稍向支撑脚倾斜。在支撑脚着地的同时踢球腿以髋关节为轴，大腿带动小腿由后向前摆。当身体转向出球方向，膝盖摆至接近球的内侧上方时，小腿做爆发式前摆，脚尖稍外转，指向斜下方，脚背绷直，脚趾扣紧，以脚背内侧踢球的后中部（踢过顶球时，踢球的后下部）（图5-3-1）。

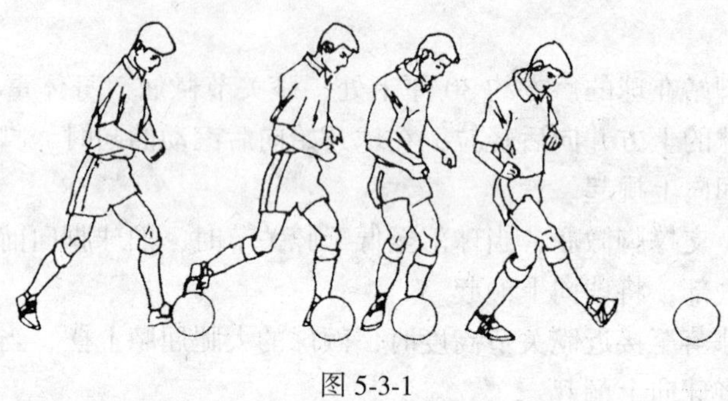

图 5-3-1

脚背外侧踢球：可以踢直线球、弧线球、弹拨球和蹭踢球。脚背外侧踢直线球时，助跑、支撑脚的站位和踢球腿的摆动，基本上与脚背正面踢球相同，但是踢球腿的膝盖摆至接近球的正上方的一刹那，小腿做爆发式前摆，膝盖、脚尖内转，脚趾扣紧，以脚背外侧踢球的后中部，踢球腿提膝随球继续前摆（图5-3-2）。

图 5-3-2

（2）练习方法（以脚背内侧踢球为例）

①摆腿模仿练习。重点强调小腿的加速摆动和摆腿时的转体动作。

②两人一组，一人踩球，一人原地做踢固定球练习。重点强调踢球脚的脚尖斜下指，用脚背内侧踢球的后下部，把球往上“铲”起。

③两人一组，相距25~30米，踢定位球。要求动作协调、思想放松，按模仿练习的感觉进行练习，防止动作“走形”。

④学生熟练掌握脚背内侧踢固定球后，可练习踢活动球。结合停球后向两侧拨球，然后用脚背内侧将球踢出。提醒学生注意支撑脚的提前量。

⑤踢准练习。可采取踢画有标志的足球墙，按规定的距离击中目标的计算成绩。

⑥两人一组，相距20~25米，并向前跑动，进行长传球练习。

3. 停球

停球方式有脚内侧、脚底、脚背正面、脚背外侧、胸部和大腿停球等。

（1）动作要领

脚内侧停球：脚内侧停地滚球时，根据来球路线选择停球位置并及时移动到位。支撑脚正对来球，膝关节微屈。停球腿屈膝外展并前迎，脚尖翘起，当脚与球接触前的刹那开始后撤，在后撤过程中用脚内侧触球，把球控制在衔接下一个动作需要的位置上。

脚内侧停反弹球时，支撑脚踏在球的落点的侧前方，膝关节微屈，上身稍前倾并向停球方向微转，同时停球脚提起，踝关节放松，脚内侧对准球的反弹路线，当球落地反弹时，用脚内侧挡压球的后中部。

脚底停球：该部位可停地滚球和反弹球。

停地滚球时面向来球，支撑脚踏在球的侧后方，膝关节微屈，脚尖正对来球，同时停球脚提起，膝关节自然弯曲，脚尖翘起高于脚跟（脚跟离地稍低于球）。踝关节放松，用脚前掌挡压球的中上部。

脚底停反弹球时，支撑脚站在球的落点的侧后方。停球腿屈膝抬起，当球落地的一刹那，脚尖上翘，小腿稍前倾，用脚掌覆盖在球的反弹路线上，触压球的后上部。

胸部停球分为挺胸和收胸两种方法：挺胸法准备停球时，稍收下颏。当球运行到与胸部接触前的刹那，两脚蹬地上挺的同时屈膝，上身后仰，用胸大肌触球。采用收胸法准备停球时，两脚前后开立，身体重心前移，挺胸迎球。当球运行到与胸部接触前的一刹那，重心迅速后移的同时收胸、收腹挡压或拍击球。

大腿停球：大腿停高球时，停球腿屈膝抬起，以大腿中部对准落下的球，肌肉适当放松。当大腿与球接触的一刹那，快速后撤，将球挡落在体前衔接下一个动作需要的位置上。大腿停低平球时，停球腿以大腿中部对准来球，屈膝前迎，肌肉适当放松。当大腿与球接触的一刹那，快速后撤，将球挡落在衔接下一个动作需要的位置上。

脚背正面停球：停球脚提起迎球，以脚背正面对准下落的球。在脚背与球接触前的一刹那开始下撤，在下撤过程中用脚背正面触球的底部，使球落在体前适当的位置上。

（2）练习方法（以脚内侧停反弹球为例）

①两人一组，一人手抛或轻踢地滚球，一人做脚内侧停地滚球，主要体会停球部位。

②逐渐增加踢球力量，主要掌握好停球脚回撤或下切的时机。

③两人一组，迎面向前跑动，然后用脚内侧向内、向外或向后转身接球。

4. 头顶球

头顶球分为前额正面顶球和前额侧面顶球，这两个部位都可以做原地顶球、跳起顶球和鱼跃顶球。

（1）动作要领

原地前额正面头顶球：身体正对来球，两脚前后或左右开立，膝关节微屈，上身稍后仰，重心放在后脚上，两臂微屈自然张开，眼睛注视来球。当球运行至身体垂直面前的刹那，后脚用力蹬地，身体重心由后脚移向前脚的同时，迅速向前摆体收下颌，颈部紧张，快速甩头，用前额正面顶球的后中部。

原地跳起前额正面头顶球：准备起跳时，两腿屈膝，重心下降，然后两脚同时蹬地，两臂屈肘上摆向上跳起。在跳起上升过程中挺胸展腹，两臂自然张开，眼睛注视来球。在跳起到达最高点准备顶球时，身体成背弓。当球运行到身体的垂直面前的刹那，快速收胸折体前屈并甩头，用前额正面将球顶出。顶球后两腿同时屈膝、缓冲落地。

（2）练习方法（以原地前额正面头顶球）

①复习头顶颠球，体会头触球部位。

②原地模仿头顶球动作，体会腰部的摆动，同时两臂自然张开，协助身体向前摆动。

③一人持球至适当高度，另一人用前额正面击球，体会顶球部位及摆体动作。

④两人一组，相距 5 米左右，互抛高球，练习头顶球。

⑤两人顶球熟练后，可连续头顶球。要求顶准，尽量不让球落地。

5. 运球

运球是运动员在跑动中用脚连续推拨球，使球处于自己控制范围内的触球动作。利用运球可以变换进攻的速度，调节比赛的节奏。在对手紧逼和密集防守的情况下，利用运球和过人可以摆脱对方的阻截和围抢，扰乱对方防守阵形，造成以多打少的主动局势，为传球或射门创造有利时机。

（1）技术要领

脚背内侧运球：跑动时，身体自然放松，步幅要小，上身前倾要稍向运球方向转动；运球脚提起时，膝关节稍弯曲，脚跟提起，踝关节外展，脚尖斜下指，用脚背内侧部位推拨球前进。在比赛中，大多用在改变方向或者为了护球的情况下使用。

脚背外侧运球：跑动时，身体自然放松，上身稍前倾，两臂自然摆动，步幅不要过大；运球脚提起时，膝关节弯曲，脚跟提起，踝关节内旋，脚尖向内斜下指，用脚背外侧部位推拨球前进。在比赛中，大多在快速推进或为超越对手、前方纵深距离较大或者改变方向时使用。

脚内侧运球：运球时，支撑腿向前跨出一步，落在球的侧前方，膝关节微屈，重心落在支撑脚上，上身向带球方向前倾，用运球脚内侧推拨球后中部前进。在比赛中，主要适用于以身体掩护球时。

正脚背运球：运球时上身前倾，步幅放大，运球脚提起时膝关节弯曲，脚尖向下，以脚背正面推拨球前进。在比赛中主要适用于突破对手后做较长距离的快速运球时。

运球过人：运球时要逼近防守者，距对方 2 米左右，身体要保护球并用远离防守者的脚控制球。过人时重心要低并落于两脚之间，有利于假动作使对方失去重心，运用拨、拉、扣、挑等技术动作，突然快速地摆脱越过对手。

①拨球：是运用脚背抖拨的动作，从对手的一侧越过。

②拉球：一般是指用脚底将球从前向后拖或用脚内侧将球由身体左侧拖至右侧。

③扣球：是运用转身和脚腕急转压扣的动作，以脚内侧或外侧触球，将球迅速停住或转变方向。用脚内侧扣球的动作称“里扣”，用脚外侧扣球的动作称“外扣”。

④挑球：是用脚尖上翘或脚背上撩的动作，使球向上改变方向，从对手身侧或头上越过。

（2）练习方法

①各种脚法的往返直线运球。每人一球，每组 6～8 人，在相距 30～40 米的两根标志物之间进行，练习依次进行，前后两人相距 5 米左右。

②直线穿梭运球练习。5~6人一组一球，在相距15~20米之间进行练习。

③蛇形推进运球练习。每人一球，每组6~8人，在相距30~40米的两根标志物之间进行。

④侧身左右脚交替往返变向运球练习。每人一球，每组6~8人，在相距30~40米的两根标志物之间进行。

⑤30米曲线运球绕杆（10根杆）。每隔3米插一根标志物，起点与终点以标志物代替或画一直线。练习者一人一球，依次进行。

⑥两人一组，在积极或消极的防守下，做一对一的运球过人练习。

6. 抢截球

抢截球是防守中的主动行动，是转守为攻的积极手段。抢截球包括抢球和截球两个内容。

（1）动作要领

正面跨步抢球：抢球者面对对手两脚前后开立，两膝微屈，在对手运球脚触球后即将着地或刚着地时，支撑脚立即用力后蹬，抢球脚以脚内侧对着球跨出，膝关节弯曲，上身前倾，身体重心移至抢球脚上，另一脚立即前跨；如果双方脚同时触球，抢球者则要顺势向上提拉，使球从对方脚背滚过，同时身体重心要迅速跟上，把球控制好。如离球稍远可用脚尖。

侧面冲撞抢截：当与对方平行跑动争球时，身体重心要降低，两臂紧贴身体，当对方近侧脚着地时，可用肩和上臂做合理冲撞动作，使对方失去平衡，从而截获球。侧面冲撞抢截用于抢截者和运球者平行跑动时。

侧后铲球：防守人追到距运球人侧后1米左右，可用脚掌或脚背外侧进行铲球。当运球人将球拨动时，防守者先蹬腿，随后抢球腿跨出，以脚掌或脚掌外侧在地面滑行而将球踢出。小腿、大腿、臀部上方依次着地。侧后铲球适用于对手运球刚越过防守者时。

（2）练习方法

①两人并肩走步中练习冲撞，慢跑和快跑中进行冲撞，体会合理冲撞的方法。

②一人在慢跑中运球，另一人练习侧面用肩冲撞抢球。

③一对一抢截，正面抢截后相互交换，以抢到球为准。

④一对一抢截，正面、侧面抢截，以触到球为准，相互交换练习。

⑤原地练习铲球，一人站在固定球的后面佯做停球，一人从侧后方跑上来练习铲球倒地动作。

⑥助跑练习铲球，一人带球前进，一人在带球人身后，待球推出后铲球。

7. 假动作

（1）技术要领

①无球假动作。变速假动作：先慢速诱使对手跑慢，然后突然加速，或慢、快变速跑，摆脱对手，要求步幅小、频率快，变速突然性强。变向假动作：变向、折转等方法，要结合跑动速度的变化，加上突然、快速的变向，摆脱对手。假抢：可先向左（右）侧，佯做抢球动作，诱使对手改变方向从右（左）侧运球，再突然向右（左）抢球。

②有球假动作。踢球假动作：佯装摆腿踢球，诱使对手封堵传球路线或转身挡球，迅速突破。停球假动作：迎面来球，对手从后方企图抢截球，可先佯做左（右）停球动作，

诱使对手堵抢左（右）侧时，突然向右（左）停球并摆脱对手。运球假动作：通过身体向左（右）晃动或佯做使球向左（右）变向，诱使对手向左（右）侧堵截时，突然向右（左）变向，摆脱对手。

（2）练习方法

①在慢速中做变速、变向假动作模仿练习。

②两人一组，一人防守，一人做无球假动作练习。假动作要逼真，动作变化要突然、快速。

③曲线运球练习。

④模仿练习。自己运球，做各种假动作。注意重心移动。

⑤两人一球，一人消极防守，一人做各种假动作，速度由慢到快。要求假动作逼真，动作连贯，突然变速。

⑥两人一球，一人积极防守，一人做各种假动作以摆脱对手。可结合射门练习。防守者抢到球后，立即变成进攻者。

8. 守门员技术

守门员技术的高低、反应的敏捷程度和竞争意识直接影响全队的士气与最后一道门户的牢固。守门员技术可分为接球、扑接球、拳击球、托球、掷球和抛踢球。

（1）技术要领

①接球。接地滚球：接地滚球分直立和单膝跪立接球两种。直立接球时，两脚要自然并拢不留空隙，脚尖对准来球，上身前屈，两臂自然下垂近地，手指自然张开，手心向前，两手接球底部，接球后两臂同时弯曲，并互相靠拢，将球提至胸前紧抱；单膝跪立接球时，两腿向侧前方开立，前腿弯曲，后腿跪立，膝关节接触地面，并靠近前脚跟，不留中空，上身前倾，两臂下垂，掌心对准来球方向，两手接球底部，接球后将球抱至胸前。接高球：两手自然张开，拇指相对，食指与拇指成桃形，当手触球时，手腕和手指适当用力将球接住，同时屈肘、回缩并下引，顺势翻掌将球抱于胸前。要求判断球路与落点要准，跑动、起跳要准。接平球：接球前两臂屈肘置于胸前两侧，在球接触胸前的一瞬间，两臂夹紧，收缩两手抱住球的侧上部，迅速置于胸前。

②扑接球。侧地扑接低球时，先向来球跨一步，接着身体以一侧小腿、大腿、臀部、上身和小臂依次着地，同时两臂向前伸出，同侧手掌对准来球，另一侧手掌在球的上方对准来球，触球后手指、手腕用力，屈肘把球收回胸前，然后起立。

③拳击球。可分为单拳击球和双拳击球。单拳击球时，屈肘、握拳于胸前，跳起快速冲拳，以拳面将球击出；双拳击球时，双臂屈肘握拳于胸前，两拳靠拢，当跳起到最高点时，双拳同时快速冲击，以拳面将球击出。

④托球。起跳后身体成背弓，单臂快速上伸，手掌前部和手指用力将球向后上托出。

⑤掷球和抛踢球。掷球有单手低手掷球和肩上掷球，抛踢球有自抛踢下落球和踢反弹球。

（2）练习方法

①准备姿势与移动模仿练习。

②手形模仿动作和手形变换练习。

③接手抛或脚踢的球。距离由远到近，力量由小到大，角度由小到大。

④倒地接球模仿练习。

⑤坐地、跪地、半蹲扑接手抛的球。

⑥在沙坑里或在垫子上扑接手抛或脚踢的球。

⑦在球门中央进行扑接球练习。

⑧结合实战的扑接球练习。

9. 掷界外球

(1) 技术要领

掷球时，后腿用力，上身带动两臂急速前摆。当球摆至头上时，用力甩腕。

(2) 练习方法

①持球做原地和助跑掷界外球的模仿动作。

②原地或助跑掷球练习。距离由近及远，并在准确性上提出一定要求。

二、足球基本战术

足球比赛攻守过程中采取的个人行动和集体配合，称为基本战术。足球战术可分为进攻战术和防守战术两大类。在进攻战术和防守战术中都包含着个人和集体的战术。

(一) 比赛阵形

比赛阵形是指比赛场上队员的基本位置排列，是本队攻守力量搭配和分工的形式。选择阵形要以本队队员的特长、体能、技术水平与对手的特点为依据。

根据队员的职责和排列的层次，阵形分为后卫线、前卫线和前锋线。阵形的人数排列原则是从后卫数向前锋的，守门员不计算在内。

目前，世界上普遍采用的阵形有“4-3-3”、“4-4-2”、“4-1-2-3”、“3-5-2”等。在以上阵形中，除“4-4-2”阵形以防守为主、反击为辅外，其他阵形均以进攻为主，尤以“3-5-2”阵形更为突出。

(二) 进攻基础战术

1. 个人进攻战术

个人进攻战术包括摆脱、跑位、运球过人等。这是在对方紧逼防守的情况下采取有效措施，摆脱自己的对手，跑到有利的位置，接应控制球的同伴巧妙地传球配合以达到进攻的目的。

2. 局部进攻战术

局部进攻战术指两人以上的战术配合行动。此战术可以丰富和完善全队的进攻战术，是实施全队战术的基础。一般常用的有斜传直插二过一、直传斜插二过一、踢墙式二过一和三过二进攻配合等。两人的局部配合是集体配合的基础。

3. 集体进攻战术

边路进攻：它主要通过边锋或交叉到边上的中锋，直接插上的前卫、边后卫，运用个人带球突破或传球配合突破对方防线传中（外围传中、下底传中、切底迂回传中），由中锋在另一侧包抄射门。

中路进攻：中路进攻能直接威胁球门，但中间防守队员密集，不易突破，因此通过中锋、内切的边锋或插上的前卫间的配合或个人运球过人等方法突破对方防线。

转移进攻：当一侧进攻受阻，另一侧进攻有利时要及时、快速地转移进攻方向。此方法多是采用有效而准确的中长距离传球来实现的，以拉开对方的一边防守，达到声东击西的进攻目的。

快速反击：在防御中积极拼抢，一旦得球，乘对方立足未稳时，快速传球，以多打少，达到射门得分取胜的目的。

（三）防守基础战术

1. 选位与盯人

选位与盯人既是防守战术，也是重要的个人技术。选位时，防守队员一般应处于球门中心与对手之间的直线上。盯人时应采用“有球紧、无球松”和“远松近紧”的方法，即对有球的、接近球和逼近球门的对手采用紧逼的战术；对无球的、远离球和远离球门的对手采用松动盯人的战术。

2. 保护与补位

保护是补位的前提，没有保护就不可能有效地补位，队员之间适当的斜线站位是保护的选位要求和后卫防守站位的基本原则。补位是防守队员之间协同配合、相互帮助的一种方法。补位有两种：一种是队员去补空当，如边后卫插上助攻时，就由另一队员暂时补他的位置，以防插上进攻失误后对方利用此空当进行反击；另一种是队员间的相互补位，即交换防守。相互补位一般应是邻近的两个同伴之间的换位，这样出现漏洞的可能性较小。

3. 个人防守战术

个人防守战术是局部和集体防守的基础，包括堵（迎面堵、贴身堵）、抢（迎面抢、侧面抢、侧后铲）、断等技术在防守中的运用。

4. 集体防守战术

集体防守战术有全攻全守的全场防守、半场防守、紧逼防守、区域防守，也有盯人结合区域防守、密集防守等多种防守战术。不论采用哪种战术都要考虑到本队的特长，更要针对对方的进攻战术，采用有效的防守战术，阻止对方的进攻。

5. 造越位战术

造越位战术是防守队员主动制造对手越位的配合，以破坏对方的进攻节奏和攻势，是由守转攻的一种手段。

（四）定位球战术

1. 角球进攻战术

角球进攻战术有两种：一种是直接将球踢至球门前，由头球能力强的同伴争抢头球射门；另一种是短传配合，它是在己方头球能力较差或碰到较大逆风时运用。

2. 球门球

发球门球的原则是及时、快速、准确、有效地发起进攻。发球门球时守门员与后卫做一次配合，也可踢远球给进攻的一线队员。

3. 任意球

分直接任意球和间接任意球两种。罚直接任意球可采用穿墙和弧线球直接踢入，或者采用过顶吊人传切配合；罚间接任意球时，传球次数要少，运用假动作声东击西，传球要及时，以免越位。

4. 点球

要求主罚队员沉着、机智，有高度信心及熟练的假动作技术和过硬的脚法。

三、足球运动基本竞赛规则

(一) 比赛场地

(1) 足球比赛场地必须是长方形的平整场地，其长 90~120 米，宽 45~90 米。国际比赛场地长 100~110 米，宽 64~75 米。设在 400 米跑道的田径场内的足球场，一般以长 105 米，宽 68 米为宜。基层比赛可因地制宜，但在任何情况下，场地的长度必须大于宽度。

(2) 场上各线应用熟石灰粉或白浆标画清晰，线宽不得超过 12 厘米，并与球门柱的宽度相等，各线不得做成“V”字形凹槽。

(3) 角旗：场地四角必须各竖一平顶的旗杆，杆高至少 1.50 米，上挂一面小旗，称为角旗。

(4) 中线旗：在中线两端的边线外至少 1 米处各竖一面与角旗相同的小旗，称为中线旗。

(5) 球门：球门以一横木架在垂直竖立于横线上的两根立柱的顶端制成。两柱的内沿相距 7.32 米，横木的下沿距离地面 2.44 米，立柱与横木的宽度和厚度均不得超过 12 厘米。球门后面装一球门网，球门网必须适当撑起，使守门员有充分活动的空间。

(二) 球门区、罚球区、罚球弧和中圈的作用

1. 球门区的作用

(1) 球门区是踢球门球的区域，踢球门球时，应把球放在球门区的任何地点执行。

(2) 在该区内，守门员应受到保护，当他手中无球或在空中持球时，对方队员不得向他进行冲撞。

(3) 在该区内，守方被罚间接任意球或裁判员在该区内触球时，应在距犯规地点或球所在的位置最近的与球门线平行的球门区线上执行。

2. 罚球区的作用

(1) 在该区内，守方的守门员允许用手触球。

(2) 守方队员在本方罚球区故意违犯规则第十二章第一条中的任何一项者，均被罚点球。

(3) 在执行罚点球时，除守方守门员及主罚队员外，其他队员必须在罚球区和罚球弧外的场内。

(4) 在踢球门球或守方罚任意球时，必须将球直接踢出罚球区，比赛方为开始，否则重踢。

(5) 在踢球门球和罚任意球时，对方队员必须退出罚球区，并距球至少 9.15 米远。

3. 罚球弧的作用

在执行罚点球时，除守方守门员和主罚队员外，其他队员必须站在罚球弧外。

4. 中圈的作用

当在中圈开球时，守方队员必须站在中圈以外，在比赛开始前不得进入中圈。

(三) 队员、替补队员

(1) 每一场比赛由两队参加，每队上场的队员不得多于 11 人。其中必须有 1 名为守门员，在比赛开始或比赛进行中，某队队员人数不足 7 人时，该场比赛应认为无效。

（2）被替补出场的队员不得再上场比赛。在比赛中，队员被裁判员罚出场后，不得由其他队员替补。

（3）场上队员可以和守门员互换位置，但须事先通知裁判员，并应在比赛成死球时进行。

（四）球出界和球入门

（1）球的整体在地面或空中越出边线或端线，才算球出界。

（2）球的整体从两门柱及横木下越过球门线外沿的垂直面时，判为对方胜一球。

（五）越位

1. 越位的概念

当队员踢球（顶球、触球）时，同队队员在对方半场内所处的位置在球的前面，并在他与对方端线之间，对方队员不足 2 人时，该队员即为越位。

根据上述概念，越位是由两个因素构成的：时间因素——当同队队员向他传球时。位置因素——当队员处于越位位置时，即该队员在对方半场内，在球的前面，并且对方队员不足 2 人时。

2. 如何判罚越位

（1）当处于越位位置的队员与同队正在踢球的队员构成传接关系时，即应判罚该队员为越位。

（2）当裁判员认为处于越位位置的队员，在其内队队员踢球的一刹那，该队员从越位位置取得利益时，应判罚该队员越位。

（3）如果队员仅仅处在越位位置时，可直接接得球门球、角球、界外球、裁判员坠球时，不判该队员越位。

（六）直接任意球和点球

（1）在比赛进行中，队员故意违犯判罚直接任意球的九款（规则第十二章第一条）规定中的任何一项者，应由对方队员在犯规地点罚直接任意球。

（2）如果守方队员在本方罚球区内故意违犯九款中的任何一项者，不论当时球在任何位置，均应被判罚点球。

（七）合理冲撞

双方队员的目的是为了争得球，而球又在该队员控制范围之内，并以肩以下、肘关节以上的部位去冲撞对方的相应部位，冲撞的力量适当，冲撞时臂不得张开。

（八）间接任意球

（1）队员违犯判罚间接任意球的五款（详见规则第十二章第二条）规定中的任何一项者，由对方队员在犯规地点罚间接任意球。如果队员在对方球门区内犯规，则由对方队员在犯规所发生的半边球门区内的任何地点执行。

（2）如果攻方队员在对方球门内踢间接任意球，应在距犯规地点最近的、与球门线平行的球门区线上执行。

（九）手球判罚

如果守方队员在本方罚球区故意用手触及球，均应被判罚点球。

（十）警告与罚令出场

（1）在比赛中，根据队员犯规的事实所给予的警告和罚令出场的处罚，是对队员进

行教育的一种手段，也是为了保证比赛能够顺利进行的有力措施。因此，在队员违犯了警告和罚出场的条款（规则第十二章第三、四条）中的规定时，裁判员应及时给予处罚。

(2) 在准备执行处罚时，裁判员应停止比赛，并向被罚队员出示黄牌或红牌，表示警告和罚出场。使场内外的队员、教练员、工作人员和观众等都清楚该队员所受到的处罚，同时达到教育队员的目的。

(十一) 守门员违例

这是指守门员在本方罚球区内违反“四步规定”、“第二次用手触球”及故意延误时间的犯规。

(1) 允许守门员行走的“四步”可连续使用或分开使用，但应累计计算。有时守门员快速跑动中跳起接球，落地后为了保持身体平衡而向后或向前走了几步，不应计算在四步之内。

(2) 当守门员用手控制球后，一旦将球置于地上或传出，即为进入比赛状态，这种情况不论出现在行走四步之前、之中或之后。当处于罚球区外的同队另一名队员触球后，守门员如接同队队员回传球，应判罚间接任意球。

第四节　网　　球

网球运动起源于法国。早在12—13世纪，法国传教士常常在教堂的回廊里，用手掌击打一种类似小球的物体，以此来调剂刻板的教堂生活。渐渐地这种活动传入法国宫廷，并很快成为王室贵族的一种娱乐游戏。当时，他们把这种游戏叫“jeu de paume”（法语，用手掌击球的意思），即“掌球戏”。开始时，他们是在室内进行这种游戏，后来移向室外，在一块开阔的空地上，将一条绳子架在中间，两边各站一人，双方用手来回击打一种裹着头发的布球。14世纪中叶，法国王储将这种游戏使用的球赠给英王亨利五世，于是这种游戏便传入英国。英国人将这种球叫“Tennis”（英文，网球），并流传下来，直到现在。

1873年，英国的温菲尔德少校改进了早期网球的打法，并将场地移向草坪，同年出版《草地网球》一书，提出了一套接近于现代网球的打法。1874年，又规定了球网的大小和高低，在英国创办了简易的草地网球比赛规则。1875年英国板球俱乐部修订了网球比赛规则，1877年7月举办了第一届温布尔登草地网球锦标赛。后来这个组织又把网球场地定为23.77米×8.23米的长方形，球网中央的高度为99厘米，并确定了每局15、30、40平分的计分方法。1884年，英国伦敦玛丽斬本板球俱乐部把网中央高度定为91.4厘米，至此，现代网球正式形成。在欧美也迅速发展成为一项深受欢迎的球类运动。

一、网球基本技术与练习方法

(一) 握拍法

网球的握拍方法基本上分为东方式、大陆式、西方式3种。几种不同握拍方式的区分主要是看持拍手的“V”字形虎口所对拍柄各棱面的位置。

网球拍柄是八边形，球拍在垂直地面时，拍柄的八个边（棱面）分别为：上平面、下平面、左平面、右平面、左上斜面、右上斜面、左下斜面和右下斜面（图5-4-1）。

1. 东方式握拍法

东方式握拍法类似于与人握手，故称为“握手式”握拍法，包括正手握拍法和反手握拍法。其优点是可达到最大的用力效果并适于打任何高度的球，尤其适合反弹球；缺点是反手击球时控拍稳定性相对较差，正、反手击球需要变换握拍方向。

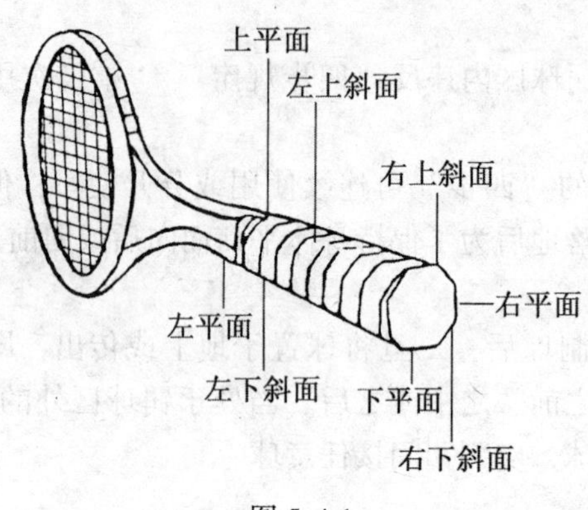

图 5-4-1

（1）正手握拍法

球拍与地面垂直，“V”字形虎口对准拍柄右上斜面，食指根部关节紧贴垂直面。手掌边缘与拍柄底部齐平，掌心和手指与拍柄最大面积贴合在一起，食指与拇指略微分开。

（2）反手握拍法

将正手握拍改为反手握拍，只需将“V”字形虎口向左移动，对准拍柄左上斜面的上缘，食指根部关节紧贴在右上斜面即可。

2. 大陆式握拍法

大陆式握拍法正、反手击球无需交换拍面，“V”字形虎口位置介于东方式正、反手握拍法之间，大拇指与食指不分开，类似于握锤状，故称“握锤式”握拍法。其优点是无论正、反手都能以不变的握法击球，如发球、正反手击球、截击球和高压球等，尤其适合截击球；缺点是击反弹球时扭着手腕，要有相当的腕力，击球时的稳定性易受影响，同时回较高部位的球也比较困难。

3. 西方式握拍法

西方式正手握拍法，“V”字形虎口对准右上斜面下缘，反手击球时无需变换握法，只需将球拍转到另一拍面击球。其优点是击高球时威力比较大；缺点是这一握拍法比较难掌握，尤其是打较低部位的球。通常为善于击强烈上旋球的球员所采用。

（二）准备姿势

面对球网，双脚开立，略比肩宽，膝部放松微曲，上身稍前倾，身体重心置于两脚前脚掌之间，脚跟稍抬起。右手轻握球拍，左手扶住拍颈，球拍置于胸腹前，拍头指向前方略偏左，微上翘，高于握拍手腕，两肘轻触腰侧部，目光注视着球。重要的是身体要放松，要根据来球迅速地移动，做出正手击球还是反手击球的判断。

完整击球动作的挥拍过程是由准备姿势、后摆、前挥、击球、随挥和回到准备姿势这6个阶段组成。

(三)正手击球

正手击球是网球运动最基本的技术，也是比赛中得分和调动对方使其处于被动地位的重要手段。其特点是速度快、力量大，球被击出后有一定的弧线，常用于底线长抽攻击，在上网前的一击中也多使用。挥拍用力的大小、挥拍路线及利用拍面的倾斜角度是正手击球的三大要素。

从准备姿势开始，移动到来球位置，最后一步要保持左脚在前，左肩和胯侧对来球，重心在右腿上。转肩并弧形向后充分挥拍，拍柄底端对着来球方向，拍头略高于手，手臂伸展，肘弯微屈，眼睛注视来球。向前挥拍迎球时支撑脚蹬地转体，带动手臂向前挥动，重心前移左脚。绷紧手腕，握紧球拍，由低向高挥至身体右侧前方 70~80cm 腰肩之间高度上击球。球拍触球时，拍面垂直或稍前倾，尽量用拍中心点击球中部或中上部。击球后球拍自然地随惯性挥至身体的左侧前上方。击球动作完成后迅速还原成准备姿势（图 5-4-2）。

图 5-4-2

(四)反手击球

反手击球是球落在身体左侧采用的一种击球方法，是网球的基础技术之一。一般人往往是正手技术掌握好于反手，所以常常是对手攻击的一个薄弱环节。

1. 单手反手击球

单手反手击球有进攻性和防守性两种。

(1) 进攻性反手击球

进攻性反手击球是对球施加上旋，球过网后速度较快，球落地后的前冲力较大，给对方一定威胁的进攻性打法。

动作方法：当来球飞向反手方向时，应立即转换球拍的握法，移动到位的最后一步要保持右脚在前，左转体，使右肩和胯侧对来球，球拍向左后挥摆。持拍手臂的肘部保持适当翘起。在迎球过程中，挥拍手臂与向右转体动作相配合，使球拍由低向高挥动，拍与球碰撞的击球点在身体左前方 30~45cm 处的腰肩之间高度上击球。球拍触球时手腕绷紧，握紧球拍，拍面垂直或稍后仰，尽量用拍中心点击球中部或中上部。击球后球拍随势挥至身体的右侧前上方。击球动作完成后迅速还原成准备姿势（图 5-4-3）。

(2) 防守性反手击球

防守性反手击球亦称下旋球，即反手削球。削球是一种产生强烈后旋球的打法，在球弹起时有较强的制动作用。削球在空中逗留的时间相对较长，是擅长上网截击的选手常用

图 5-4-3

的理想打法。

动作方法：反手削球的基本动作要领与上旋球基本相同。唯一的区别是球拍从后上方带着较轻松的前冲力朝着球的侧下方挥去，球拍平缓地由上向下挥动。触球之后，球拍仍稍向下运动，然后再平缓地向击球方向运动。在击球的瞬间，拍面与地面成垂直或稍稍后倾（后倾不能超过10°）状态，固定手腕，把球又低又平地切削过网。击球点相对打上旋球的击球点稍后些，击球动作结束时，球拍与腰平或稍高于腰的位置。

2. 双手反手击球

双手反手击球是许多运动员在端线附近抽击反手球时常用的方法。双手挥拍多靠转体配合，拍面的稳定性强，击球力量也比单手反手要大，易拉出强烈的上旋球，只是其击球点比单手反手抽球更近身一些，并且要多跑动一步才能选好合适的击球位置。

动作方法：当来球飞向反手方向时，移动到位的最后一步保持右脚在前，身体右侧朝向来球方向，双手握拍向左挥摆至腰侧，右臂伸展较大，左臂弯曲，重心在左脚上，眼睛从右肩上注视来球。在迎球过程中，挥臂与转体动作配合，使球拍由低向高挥动，拍与球碰撞的击球点较单手反手击球点略靠侧后稍近一点的位置。双手握紧球拍，拍面垂直或稍后仰，用拍的中心击球的中部位置。击球后双手随势挥至右侧头部高度或屈肘挥至右肩后上方。

3. 正、反手击球的练习方法

（1）熟悉球性练习。如用拍子拍球、掂球和抛接球，两人反弹传接球，单人对墙反弹传接球等。

（2）挥拍练习。网球是一项肌肉记忆性项目，挥拍有助于形成正确的动力定型。

（3）做好后摆引拍动作。自己或同伴抛定点球，练习正、反手击球。

（4）对墙练习。练习者站于距墙 4. 5～6m 的地方练习击球，在墙上 1m 左右高度标记，每次争取将球击到标记的上沿附近。

（5）按击球前的准备姿势站好，把球抛至击球点的地面垂直弹起，做击球练习，反复进行练习。

（6）在对方半场内设置一个区域，一人喂球，一人练习将球击到设置的区域内。

（7）多球练习。练习者可固定击球位置，反复练习正、反手击球，熟练后可练习直

线面球、斜线击球等不同方向的击球练习。

（8）两人场上对打。初学者可采用小场地（即发球线和球网之间）进行对打练习。先不发力，强调手上对球的控制，熟练后可加大击球力量，退至底线进行对打练习。对打时还可以根据水平的不同规定不同的击球路线，如直线或对角线练习，一点打两点或两点打一点的练习等。

（五）发球和接发球

1. 发球

在现代网球运动中，发球是最重要的技术之一，是唯一能由自己掌握而不受对方影响与干扰的技术。发球不仅是比赛开始的第一个动作，更是进攻的开始。好的发球应具有攻击性，使发出的球在速度、力量、旋转和落点方面有所变化。

发球基本有 3 种：平击发球、上旋发球和切削发球。

平击发球几乎没有旋转，球速快，力量大，落点深，往往给对方造成很大威胁，但命中率较低，一般用于第一发球；上旋发球发出的球带有上旋，球落地反弹较高，给对手接球造成困难，但技术难度大，不易掌握。一般被高水平选手用于第二发球；切削发球带有侧旋，安全率较高，可用于第一发球或第二发球，是一般选手常用的一种发球技术，较适合初学者学习和使用。

发球时，侧身站在端线后中点和边线的假定延长线之间的区域内，发球时运动员将球抛起，在球触地前用球拍将球击向对角的发球区。

（1）发球动作方法

发球时，在端线外侧面向球网站立，双脚开立与肩宽，左脚在前对着右网柱或与端线约成 45°，右脚在后与底线基本平行，身体重心置于后脚，两脚尖连线应对着目标方向。抛球时，球拍开始靠近膝关节向后下方挥动，双膝微屈，身体成“反弓形”，右肘弯曲，使球拍在背后下垂，左臂和左肩上举，掌心向上将抛起后，身体向前移动，球拍在身后做环绕动作，肘关节抬起，腿部肌肉用力，身体由屈到伸，重心移至前脚，手臂和球拍尽量向上伸展，拍头朝前，在身体右前方最高点击自上而下的球。触球瞬间，手腕向前扣击提高拍头的加速度。发球动作结束时，球拍向左下挥过身体，后脚摆过端线（图 5-4-4）。

图 5-4-4

（2）发球的练习方法

①抛球练习。左手持球，反复做向上抛球的动作。

②模仿挥拍练习。

③抛球和击球动作配合练习。

④命中目标练习。当抛球和挥拍击球的动作正确、协调地完成后，就可以进行发球练习了。为提高发球命中率，可在对面场地发球区的内角或外角设置目标，采用多球练习，提高发球的准确性和熟练性。

2. 接发球

接发球的站位，一般位于端线附近，力求在接发球时向前侧移动击球，接发球时应注意力集中，消除紧张心理，两脚左右开立，略宽于肩，屈膝重心下降，上身稍前倾，脚跟略提起，重心可在两脚间左右移动。抬头注视对手的发球动作，盯住对手抛球的位置。预先判断发球的方向和旋转。对方第一次发球时多采用大力发球。站位应偏后一些。如果对方是第二次发球，站位可略向前移，以便于采取攻击性的还击。

眼睛始终盯住球，球动人动，在对方击球的瞬间就应作好判断并开始移动。接发球与一般的击落地球的最大区别就是尽量早些向后拉拍并减少后摆幅度。击球时绷紧手腕以控制好拍面角度，握紧球拍以免拍面被震转动，同时用充分的随挥动作加长击球时间，击完球后迅速回到场地中央准备下一次击球。

接发球前观察对方行动，考虑自己的回球路线和落点，对控制对手发球后抢攻有着重要意义。

(六) 截击球

截击球是指在对方来球未落地之时，将球回击到对方场区，由于截击球一般都站在网前，回球距离短，速度快，使对手无法或难以应付，因而它是一种攻击性击球方法。

1. 动作方法

网前截击球正反手皆采用大陆式握拍法。截击时，身体姿势和双脚的站立与正、反手击球时基本相同，一般站在发球线与球网间的中央或稍后的位置上。截击的准备应更加积极，眼睛注视来球，身体屈膝前倾，持拍于体前，拍头要高于持拍手臂及球网。辅助手托住球拍颈部。来球时，迅速转肩，带动球拍向后，左脚向前跨出一步迎前击球。后摆球拍的幅度要小，速度要快。击球点在身体侧前方，注意击球时要保持球拍高于手腕，手腕固定，球拍握紧，球拍不能转动，重心放在前脚上，随挥动作要短，稍向前送出即可。

上网截击要十分警惕对方的破网和挑高球，因此站位的选择很重要，一般站位于对方破网的直线和斜线所形成的夹角的平分线上，并且多注意保护直线空当。

截击球除要打深落点和打斜角度外，也可以用截击打法回击短球。

2. 正反手截击的区别

正反手截击的区别在于反手截击比正手截击的击球点要靠前一些。因此，要及早跨出右脚，重心也置于右脚上，击球后右臂伸展，向前下方压送。

3. 截击球的练习方法

(1) 挥拍练习：练习时可背对墙壁或挡网，以避免后摆引拍过度。

(2) 多球练习：一人送（喂）球，练习者站于网前连续截击正反手球，随着击球动作熟练性和程度的提高，练习截击不同高度、不同力量的来球，有意交替应用正反手截击技术。

（3）对墙练习：离球3米，反复练习正反手截击球技术。

（4）两人对练：可两人同时在网前进行截击练习，也可一人在网前、一人在底线进行练习。

（七）挑高球和高压球

1. 挑高球

挑高球就是指将还击的球越过网前对手的头顶落入对方场区。挑高球可以是防守性的，也可以是进攻性的。挑高球分平击挑高球、上旋挑高球和下旋挑高球等多种，一般要求落点深，动作隐蔽。

挑高球的方法是把球拍送到球下面去挑托球，要将手腕绷紧，拍面开放，击球的后下方，球拍与球的接触时间要长，随挥动作要充分。如果是进攻性上旋高球，则要求拍头低于来球，击球时抖动手腕，产生强烈摩擦，使球剧烈向前旋转，落地前冲。

2. 高压球

高压球是专门用以对付对方挑高球的。高压球多用于网前的击球动作，当自己上网时，对方挑高球，根据对方来球高度判断采用原地、跳起或后退高压球。在头顶上空用扣杀动作还击来球。对底线附近弹起很高的球有时也会采用高压球。高压球多用正拍，反拍（手）高压球的击球点要稍稍靠前。

打高压球要移动快、早侧身、高举拍和找准击球点。高压球一般以平击高压为主，也可以用切削高压打角度和落点。若对方将球挑得既高又深时，可以打落地高压球，但要快速侧身后退，眼睛不离球，步子退足后再向前做高压击球动作。

高压球和发球动作相似，主要区别在于向后引拍的动作比发球简短。打高压球时，必须迅速地移向球的下方，左肩向前。上身右转，抬头仰视球，同时使球拍垂向背后，重心在后脚，做好高压球的准备动作。当球下落到合适的高度时，重心前移，左脚蹬地起跳，在头部上方向前下方扣击，完成高压动作。

（八）放短球

放短球一般是处在网前的击球员突然回击近网短球，使活动于底线的对手来不及还击。此外，也可用来迫使不善于网前击球的对手因上网而受困。放短球时要求多用手腕动作，带有削击性质，放短球的方法是要求拍面接触球的瞬间手腕放松，拍面轻松地削击球的侧下面，使球产生侧下旋。

放短球是一种安全率较低的击球方法，通常是在对方打过来一个浅球，自己既可以选择打较深的球，又可以放短球的情况下，使用短球战术，动作要尽可能隐蔽，出其不意，且只能偶尔作为突然袭击的武器使用。

（九）反弹球

当对手将球打向自己脚边时，球落地后弹起瞬间用球拍借力将球推挡过网的击球方法叫击反弹球。这是一种不得已而采用的被动击球方法，通常是在发球线和端线之间的无人区内，当发球员发球后向网前跑去时，对方的回球已到脚边，既来不及后退抽击，又来不及上网截击，只好停下来打反弹球。由于来球的上升力较大，一般是利用前臂带动手腕动作把球借力推送过网，挥拍动作要求短小而快速，越接近球网，动作就越快、拍面越向上。其难点是用反弹球还击时，球拍挡球的落点判断和角度估计。击反弹球时，控制球飞行方向的主要方法是使球拍向前倾斜，两腿弯曲要大些，侧对来球，注意上身不要过于前倾、弯腰打球。要保持"球拍不低于手腕"的原则，将球向上带过网。反弹球可分为轻击反弹球、推击反弹球和抽击反弹球等。

二、网球基本战术

就战略战术而言，对不同水平的网球选手有不同的要求。运用战术，要从实际出发，根据双方的打法和场上的具体情况而定。另外，场地条件（如沙土地、硬地和草地）、环境条件（如风、阳光和室内室外）以及心理因素等都决定了对不同战术的要求。

（一）单打的基本战术

1. 全面了解对手，争取战术主动

比赛前，要经过调查研究，对对手及自己进行全面分析，然后制定几套作战方案。如了解对手技术状况（如握拍方法、正反手击球的特点、路线、力量、站位习惯和发球威力等）、竞技状况（年龄、体力、个性和素质等）、心理素质及性格特征等；从思想上和心理上做好准备。

2. 稳定性与冒险性击球的合理选用

在网球比赛中，运动员击球的目的是打死对方或迫使对方失误。因此，在早期的网球练习中应强调稳定性为主，努力提高击球成功率，避免无故失误。当运动员的信心和技术有所提高后，应加强对击球落点的控制，鼓励他们冒险打一些角度大、速度快非常有威胁的球。

3. 积极调动对手，寻找进攻机会

在比赛中，利用打底线两角大角度调动对手，迫使对手在跑动中击球，消耗其体力，同时利用刁钻的落点（如短球、小角球等）打乱对手的步伐节奏，寻找进攻机会。

4. 攻其弱点，掌握主动

绝大部分球员的反手相对较弱，可通过反复球连续攻击对方反手，造成其心理压力，迫使对方逐步离开场区的有利位置，再突然回击直线球攻其正手，或打反复球（回头球）使其转身不及，判断失误失分。

5. 发球上网

发球是创造上网截击的最佳途径，是获取胜利的有效手段。但也绝非一发球就能上网。要根据发球的效果，创造机会迅速上网。

6. 随球上网

在底线往返抽球过程中，对方一出现短（浅）球，应立即抓住时机将球打到对方底线反手深处，随球上网，准备打截击球。

7. 接发球上网截击

当对方发球后不上网且球的力量不大、角度不刁时，接发球者应打其反手深处或后场，随即上网截击。若因二发球的落点浅、反弹高，则可用切削放短球（小球）的方法迫使对手被动回球，随即上网截击。

8. 阻止对方发球上网

当对方发球上网时，最有效的方法是把球击向对手脚部。如对手已占据网前有利位置，则应采用角度较大的两边破网战术和挑得既高又深的挑高球战术应对。

总之，在单打战术的运用上，要力争牵着对手打，使对方跟着自己的节奏变化而变

化，决不能跟着对方走。要善于抓住对方弱点，用好自身长处。要根据场上情况，灵活多变，不断进行战术调整，才能使技术发挥充分，争取胜利。

（二）双打的基本战术

双打是两人配合的比赛项目，队员间要能够预料和理解同伴的意图，在站位和技术上互补，才能打出好的战术配合。相对于单打战术而言，双打战术更为复杂，对技术的要求更全面，其战术体系与单打战术体系不一样。双打战术与单打战术主要有以下几点区别：

1. 第一发球的方式及命中率要求不同

一般单打第一发球的力量较大，多用平击的大力发球，因此命中率比较低。而双打要求发球上网（特别是男子双打必须发球上网），要求第一发球的命中率在90%以上，所以多采用命中率较高的切削发球或上旋发球，落点发在对手的弱点上，以利于上网。

2. 在击球的路线和落点上不同

以单打的底线战术为例，在慢速场地和女子比赛中广为流行的战术是以正、反拍抽击直线深区为基本路线和落点来组织进攻的。而双打由于两人并肩站位，有效的击球线路和落点多为中路和小斜线，球过网的高度要尽量低，以防对手截击。高水平的双打有时会拉开对方，攻中间空当，巧妙地把球打到对方的脚下，迫使对方从下向上击球，从而抓住时机上网截击。有时落点比力量更重要。

3. 战术的特点与分类不同

如果说单打战术可以简单地分为底线型、网前型和综合型，那么在高水平的双打比赛中，发球局几乎是清一色的网前型，不论在什么性能的场地上，也不论是男双、女双还是混双，两人不利用发球抢攻夺下发球局，想在接发球时反攻就比较困难了。即使这样，接发球时也要全力反扑，伺机上网，比赛中经常出现双方运动员都在网前激烈对攻、短兵相接的局面，且双打中可采用“二打一”战术，多攻较弱队员。这在单打比赛中是很少出现的。

4. 击球方式不同

双打较单打需要更加全面的技术，高水平的双打比赛几乎是发球、接发球、截击球、破网、高压球和挑高球的比赛，凌空击球的次数明显增加，随之出现了许多高难技术，如接发球破网、接发球挑高球、反弹球、截击挑高球和放轻球、追小球破网等，这都是双打战术的需要。因此，双打运动员比单打运动员要求具有更好的截击和高压球技术。

5. 双打比赛的发球局得胜率比单打比赛高

由于双打比赛发球局有一人可以抢先占据网前的进攻位置，再加上发球者的有力发球进攻，使得发球方得胜的概率明显增多。一旦一方丢失发球局，则很难挽回该盘比赛的劣势。如果在势均力敌的较量中，局数战至6平，打小分时的发球，则不可轻易丢失，不然就很难胜出。

三、网球运动基本竞赛规则

（一）发球

1. 发球前的规定

发球者在发球前应站在端线后、中点和边线的假定延长线之间的区域里，用手将球抛向空中任何方向，在球接触地面以前，用球拍击球（仅能用一只手的运动员，可用球拍将球抛起）。球拍与球接触时，就完成球的发送。

2. 发球时的规定

发球员在整个发球动作中，不得通过行走或跑动来改变原站的位置。两脚只准站在规定位置，不得触及其他区域。

3. 发球者的位置

（1）每局开始，先从右区端线后发球，得或失 1 分后，应换到左区发球。

（2）发出的球应从网上越过，若到对角的对方发球区内，或过周围的线上。

4. 发球失误

未击中球；发出的球，在落地前触及固定物（球网、中心带和网边白布除外）；违反发球站位的规定。发球者第一次发球失误后，应在原发球位置进行第二次发球。

5. 发球无效

发球触网后仍然落到对方发球区内或接球者未做好接球准备均应重发球。

6. 交换发球

第一局比赛终了，接球者成为发球者，发球者成为接球者。以后每局终了，均互相交换，直至比赛结束。

（二）通则

1. 交换场地

双方应在每盘的第 1、3、5 等单局结束后，以及每盘结束双方局数之和为单数时，交换场地。

2. 失分

发生下列任何一种情况，均判失分。

（1）在球第二次着地前，未能还击过网。

（2）还击的球触及对方场区界线以外的地面、固定物或其他物件。

（3）还击空中球失败。

（4）故意用球拍触球超过一次。

（5）运动员的身体、球拍，在发球期间触及球网。

（6）过网击球。

（7）抛拍击球。

3. 压线球

落在线上的球都算界内球。

（三）双打

1. 双打发球次序

每盘第 1 局开始时，由发球方决定由何人首先发球，对方则同样地在第 2 局开始时，决定由何人首先发球。第 3 局由第 1 局发球方的另一球员发球。第 4 局由第 2 局发球方的另一球员发球。以下各局均按此次序发球。

2. 双打接球次序

先接球的一方，应在第 1 局开始，决定何人先接发球，并在这盘单数局，继续先发球。对方同样应在第 2 局开始时，决定何人先接发球，并在这盘双数局继续先接发球。他们的同伴应在每局中轮流接发球。

3. 双打还击

接发球后，双方应轮流由其中任何一名队员还击。如运动员在其同队队员击球后，再以球拍触球，则判对方得分。

(四) 计分方法

1. 胜1局

(1) 每胜1球得1分，先胜4分者胜1局。

(2) 双方各得3分时为“平分”，平分后，净胜两分为胜一局。

2. 胜一盘

(1) 一方先胜6局为胜1盘。

(2) 双方各胜5局，一方净胜两局为胜1盘。

3. 决胜局计分制

为了控制比赛时间，近年来普遍采用平局决胜制，即当局数为6：6时，只再打一局决胜负。在这一局中，谁先赢得7分者为胜这一盘，如果在此局打成5：5，一方仍须连得2分才算胜此局，即胜此盘。

(1) 首先发球员只发第1分球，对方发第2、3分球，然后轮流发两分球，直至比赛结束。

(2) 第1分球在右区发，第2分球在左区发，第3分球在右区发。

(3) 每6分球和决胜局结束都要交换场地。

第五节　乒　乓　球

乒乓球运动起源于19世纪末的英格兰，它是双方以球拍在中间隔网的球台上轮流击球的一项球类运动。其特点是球小、速度快、变化多，富于对抗性、技巧性和趣味性，且设备简单，不受年龄、性别、体质和体育基础的限制。经常参加乒乓球运动，可提高人的灵敏性和协调性，改善心血管系统的机能，达到增强体质的目的。

乒乓球运动于19世纪末作为娱乐游戏活动出现，经过若干年的发展，到20世纪初逐渐成为一项竞赛性、有规则规定的体育运动。

一、乒乓球基本技术与练习方法

(一) 握拍法

乒乓球的握拍法主要有两种：一种是直握拍，另一种是横握拍。

1. 直拍握法

动作要点：拍前，以食指第二指关节和拇指第一指关节扣拍；拍后，三指弯曲贴于拍的1/3上端。这种握拍法，简称中钳式（图5-5-1）。

2. 横拍握法

动作要点：虎口贴拍，食指在拍前，拇指在拍后，其他三指自然握住拍柄。这种握法又称为八字式（图5-5-2）。正手攻球时，食指稍向上移动；反手攻球时，拇指稍向上移动。

3. 握拍应注意的问题

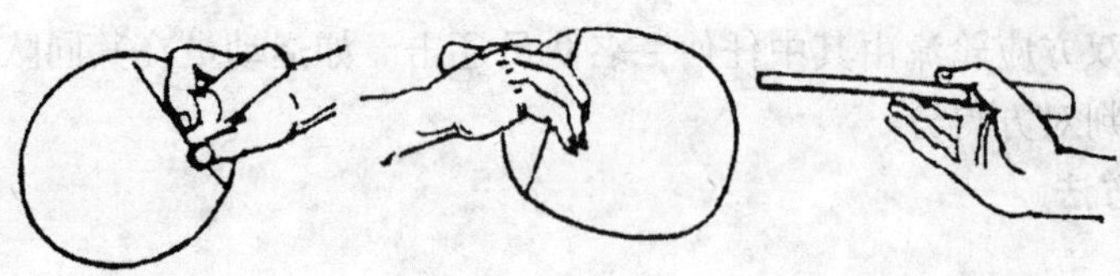
图 5-5-1

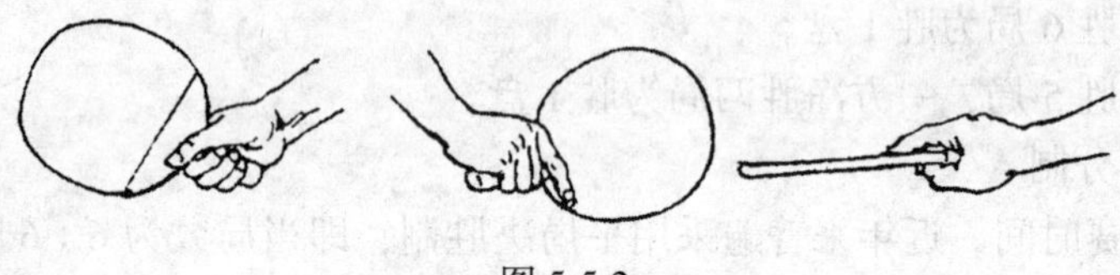
图 5-5-2

（1）握拍方法要稳定，不要轻易改变握拍方式，以便保持相对稳定的击球动作。

（2）握拍不能过紧、过松或太深、太浅，以免影响手腕动作的灵活性和击球的力量与命中率。

（3）不论直握或横握，在准备击球时或把球击出后手指都不要过分用力握拍，以便使拍形恢复到准备击球的状态，也可使手的各部分肌肉及时放松，避免手腕、前臂的僵硬。

（二）基本站位与准备姿势

1. 基本站位

基本站位应当根据个人的不同类型打法来确定。基本站位与个人打法特点相适应，则有助于发挥其技术之所长。可以说，基本站位的适当与否，对技术特长发挥的好坏是有很大影响的。

动作要点：由于乒乓球的打法不同，击球员基本站位也会略有区别。

（1）左推右攻打法：基本站位在近台中间偏左。

（2）两面攻打法：基本站位在近台中间。

（3）弧圈球打法：基本站位在中台偏左。

（4）横拍攻削结合打法：基本站位在中台附近。

2. 准备姿势

击球员在还击每一个来球之前，应当使身体保持正确的准备姿势以便迅速起动。

动作要点：两脚平行站立，膝微屈并稍内扣，上身略向前倾，重心置于两脚之间。含胸收腹，两眼注视来球。球拍置于腹前。

（三）基本步法

步法是乒乓球运动的生命。它是影响技术水平发挥的直接因素之一，没有灵活的步法，就不可能有效地回击来球，无法使用有效的手法。

1. 单步

在来球距离身体一步以内的较小范围且角度不大的情况下、台内球在还击追身球时采

用此种步法。

动作要点：以一脚前脚掌内侧为轴稍转动、蹬地用力，另一脚向来球方向做前后左右移动一步。

2. 跨步（亦称滑步或换步）

两面攻打法的人从基本站位向左右移动时多采用此步法。

动作要点：一只脚向来球方向移动，另一只脚随即跟着移动一步。

3. 侧身步

从反手推挡站位到侧身正手攻球的技术打法中多采用此种步法。

动作要点：以左脚为轴，右脚向左后方移动一步。

4. 交叉步

在来球较远的情况下多采用此步法。

动作要点：以来球反方向左脚向来球方向交叉，并超过另一脚，然后另一脚随即向来球方向移动。

（四）发球技术

发球在比赛中对于扬己之长、攻彼之短均有着技术和战术上的意义。它是连接整个乒乓球技术、战术的重要环节。发球、接发球、发球抢攻称为前三板技术，是我国乒乓球的强项技术。

1. 发球的基本方法

发球主要由抛球和挥拍击球两个动作组成。抛球是前提，击球部位和挥拍方向是决定发球性质的关键，用力大小和第一落点的远近是发球变化的条件。

（1）平击发球

动作要点：左脚稍前，抛球的同时转体手臂向身体右后方引拍，当球下降稍高于球网时，手臂向左前方发力，挥拍击球中上部，顺势还原。

（2）正手发下（上）旋球

动作要点：正手发下旋球时，手臂自右上方向左下方挥摆，球拍从球的中下部摩擦。发上旋球动作相似，但摩擦球的部位不同，应摩擦球中上部。

（3）反手发右侧上（下）旋球

动作要点：反手发右侧上旋球时，球拍触球瞬间，手腕向右上方转动，使球拍击球的中部，并向右上方摩擦球，击球后顺势向右上方挥拍。同时，应注意配合转体动作，使腰、臂协调用力，有利于增大发球的速度和力量，增强球的旋转。

发右侧下旋球时，动作相似，但摩擦球的部位不同，应摩擦球中下部。

（4）高抛球

动作要点：高抛发球站位一般在左半台，侧身正手高抛发球。击球的要点和低抛基本相同，发球时应注意有旋转变化，还应有长、短落点和斜、直线变化。

（5）发短球

动作要点：发球时击球瞬间主要以手腕发力为主。摩擦球的部位、发力方向与发力左（右）侧下旋球及下旋长球相同。球的第一着台点应在本方球台靠近球网的中区附近。

2. 练习方法

（1）徒手做发球前的准备姿势，模仿抛球及发球的动作。

(2) 在台前用多球进行发球练习。

(3) 先练习发斜线球，后练习发直线球；先练习发不定点球，后练习发定点球。

(4) 练习发各种旋转性能的球。

(5) 练习用同一手法发不同旋转和落点的球。

(五) 接发球技术

乒乓球比赛首先从发球和接发球开始。良好的接发球技术，不仅可以直接得分，也可以破坏和限制对方的抢攻，为自己的进攻创造有利条件；反之，在比赛中就会造成被动，导致心理上的紧张和畏惧，引起失误。

1. 接发球的基本方法

接发球的手段很多，既可用搓、推、摆短等方法对付，也可用点、拨、拉等方法抢攻。

(1) 接正手、反手急球

因来球速度快、弧线低、落点远、冲力大、带上旋，左方大角度急球往往来不及侧身回击，故一般宜用反手推挡或反手快攻回击；右方急球可用正手快带、快攻回击。

(2) 接短球

因这种球多在台内，回击时，球拍往往受台面阻碍，动作不能大，所以要充分运用前臂和手腕的力量，根据来球的旋转方向和强度，调整好拍面角度和用力方向，采用搓、推或攻、拉。

(3) 接正手发左侧上（下）旋球

接正手发左侧上旋球，一般采用推、攻回击，回接时，拍面要稍前倾，并适当向左偏斜，同时，增加向前下方的用力，以防止来球触拍时向右上方反弹。

接正手发左侧下旋球，一般采用搓、削回击，回接时，拍面要稍后仰，并适当向左偏斜，适当增加向前的用力，以防止来球触拍后向左下方反弹。如用推或攻回接，应使拍面稍后仰，并向左偏斜，适当增加向上摩擦球的力量。

(4) 接反手发右侧上（下）旋球

与接正手发左侧上（下）旋球的方法基本相同，只是击球时，球拍要适当向右倾斜，以抵消来球向左侧反弹的力量。

2. 练习方法

(1) 开始练习接发球时，最好是固定用一种技术（如推挡、搓球等）去接对方的单一发球（可用多球练习）。

(2) 练习接侧上（下）旋球的技术，以适应不同的旋转变化，提高判断旋转的能力。注意控制回球落点，以免在接球后给对方进攻机会。

(3) 当接发球防御有了一定基础后，可以练习拉球和抢攻的接发球技术。

(4) 通过记分比赛来提高接发球能力。

(六) 推挡球技术

推挡球是推球和挡球的总称，是左推右攻型打法的主要技术之一。其特点是站位近、动作小、速度快、落点变化多。推挡球可分为平挡、快推、加力推、减力挡、推下旋、推侧旋等。

1. 推挡球的技术动作

(1) 挡球（也称平挡）

动作方法：站位在球台中间或偏左，离台 40 厘米左右。两脚开立比肩稍宽，左脚略前。执拍手的上臂和肘靠近身体，前臂外旋，后撤引拍成半横状，拍形接近垂直。当球从台面弹起后，上臂带动前臂向前推，在球的上升期推击球的中部。击球的瞬间，前臂和手腕轻轻用力，主要借助来球的反弹力将球挡回。(图 5-5-3)

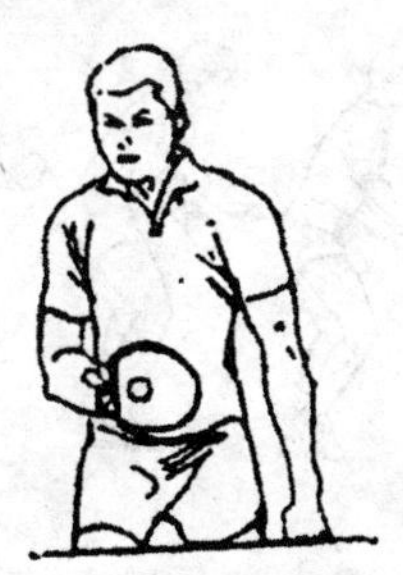

图 5-5-3

特点：力量小，球速慢，落点适中，动作简单且容易掌握，是初学者的入门技术。

(2) 快推

动作方法：站位在球台中间或偏左，身体离台约 40 厘米。两脚平站或右脚略前，两膝微屈，收腹含胸，身体向前或略向左转。右上臂和肘关节靠近身体右侧。手臂自然弯曲，引拍至身前或偏左，同时，前臂外旋，使拍面稍前倾。当球从台面弹起后，前臂和手腕向前或向前兼略向上挥拍迎球，在球的上升期，以稍前倾的拍形推击球的中上部。球拍击球的瞬间，前臂和手腕自然向前或向前兼略向上发力，并主要借用来球的反弹力（即“借力”）将球快速击回。击球后，手和手臂顺势向前挥动，并迅速还原成准备姿势。动作过程中，重心放在双脚上（图 5-5-4）。

图 5-5-4

特点：动作小，球速快，落点活，稍带上旋或不转，既可积极防守，又可辅助进攻，是使用最多的一种反手推挡技术。

(3) 加力推

动作方法：站位在球台中间或偏左，身体离台约 50 厘米。两脚平站或右脚略前，两膝微屈，收腹含胸，身体向前或略向左转。右上臂和肘关节靠近身体右侧。前臂外旋并向上提起，引拍至身前或偏左，与球网同高或略高，拍面稍前倾。当球飞越球网时，上臂、前臂和手腕向前，挥拍迎球，同时，腰、髋向左转动，在球的上升期或高点期，以前倾拍形推击球的中上部。击球的瞬间，上臂、前臂和手腕向前下方发力推压，腰、髋亦协助用力。击球后，手和手臂顺势向前下方挥动，并迅速还原成准备姿势。动作过程中，重心从左脚移到右脚（图 5-5-5）。

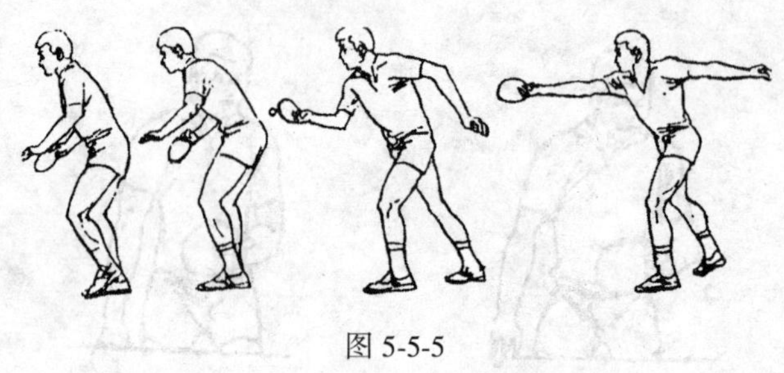

图 5-5-5

特点：球速快，力量重，落点活，稍带上旋或不转，能遏制对方进攻，迫使对方后退，以创造进攻机会，是威力最大的一种推挡技术。

2. 练习方法

（1）持拍徒手模仿推挡动作。

（2）对教学练习板墙自击练习。拍形稍后仰对墙击球，控制落点高度在 2~3 只网高处，待球反弹落台后，按推挡动作要求进行连续自击练习。

（3）两人在台上对练挡球。不限落点，只要求动作正确，并能击球过网。

（4）两人在台上先练挡中线，再练挡斜线或直线，要求逐渐加力，并体会前臂和手腕的推挡动作。

（5）反手斜线对推。

（6）反手中路直线对推。

（7）左半台不同落点对推（如一点推两点到推不同落点）。

（七）攻球

攻球是左推右攻型和两面攻型打法的主要技术之一，也是其他类型打法不可缺少的技术。攻球力量大、速度快、落点变化多，是各种技术型运动员的主要得分手段。攻球技术种类繁多，按击球位置和站位可划分为正手攻球、反手攻球和侧身攻球；按站位的远近可划分为近台攻球、中台攻球和远点攻球；按来球性质和落点的不同可分为拉攻、攻打弧圈球、台内攻球和杀高球；按击球力量的不同可分为发力攻球和借力攻球等。

1. 攻球的技术动作

（1）正手快攻

动作方法：站位在球台中间或偏左，身体离台约 50 厘米。左脚稍前，重心放在右脚上，两膝微屈，收腹含胸，身体稍向右转。右臂自然弯曲，前臂后引，将拍引至身体右侧，略偏后，同时，前臂内旋，使拍面稍前倾。当来球从台面弹起后，在上臂的带动下，以前臂和手腕为主向左前方（来球上旋强度较大时）或左前上方（来球不转或上旋强度较小时）挥拍迎球，同时，腰、髋带动上身向左转动，在球的上升期，以前倾拍形迎击

球的中上部。球拍击球的瞬间，以前臂和手腕为主向左前方或左前上方发力击球，腰部亦协助用力。击球后，手和臂顺势向左前方或左前上方挥动，并迅速还原成准备姿势。动作过程中，重心从右脚移到左脚（图 5-5-6）。

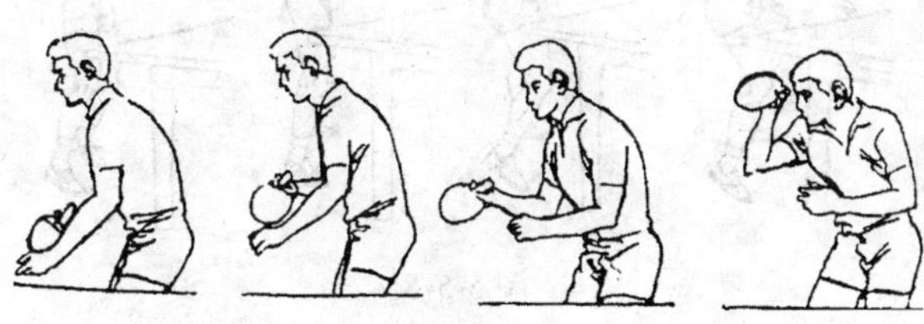

图 5-5-6

特点：站位近，动作小，速度快，线路活，带有上旋，能借用来球的反弹力提高球速，创造扣杀机会。在比赛中能以攻带守对付对方进攻，是近台快攻打法使用最多的一种攻球技术。

（2）正手中远台攻球

动作方法：身体离台 1 米左右，左脚稍前，重心放在右脚上，两膝微屈，收腹含胸，身体稍向右转。右臂自然弯曲，将拍引至身体右后方，同时，前臂内旋，使拍面接近垂直。当来球从台面弹起到高点期时，上臂带动前臂向左前方挥拍迎球，同时，腰、髋带动上身向左转动，在球的下降前期，以垂直拍形迎击球的中部，并向前上方摩擦球。球拍击球的瞬间，以上臂和前臂为主向左前上方发力击球，腰、髋亦协助用力。击球后，手臂顺势向左前上方挥动，并迅速还原成准备姿势。动作过程中，重心从右脚移到左脚(图5-5-7)。

图 5-5-7

特点：站位稍远，动作大，力量重，线路长，带有上旋，照顾范围大，能利用力量和落点的变化得分。在被动时，能以攻带守进行反击，为扣杀创造机会。

（3）正手拉攻

动作方法：站位在球台中间或偏左，身体离台约 50~60 厘米。左脚稍前，重心放在右脚上，两膝微屈，收腹含胸，身体稍向右转。右臂自然弯曲，前臂后引并下沉，将拍引至身体右后下方，同时，前臂外旋，使拍面稍后仰。当来球从台面弹起到高点期时，在上臂带动下，以前臂为主向左前上方挥拍迎球，同时，腰、髋带动上身向左转，在球的下降期，以后仰拍形迎击球的中下部，若来球下旋强度小，可击球的中部。球拍击球的瞬间，以前臂为主向左前上方发力摩擦击球，使球上旋。击球后，手和臂顺势向左前上方挥动，并迅速还原成准备姿势。动作过程中，重心从右脚移到左脚（图 5-5-8）。

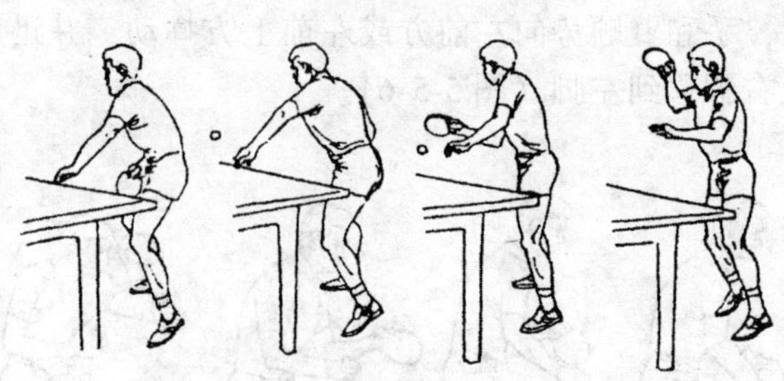

图 5-5-8

特点：站位稍远，动作小，速度快，线路活，带有上旋，主动发力击球，能创造扣杀机会，是对付下旋球，特别是对付削球最常用的进攻性技术，也是近台快攻运动员的必备技术。

（4）侧身正手攻球

动作方法：首先要迅速移动脚步到侧身位置，身体侧向球台，左脚在前，上身略向前倾并收腹。根据来球情况，在侧身位置用正手攻球的各种技术（如正手快攻、正手拉攻、正手扣杀等）击球（图 5-5-9）。

图 5-5-9

特点：遇到左半台的来球时，不用反手技术回击，而是快速移步至球台左角外，用正手攻球技术还击，从而达到在左半台位置发挥正手攻球威力的作用。它是左推右攻打法的常用技术，也是其他技术型运动员应掌握的技术。

2. 练习方法

（1）根据攻球的动作要领做徒手模仿练习，体会挥臂手法、腰部扭转和重心交换等要领。

（2）单个动作练习。一人发球，一人练习攻球，打一板球后，再重新发球。

（3）推攻练习。

①一人挡球，一人练习攻球。要求先轻打，再用中等力量打。待稍熟悉后，再练发力攻或快打。

②一人推挡，一人练习攻球。练习形式有攻斜线、攻中路、攻直线。要求推挡球的落点在规定范围内能有所变化。

③两点攻一点。要求对方把球推到攻球者两点（左、中，中、右或左、右），而攻球者在左右移动中将球击到对方一点。练习时，可先有规律地练习，角度变化小一点，再逐渐增加难度，角度变化大一点，直到无规律地练习。

④一点攻两点。攻球者从一点将球攻至对方两点。练习时，先有规律地攻两点，再逐渐变为无规律地攻两点。

（4）对攻练习。

①正手斜线、中路对攻。

②侧身正手斜线对攻。

③把以上三条对攻线路连贯起来，两人在左右连续移动中对攻。

（八）搓球

搓球是近台和台内回击下旋球的一种比较稳健的技术，各种类型打法都不可缺少。搓球力量小、速度慢、旋转和落点变化多、线路短，球弹起后多在台内，缺乏前进力，对方不易发力进攻，故可作为过渡技术，以等待、寻找或创造进攻机会。搓球技术种类繁多，按击球位置的不同可划分为正手搓球和反手搓球；按击球时间的早晚可划分为快搓和慢搓；按球旋转强度的不同可划分为搓转和不转；按旋转方向的不同可划分为搓下旋和搓侧旋等。

1. 搓球的技术动作

（1）反手快搓

动作要领：站位稍偏左，离台约 40 厘米。右脚在前，两膝微屈，收腹含胸，身体向前或略向左转。手臂自然弯曲，前臂略内旋并向左上方提起，引拍至身体左前方，使拍面稍后仰，当球从台面弹起后，前臂和手腕向右前下方挥拍迎球，在来球的上升期击球的中下部。球拍击球的瞬间，前臂和手腕适当用力，使球拍向右前下方摩擦球，要注意利用来球的反弹力。击球后，手和臂顺势向右前下方挥动，并迅速还原成准备姿势。动作过程中，重心从左脚移到右脚（图 5-5-10）。

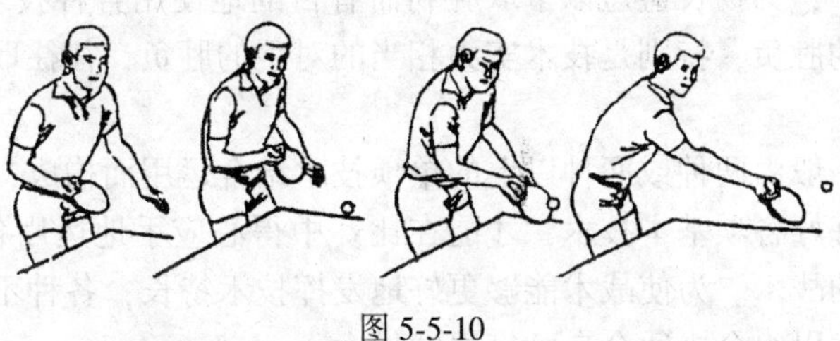

图 5-5-10

特点：动作小，击球节奏和球速较快，弧线低，带下旋，能缩短对方击球的准备时间，与慢搓相结合，可改变击球节奏，为进攻创造条件。

（2）正手搓侧旋

动作要领：站位稍偏左，离台约 50 厘米。左脚稍前，两膝微屈，收腹含胸，身体稍向右转。手臂自然弯曲，前臂提起并外旋，引拍至身体右侧前方，使拍面稍后仰。当球从台面弹起后，前臂和手腕向左前下方挥拍迎球，在来球的高点期或下降前期，以后仰拍形击球的中下部。球拍击球的瞬间，以前臂和手腕发力为主向左前方摩擦球。击球后，手和臂顺势向左前方挥动，并迅速还原成准备姿势。动作过程中，重心从右脚移到左脚（图 5-5-11）。

特点：球速慢，弧线低，带左侧旋，对方回击易从左侧出界或回球较高，从而给本方

图 5-5-11

造成抢攻机会。

2. 练习方法

（1）徒手模仿搓球的动作。

（2）自己向球台抛球，弹起后将球搓过网。

（3）搓对搓练习。

①反手斜线对搓。

②正手斜线对搓。

③不同落点的正手或反手对搓。

二、乒乓球基本战术

在乒乓球比赛中，为扬长避短以争取胜利而有目的地使用各种技术的方法叫做战术。因此，乒乓球比赛的胜负，特别是技术实力相当的对手的胜负，往往取决于战术运用是否先进或适当。

乒乓球的战术一般由两种或两种以上的单项技术结合运用而构成，故乒乓球的技术是战术的基础。只有练好各项基本技术，才能在比赛中得心应手地运用各种所需要的战术。不同的打法有不同的战术。为使战术能够更好地发挥技术特长，各种不同打法类型的运动员应采用不同的技术以组合成适合自己打法的战术。

比赛中战术的运用应坚持以自我为主，充分发挥自己的长处去攻击对方的弱点，并且要设法限制对方优点的发挥，以减少自己的被动。另外在实战中，还应随机应变，避免采取单一的打法。只有灵活地运用战术，才易于掌握比赛的主动权。

（一）推攻战术

1. 特点

推攻战术主要运用正手攻球和反手推挡的速度和力量，并结合落点和节奏变化来压制和调动对方，以争取主动或得分。推攻战术是左推右攻打法对付攻击型打法时运用的主要战术。

2. 方法

（1）左推右攻。

（2）推挡侧身攻。

(3) 左推结合反手攻。

(4) 左推、反手攻后，侧身攻。

(二) 两面攻战术

1. 特点

两面攻战术主要利用正反手攻球的速度和力量压制对方，争取主动和创造扣杀机会。两面攻战术是两面攻打法对付攻击型打法的主要战术。

2. 方法

(1) 攻左扣右（进攻对方左角，寻找机会，猛扣对方正手空当)。

(2) 攻打两角，猛扣中路。

(三) 搓攻战术

1. 特点

搓攻战术主要运用“转、低、快、变”的搓球控制对方，以寻找战机，然后采用低突、快点或快拉等技术展开攻势，并进入连续攻。在搓球中遇到机会球时进行扣杀，常常带有突然性，可以直接得分。搓攻战术是乒乓球运动各种打法都不可缺少的辅助战术。

2. 方法

(1) 正反手搓球，进行正反手快拉、快点、突击或扣杀。

(2) 搓削结合落点变化进行反击。

(四) 发球抢攻战术

1. 特点

发球抢攻战术是以旋转、线路、落点以及速度不同的发球来增加对方回击的难度，使其出现机会球，或降低回球质量，是乒乓球运动所有打法，特别是进攻型打法的重要战术和得分手段。发球抢攻的效果取决于发球质量和进攻能力。

2. 方法

(1) 急球与轻球结合落点变化进行抢攻。

(2) 上旋或下旋结合落点变化进行抢攻。

(3) 侧上或下旋结合落点变化进行抢攻。

(4) 转与不转结合落点变化进行抢攻。

(五) 接发球抢攻战术

1. 特点

接发球抢攻战术由某一单项攻球技术所形成，进攻性强，可变接发球的不利地位为主动地位，也可直接得分，是乒乓球运动各种打法，特别是进攻型打法的重要战术。

2. 方法

(1) 用拉球、快攻或推挡回击，争取形成对攻的相持局面。

(2) 用快搓摆短回接，使对方难以发力抢攻。

(3) 用削球或搓球的旋转、落点变化来控制对方，以造成对方击球失误或形成相持局面。

(4) 用快点、快攻或中等力量突击，进行接发球抢攻。

三、乒乓球运动基本竞赛规则

在国内外正式的乒乓球比赛中，均采用国际乒联制定的统一竞赛规则。

（一）合法发球

发球时，运动员必须将球放置在不执拍手上，手掌张开伸平，将球垂直向上抛起，并不得使球旋转，球离手的高度不应少于 16cm，当球从最高点下落时发球员方可击球。

击球时，球和球拍应在台面的水平面上，以便让对方进行判断和让裁判员看到是否合乎发球规定。

裁判员如怀疑发球人有犯规行为时，可向其提出警告并不予判分；在同一场比赛中发球人再次受到怀疑则被判失 1 分；如发球人明显不按规定发球时，则无需警告而直接判其失分。

（二）合法还击

合法还击是指对方发球或击球后，本方球员必须击球，使球直接越过或绕过、或触球网装置后，再触及对方台区的有效部位。

（三）比赛次序

在单打比赛中，首先由发球一方合法发球，再由接发球一方合法还击，然后往复进行；在双打比赛中，同样由发球一方首先合法发球，接着由接发球员合法还击，然后由发球员的同伴接球，再由接发球员的向伴接球，每人轮换接球一次，往复进行。

（四）计分方法

比赛中，运动员未能合法发球、发球失误，未能合法击球、击球失误，均应被判失 1 分。

在比赛中，先得 11 分者为胜一局。但如果打到 10 平以后，则先多得 2 分者为胜一局。

如果用五局三胜制，则先胜三局者为胜一场；采用七局四胜制，则先胜四局者为胜一场。

（五）双打的发球和接发球

在双打比赛中，可用抽签决定发球、接发球和方位的选择权，抽签获胜者可选其在双打的每一局比赛中，先发球一方确定第一发球权；在第一局的比赛中，由接发球方确定第一接发球员。

一局中首先发球的一方，在该场下一局应首先接发球。在决胜局的比赛中，当一方先得 5 分时，双方应交换方位。

（六）术语定义

（1）回合。球处于比赛状态的一段时间，叫做一个回合。

（2）重发球。不予判分的回合叫做重发球。

（3）得分。判分的回合叫做得分。

（4）执拍手与不执拍手。握拍手叫做“执拍手”，反之叫做“不执拍手”。

（5）击球。比赛中以球拍或执拍手手腕以下的部位触球叫做击球。

（6）发球员与接发球员。在一个回合中，首先击球的球员叫做发球员，第二次击球的球员叫做接发球员。

（七）裁判员职责

根据规则规定，每场比赛均应有 1 名裁判员和一名副裁判员参加执法工作。

裁判员职责：检查比赛场地、器材和比赛条件；决定比赛用球；控制方位和发球、接发球的次序；决定每一个回合为得分或重发球；按规定和程序报分等。

副裁判员职责：协助裁判员掌握赛前的练习时间；判定球员的发球是否符合规定；发出的球是否擦网（网球）等。

裁判员和副裁判员均可进行判决，且其他工作人员不得否决。

第六节 羽 毛 球

羽毛球最早出现于14—15世纪的日本。大约在18世纪时，印度的普那出现了一种与早年日本的羽毛球相似的游戏，球用圆形硬纸板制成，中间插羽毛，拍是木制的，玩法是两人相对站着，手执木板来回击球。1873年英国公爵鲍弗特在格拉斯哥郡伯明顿镇的庄园里进行了一次羽毛球游戏表演。从此，羽毛球运动迅速传遍英国，“伯明顿”(Badminton)即成为英文羽毛球的名字。

一、羽毛球基本技术与练习方法

羽毛球运动是在一块长方形的平地上，画上单打和双打合用的场地线，线宽0.04米，长13.4米，单打场地宽5.18米，双打场地宽6.1米，中间悬挂球网，网两边在支柱顶端处高1.55米，中间高1.524米（图5-6-1)，参加活动的双方共用一只羽毛球，各备一把羽毛球拍进行的运动。双方运用发球、拉球、杀球、吊球和跨步、垫步等各种击球技术和步法，以及重复球、追身球、吊杀上网、压底线、四方球、发球、抢攻等战术，将球在网上往返对击，以把球击落在对方场区内或使对方击球失误为胜。羽毛球的基本技术包括握拍法、发球技术、击球技术和步法四大部分。

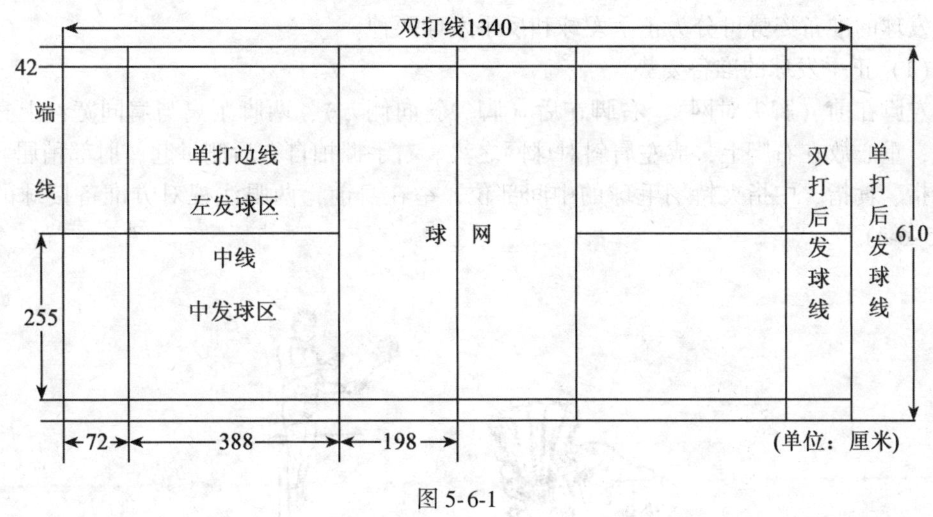

图5-6-1

(一) 握拍法

握拍法可分为正手握拍法和反手握拍法（本章的全部技术动作均以右手握拍为例)。

1. 正手握拍法

方法：握拍时，先用左手拿住拍颈，使拍面与地面垂直，再张开右手，使右手的小鱼际肌靠在拍柄底托处，虎口对准拍柄的内侧小棱边，然后小指、无名指和中指并拢握住拍柄，小指和无名指在拍柄的末端应稍紧，使球拍不脱手，食指与中指稍微分开，用食指和拇指轻松地环扣住拍柄（图5-6-2)。

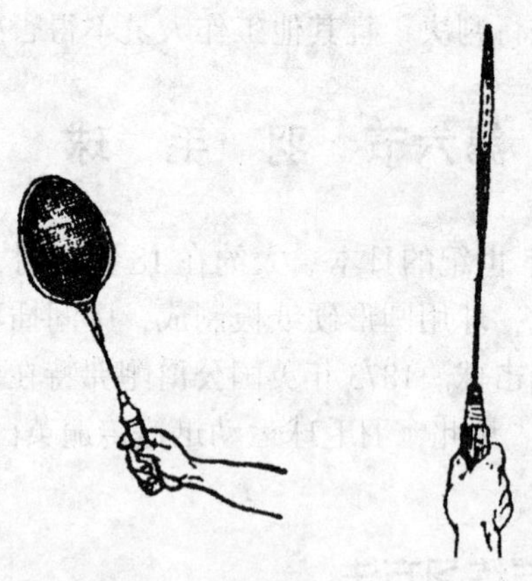

图 5-6-2

2. 反手握拍法

方法：在正手握拍法的基础上，拍柄稍向外转，食指收回，拇指第二指节顶贴在拍柄内侧的宽面上，其余四指并拢握住拍柄，手心与拍柄之间应有一个明显的空洞。

不论正手握拍法或反手握拍法，除上述的区别以外，它们共同的技术关键是：一要放松，二要灵活。

（二）发球技术

1. 发球的准备姿势

发球的准备姿势可分为正手发球和反手发球两种。

（1）正手发球的准备姿势

左脚在前（脚尖对网），右脚在后（脚尖斜向侧方），两脚距离与肩同宽，上身自然伸直，重心放在右脚上，成左肩斜对球网之势。右手握拍自右后侧举起，肘部稍屈，左手用拇指、食指、中指夹持羽毛球的中间部位，举在身前，两眼注视对方准备接球的动作（图 5-6-3）。

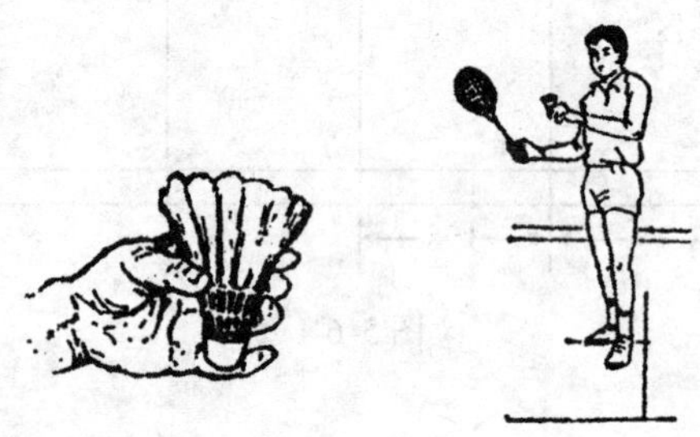

图 5-6-3

（2）反手发球的准备姿势

右脚在前，左脚在后，上身自然伸直，重心放在右脚上，面对球网，左手以拇指、食指和中指捏住羽毛球置于腹前腰下，右手反手握拍，肘部略抬起，使拍垂于左腰侧，两眼注视对方准备接球的动作。

反手发球的发力主要靠挥动前臂和伸腕闪动，动作小，力量小，但速度较快，动作一致性好。

2. 发球的基本方法

按发出的球在空中飞行的弧线不同，发球可分为发高远球、发平高球、发平快球和发网前球（图 5-6-4）。本节主要介绍正手发高远球和反手发网前球。

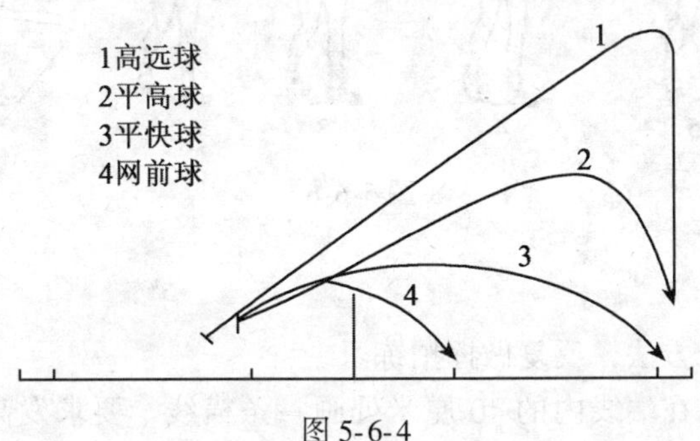

图 5-6-4

（1）正手发高远球

把球发得既高又远，使球近乎垂直地落在对方后发球线附近的发球区内，称为发高远球。该发球方式使接发球员难以实施威胁性大的杀球，在单打比赛中使用率较高。

方法：正手发球的准备姿势参见前述。发球时，左手撒手放球，紧接着转体，上臂挥动带动前臂，形成臂在前、球拍随后的姿势。当球拍与球快要接触前，前臂挥动速度加快，并带动手腕向前上方闪动，由原来的伸腕经前臂内旋至屈腕，造成击球瞬间的爆发力。在拍面后仰的情况下，将球向前上方击出，击球点应在右侧前下方。在球击出后，球拍随着惯性经左侧前上方挥摆。随着挥拍，重心由右脚移到左脚，脚跟稍提起，以保持身体的平衡（图 5-6-5）。

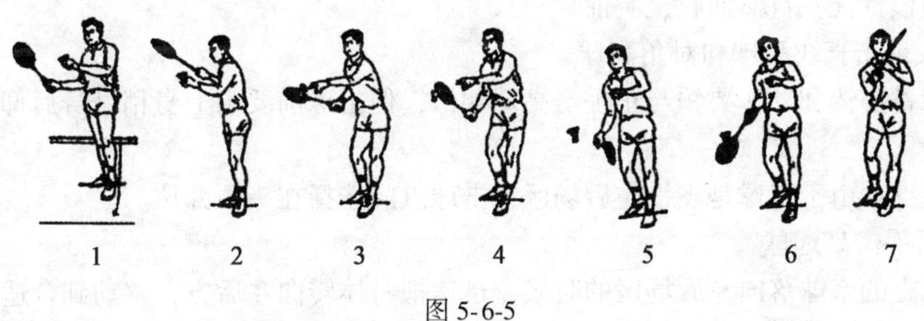

图 5-6-5

正手发高远球的关键是球拍击球的瞬间要控制好拍面的角度，由原来的伸腕经前臂内旋至屈腕时击球应有强劲的、向前上方的爆发力。

（2）反手发网前球

发出的球贴网而过，落在对方前发球线附近的发球区内，称为发网前球。该发球方式具有动作小、出球快、对方不易判断的特点，在双打中被较多地采用。

方法：反手发球的准备姿势参见前述。发球时，前臂牵动手腕使球拍从左下方向右前上方做弧形挥动，在拍将要击到球之前，左手自然地撒手放球，用球拍对球做横切推送，使球贴网而过，落在对方前发球线附近的发球区内（图 5-6-6）。

图 5-6-6

3. 发球的练习方法

（1）按不同的发球方法，反复做挥拍练习。

（2）准确性发球：在端线内的 40 厘米处画一条横线，要求发高远球落在这 40 厘米的区域内。在前发球线后约 30 厘米处画一横线，要求发网前球落在这 30 厘米的区域内。在发球区四个角上画好小方框，要求发球落在小方框内。

（3）发球动作一致性练习：用同一个准备姿势，交替发不同飞行弧线和不同落点的球。

（三）击球技术

1. 后场击球技术

（1）正手击直线高球和对角高球

在右后场区击球的位置上，左脚在前，右脚在后，稍屈膝，侧身对网，重心在右脚前掌上面，左手自然上举，头抬起注视来球，右手持拍于身体右侧。击球前，右臂后引、胸舒展。当球落至额前上方击球点时，上臂往右上方抬起，肘部领先，前臂自然后摆，手腕尽量后伸，前臂急速内旋往前上方挥动，手腕向前鞭打发力（握紧球拍）击球的后部，球即朝直线方向飞去；若手腕控制拍面击球托的右侧的后部，球则向对角方向飞行。击球后，手臂随惯性向左自然回收至胸前。

（2）头顶击直线高球和对角高球

基本准备姿势和动作要领与正手击高球相似，但击球前要求上身稍弓身后仰，以便更好地发力。

动作要点：由于来球是飞往左后场区，击球点应选择在头顶部位。

（3）反手击高远球

看准对方的来球落向左后场区的时候，迅速把身体转向左后方，移动到合适的击球位置，背对球网，并用反手握拍法握拍：最后一步右脚跨向左后方，球拍由身前举到左肩附近，以大臂带动前臂转动，击球时前臂由左肩上方往下绕半弧形，最后一刹那时手指紧握球拍，击球点应在右肩上方为好，以手腕往右上方或者根据还击的需要掌握好球拍的角度鞭打进行击球，把球击向后上方。击球后，转身，手臂回收至胸前。

（4）击平高球

击平高球与高远球一样，平高球也可以分别用正手、头顶或者是反手技术去击打。不论是用正手、头顶或者是反手技术击平高球，其击球前的准备动作与用正手、头顶或者是

反手技术击打高远球的准备动作相似，只是在击球的一刹那，手腕是向前使劲而不是向前上方使劲。

（5）吊球

把对方击来的高球，从后场轻击或轻切、轻劈到对方的近网附近，叫做吊球。吊球从其动作方法，球的飞行弧线的不同可分为轻吊、拦吊、劈吊（其中每一项都包括正手、头顶、反手等方法）。

①劈吊。劈吊击球前动作和打高球、杀球相似。击球时用力较轻。带有劈切动作（落点一般离网较远），当球落到右手臂向上自然伸直的高度时，手腕快速做切削动作，使拍面与球托的右侧左侧接触而把球击出去就完成劈吊动作。

②拦吊（也称拦截吊）。拦吊通常是把对方击来的平高球拦截回去（落点一般离网较近），击球时拍面正对来球，当拍面和球接触时，只要轻轻拦切或点击，球即以较平的弧线，较慢的速度越过球网垂直下落。

③轻吊。轻吊击球前动作和打高球相似（落点离网较近）。击球时，拍面正对来球，在接触球的一刹那，突然减速轻点或轻切来球，使球刚一过网就下落。

吊球根据出手的位置和球落向的位置又可分为：正手吊直线球、正手吊对角线球、头顶吊直线球、头顶吊对角线球、反手吊直线球、反手吊对角线球。

④正手吊直线球。击球前动作同正手击高球。击球的一刹那，前臂突然减速，用手腕的闪动向前下轻轻切击球托的右侧后下部。关键是用力方向向前下，使球越网后即下落。击球后，手臂随惯性自然回收到胸前。

⑤反手吊直线球。击球前的动作同反手击高球。不同点是前臂上摆，拇指内侧顶住拍柄，手腕向后“甩腕闪动”（由屈到后伸外展）轻击球托的后下部位，使球的受力向前下方，球沿直线方向落到对方网前。

⑥反手吊对角线球。击球前的动作同反手击对角线高球。击球的一刹那，前臂内旋、手腕外展后伸带动球拍由左肩稍前向右后上方切击球托，把球切至对角线网前。

（6）扣杀球

扣杀球是把高球用力向前下方重击、重切或重“点”击球。这种球速度快、力量大。比赛中，杀球可以直接得分，也可以使对方处于被动防守的地位。这一技术是羽毛球进攻中的主要技术之一。

扣杀球从击球点距身体的位置可分为：正手扣杀、头顶扣杀和反手扣杀。

①正手扣杀直线球。准备姿势与正手击高球相似。身体后仰成反弓后收腹用力，靠腰腹带动大臂、大臂带动前臂、前臂带动手腕，形成向下鞭打的用力，球拍正面击球托的后部，无切击，使球沿直线向前下方快速飞行。击球后立即成还原准备姿势。

②头顶扣杀直线球。准备姿势同头顶击高球，不同之处是挥拍击球时，靠腰腹带动大臂、前臂、手腕的鞭打动作，全力往直线下方击球，拍面和击球用力方向与水平面的夹角小于90°。

③反手扣杀球。动作方法与反手击高球相同。不同之处是击球前的挥拍用力要大，身体反弓加上手臂、手腕的鞭打用力，击球瞬间球拍与扣杀方向的水平夹角小于90°。

2. 前场击球技术

(1) 正手放网前球

正手握拍，做好放网前球准备，球拍随着前臂向右前上方斜举，击球时，前臂稍外旋，手腕由后伸至稍内收，轻击球托把球轻送过网。

(2) 正手网前搓球

准备姿势同前，击球前，前臂稍外旋，手腕由后伸至稍内收闪动，击球时在正手放网前球动作的基础上，加快挥拍速度，搓切来球的右下底部，使球旋转翻滚过网。

(3) 反手网前搓球

准备姿势同前。击球前主要靠前臂的前伸外旋和手腕由内收至外展的合力，撮击球的右侧后底部，使球侧旋动过网。另外还可以以前臂稍伸直，手腕由外展到内收，带动球拍向前切送，击球托的后底部，使球下旋滚动过网。

(4) 正手网前勾对角线球

准备姿势同前，前臂前伸的同时稍外旋，手腕稍后伸，这时的握拍法稍有变化——将拍把稍向外捻动，使拇指贴在拍柄的宽面上，而食指的第二指关节贴在拍柄的背面宽面上，拍柄不触掌心。球拍随着向右侧前挥动，拍面朝向对方右网前。击球时，靠前臂稍有内旋往左拉收，手腕由内稍后伸至内收闪腕挥拍拨击球托的右下部，使球沿网的对角线飞行。拨击球时，手腕要控制拍面角度。击球后，还原到击球前的准备姿势。

(5) 反手网前勾对角线球

准备姿势同前，采用反手握拍法，随着前臂前伸球拍平举。

动作要点：手腕由微屈至后伸闪腕，拇指内侧和中指把拍柄往右一拉，其他手指突然握紧拍柄，拨击球托的左后部，使球沿对角线过网。

(6) 正手网前跳高球

准备动作同正手放网前球。

动作要点：击球前前臂充分外旋，手腕尽量后伸。击球时，从右下向右前方至左上方挥拍击球。

(7) 反手网前挑高球

准备动作同反手放网前球动作。击球前右臂往左后拉抬肘引拍。

动作要点：击球时手臂充分内旋，手腕由屈至后伸闪动挥拍击球。

3. 中场击球技术

(1) 正手挡直线网前球

该技术多用于接对方杀球。接球前用接杀球的步法移至右场边线，身体右倾，手臂右伸，前臂外旋，手腕外展。击球时前臂内旋稍翻腕带动球拍由右下向前上方推送击球，把球挡向直线网前；也可以在击球时前臂由外旋到内收，带动球拍由右向前切送挡直线网前。击球后身体左转成正面对网然后右脚上前一步，球拍随身体向左转收至体前。

(2) 正手挡对角网前球

准备姿势同前。挥拍击球时，在肘关节屈收的同时前臂稍旋内，手腕由后伸到内收闪动击球托的右侧。击球点在右侧前，手腕、手指控制拍面角度，使球向对角线网前坠落。

(3) 反手挡直线网前球

同正手，也是多用于接杀球。首先用接杀球的步法移至左边场区边线，身体左转前倾，右肩对网，右肘弯曲，手腕外展，引拍至左肩前上方。击球时，借对方来球的冲力，

以前臂带动球拍由左上方向左前方用拇指的顶力挥拍轻击球托，把球挡回直线网前。击球后，身体右转成正面对网，球拍随身体的移动收至体前。

(4) 反手挡勾对角网前球

用反手勾对角接杀球握拍法。击球时，手腕由外展到后伸闪动挥击球托的左侧下部，使球向对角网前坠落。

(5) 正手击杀挑球直线后场高球

当对方杀右边线球时，右脚向右侧跨一大步到位。随步法移动往右侧引拍，右臂稍向右后摆的同时稍带有外旋，手腕后伸到最大限度，使球拍迅速后摆，紧跟着右前臂急速向前挥动时略有外旋，手腕从后伸到伸直闪腕，这时，肘起着“支点”作用，拍面对准来球，击球托的中下部，使球向直线高远方向飞行。击球后，前臂内旋，球拍往体前上方挥动，球拍回收至体前。

(6) 反手接杀挑后场高球

击球前，前臂内旋，手腕外展，引拍至左侧前。击球时，上臂支撑，前臂急速往右前方挥摆，手腕由外展至后伸闪动，握紧球拍，加上拇指的顶力，全速挥拍击球，使球向直线方向飞行。若向对角线方向挥拍，则球向对角线方向飞行。

(7) 正手平抽球

两脚平行站立稍宽于肩，右脚稍向右侧迈出一小步，同时上身稍网右侧倾，右臂向右侧上摆，球拍随着上举，肘关节保持一定角度，击球前肘关节前摆，前臂稍往后带外旋，手腕稍外展至后伸，引拍至体后。击球时前臂内旋，手腕伸直闪动，手指抓紧拍柄，球拍由右后往右前方高速扫来球。

(8) 反手平抽球

右脚前交叉在左侧前，重心在左脚上，右手反手握拍在左侧前。击球前肘部稍上抬，前臂内旋，手腕外展，引拍至左侧。击球时，在髋的右转带动下，前臂外旋，手腕由外展到伸直闪动，挥拍击球托的底部。击球后，球拍随身体的回动收回到右侧前。

4. 击球的练习方法

(1) 高远球的练习方法

①定点徒手模仿，做高远击球技术的挥拍动作。

②用细绳把球悬挂在适当的高度上做击球练习。

③陪练者站在高台上将球抛下，练习者挥拍击球。

④陪练者以高远球发向练习者右侧，练习者回击高远球。

⑤练习者站在端线前约2米处，陪练者发高远球至练习者的左方或右方，练习者做并步后退回击。

⑥一对一直线定点往返击高远球。

⑦已有一定移动击球的基础后，可做起动、回动的多球练习。

⑧同上，要求击回直线和斜线的球落点要到位。

(2) 扣杀球的练习方法

①手持羽毛球站在半场区，模仿扣杀球的方法向对方场区下压掷球。

②练习者站在半场区，陪练者发半场高球，练习者做扣杀练习。

③一攻一防：一人防守，一人扣杀。

④一攻二防：练习者应交替向两个陪练者杀球，以练习控制杀球路线的能力。

⑤两点杀一点：陪练者交替将球击向右后场区和左后场区，练习者应积极移动，将球杀向陪练者方位。

(3) 吊球的练习方法

①定位劈吊对角。

②一点吊两点：练习者交替将球吊对角线和直线，两个陪练者将球挑高击回固定点。

③两点吊一点：陪练者往对方后场底线挑高球，练习者应积极移动，将球吊回对方网前固定点。

④待吊球练熟后，可做高、吊、杀的综合练习，以培养灵活运用这些技术的能力。

(4) 网前击球技术的练习方法

①原地或跨一步做模仿练习。

②原地或跨一步做多球练习。

③从场区的中心位置，开始做上网步法结合击球练习。

④从场区的中心位置，开始做定点、定动作的上网击球的多球练习，再做不定点、不定动作的多球练习。

⑤吊上网、杀上网练习。

⑥半场、全场单打比赛。

(四) 步法

羽毛球比赛时，运动员在场上为了跑到适当的位置击球而采用的快速、合理、准确的移动方法，称为步法。它包括起动、移动、到位配合击球和回动 4 个环节。

(1) 起动：对来球一有反应判断，即从中心位置上的准备姿势转为向击球位置出发。

(2) 移动：从中心位置起动后到击球位置。移动的方法有垫步、交叉步、小碎步、并步、蹬转步、蹬跨步、腾跳步等。

①垫步：当右（左）脚向前（后）迈出一步后，紧接着以同一脚向同一方向再迈一步。垫步一般用做调整步距。

②交叉步：左右脚交替向前、向侧或向后移动。经另一脚前面超越的为前交叉步，经另一脚后面超越的为后交叉步。

③小碎步：即小的交叉步。由于步幅小，步频快，一般在起动或回动起始时用。

④并步：右脚向前（或向后）移动一步时，左脚即刻向右脚跟并一步，紧接着右脚再向前（向后）移一步。

⑤蹬转步：以一脚为轴，另一脚做向后或向前蹬转迈步。

⑥蹬跨步：在移动的最后一步，左脚用力向后蹬的同时，右脚向来球方向跨出一大步。

⑦腾跳步：起跳腾空击球的步法。

(3) 到位配合击球：根据不同的击球方式，运动员应站到最适合这种击球的有利位置上，从而更好地为击球做好准备。

(4) 回动：击球后，应尽力保持或尽快恢复身体平衡，并立即向中心位置移动，以便在中心位置上做好迎击下一个来球的准备。所谓中心位置，一般是指场区的中心略靠后的位置，因为这个位置有利于向场区各个方向迎击来球。

1. 基本步法

步法主要有后退步法、两侧移动步法、上网步法。

后退步法：从中心位置移动到后场各个击球点的位置上击球。

两侧移动步法：从中心位置向左右侧移动到击球点的位置上击球。

上网步法：从中心位置移动到网前击球，由交叉步（或并步、垫步等）和蹬跨步（或蹬跳步）构成。

2. 步法的练习方法

（1）准备姿势，看手势信号做起动练习。

（2）看手势信号做蹬转步练习。

（3）逐个进行不同步法的练习。

（4）按手势指令做步法的综合练习。

（5）多球练习。

（6）进行一对一的教学比赛。

二、羽毛球基本战术

（一）打法类型

1. 单打的打法类型

（1）压后场底线：以高球压对方后场底线，迫使对方后退，然后寻找机会用大力扣杀或吊网前空当以争取得分的打法。这种打法主要是以力量和后场的高吊、杀球进行较量。

（2）打四方球：以高球或吊球准确地将球击到对方场区的四个场角，调动对方前后、左右跑动，打乱其阵脚，在对方来不及回中心位置或回球质量较差时，向其空当部位发动攻击。这种打法要求运动员步法灵活，防守好，有准确控制落点的能力。

（3）快拉快吊：以平高球快压对方后场两底角，配合快吊网前两角，吸引对方上网。以网前搓球、钩对角球结合推后场底线，迫使对方疲于奔命、被动回球，从而为本方创造中后场大力扣杀或网前扑杀的机会。这是一种积极主动、快速进攻的打法。

（4）后场下压：通过后场扣杀、吊球等技术，先发制人，然后快速上网，利用搓、推、钩、扑等技术，高点控制网前的一种打法。这是一种全攻型的打法，具有先发制人、快速凶狠等特点。

（5）守中反攻：利用拉、吊四方球及防守中的球路变化调动对方，伺机反攻。这种打法适合本身进攻能力不强，但防守技术较好、反应较快、身体灵活且身形较矮的选手。

2. 双打的打法类型

（1）快攻压网：从发球、接球抢攻开始，以左、右分边站位，平抽平打快速杀球为主，压在前场进攻。这种打法要求运动员有网前意识和抽打技术。

（2）前场打点：通过网前搓、钩对角及推半场或找空隙进攻，打乱对方站位，创造后场进攻机会。这种打法要求运动员有细腻的网前技术。

（3）后攻前封：基本保持前后站位，后场逢高球就积极下压，当对方还球到前场或网前时，即予以致命的扑杀。这种打法要求后场运动员有连续扣杀的能力，前场运动员有较强的封网意识和网前技术。

（4）抽打底线：以快速的平高球和长抽球压住对方底线两角，在对方扣杀球时，能以平抽反击或挑高球到两角，调动对方，伺机进攻。这种打法要求运动员有较强的防守能力和较好的底线平抽球技术。

（二）战术

战术根据双方的打法和场上情况而定，是指运动员在比赛中根据双方的情况合理运用技术、有针对性地组织自己的球路以争取胜利的策略。羽毛球比赛中有单打战术和双打战术两种。

1. 单打战术

（1）发球战术：从发球的第一拍起，争取控制对方，以攻杀得分。这种战术，一般为发网前低球结合平快球、平高球，争取第三拍的主动进攻。

（2）攻后场战术：通过击高球，重复压对方的底线两角，造成对方的被动，然后寻找机会进攻。

（3）攻前场战术：对付网前技术较差的对手，可运用此战术先将其吸引到网前，然后再攻击其后场。

（4）打四方球战术：若对手步子较慢，体力较差，技术不全面，可以快速、准确的落点攻击对方场区的四个角落，寻找机会向空当进攻。

（5）杀、吊上网战术：当对方击来后场球时，即以杀球或吊球下压，当判断对方挡回网前球时，即刻快速上网，高点控制网前。

（6）打对角线战术：对付身体灵活性差、转体较慢的对手，不论是进攻还是防守，均应以打对角线为主。

2. 双打战术

双打比赛的站位有一前一后站位和两人分边站位两种。

一前一后站位：站在后场的人分管后半场的球，站在前场的人负责前半场的球。这种站位有利于进攻，但不利于防守。

分边站位：各人分管半边场地。这种站位多在防守时采用。

站位形式在比赛中随着进攻与防守之间的不断转换而变化。双打的轮转站位多在配对选手相差不大时采用。如果水平相差悬殊，则技术水平高者固定站在后场，他除了主要负责后半场的来球之外，同时还要兼顾中场附近或前场的球；而技术水平差者则固定站在网前，主要负责网前来球。

双打除了有站位以外，还要有战术，这样才能在比赛场上发挥出更好的水平。

（1）攻人战术：集中攻击对方中有明显弱点的人，并伺机攻击另一人因疏忽露出的空当，或对此人偷袭。

（2）攻中路战术：当对方分边站位防守时，将球攻击到对方两人的中间；当对方前后站位时，将球下压或平推两边半场。这样可使对方防守时因互相争抢或避让而出现失误。

（3）攻后场战术：对方后场扣杀能力差时，本方可采用平高球、推平球、接杀挑底线战术，把对方一人紧逼在底线两角移动。当对方被动还击时，则抓住机会大力扣杀。如另一对手后退支援时，即可攻网前空当。

（4）后攻前封战术：当本方处于主动进攻前后站位时，站在后场的队员见高远球就

杀或吊网前，迫使对方接球挡网前，这为本方前场队员创造了封网扑杀机会。前场队员要积极封锁前场，迫使对方被动挑高球。一旦对手挑高球达不到后场，就为本方创造了再进攻的机会。

羽毛球比赛中，只有在技术水平相当的情况下，战术才能起到决定性的作用。在正确应用战术时，要注意三点：

第一，要知己知彼地制定战术。第二，比赛时，坚持赛前制定的战术。第三，要随机应变，根据赛场上的实际情况适时改变战术。

三、羽毛球运动基本竞赛规则

羽毛球竞赛规则是羽毛球比赛的法律性文件，运动员和裁判员在场上分别依据它来进行比赛和工作。掌握规则与裁判法，裁判员可提高临场裁判水准，让运动员充分发挥技战术水平，使比赛顺利进行，从而搞好羽毛球竞赛活动。下面简单介绍一下羽毛球竞赛规则。

（一）羽毛球

正式比赛时，应使用羽毛插在软木上制成的羽毛球，球重应为4.74~5.5克。一名运动员站在端线外，用低手充分向前上方击球，球的飞行方向与边线平行，球能落在另一端线内30~76厘米之间，则应认为速度正常。

（二）计分

羽毛球比赛采用三局两胜制。2002年国际羽联年会重新修订了计分方法，新的计分方法为：女子单打、女子双打、混合双打均11分为一局。当比赛出现10平时，先获10分的一方有权选择加赛3分或按原规定打完11分结束比赛。男子单打、男子双打则以15分为一局。当比赛双方打成14平时，先获14分的一方有权选择加赛3分或打完15分结束比赛。

（三）发球和接发球站位

单打比赛中，发球方的得分为零或双数时，必须在右发球区发球；得分为单数时，应在左发球区发球，接发球的一方必须相应地在斜对角的发球区内接球。双打比赛中，双方队员必须确定第一发球员和第二发球员。在本方得分为零或双数时，发球方第一发球员必须站在右发球区发球，第二发球员站在左发球区发球。在积分为单数时，第一发球员必须站在左发球区发球，第二发球员站在右发球区发球。换发球时，都由站在右发球区的一方发球，发球方每得一分后，同队两队员互换发球区，由原发球员继续发球，但对方不得互换位置。开局时，先发球的一方只有一次发球权，以后每队有两次发球权，发球员的同伴和接发球员的同伴站位不限，但不得阻挡对方视线。

（四）得分和换发球

发球后，发球方胜，则得一分，由原发球员换发球区继续发球。发球方输，则失去发球权，但对方不得分，如为单打比赛，则换由接发球方发球；如为双打比赛，则由第二发球员发球或换由对方发球。

（五）交换场地

每一局结束后，交换场区继续比赛。进行第三局比赛时，如一方先得8分（女单为6分），也需要交换场地。

（六）间歇

第一局结束后，运动员可以休息 90 秒。此时，教练员可以进行指导，但运动员不能离开场地。比赛时，若打成一比一平局，可休息 5 分钟，然后进行第三局决胜局比赛。此时，运动员可以离开场地并接受指导，但比赛前一分钟必须回到场地。

（七）发球违例

（1）过腰：发球时（在球和拍接触的瞬间），球的任何部分高过发球员的腰部。

（2）过手：发球时（在球和拍接触的瞬间），球拍顶端未向下，整个拍框没有明显低于握拍手的整个手部。

（3）踩线：发球时，脚踩在发球区四周的线上或线外的地面。

（4）移动：发球时（从球拍第一次向前挥动开始，如抛球在先，挥拍在后，则从抛球开始到球从拍面弹出瞬间为止），发球员的两脚或任何一脚离开地面或移动。

（5）假动作：在发球员和接球员均做好准备姿势后，发球员在发球过程中有任何破坏发球连续性的动作。

（6）违例：发球时，在击球瞬间不是首先击中羽毛球的球托。

（7）不过网：球未发过网或从网下穿过。

（8）错区：发过去的球落在非规定的一个发球区内。

（9）短球：发过去的球落在网前发球线之间的区域内。

（10）长球：双打比赛时，发过去的球落在双打发球线后与端线前的区域内。

（11）界外：发过去的球落在边线或端线以外的地区。

（八）接发球违例

（1）移动：接发球时（从发球员拍第一次向前挥动开始——如抛球在先，挥拍在后，即从抛球开始到球从拍面弹出瞬间为止），接发球员的两脚或任何一脚离开地面或移动。

（2）踩线：接发球时，接发球员在或踏出发球区四周的任何线上或线外。

（九）击球违例

（1）连击：两次挥拍，连续击球两次，或同队两名运动员各击一次。

（2）持球：击球时，球停滞在球拍上，紧接着又有拖带动作。

（3）界外：球的整体落在对方边线或端线以外（球的任何部分压线为界内球）。

（4）触网：比赛进行中，球拍或运动员的身体、衣服触及球网或球网的支撑物。

（5）过网：击球时，球拍或球的接触点在对方场区上空（如果击球点在本方上空，球拍可随球过网）。

（6）碰障碍：击出的球碰到障碍物。

（7）违例：队员的身体被球击中。

（8）妨碍：比赛进行中，运动员有妨碍对方的行为，如当对方在靠近网前上空有机会向下击球时，运动员将球拍在网前举起，企图拦截，使球反弹回去，或运动员侵入对方场区，或球拍扔进对方场区等。

（9）不过网：击出的球落在本方场区外或从网下击入对方场区。

第七节　球类运动的竞赛方法与组织编排

球类运动无论是大球还是小球都是大学生非常喜爱的体育活动。但是一遇到正式的比赛，组织者往往对竞赛方法与组织编排束手无策。本章用简介的方法介绍一下这方面的内容与常识，供组织竞赛活动者参考。

一、球类运动的竞赛方法

组织者根据比赛的项目设置、参赛队数或人数、比赛安排的时间、场地设备等各方面因素，可选用不同的竞赛方法。

（一）循环法

循环法也可称为循环制。所有参加比赛的队或人均互相比赛一次称为单循环比赛；轮流比赛两个循环称为双循环比赛；分成几个组进行循环比赛称为分组循环比赛。比赛以后按照各队或人在全部比赛中胜负的场数、得分的多少来计算名次。一般在篮球、排球、足球等大球类比赛中采用循环制，而小球的单项比赛中多采用淘汰法。

1. 单循环赛、双循环赛

所有参赛的队之间都进行一次比赛。这种方法一般在参加比赛的队或人不多，比赛时间充足，场地较多时采用。

单循环场数和轮数的计算：在循环赛中各队或各人普遍出场比赛一次，称为一轮。两队或两人比赛一次称为一场。如果参赛队数是单数时，轮数等于队数。如果是双数时，轮数等于队数减。场数计算的公式是：参加人数×(参加人数−1)/2。例如有 8 个队参加比赛，则轮数为 7 轮，比赛的场数是 8×(8−1)/2=28。也就是要进行 7 轮 28 场比赛。

单循环顺序的确定：确定单循环赛的比赛顺序，要考虑比赛场次进度的一致，避免连续进行比赛。如果可能的话要使强队或水平相近的队在最后一轮相遇，从而使比赛逐步形成高潮。经常采用的方法是“逆时针轮转法”。

以 6 个队参加比赛的排法为例：

第一轮	第二轮	第三轮	第四轮	第五轮
1−6	1−5	1−4	1−3	1−2
2−5	6−4	5−3	4−2	3−6
3−4	2−3	6−2	5−6	4−5

如队数是单数时则补“0”成双数。凡与 0 相遇的队，即为轮空。比赛前各队要先进行抽签，按抽签的号码依次将各队的队名或人名填入轮次表。接着就可以按照比赛的总时间排定比赛日程。在参赛队或人数较少，时间、场地器材又充裕的情况下，为了增加参赛者相互比赛的机会，可采用双循环制。双循环的编排方法与单循环基本相同，只是每两队之间比赛两次，比赛的轮次和场数都比单循环赛增加 1 倍。

2. 分组循环赛

能正确地排定所有参加比赛各队的名次，在参加队数很多的情况下，为了不过多增加比赛次数和延长比赛日期，又能合理地排定各队的名次，经常采用分组循环赛的办法，比赛可分为预赛和决赛两个阶段，在预赛阶段把参赛各队均匀地分在各组中。在抽签分组中要尽量注意强弱的分配。一般要设立种子队，待种子队抽进各组后，其他各队再依次抽进各组。决赛阶段，根据预赛各组需要决出的名次，可采用同名次分组循环进行决赛。如预赛组数较少时每组可多出线 1~2 个名次，再分组循环时预赛同在一组的队可计算预赛成绩或者重赛。

3. 分组循环赛后再淘汰赛

此种比赛方法是先将参赛的各队按照分组循环赛的方法进行第一阶段的预赛。在第二阶段的决赛中采用淘汰制的方法，决出所有名次（淘汰制的详细比赛方法参照下文）。

（二）淘汰法

淘汰法往往用于人数多、时间短、场地少的情况下的比赛。运动员按事先抽签后编排的次序进行比赛，胜者进入下一轮，负者被淘汰。这种方法可使比赛逐步形成高潮，越往后越激烈、越精彩。但这种方法大部分运动员比赛的场次较少，互相锻炼学习的机会相对减少。在小球类和单项比赛中常采用淘汰的比赛方法。

1. 单淘汰法选择号码位置数

采用单淘汰法的比赛办法时应先根据报名人数选择最接近的。2 的乘方数（即 2 自乘若干次数的积数）作为号码位置数。比赛中常用的号码位置数是：$2^4=16$；$2^5=32$；$2^6=64$。如果报名人数少于最接近的 2 的乘方数时，则需要安排轮空，使参加第二轮比赛的运动员人数正好是 2 的乘方，而没有轮空。

轮空数：号码位置数-运动员人数

如果参加比赛的人数稍大于 2 的乘方数时，若安排轮空则轮空人数太多，表格也要画得很大，这时可用抢号的方法解决。即以最接近的较小的 2 的乘方数作为号码位置数，其中一部分运动员进行“抢号”。抢号就是两个运动员在第一轮比赛前先用一个号码进行一场比赛，胜者进入该号参与位置进行第一轮比赛。

2. 单淘汰法轮数和场数的计算

单淘汰法所选用的号码位置数（2 的乘方）其指数（自乘的次数）即为轮数；2 的几次方即为几轮。例如：16 个号码位置 $=2^4=4$ 轮。32 个号码位置 $=2^5=5$ 轮。64 个号码位置 $=2^6=6$ 轮。单淘汰法的场数 = 人数 - 1。例如有 16 个人参加单淘汰比赛，比赛场数为 $16-1=15$，即比赛 15 场。

3. 单淘汰法的竞赛表格如图 5-7-1 所示（13 人参赛）

4. 附加赛

单淘汰法打完最后一轮只能确定冠亚军。用附加赛的办法可进一步排出前 8 名的顺序。进入前 8 名的运动员，每一轮的胜者与胜者，负者与负者之间进行比赛，直到排出全部前 8 名的名次。前 8 名运动员进行附加赛的比赛顺序排法如图 5-7-2 所示。

二、球类运动竞赛的组织方法

大学生的球类竞赛活动是高校体育工作的一个重要组成部分，要组织好比赛，保证竞赛活动的顺利进行，必须事先进行周密仔细的工作。各项球类组织的积极分子，应对组织方法有一个全面的了解，才能使各项比赛有计划、有秩序地顺利进行。

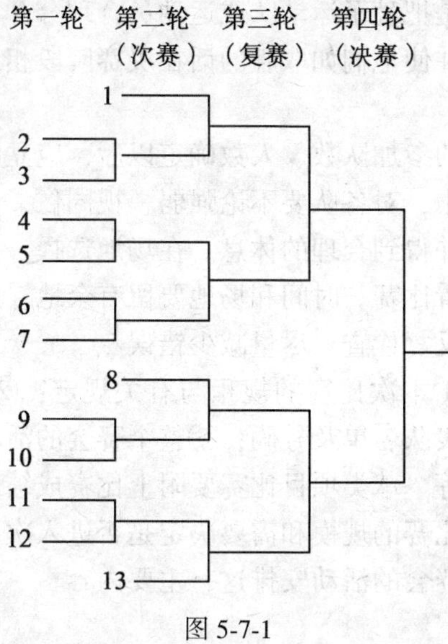

图 5-7-1

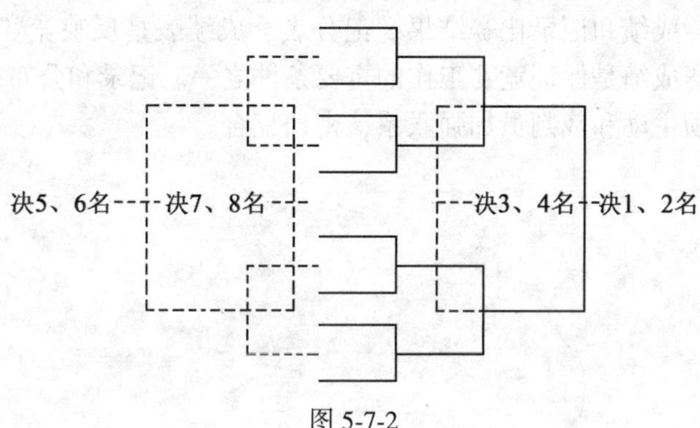

图 5-7-2

（一）制定竞赛规程

竞赛规程一般由比赛主办者根据组织比赛的目的、性质、规模、时间和场地情况而制定。在赛前应尽早地发给各参赛单位，以便做好准备。竞赛规程的内容包括：竞赛名称、目的、日期、地点、比赛项目、比赛办法、报名人数、报名截止日期、录取名次、采用的竞赛规则以及其他特殊规定等。规程制定好后，下发时应一同发报名表和参加项目表；要求在截止报名的规定时间内送交主办单位。

（二）检查报名表

报名表是竞赛编排工作的重要依据。报名表内容填写的正确与否直接关系到抽签和编排工作的进度和质量。主办单位收到报名表后，应逐项审核是否合乎规程和填表要求，如有问题，必须立即与有关单位联系解决。报名表应反复审核，确保准确无误。

（三）抽签工作

球类运动由于参赛队数（人数）多，一般都采用先分组循环赛，再采用单淘汰的方法决出全部名次。但参赛各队（人）在比赛过程中只能与较少的队（人）相遇，因此各队（人）在比赛中所分的组或所处的号码位置，不宜人为指定，而宜采用抽签的办法。抽签工作必须保证两点，一是把种子运动队或运动员合理分开，使他们最后相遇；二是把同一单位运动员合理分开，并使他们如取胜的话在决赛阶段相遇。

（四）编排比赛次序册

抽签所需要的各项比赛的参加队数、人数确定以后，应立即转入比赛日期、时间、场地的编排工作。在编排工作中，对各队要不论强弱一视同仁，做到机会均等。要有助于运动员发挥水平、提高技术，并得到合理的休息。在场地选择、日程安排、决赛时机、场地分布等方面要有利于观众观看比赛。时间和场地要留有余地，以应付各种变更和临时出现的问题。次序册编排好后应反复检查，尽量减少错误。

次序册的主要内容有：①本次比赛的规程与有关规定；②赛会的组织机构和办事机构；③裁判员名单；④各代表队名单及号码；⑤整个赛会的活动日程；⑥具体的竞赛日程与安排；⑦竞赛的分组名单等。球类项目比赛要附上比赛成绩表；田径要附上有关最高纪录等；还有其他内容可根据比赛的规模和需要决定是否进入次序册。在编写次序册中主要抓住竞赛的具体日程和整个赛会的活动安排这一主要内容。

（五）记录和公布成绩

在比赛一开始就应设立记录组。该组的任务是：负责审核每场比赛记分表、成绩表，迅速准确地公布比赛成绩和记录比赛结果。记分表、成绩表是反映竞赛成绩的原始依据，迅速准确地公布比赛成绩是保证竞赛工作的重要条件之一。记录和公布成绩，必须认真负责，细致踏实，并须主动和裁判员加强联系，密切配合。

第六章　形体舞蹈健美

第一节　形 体 训 练

形体训练是以身体练习为基本手段，匀称和谐地发展人体，塑造体型，培养正确优美的姿态和动作，增强体质，促进人体形态更加优美的一种运动方式。形体艺术训练则是以人体科学为基础的形体动作训练，是以提高练习者形体的灵活性和艺术表现力为目的的形体技巧训练。它既注重外在美的训练，又注重内在美的陶冶。练习者在旋律优美的乐曲伴奏下，经常性地进行形体艺术训练，可使身心得到全面发展，有利于培养健美的体态和高雅的气质，使其形体富有艺术魅力。

形体训练内容丰富，形式多样，从运动方式来看，其训练内容分为：徒手练习、持轻器械练习、专门器械上练习三大部分。其中，徒手练习又分为：基本姿态练习、基本动作练习、把杆练习。

一、人体运动的方位与方向

（一）基本方向

人体运动的基本方向是根据人体直立时的基本方向确定的。

向前：指朝着胸部所对的方向运动。

向后：指朝着背部所对的方向运动。

向侧：指朝着肩侧所对的方向运动。

向上：指朝着动作开始时头部所对的方向运动。

向下：指朝着脚底所对的方向运动。

（二）中间方向

中间方向是指两个基本方向之间45°的方向，主要说明上、下肢动作的方向。

1. 前、后与上、下基本方向之间45°的方向构成的中间方向（图6-1-1）。

前上：手臂前举与上举之间45°的方向。

前下：手臂前举与下垂之间45°的方向。

后上：手臂后举与上举之间45°的方向。

后下：手臂后举与下垂之间45°的方向。

2. 侧与上、下基本方向之间45°的方向构成的中间方向（图6-1-2）

侧上：手臂侧举与上举之间45°的方向。

侧下：手臂侧举与下垂之间45°的方向。

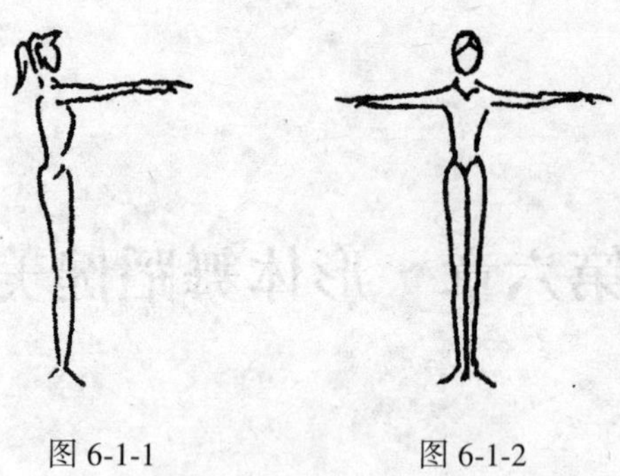

图 6-1-1　　图 6-1-2

3. 侧与前、后基本方向之间 45°的方向构成的中间方向（图 6-1-3）

侧前：手臂侧举与前举之间 45°的方向。

侧后：手臂后举与下垂之间 45°的方向。

（三）斜方向

斜方向是指两个中间方向之间的 45°方向（图 6-1-4）。

前斜上：前上与侧上之间 45°的方向。

前斜下：前下与侧下之间 45°的方向。

后斜上：后上与侧上之间 45°的方向。

后斜下：后下与侧下之间 45°的方向。

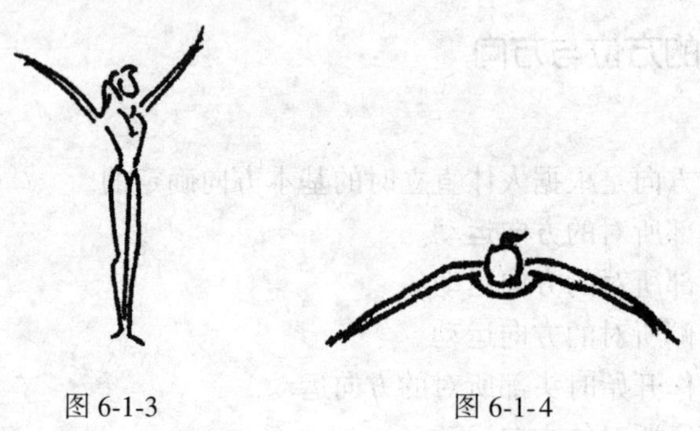

图 6-1-3　　图 6-1-4

（四）四肢相对的方向

向内：指四肢由两侧向中线的运动。

向外：指四肢由中线向两侧的运动。

同向：指不同肢体向同一方向运动。

反向：指两个肢体向相反方向运动。

（五）场地的基本方位

为了准确说明练习者在场地上的运动方向，通常把开始确定的某一边（主席台）定位为基本方位的“1 点”。按照顺时针方向，每 45°为一个基本方位，将场地划分为 8 个基本方位（图 6-1-5）。1 点：正前方；2 点：右前方；3 点：右侧方；4 点：右后方；5 点：正后方；6 点：左后方；7 点：左侧方；8 点：左前方。

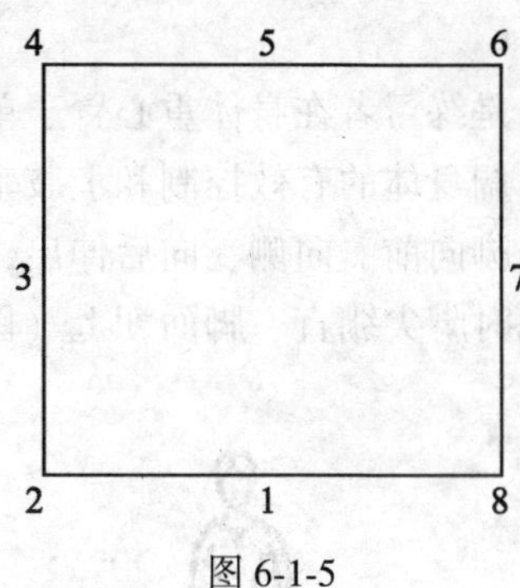

图 6-1-5

二、形体训练的基本动作

形体美的基本动作是进行形体练习的基础，它在形体锻炼中起着非常重要的作用。形体基本姿态的训练，是以人体科学为基础的形体姿态训练，是对练习者身体形态进行的基础、系统的专门训练。练习者通过对身体各个部位形态的基本训练，可适度改变身体形态的原始状态，提高形体动作的灵活性和优美性，增强站姿、坐姿、走姿及头部姿态动作的规范和美感。

（一）脚和腿的基本动作

1. 自然站立

站立是最基本、最重要的基本姿态，也是形态训练中最基础的内容。正确的站姿训练，可以改变练习者身体形态的原始状态，使其站立的姿态优美、端庄。

动作做法：两脚跟并拢，脚尖分开大约 15~20 厘米的距离，身体重心落在两脚之间；臀部肌肉收紧，收腹立腰，挺胸，颈部伸直，抬头并略收下颌，两臂自然下垂，手略呈圆形，表情自然（图 6-1-6）。

2. 开立

在进行上肢练习的过程中，大多数时间需要练习者保持两腿开立的姿势，以便稳定身体的重心。开立是在自然站立的基础上，调整两脚之间的距离。

动作做法：两脚向侧分开站立，两脚开度大约与肩同宽；脊背挺直，挺胸立腰，收腹提臀；注意身体的重心向上，而保持双肩的下沉（图 6-1-7）。

图 6-1-6

图 6-1-7

3. 脚点地立

进行脚点地立的各种练习，是练习者在身体重心置于单脚时，有效提高身体稳定性和控制力的一种锻炼方式，重点强调身体的有效控制和上肢基本姿态的保持。

动作方法：一脚站立，另一脚向前、向侧、向后伸出，脚尖点地。注意前、后点地时需脚尖绷直、脚面朝外；侧点地时脚尖绷直、脚面朝上（图 6-1-8、图 6-1-9、图 6-1-10）。

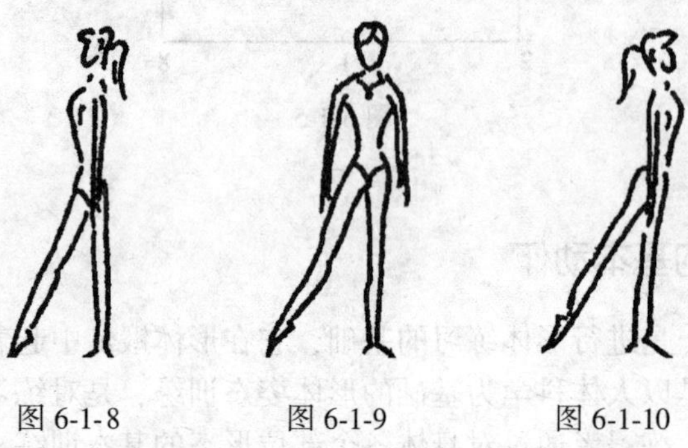

图 6-1-8　　图 6-1-9　　图 6-1-10

4. 芭蕾舞脚位

动作做法：

一位脚：两脚跟并拢，脚尖向外侧打开，两脚成一横线（图 6-1-11）。

二位脚：两脚跟相对，左右分开相距一脚，脚尖向两侧打开成一横线（图 6-1-12）。

三位脚：脚尖向外侧打开，前脚外侧与后脚内侧重叠一半站立（图 6-1-13）。

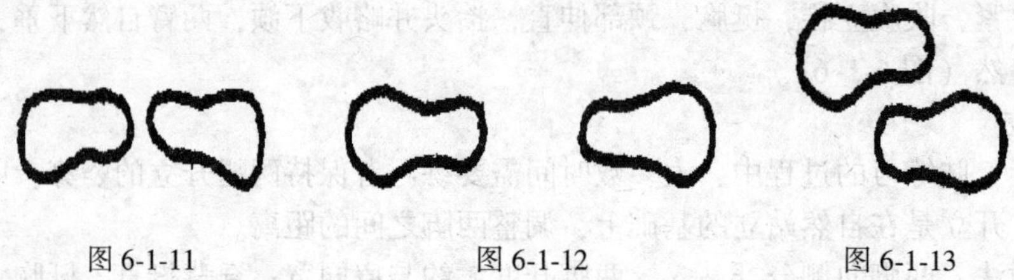

图 6-1-11　　图 6-1-12　　图 6-1-13

四位脚：两脚尖向外侧打开，前后平行，两脚间距离约一脚（图 6-1-14）。

五位脚：两脚尖向外侧打开，前后平行重叠相靠（图 6-1-15）。

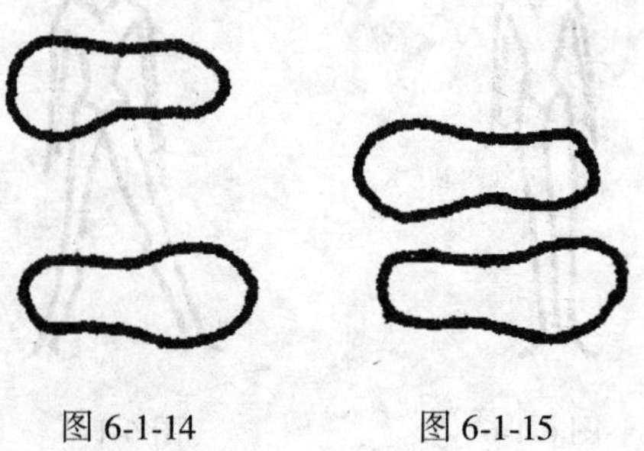

图 6-1-14　　图 6-1-15

（二）手臂的基本动作

1. 两臂同方向的举

前举：两臂前举至水平，同肩宽，掌心向下、向上或相对（图 6-1-16）。

侧举：两臂向两侧抬起至水平，掌心向上、向下或向前（图 6-1-17）。

上举：两臂上举至垂直部位，掌心向前或相对（图 6-1-18）。

前上举：两臂向前抬起至前上 45°方向，掌心向上或向下（图 6-1-19）。

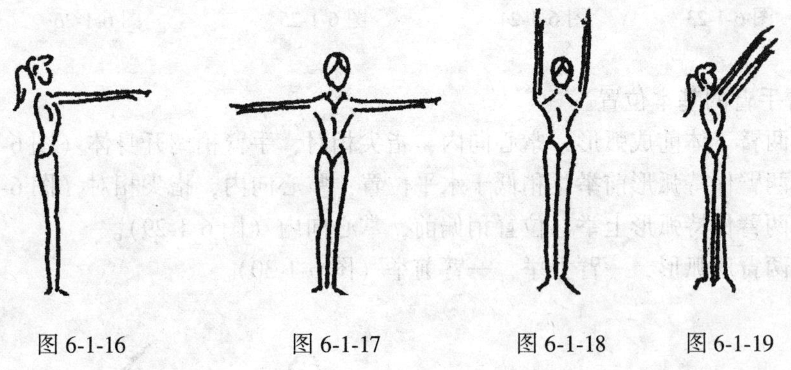

图 6-1-16　　图 6-1-17　　图 6-1-18　　图 6-1-19

前下举：两臂向前抬起至前下 45°方向，掌心向上或向下（图 6-1-20）。

侧上举：两臂向各自的侧方抬起至侧上 45°方向，掌心向上或向下（图 6-1-21）。

侧下举：两臂向各自的侧方抬起至侧下 45°方向，掌心向上、向下或向前（图 6-1-22）。

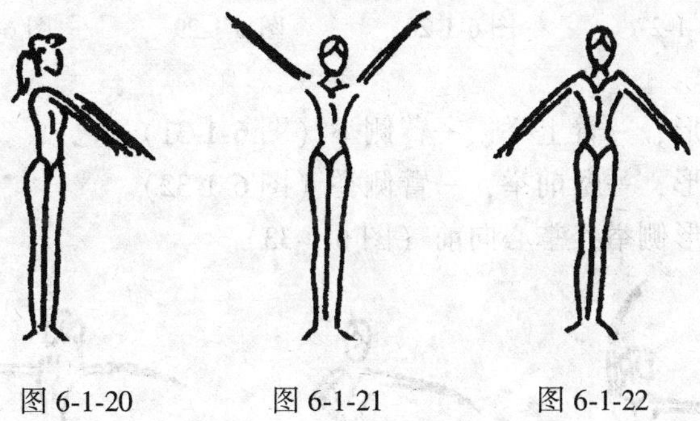

图 6-1-20　　图 6-1-21　　图 6-1-22

2. 两臂不同方向的举

一臂前举，另一臂前上举（图 6-1-23）。

一臂前上举，另一臂后下举（图 6-1-24）。

一臂侧上举，另一臂侧下举（图 6-1-25）。

一臂后上举，另一臂前下举（图 6-1-26）。

动作要求：所有手臂举的动作方向要正，部位要准确，手臂必须伸直，肩部放松，身体姿势同站立动作的基本要求。

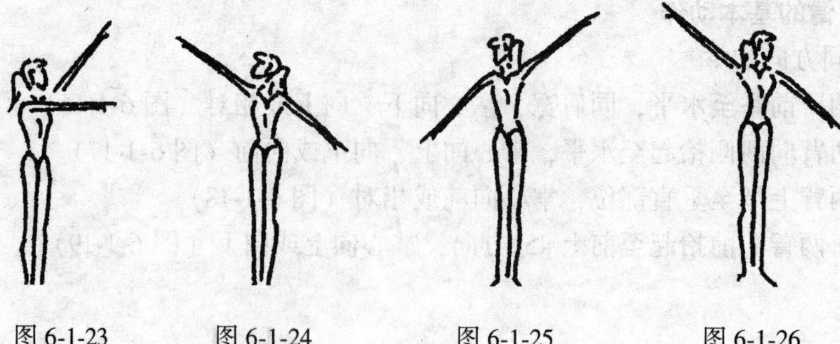

图 6-1-23　　图 6-1-24　　图 6-1-25　　图 6-1-26

3. 芭蕾手臂的基本位置

一位：两臂于体前成弧形，掌心向内，指尖相对，手臂稍离开身体（图 6-1-27）。

二位：两臂保持弧形前举，稍低于水平位置，掌心向内，指尖相对（图 6-1-28）。

三位：两臂保持弧形上举，位置稍偏前，掌心向内（图 6-1-29）。

四位：两臂成弧形，一臂上举，一臂前举（图 6-1-30）。

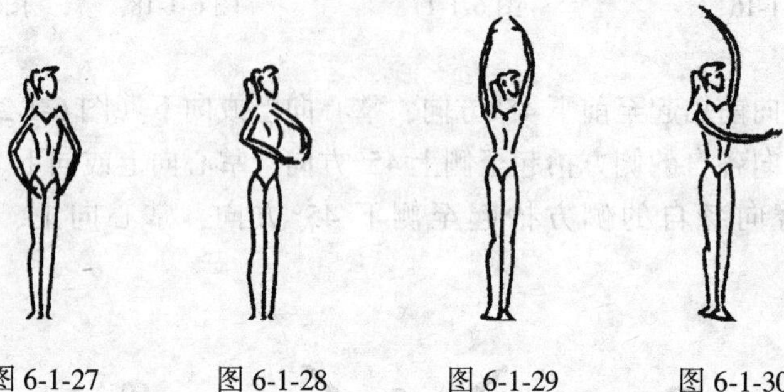

图 6-1-27　　图 6-1-28　　图 6-1-29　　图 6-1-30

五位：两臂成弧形，一臂上举，一臂侧举（图 6-1-31）。

六位：两臂成弧形，一臂前举，一臂侧举（图 6-1-32）。

七位：两臂成弧形侧举，掌心向前（图 6-1-33）。

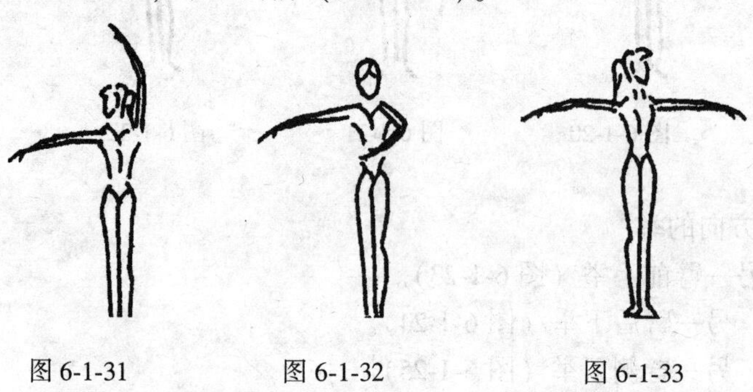

图 6-1-31　　图 6-1-32　　图 6-1-33

动作要求：芭蕾手臂的基本位置一定要准确，手臂始终保持弧形，身体要挺拔，肩部放松，梗头，视线随手。

（三）形体素质练习

形体素质主要包括：力量、柔韧、控制能力、耐力等，它是形体健美的重要练习内容之一。科学合理地进行形体素质练习，能提高肌肉群的力量和弹性，增强身体各部位的柔韧性，促进协调能力的发展，培养正确身体姿态的形成，并提高身体形态的控制能力。

练习一：

预备姿势：坐撑，两臂伸直，手握于体后。

动作做法：抬头挺胸，同时两臂慢慢后举至最大限度，控制 5 秒钟。然后上身前屈，控制 5 秒钟，上身抬起还原成预备姿势（图 6-1-34、图 6-1-35、图 6-1-36）。

要求：两臂伸直，后夹肩；体前屈时，两臂后举至最大限度。

图 6-1-34　　图 6-1-35　　图 6-1-36

练习二：

预备姿势：仰卧，两臂斜上举。

动作做法：胸腰发力带动上身离地，手臂后支撑。然后上身前屈压腿，同时手臂经侧摆至举，还原成预备姿势（图 6-1-37、图 6-1-38、图 6-1-39）。

要求：胸腰发力时，手臂不要用力支撑；上身前压时，腹部贴近大腿。

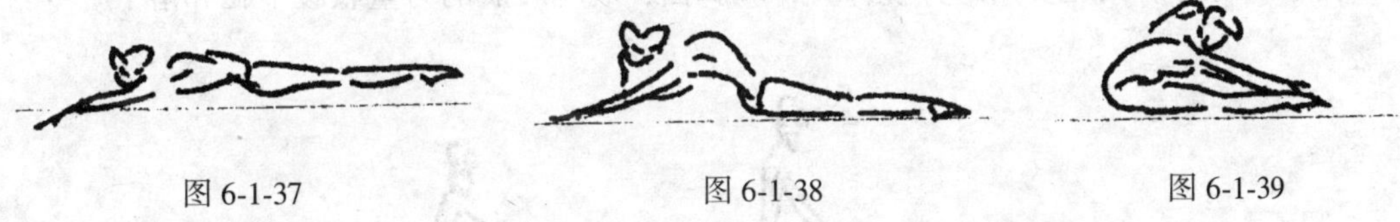

图 6-1-37　　图 6-1-38　　图 6-1-39

练习三：

预备姿势：跪撑，两腿并拢。

动作做法：重心后移，两臂前撑，然后上身向前推移，胸、腹、胯依次贴近地面，成俯撑，再按原动作路线还原成预备姿势（图 6-1-40、图 6-1-41、图 6-1-42、图 6-1-43）。

要求：推移过程中始终保持挺胸、抬头。

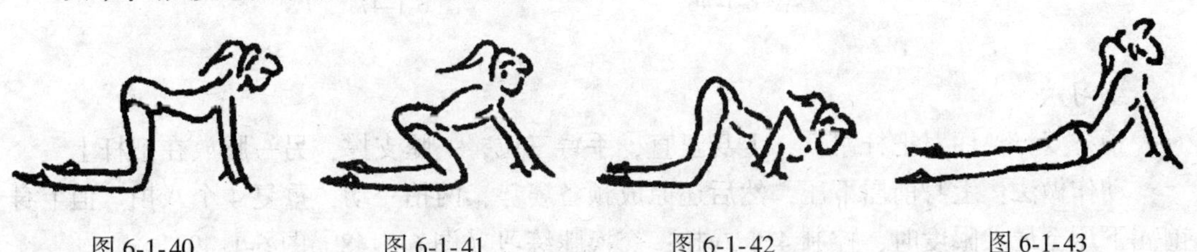

图 6-1-40　　图 6-1-41　　图 6-1-42　　图 6-1-43

练习四：

预备姿势：练习者俯卧，两臂后伸。帮助练习者分腿立于练习者膝关节两侧，双手与练习者相互拉紧。

动作做法：帮助练习者用力拉起练习者，使其上身离开地面成最大反背弓。控制 5 秒钟，然后将练习者轻轻放回俯卧位置，两人互换练习（图 6-1-44、图 6-1-45）。

要求：练习者在动作过程中，挺胸、抬头，用力向后弯腰；帮助练习者在动作过程中，上身稍前倾抓住练习者手腕，并逐渐转成稍后倾，两腿直立。

图 6-1-44

图 6-1-45

练习五：

预备姿势：练习者仰卧，两腿并拢伸直，绷脚面，双手抓住帮助练习者踝部。帮助练习者分腿立于练习者肩两侧，两臂前举。

动作做法：练习者两腿上举，触及帮助练习者双手。帮助练习者用双手轻推练习者两腿，练习者运用腹肌的控制力量使两腿轻轻落下，还原成预备姿势。两人互换练习（图 6-1-46、图 6-1-47）。

要求：练习者两腿要始终并拢伸直，绷脚面；利用腹肌的力量收腹举腿和落下。

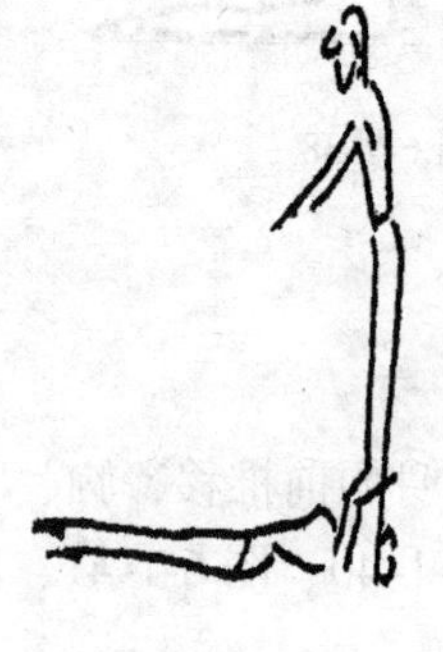
图 6-1-46

图 6-1-47

练习六：

预备姿势：面对把杆站立，上身正直，手臂三位，一腿支撑，另一腿放在把杆上。

动作做法：上身前屈下压，然后还原成预备姿势，两拍一动，重复 4 个八拍。但上身前屈下压至最大限度时，控制 4 个八拍；交换腿练习（图 6-1-48、图 6-1-49）。

要求：上身保持抬头、挺胸、立腰、立背的姿态，两腿伸直，压腿时腹部尽量贴近大腿。

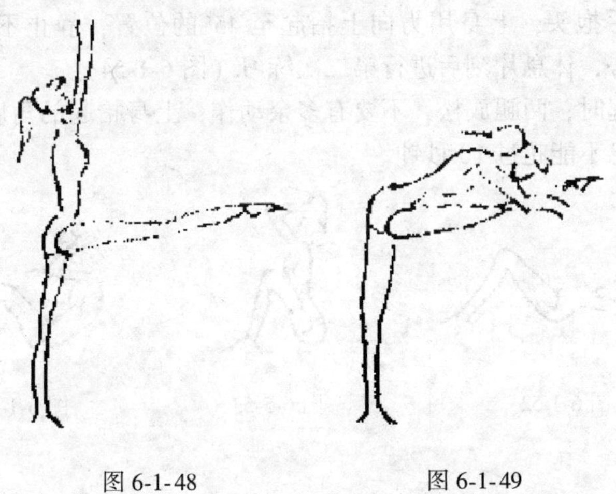

图 6-1-48　　　　图 6-1-49

练习七：

预备姿势：身体侧对把杆，上身正直，一手上举，一手侧举；一腿支撑，另一腿放在把杆上。

动作做法：上身侧屈压腿，然后还原成预备姿势，两拍一动，重复 4 个八拍。但上身侧屈下压至最大限度时，控制 4 个八拍；交换腿练习（图 6-1-50、图 6-1-51）。

要求：上身保持抬头、挺胸、立腰、立背的姿态；上身侧屈时，不要前倾或后倾；两腿需伸直。

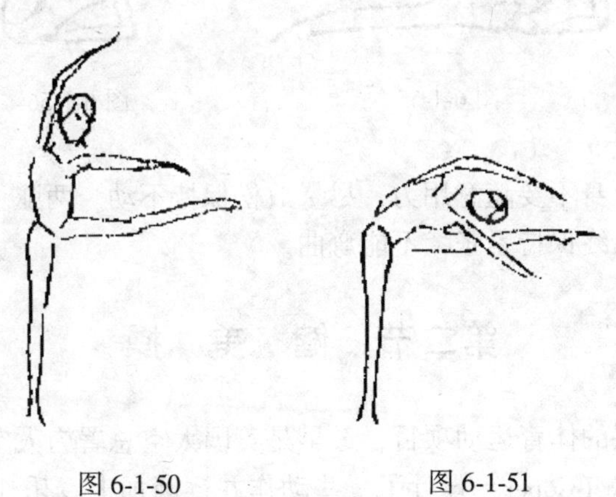

图 6-1-50　　　　图 6-1-51

练习八：

预备姿势：仰卧双手抱头，两腿屈膝并拢，两脚掌着地（图 6-1-52）。

动作做法：两腿不动，上身用力并快速向上抬起直立，然后再还原成预备姿势（图 6-1-53）。

要求：抬起上身时，腿部尽量放松，脚掌不要离地；上身抬起幅度要大，速度要快，胸部尽量贴到大腿，重复 20 次。

练习九：

预备姿势：仰卧双手抱头，两腿屈膝并拢，两脚掌着地。

动作做法：双手抱头，上身用力向上抬起至45°的位置，静止不动，控制10秒钟，然后还原成预备姿势，休息片刻后进行第二次练习（图6-1-54）。

要求：上身抬起时，两腿放松，不要有多余动作；上身抬起的角度不能超过45°；完成动作后，还原休息不能超过10秒钟。

图6-1-52　　图6-5-53　　图6-1-54

练习十：

预备姿势：上身后倾，两臂弯曲，两肘于体后撑地，两腿并拢伸直（图6-1-55）。

动作做法：两腿并拢伸直用力向上举起，上身保持不动，缓慢将腿放下成预备姿势（图6-1-56）。

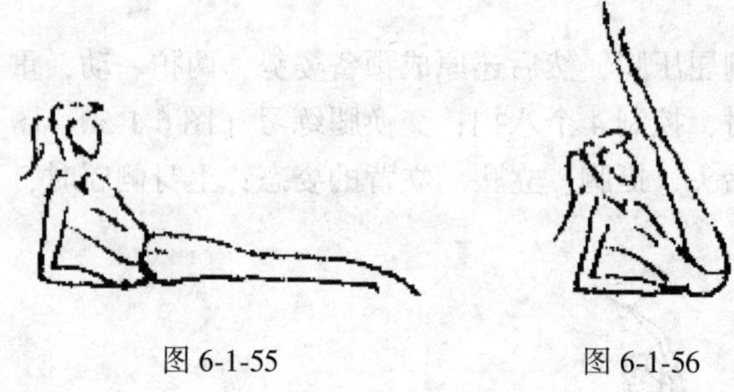

图6-1-55　　图6-1-56

要求：举腿时，上身不要随意用力，尽量放松保持不动。两腿上举的幅度要大，尽量超过垂直部位；两腿始终保持紧张，不能弯曲。

第二节　健　美　操

健美操是一项新兴的体育运动项目，最早是美国太空总署为太空人所设计的体能训练内容。医学博士库伯尔（Coper）设计了一些动作并逐渐加上音乐伴奏和服装，形成了具有独特体系的运动项目，很快风靡世界。当时涌现出一批健美操的代表人物，如杰希·索伦森（Jesy Sorense）和著名的好莱坞影星简·方达（Jane Fanda）等。

健美操作为一项独立的体育运动项目兴起的时间是20世纪70年代末，其明显的标志就是“简·方达健美操”的出现。作为现代健美操运动的发起人之一，简·方达根据自己的体会和实践编写了《简·方达健美操》一书及录像带，自1981年首次在美国出版以来，一直畅销不衰，并被译成20多种文字，在世界30多个国家出售，对健美操运动在世界内的流行与发展起了巨大的推动作用，也使简·方达成为20世纪80年代风靡世界的健

美操代表人物。

根据健美操练习的目的和任务，健美操运动分为健身健美操和竞技健美操两大类（表 6-2-1）。

表 6-2-1　　健美操运动的分类

健身健美操			竞技健美操
徒手健美操	轻器械健美操	特殊场地健美操	
一般健美操	哑铃操	水中健美操	男子单人
搏击操	踏板操	固定器械等	女子单人
瑜伽健身术	橡皮筋操	功率自行车	混合双人
拉丁健美操	健身球操		三人
街舞			混合六人

一、健美操的基本动作

（一）健美操基本步伐

健美操基本步伐是体现健美操练习者下肢动作基本姿态的主要练习手段，根据动作的特点及动作强度的差异，健美操的基本步伐分为 12 大类：

基本步伐的基础动作为弹动。

种类：有膝弹动、分腿弹动、膝踝弹动（踝弹动）。

形式：有并腿的弹动，分腿的弹动。

方向：有向前的弹动，向左、向右前 45°方向的弹动，左、右绕的弹动。

技术要点：两膝与踝关节自然屈伸。

1. 踏步类

踏步类动作运动强度较低，在运动过程中至少有一只脚与地面保持接触。常见的步伐如下：

（1）踏步

种类：有脚尖不离地的踏步，脚离地的踏步，高抬腿的大幅度踏步。

形式：有原位踏步、移动踏步及转体踏步。

方向：有向前、向后、向左、向右走的踏步。

技术要点：落地时，由脚尖过渡到脚跟着地，屈膝时，胯微收，两臂自然前后摆动。

（2）走步

种类：一种。

形式：一种。

方向：有前走，后走，斜向走，弧形走。

技术要点：基本上同踏步。

（3）“V”字步

种类：有正“V”字步，倒“V”字步。

形式：有平移的、转体的和小幅度跳的正“V”字步和倒“V”字步。

技术要点：一脚迈出，另一脚随之迈出成一条直线，两脚距离略比肩宽。两膝自然弯曲，然后依次收回。

（4）恰恰步（水兵步）

种类：一种。

形式：有平移的和转体的恰恰步。

方向：有向前、向后、向侧的恰恰步。

技术要点：在2拍节奏中，快速踏步3次。

2. 并步类

（1）点地

种类：有脚尖点地，脚跟点地。

形式：有原位点地、移动点地及转体的点地。

方向：有脚尖向前、向侧、向后、向斜方向的点地，脚跟向前、向侧、向斜方向的点地。

技术要点：点地时，弹性点地，腿自然伸直。

（2）移重心

种类：有双腿、单腿的移重心。

形式：有原位的移重心，移动的移重心，转体的移重心，跳的移重心。

方向：有向前、向后、向左、向右的移重心。

技术要点：身体重心从一端移向另一端时，必须经两腿之间。

（3）并步

种类：有两腿同时屈的并步，一直一屈的并步。

形式：有原位的并步，移动的并步（“之”字步），转体的并步。

方向：有向前、向后、向左、向右的并步。

技术要点：一脚并于另一脚，重心要随之移动，两膝自然屈伸。

（4）交叉步

种类：一种。

形式：有平移的交叉步，转方向的交叉步，小幅度跳的交叉步。

方向：有向前、向后、向侧的交叉步。

技术要点：一脚迈出，另一脚在前或在后交叉，重心随之移动。

3. 弓步类

种类：有静力性的弓步，动力性的弓步。

形式：有左、右弓步移重心的弓步，移动的弓步，转体的弓步，跳的弓步。

技术要点：一腿屈膝，脚尖与膝垂直，另一腿伸直，重心落于两腿之间。由于弓步的形式很多，因此在做法上有所不同。

4. 半蹲类

种类：小分腿半蹲，大分腿半蹲。

形式：有向侧一次、向侧两次、转体的半蹲。

方向：有向侧（左或右）的半蹲。

技术要点：半蹲时，立腰。

5. 吸腿类

种类：一种。

形式：有原位的吸腿及跳、移动的吸腿及跳和转体的吸腿及跳。

方向：有向侧、向前的吸腿及跳。

技术要点：大腿用力上提，小腿自然下垂。

6. 弹踢类

种类：一种。

形式：有原位的弹踢腿及跳、移动的弹踢腿及跳和转体的弹踢腿及跳。

方向：有向前的弹踢腿及跳，向侧的弹踢腿及跳，向后的弹踢腿及跳。

技术要点：大腿抬起至一定角度后，小腿自然伸直。

7. 开合跳

种类：双起双落的开合跳（两次开开合合、连续开合），有音单起双落的开合跳。

形式：有原位的开合跳，移动的开合跳和转体的开合跳。

方向：向前的开合跳。

技术要点：分腿时，两腿自然分开，膝关节沿脚尖方向弯曲。跳起落地时，注意屈膝缓冲。

8. 踢腿类

种类：有弹动踢腿及跳、移动的（弹）踢腿及跳和转体的（弹）踢腿及跳。

方向：有向前的、向侧的、向斜前的（弹）踢腿及跳。

技术要点：腿上踢时，必须加速用力，立腰，上身尽量保持不动。

9. 后踢腿跳

种类：一种。

方向：向后的后踢腿跳。

技术要点：髋和膝在一条线上，小腿尽量叠于大腿。

10. 点跳

种类：一种。

形式：有原位的点跳，移动的点跳，转体的点跳。

方向：有向侧、向前、向后的点跳。

技术要点：点地时身体重心在一条腿上。

11. 摆腿跳

种类：一种。

形式：有原位的摆腿跳、移动的摆腿跳和转体的摆腿跳。

方向：有向侧、向前、向后的摆腿跳。

技术要点：摆腿时上身顺势前倾、后倒或侧倾。

12. 并跳

种类：一种。

形式：移动的并跳、转体的并跳。

技术要点：一腿迈出蹬地，另一腿并上，身体重心随着跟上。

说明：种类是根据动作的特点划分的，形式是根据做动作时身体位置发生变化来划分的，方向是根据身体轴面来划分的。

（二）健美操基本徒手动作

健美操基本徒手动作是根据人体结构的活动特点而确定的。常见的基本动作如下：

1. 头颈动作

形式：有头颈的屈，头颈的转，头颈的平移绕与绕环。

方向：有向前的、向后的、向左的、向右的屈和平移，向左的、向右的转和绕、绕环。

要求：做各种形式的头颈动作时，节奏一定要慢，上身保持正直。

2. 肩部动作

形式：有单肩的、双肩的提肩和沉肩，收肩和展肩，单肩的、双肩的绕和绕环，振肩。

要求：提肩、沉肩时两肩在同一额状面尽量上下运动；收肩、展肩幅度要大，肩部要平；振肩动作要有速度、力度和弹度。

3. 上肢动作

（1）手形

健美操中有多种手形，它是从爵士舞、西班牙舞、迪斯科、武术中吸收和发展来的。手形恰到好处地运用，可以使手臂动作更加生动活泼。

常见的手形如下：五指并拢式：五指伸直并拢；五指分开式：五指用力伸直张开；西班牙舞手式：五指用力，小指、无名指、中指自掌指关节处依次屈，拇指在外；屈指掌式：手掌用力上翘，五指用力弯曲；一指式：握拳，食指伸直或拇指伸直；响指：拇指与中指摩擦与食指擦响，无名指、小指屈。

（2）臂动作

形式：有臂的举（直臂、屈臂，单臂和双臂），臂的屈伸（同时、依次），臂的摆动（同时、依次、交叉），臂的绕及绕环（同时，单臂和双臂，小绕、中绕、大绕），臂的振等。

方向：有向前、向后、向左、向右、向上、向下等。

要求：做臂的屈伸时，肩下沉；做臂的摆动、绕及绕环，肩拉开用力。

4. 胸部动作

形式：有含胸、展胸、振胸。

要求：练习时，收腹、立腰。

5. 腰部动作

形式：有腰的屈，腰的转，腰的绕和绕环。

方向：有向前、向后、向左、向右。

要求：腰前屈、转时，上身立直；腰绕和绕环时，速度放慢。

6. 髋部动作

形式：有顶髋、提髋、摆髋，绕和环绕髋，行进间正髋和反下运髋走。

方向：有向前、向后、向左、向右。

要求：髋部练习时，上身放松。

7. 躯干波浪动作

方向：有向前、向后、向左、向右。

要求：波浪时，动作协调、连贯。

8. 地上基本姿态

形式：有坐（直角坐、分腿坐、跪坐、盘腿坐）、卧（仰卧、俯卧、侧卧）、撑（仰撑、俯撑、跪撑）等。

要求：做各种坐姿时，收腹、立腰、挺胸；撑时，腰背紧张。

二、全国健美操大众锻炼标准介绍

《全国健美操大众锻炼标准》是以健身娱乐为目的，以个体条件为基础，注重参与意识和锻炼的自我检测，淡化竞争意识。因此标准的测定成绩只设定为“达标”与“未达标”，同时又制定了较严格的标准供参加者自我提高。

（一）《全国健美操大众锻炼标准》的特点

1. 有氧原则

注意在运动过程中运动负荷始终保持在有氧的范围内。通过多种组合练习，以提高心肺功能、影响人的整体为基础，达到锻炼身体、增强体质、健美形体的目的。

2. 无损伤原则

在选择动作时，注意避免使用高难度动作、超负荷动作以及运动范围过大的动作，以确保无损伤，并有益于健康。

3. 简单易学原则

《全国健美操大众锻炼标准》的实施对象是一般群众，其目的是使更多的人参与到健美操运动中来。因此，在动作的选择上注重简单易学和实效性，使之便于开展和普及。

4. 循序渐进原则

各等级之间保持有机的联系，在保证合理的运动负荷的基础上，运动量和难度逐渐加大。动作由简至繁，幅度由小至大，速度由慢至快，练习步骤由分解至完整。

5. 提高人体基本素质原则

根据不同等级的任务和技术要求，通过基本动作、组合动作和力量素质的教学，提高人体的力量、柔韧、协调、灵敏等基本素质和基本能力。

（二）《全国健美操大众锻炼标准》的级别、层次与对象

健美操的大众锻炼标准共分为六个等级，四个层次。

等级水平由低到高分别为一、二、三、四、五、六级。

层次：一级为入门，二、三级为初级，四、五级为中级。

对象：一级面向大众，二、三级面向有意参加健美操锻炼者，四、五级面向健美操爱好者，六级面向有意于健美操深造及准备进入竞技健美操训练者。

（三）对各级别的要求

1. 一级

①学习以步伐为主的最基本动作，步伐以单一、原地动作为主。②进行低强度的有氧训练。③素质训练以辅助支撑的俯卧撑、低强度的仰卧起坐和低负重的力量练习为主。④学习和了解健美操的常识。

2. 二、三级

①掌握基本动作。②学习健美操典型动作。③以下肢简单动作配合上肢简单动作为主。④保持中低强度有氧训练。

3. 四、五级

①掌握健美操典型动作。②学习健美操复合动作及简单的步伐变换技术及跳跃技术。③提高身体的协调性。④提高运动负荷，保持中等强度的有氧训练。⑤素质训练以塑造形体为主，增加柔韧的练习方法。

4. 六级

①掌握复合动作的变化规律，巩固已掌握的步伐变换技术及跳跃技术。②提高动作的表现力。③加大运动负荷，以中等强度有氧训练为主，达到减脂的目的。④提高肌肉力量，并进一步塑造其形体，加大动作的空间位移，展现良好的协调性。

（四）评定因素

一是动作的正确性。身体姿态要舒展；动作技术要正确；动作范围要适当。

二是身体的协调性。全身协调运动；动作轻松、有弹性；动作清晰，无多余动作；动作避免过分松弛或过分紧张。

三是连接动作的流畅性。动作之间的连接要自然、流畅；动作的转换及方向的变化要干净利落，无多余动作。

四是节奏感。动作要充分表现音乐情绪；动作和音乐节奏要配合协调；一连串动作节奏要准确。

五是表现力。动作要展示内心的激情，体现一种健康、向上的情绪；提倡个人风格的表现力。

三、全国健美操大众锻炼标准第三套

（一）一级动作说明

一级是健美操大众锻炼标准的入门套路动作。一级成套动作始终保持低强度的有氧练习，并进行最简单的腹、背肌肉力量和身体核心部位的稳定性练习。每一个组合均由3~5个最常见的健美操基本步法组成，并配以简单的、对称性的上肢动作。

组合一：

节拍		下肢步伐	上肢动作
预备姿势		站立	
一	1—8	右脚开始一字步2次	1—2双臂胸前屈，3—4后摆，5胸前屈，6上举，7胸前屈，8放于体侧
二	1—4	右脚开始向前走3步吸腿	1—3双肩经前举后摆至肩侧屈，4击掌
	5—8	左脚开始向后退3步吸腿	手臂同1—4
三	1—4	右脚开始侧并步2次	1右臂肩侧屈，2还原，3左臂肩侧屈，4还原
	5—8	右脚向侧连续并步2次	5双臂胸前平屈，6还原，7—8同5—6

续表

节拍		下肢步伐	上肢动作
四	1—4	左脚十字步	自然摆动
	5—8	左脚开始踏步4次	5击掌，6还原，7—8同5—6
第5~8个八拍，动作相同，但方向相反			

组合二：

一	1—8	右脚开始前点地4次	1双臂屈臂右摆，2还原，3左摆，4还原，5右臂摆至侧上举、左臂胸前平屈，6还原，7—8同5—6
二	1—4	右脚开始向右弧形走270°	自然摆动
	5—8	并腿半蹲2次	5双臂前举，6右臂胸前平屈（上身右转），7双臂前举，8放于体侧
三	1—8	1—4左脚上步吸腿右转90°，5—8右脚上步吸腿	1双臂前举，2屈臂后拉，3前举，4还原，5—8同1—4
四	1—8	左脚开始向侧迈步后屈腿4次	屈肘前后摆动
第5~8个八拍，动作相同，但方向相反			

组合三：

一	1—4	右脚向右交叉步	1—3双臂经侧至上举，4胸前平屈
	5—8	左脚向侧迈步成分腿半蹲	5—6双臂前举，7—8放于体侧
二	1—4	右脚开始侧点地2次	1右臂左前举，左臂屈肘于腰间，2双臂屈肘于腰间，3—4同1—2，但方向相反
	5—8	右脚连续2次侧点地	5—8同1—2，重复2次
三	1—8	左腿开始向前走3步接吸腿3次	1双臂肩侧屈外展，2胸前交叉，3同1，4击掌，5肩侧屈外展，6腿下击掌，7—8同3—4
四	1—8	右腿开始向后走3步接吸腿3次	同上
第5~8个八拍，动作相同，但方向相反			

组合四：

一	1—8	1—4右腿开始“V”字步，5—8A字步	1右臂侧上举，2双臂侧上举，3—4击掌2次，5右臂侧下举，6双臂侧下举，7—8击掌2次
二	1—4	右脚开始弹踢腿跳2次	1双臂前举，2下摆，3—4同1—2
	5—8	右脚连续弹踢2次	5双臂前举，6胸前平屈，7同5，8还原体侧
三	1—8	左腿漫步2次	双臂自然摆动
四	1—8	左脚开始迈步后点地4次	1—2右臂经肩侧屈至左下举，3—4同1—2，方向相反，5—6右臂经侧举至左下举，7—8同
第5~8个八拍，动作相同，但方向相反			

力量练习部分：

<table>
<tr><th colspan="3">节拍分段</th><th>动作描述</th></tr>
<tr><td>开始动作</td><td>4拍</td><td>1—4</td><td>右脚侧一步成开立，右臂侧举，掌心相对</td></tr>
<tr><td rowspan="4">过渡动作</td><td rowspan="4">一</td><td>1—2</td><td>向右转体90°成右弓步，双臂前举，掌心相对</td></tr>
<tr><td>3—4</td><td>右腿站立，吸左腿，双臂上举，掌心相对</td></tr>
<tr><td>5—6</td><td>左腿后伸成大弓步，上身前倾，左手撑地</td></tr>
<tr><td>7—8</td><td>右转180°成屈腿坐，双手体后撑地，指尖向前</td></tr>
<tr><td rowspan="4">坐姿抬腿</td><td>二</td><td>1—8</td><td>1—2左腿屈膝抬起，3—4还原，5—8同前换右腿</td></tr>
<tr><td>三</td><td>1—8</td><td>动作同上</td></tr>
<tr><td>四</td><td>1—8</td><td>1—2左腿屈膝抬起，3—4腿伸直，5—6屈腿，7—8还原</td></tr>
<tr><td>五</td><td>1—8</td><td>动作同上</td></tr>
<tr><td rowspan="4">过渡动作</td><td rowspan="4">六</td><td>1—2</td><td>右腿伸直</td></tr>
<tr><td>3—4</td><td>右转90°成侧撑，右手支撑，左手上举</td></tr>
<tr><td>5—6</td><td>左转90°成坐姿，右手体后支撑，左手放于左膝上</td></tr>
<tr><td>7—8</td><td>右转90°成侧卧肘撑，右臂屈肘支撑，左手放于体前</td></tr>
<tr><td rowspan="3">大腿和
臀部练习</td><td>七</td><td>1—8</td><td>1—2左腿向侧抬起，3—4还原，5—6左腿向后摆起，7—8还原</td></tr>
<tr><td>八</td><td>1—8</td><td>动作同上，最后2拍右转体180°</td></tr>
<tr><td>九、十</td><td>1—8</td><td>换腿练习，同第7~8个八拍</td></tr>
<tr><td rowspan="2">过渡动作</td><td rowspan="2">十一</td><td>1—4</td><td>左转90°成俯卧，双臂平屈于体前</td></tr>
<tr><td>5—8</td><td>5—6向左转头，7—8还原</td></tr>
<tr><td rowspan="4">背肌练习</td><td>十二</td><td>1—8</td><td>1—4上身抬起同时右臂上举，5—8还原</td></tr>
<tr><td>十三</td><td>1—8</td><td>动作同上，右臂上举</td></tr>
<tr><td>十四</td><td>1—8</td><td>1—4右腿抬起，5—8还原</td></tr>
<tr><td>十五</td><td>1—8</td><td>动作同上，换左腿</td></tr>
<tr><td rowspan="3">过渡动作</td><td rowspan="3">十六</td><td>1—2</td><td>俯卧，双臂屈肘胸侧支撑</td></tr>
<tr><td>3—4</td><td>双臂撑起成跪撑</td></tr>
<tr><td>5—8</td><td>向右转体270°，左脚向前迈步站起</td></tr>
<tr><td rowspan="2">结束动作</td><td rowspan="2">十七</td><td>1—4</td><td>右脚向侧迈步成分腿站立，双臂由体前交叉摆至上举</td></tr>
<tr><td>5—8</td><td>上身右转，左手经前、右手经后落下至体侧结束</td></tr>
</table>

(二) 二级动作说明

二级为健美操大众锻炼标准的初级套路动作。二级动作的练习目的是进行中低强度的有氧练习、简单的腰腹和身体核心部位的稳固性练习。每一个组合均由4~5个基本步伐组成，并出现了45°~90°的方向变化，路线以简单的前后和左右动作为主。大部分的手臂

动作为对称性的，个别动作出现了依次的手臂动作。

组合一：

节拍		下肢步伐	上肢动作
预备姿势		站立	
一	1—4	右脚十字步	1右臂侧举，2左臂侧举，3双臂上举，4下举
	5—8	向后走4步	屈臂自然摆动，7—8同5—6
二	1—8	动作同第一个八拍，但向前走4步	
三	1—6	右脚开始6拍漫步	1—2右手前举，3双手叉腰，4—5左手前举，6双手胸前交叉
	7—8	右脚向后1/2后漫步	双臂侧后下举
四	1—2	右脚向右并步跳	屈左臂自然摆动
	3—8	左脚向右前方做前、侧、后6拍漫步	3—4前平举弹动2次，5—6侧平举，7—8后斜下举
第5~8个八拍，动作相同，但方向相反			

组合二：

节拍		下肢步伐	上肢动作
一	1—2	右脚向右侧滑步	右臂侧上举，左臂侧平举
	3—4	1/2后漫步	双臂屈臂后摆
	5—6	左脚向左前方做并步	击掌3次
	7—8	右脚向右后方做并步	双手叉腰
二	1—2	左脚向左后方做并步	击掌3次
	3—4	右脚向右前方做并步	双手叉腰
	5—6	左脚向左侧滑步	左臂侧上举，右臂侧平举
	7—8	1/2后漫步	双臂屈臂后摆
三	1—4	右转90°，右脚上步吸腿2次	双臂向前冲拳，向后下冲拳2次
	5—8	左脚“V”字步左转90°	双臂由右向左水平摆动
四	1—4	左腿吸腿（侧点地）2次	1双臂胸前平屈，2左臂上举，3同1，4还原
	5—8	5—8同1—4，但方向相反	
第5~8个八拍，动作相同，但方向相反			

组合三：

一	1—4	右脚侧并步跳，4 拍时右转 90°	双臂上举、下拉
	5—8	左脚侧交叉步	双臂屈臂前后摆动，8 拍时，上身向左扭转 90°，朝正前方，双臂侧下举
二	1—4	向右侧并步跳，4 拍时右转 90°	双臂上举、下拉
	5—8	左脚开始侧并步 2 次	5—6 右臂前下举，7—8 左臂前下举
三	1—4	左脚向前一字步	1 双臂肩上屈，2 双臂下举，3—4 双臂肩前屈
	5—8	左、右依次分并腿	5—6 双臂上举掌心朝前，7—8 双手放膝上
四	1—4	左脚向后一字步	1—2 手侧下举，3—4 胸前交叉
	5—8	左、右依次分并腿 2 次	双臂经胸前交叉侧上举 1 次，侧下举 1 次
第 5~8 个八拍，动作相同，但方向相反			

组合四：

一	1—8	右脚开始小马跳 4 次，向侧向前成梯形	1—2 右臂体侧向内绕环，3—4 换左臂，5—8 同 1—4
二	1—4	右脚开始弧形跑 4 步，右转 270°	屈臂自然摆动
	5—8	开合跳 1 次	5—6 双手放腿上，7 击掌，8 放于体侧
三	1—4	右脚向右前上步后屈腿	1 双臂胸前交叉，2 右臂侧举、左臂上举，3 同 1，4 双手叉腰
	5—8	右转 90°，左脚向前上步后屈腿	动作同上，但方向相反
四	1—4	右、左侧点地各一次	1 右手左前下举，2 双手叉腰，3—4 相同，但方向相反
	5—8	右脚上步向前转脚跟，还原	5 双臂胸前平屈，6 前推，7 同 5，8 放于体侧
第 5~8 个八拍，动作相同，但方向相反			

力量训练部分：

节拍分段			动作描述
开始动作	4 拍	1—2	右脚向右迈步，左臂前平举，右臂上举
		3—4	左脚向后交叉迈步，双臂胸前交叉
过渡动作	一	1—2	右脚向侧迈步，同时屈膝内扣，再打开成分腿半蹲，1 右手左下冲拳，2 右手侧下冲拳
		3—4	身体右转 90°成弓步，双手撑地
		5—8	成俯撑

续表

节拍分段			动作描述
核心力量练习	二	1—8	1—2 左、右脚依次点地，3—8 保持俯撑
	三	1—8	1—2 左、右脚屈膝着地，3—8 保持跪撑
	四	1—8	1—2 屈肘依次撑地，3—8 保持肘撑
	五	1—8	1—2 左、右腿依次伸直，3—8 保持肘撑
过渡动作	六	1—8	向左转体 180°成仰卧，分腿屈膝，双臂放于体侧
腹肌练习	七、八、九、十	1—4	收腹抬上身，1 屈左臂，2 屈右臂，3—4 双臂伸直，手重叠
		5—8	还原，双臂经上举至体侧
过渡动作	十一	1—8	依次吸左、右腿，向左转体 180°成俯卧，双臂屈臂放于肩侧
背肌练习	十二	1—8	1—2 抬起上身和右臂，3—4 伸直右臂，转头向左看，5—8 还原
	十三	1—8	动作同上，方向相反
	十四、十五	1—8	同十二、十三
过渡动作	十六	1—4	撑起成俯卧撑
		5—8	左转 90°，左脚放到右脚后，右手支撑，左手上举，保持身体平衡
	十七	1—2	双手撑地，左腿屈膝撑地
		3—8	向右转体 270°，左脚向前迈步站起
结束动作	1 拍	1	右脚向侧迈步，左脚屈膝侧点地，同时右臂侧上举，左臂扶右髋

第三节 健 美

健美运动，国际上叫做健身运动，是通过各种力量练习达到发展肌肉的目的，使体形匀称发展的运动项目。

健美运动的比赛始于 20 世纪 30 年代，广泛的开展是在第二次世界大战以后，即 20 世纪 40 年代末至 50 年代初。最早的健美比赛参加者只限于男性，那时认为女子的皮下脂肪不可能练薄，后来在训练的实践过程中，发现女子通过力量练习，同样可以消耗皮下脂肪，练出肌肉线条。现在的女子健美比赛，不仅要求身体匀称，而且要求在用力时肌肉线条明显，只是在粗壮的程度上不同于男运动员。

国内外的实践证明，健美运动是采用行之有效的锻炼方法，促进人体体型健美的一门体育科学。它所使用的器械可以自由增减，因此适合不同性别、年龄、体质、锻炼水平和锻炼目的的人。对不同的锻炼安排，只要符合科学要求，都能达到预期的锻炼效果。

一、健美运动的理论

（一）健美训练原则

健美训练原则是在总结概括实践经验的基础上，归纳升华的科学理论，是进行健美练习必须遵循的法则。健美训练原则主要有以下几条：

1. 渐增负荷训练原则

为了增加肌肉体积，必须逐渐增加运动负荷，包括重量、组数、次数、间歇时间。不仅要采用越来越重的重量，还要增加训练组数和每星期的训练次数以及缩短间歇时间。

2. 多组数训练原则

每一个动作都只有在练习3~4组时，才能使肌肉群得到应有的锻炼。

3. 主动肌用力原则

锻炼发展某一部位的肌肉，就要最大限度集中主动肌用力，而尽可能避免其他协同肌用力，使主动肌在整个动作过程中承受最大的运动负荷。

4. 变换训练计划原则

如果长时间使用一成不变的训练课程，肌肉就会产生厌倦的感觉，影响继续增长，因此应该适时修订或改变自己的训练课程（一般3个月左右）。

5. 持续紧张训练原则

完成动作时，如果动作做得很快或依靠摇摆的惯性把重量举起来，就会减少肌肉收缩的效果。所以在整个动作过程中，要使肌肉始终保持紧张的状态。

6. 优先训练原则

训练时，在你精力最充沛的时候练你最想发展的部位。

7. 锥形训练原则

为了取得良好的效果，避免受伤。开始训练时，用最大重量的60%举15次，然后再增加重量，把试举次数减少到8~10次。最后，把重量加到80%，最多举5~6次。

8. 强迫训练原则

每组最后一两次试举，单凭主动肌已不能完成动作，此时可借助同伴的帮助完成技术动作。

9. 三组合训练原则

对同一部位采用三个不同的动作连续做，动作之间没有休息，即三组合训练。

（二）健美训练三要素

科学的训练、合理的营养、最佳的恢复休息手段，是健美锻炼取得成效的三大要素。

1. 科学的训练

任何水平的健美运动员都必须根据自己的身体实际情况和训练水平，选择制定一个切合实际的训练计划，逐步调整和循序渐进地加大运动负荷，这包括根据不同的训练目的、训练周期选择不同的训练动作，并要求准确无误地完成动作规范。初学者易犯的错误是急于求成，无节制地增加训练动作，训练组数，延长训练时间，盲目加大训练强度，致使训练过度，阻碍了体型的发展。

2. 合理的营养

对健美运动员来说，合理地摄取营养和严格的饮食制度，是增长肌肉体积、保持健美

体型不可忽视的条件。

人体需要的主要营养素是蛋白质、碳水化合物、脂肪、维生素和矿物质。对于健美练习者而言，问题在于如何补充这些营养素。

对于健美运动员，一般蛋白质的需要量约占总摄入的1/3，碳水化合物约占2/3，脂肪的需要量很少。

健美训练时还需要摄取大量碳水化合物，以提供热能。除正常饮食外，还应根据需要适当补充一些营养品。训练中水的摄入也很重要。水不仅可以加快体内废物的排出，而且对维持正常生理功能十分重要。

3. 最佳的恢复休息手段

恢复是健美运动三要素中最容易被忽视的。经过大强度、大运动量锻炼后，提高恢复质量至关重要。只有充分地恢复，才能消除疲劳。可以说，没有合理的恢复休息手段作保证，就不可能有好的训练效果。恢复过程的长短取决于训练水平、运动负荷以及身体机能状态等因素。一般来讲，一次训练之后要有48个小时的休息，要使肌肉完全恢复，则需要72~100个小时。

恢复主要有两种形式，即消极性恢复和积极性恢复。消极性恢复，指一般的静止休息、睡眠等；积极性恢复，指用转换活动内容的方法进行恢复，如运动后的整理活动、物理和机械的放松与按摩、适当补充维生素、心理放松等。

（三）健美训练计划的制订

任何体育运动项目要想取得成功，首先要制订一个切合实际的计划。当你准备开始健美训练时，就应该依据训练原则，制订一个科学、系统、合理的计划。

一个完整的健美计划应包括以下几点：①每周安排几次训练。②每次课内要锻炼哪几个部位的肌肉。③每个部位做几个动作。④每个动作练多少组。⑤每组练多少次，组间间歇时间是多少秒。⑥每次课的各部位肌肉练习的总组数。⑦每堂课的综合总组数。

例如，初级阶段计划制定（开始~6个月）：①每周3次。②每次课包括全身各部位的肌肉群练习，尤其是大肌肉群。③每个部位肌肉群选择1个动作。④每个动作做1~2组。⑤每组练8~12次，组间间歇90~120秒。⑥每部位肌肉总组数：2~4组。⑦每堂课的综合总组数：20~30组。

（四）健美训练的动作速率

在我们日常进行的力量练习中，决定训练质量的另一个关键在于完成练习动作的速度。在大多数的体育运动中，为了达到目的，要求我们尽可能地动员全身的肌肉，在最短的时间内试举起最大的重量，这也就是我们所说的“爆发力”。在现在健身锻炼中，为了达到减缩皮下脂肪、增加肌肉弹性的目的，时常采用高次数、轻重量的方法，并且肌肉收缩与伸展的速度几乎相等，这种发力方法称为“等速发力”。

健美训练，特别是以增大肌肉体积为目的时，应采取“变速发力”，即“快收缩、慢伸展”的发力方法。具体要求为：收缩2~3秒，伸展3~4秒，顶峰收缩（也称最佳收缩）停留1~2秒。在顶峰收缩时停留1~2秒，是充分利用了动力和静力相结合的肌肉工作原理。慢伸展使主动肌在伸展过程中退让做功，从而保证在整个运动过程中，主动肌始终保持持续紧张的状态。

健美训练在准备活动、热身活动或减缩局部皮下脂肪（例如腹部）练习时，多采用等速发力——收缩与伸展速度相等。而在练习小肌肉群时，虽然每组次数达 15~20 次，但发力方法仍然是变速发力。

（五）健美训练的运动负荷

在运动训练中，决定训练效果的最重要因素是适宜的运动负荷。负荷量过大，会产生过度疲劳；而负荷量太小，则训练效果不明显。运动负荷包括运动量与运动强度。

1. 运动量

在健美训练中，运动量是指练习的组数，即每个部位肌肉群练习的组数与一次训练课的总组数。

训练组数的多少，还取决于不同的体质、体力和训练水平，必须根据实际情况，不能无限制地增加组数，否则就会导致训练过度。下面介绍不同训练阶段，练习每个部位按大、小肌肉群所采用的总组数。

依训练水平（原则上以系统训练时间为依据）可分为：初级阶段（开始~6 个月）、中级阶段（6 个月~1 年）、高级阶段（1 年以上）。

在训练中，我们通常将全身各部位分为大肌肉群和小肌肉群，两者之间的训练组数是不同的。胸、背、大腿和肩为大肌肉群，肱二头、肱三头、前臂、小腿为小肌肉群，腹部为特殊肌群。原则上小肌肉群的练习组数是大肌肉群的 2/3。

阶段	大肌肉群	小肌肉群	总组数
初级阶段	2~4 组	1~2 组	20~25 组
中级阶段	8~10 组	5~6 组	不超过 40 组
高级阶段	12~14 组	8~10 组	依具体情况而定

2. 运动强度

（1）练习次数

决定运动强度大小的依据，首先是每组训练的次数，即每组竭尽全力完成的次数，也称为“次”。在健美训练中常见到的有以下几种：

低次数（1~4 次）：大强度，主要目的是增长力量和体积。

中次数（6~12 次）：中等强度，主要目的是增长肌肉块。初、中级阶段一般为 8~12 次，高级阶段为 6~8 次。

高次数（15~20 次）：中小强度，主要是练习小肌肉群和增加肌肉的线条、弹性。

超次数（30 次以上）：小强度，主要有助于减缩局部皮下脂肪和增强肌肉弹性。

随着水平的提高，大多数练习者为了加深对肌肉的刺激，往往采用 4~6 次/组的大运动量训练方法。但需要指出的是，加大运动量以后，应时刻告诫自己要更加注意动作的规范，避免受伤，否则会“得不偿失”。

（2）间歇

决定运动强度的大小的另一个因素是组间间歇。在两组练习之间，应有一个最合适的休息时间。如初级阶段：间歇 90~120 秒；中级阶段：间歇 60~70 秒；高级阶段：间歇 45~60 秒。赛前训练周期的目的是保持肌肉体积，增进肌肉线条和减缩皮下脂肪，一般

间歇短至 30~45 秒，但不能少于 10~15 秒。

（六）健美训练中的有氧练习

健美运动实践中把力量训练与有氧训练有机地结合起来，可以有效地提高心肺功能，减缩皮下脂肪，保持肌肉体积，增加肌肉线条。

有氧运动的形式很多，如快走、慢跑、健身操、游泳、骑自行车和各种跑步机、功率自行车、台阶机练习等。采用有氧运动健身，可因地制宜，量力而行。强度则因人而异，简单有效的强度计算方法是监测运动时心率，即在运动结束后测得 10 秒钟的脉搏数乘 6 再乘以 110%，以此来推算出运动时心率。20 ~ 30 岁的运动时心率每分钟 140 次左右，40~50 岁的心率每分钟 120~135 次，60 岁以上的人心率每分钟 100~120 次，为有氧运动的范围。

在平时的训练周期中，有氧练习可安排在每次训练后期，进行 30~45 分钟的有氧练习。有氧运动虽然是一种有效的脂肪消耗办法，但长时间的有氧运动锻炼消耗的不仅是脂肪，而且还包括肌肉。职业健美运动员乔·卡持勒认为："当我在一天当中有氧运动超过 1 小时，我的力量就会下降，肌肉萎缩，即使摄入许多热量和蛋白质也无济于事。我感觉 40~45 分钟就是我的警戒线，超出这个时间，我的肌肉便会流失。"在赛前训练周期（一般是比赛前 4~8 周），为了使肌肉线条和清晰度更明显，需要把皮下脂肪从平时的16%~18%降为 8%~10%，此时如果自我感觉皮下含脂过多，可每天上、下午各安排一次有氧练习，时间可适当延长。

（七）健身房中的减肥减脂训练

减肥减脂的唯一积极有效手段就是进行有氧练习，即利用运动消耗掉摄入的多余热量和体内的脂肪。健身房中的减肥减脂训练方法一般运用循环训练法，即首先选择 6~8 个动作，原则上是以全身各大肌肉群为主，并且尽量选择一些既可锻炼局部肌肉，又能提高全身器官机能水平的动作（如卧推、深蹲、硬拉等动作），将这些动作结合在一起，每个动作做一组，每组 12~15 次，两个动作之间间歇 5 秒钟，做完一个循环后，休息 2 分钟。在此期间应穿插一些跑跳、健美操、跳绳等练习。练习者应根据自身体力和训练水平循序渐进，最后达到每周训练 4 次，每次 4~5 个循环的适宜运动量。

如果目的是以局部减脂为主，可在正常训练后，安排 3~4 组局部循环训练，例如针对腰腹部减脂，可挑选 6 个左右锻炼腰腹部的动作，依照循环练习方法进行训练。

二、发达身体各部位主要肌肉群的锻炼方法

人体主要肌肉有肱二头肌、肱三头肌、三角肌、胸大肌、背阔肌、腹肌、股四头肌、小腿肌等（图 6-3-1）。

1. 肱二头肌练习

（1）双臂杠铃屈举

两脚自然开立与肩同宽，身体正直、收腹、挺胸，两臂垂于体侧拳心向前握杠，两臂发力同时吸气屈肘上举，肘关节尽量保持原位，杠铃举至胸前位置，停 2~3 秒钟，慢慢还原，重复进行（图 6-3-2）。

要点：①身体保持正直、稳定。②动作时肘关节尽量保持原位置不变。

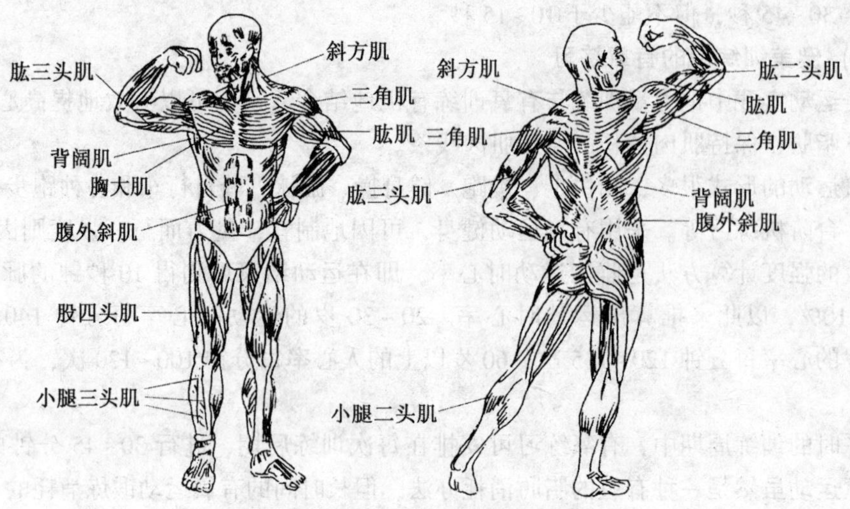

图 6-3-1 人体主要肌肉图

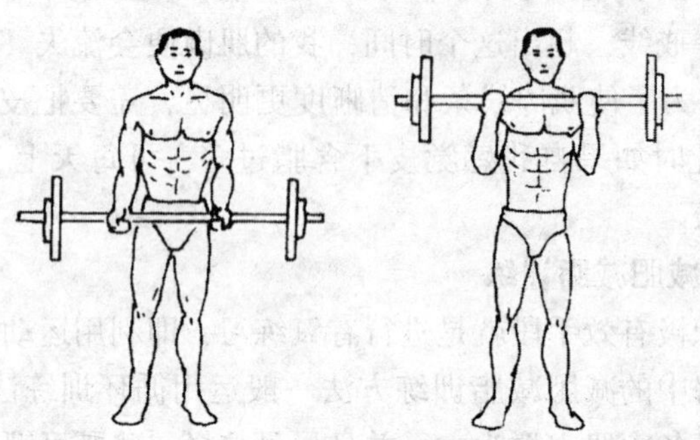

图 6-3-2 双臂杠铃屈举

（2）哑铃屈举

基本动作同双臂杠铃屈举（图 6-3-3），但可变化以下几种练习方法和身体姿势：

①单臂进行以上练习（图 6-3-4）。

②坐姿哑铃屈举：分腿坐在练习凳上，上身正直、挺胸、立腰稍前倾，练习臂伸直垂于大腿内侧，拳心向前握哑铃；吸气后练习臂用力屈肘上举哑铃，尽量举之靠近肩部，停 1~2 秒钟，呼气还原，重复进行（图 6-3-5）。

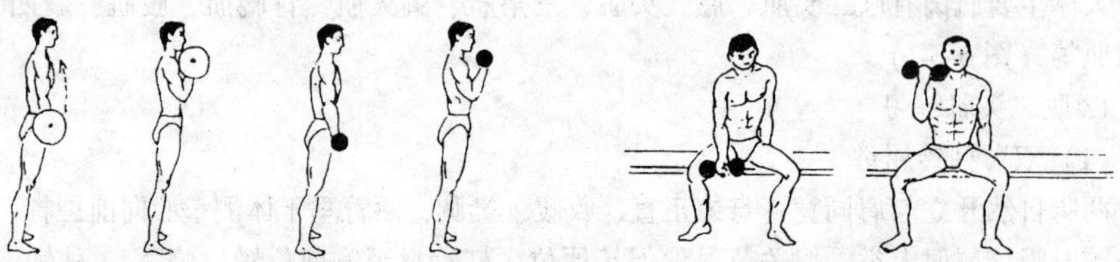

图 6-3-3 基本动作　　图 6-3-4 单臂练习　　图 6-3-5 坐姿屈举

要点：①上身保持预备姿势。②上臂要固定，肘关节位置要保持不变。

（3）双杠反握引体向上

高单杠跳上双手反握约与肩同宽，自然悬垂，吸气同时两臂发力屈肘，身体上引至下额高于杠面，也可稍停 1~2 秒钟后放下，重复进行（图 6-3-6）。

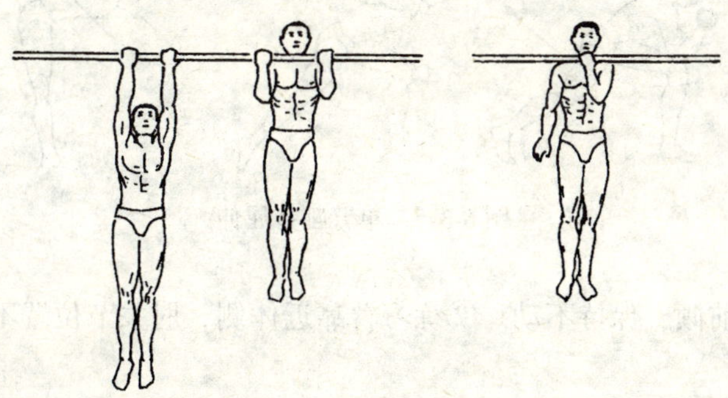

图 6-3-6　双杠反握引体向上

要点：双手后握，效果较好。

2. 肱三头肌练习

（1）双臂杠铃颈后屈伸举

身体正直，两脚自然开立同肩宽，双手正握杠铃于颈后，握距稍小于肩宽，上臂靠近耳部，肘关节始终朝上保持此部位不变，吸气同时双手用力将杠铃举起至手臂伸直，然后复原，重复进行（图 6-3-7）。此练习可用哑铃、杠铃等单、双手进行。

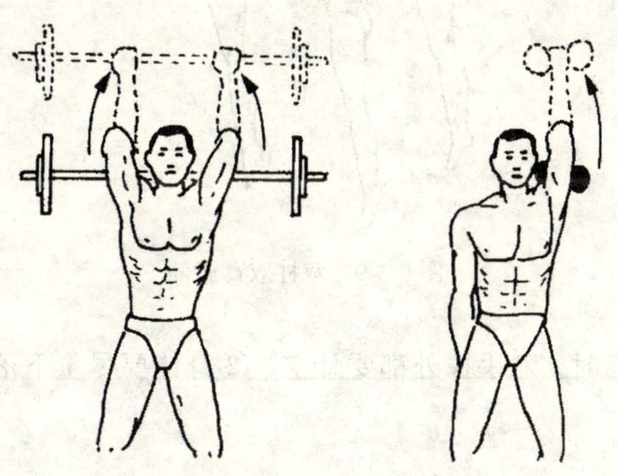

图 6-3-7　双臂杠铃颈后屈伸举

要点：①身体正直，挺胸，立腰。②手臂上举时，肘关节位置保持不变。

（2）单臂哑铃屈伸

两脚前后开立成上半蹲弓步，上身前倾，背部似与地面平行，前腿异侧练习臂拳心向上屈肘持哑铃于腹侧，吸气同时用力练习臂向后上方伸直，肘关节保持位置不变，并尽量使哑铃高于背部，稍停 1~2 秒钟，吸气还原，重复进行（图 6-3-8）。此练习也可用小杠铃按上述方法进行练习。

图 6-3-8　单臂哑铃屈伸

要点：①上身前倾，保持不动。②练习臂靠近体侧，肘关节位置不动并以肘关节为轴做屈伸。

（3）双杠双臂屈伸

双臂支撑于同肩宽的杠面上，手臂慢慢弯曲，身体自然下落，手臂肘关节尽量弯曲，胸部接近杠面处，直到不能再下垂时稍停，呼气同时用力伸直手臂至完全伸直，重复进行（图 6-3-9）。

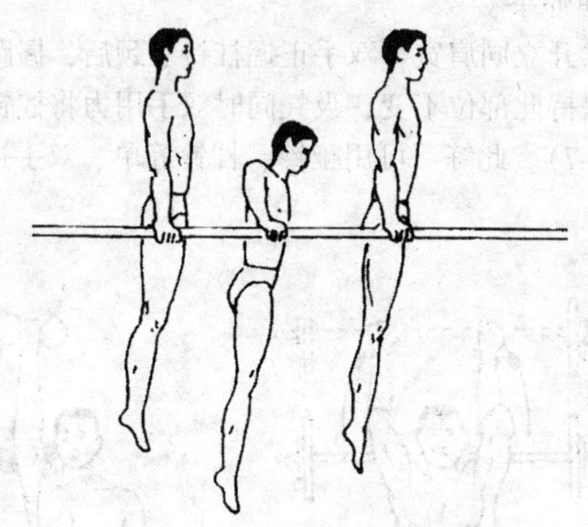

图 6-3-9　双杠双臂屈伸

要点：①身体下落时，除手撑外都要悬空。②身体要尽量下落，屈肘时肘关节弯曲要大。

3. 三角肌练习

（1）坐姿杠铃上推

坐于练习凳上，将杠铃放于颈后肩上，两手拳心向前，大于肩宽握杠于肩上，用伸臂之力将杠铃上举，两臂伸直（图 6-3-10）。此练习也可用哑铃两臂肩上轮流做上推练习。

要点：①上举时不耸肩。②还原要缓慢，以防突然性还原而受伤。

（2）哑铃前举，侧举练习

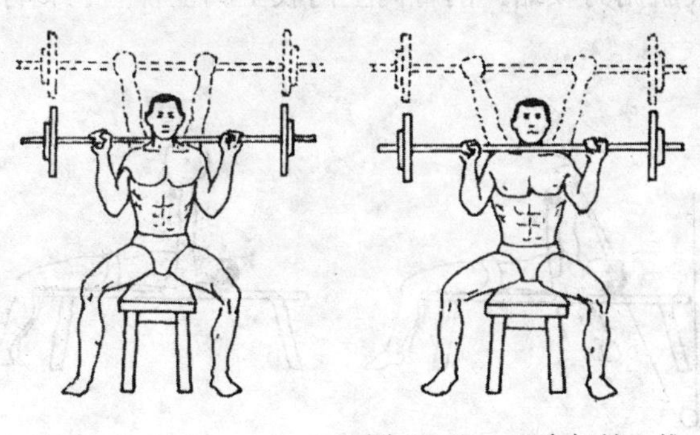

图 6-3-10　坐姿杠铃上推

哑铃前举、侧举（图 6-3-11）。

图 6-3-11　前举、侧举

要点：①身体要保持正立、收腹、紧腰、挺胸。②作用力点应在肩部。

4. 胸大肌练习

（1）宽握卧推

仰卧于练习凳上（一般都采用卧推组合器材），两手正握杠铃，宽于肩 10～20cm，由手臂伸直开始，屈肘，杠铃应慢慢下落至胸前，稍停 2～3 秒钟，吸气同时用力上推，稍停，重复进行（图 6-3-12）。此练习一定要加强安全，注意器械及人员的保护。

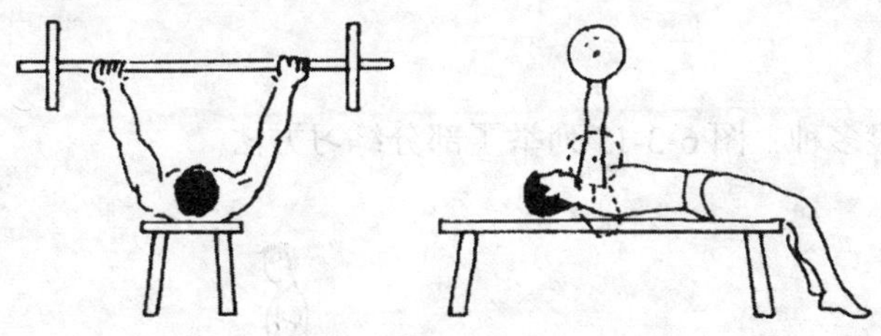

图 6-3-12　宽握卧推

要点：①下落动作要放慢些。②上推时要垂直上推，先胸部发力。

（2）仰姿哑铃飞鸟

屈膝分腿仰卧于练习凳上，握铃时拳心相对，两臂伸直，向上垂直于身体；呼气向后外侧下分开平举，然后吸气时胸大肌用力收缩，两臂向上内收至胸上伸直，稍停 1~2 秒，重复进行（图 6-3-13）。

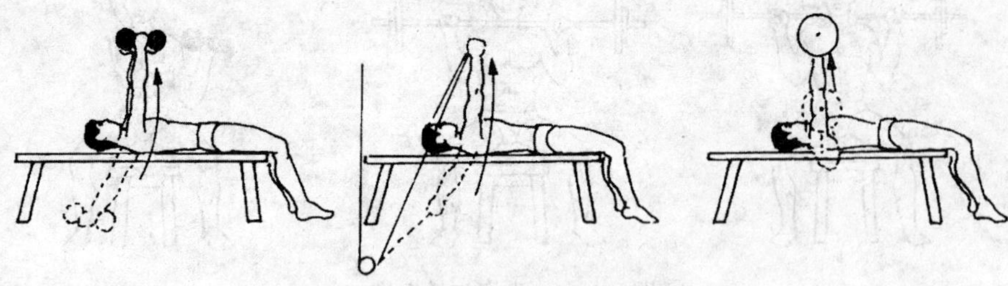

图 6-3-13　仰姿哑铃飞鸟

要点：①两臂分开下落时，肘关节伸直。两臂尽量张开，下落时肘部要低于体侧。②飞鸟两臂收缩时，要以胸部发力为主，两臂伸直。

（3）双杠支撑摆动双臂屈伸

两手分别伸直撑于杠面上握紧，先收腹腿前摆，以肩为轴，两脚自然下落，过垂直面后再用力向后摆动，在接近于肩水平面时屈肘，重心随之下降，脚由后向下，摆过垂直面向上摆动时两臂用力伸直，如此重复进行（图 6-3-14）。也可前、后下落肘进行臂屈伸，但难度较大，尤其是协调性要求更高。如果摆动且在宽双杠上做双臂屈伸，效果也很好。

图 6-3-14　双杠支撑摆动双臂屈伸

要点：①前后摆动时，幅度不宜太大，并尽量减小臂部移动。②重心下落时的幅度视各人情况而定，但尽量低一点，对胸大肌锻炼更有效。③不是光手臂用力，要拉长胸大肌，并使之先发力。

（4）俯卧撑

俯卧撑练习有很多种，图 6-3-15 列举了部分练习方法。

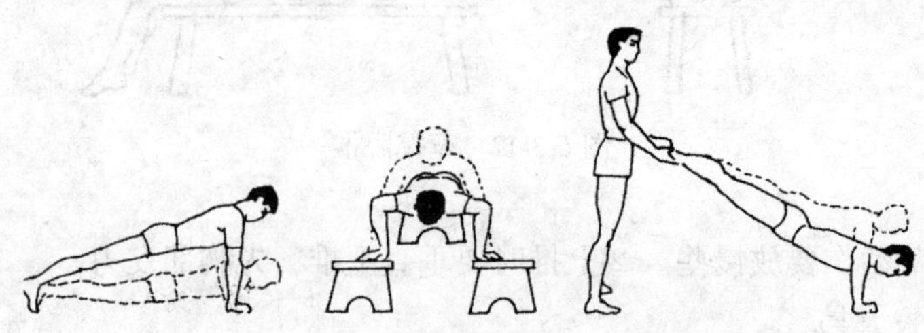

图 6-3-15　部分俯卧撑练习示例

要点：①下落时，尽量能拉长胸大肌。②用力时注意胸大肌发力。

5. 背阔肌练习

（1）高单杠宽握颈后引体向上

高杠双手宽握，悬垂手宽大于肩宽20~30cm，量力而行，吸气时两臂用力引体向上，使头部至杠前，颈后接近杠面稍停，然后慢慢下落，重复进行（图6-3-16）。

要点：①引体向上时身体保持稳定。②还原时动作要缓慢。

图6-3-16　高单杠宽握颈后引体向上

（2）俯身飞鸟

两脚自然开立约同肩宽，上身前屈与地面平行，抬头，两臂伸直或微屈，拳心相对握哑铃，吸气后两臂同时用力向两侧举起直到与肩齐平，稍停1~2秒，慢慢下落还原，重复进行（图6-3-17（a））。也可俯卧于练习凳上侧平举（图6-3-17（b））。

(a)　　(b)

图6-3-17　俯身飞鸟

要点：①上身俯身前屈要抬头。②两臂上举时伸直或稍有弯曲，作用于三角肌的部位不同。

6. 腹肌练习

（1）仰卧起坐

仰卧起坐练习是我们平时常用的一种练习方法（图6-3-18）。

要点：①腿部两脚保持相对固定。②起坐的方式及辅助器材因人或需要而定。

（2）仰卧举腿

仰卧举腿练习（图6-3-19）。

要点：①两手、上身保持不动。②举腿时增加负重，以小重量为好。

7. 股四头肌练习

（1）负重下蹲

图 6-3-18　仰卧起坐

图 6-3-19　仰卧举腿

以负杠铃为例。将杠铃放在颈后肩上做下蹲起立动作叫后蹲（图 6-3-20（a））；将杠铃放在胸前做下蹲起立动作叫前蹲（图 6-3-20（b））；屈膝下蹲大小腿夹角小于 90°叫深蹲，大于 90°叫半蹲（图 6-3-20（c））；保持某一角度叫静蹲。站姿为两手屈肘正握，身体正直、收腹，立腰下蹲，均能完成前蹲、后蹲、半蹲和深蹲，用力时吸气，下蹲时呼气。也可扛人下蹲进行上、下蹲练习（图 6-3-20（d））。

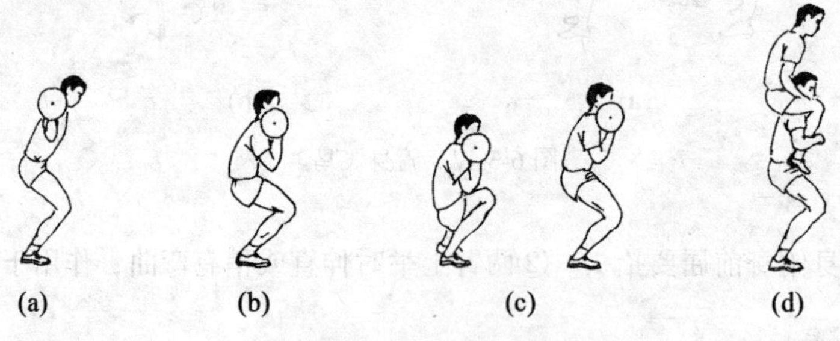

图 6-3-20　负重下蹲

要点：①两脚要站稳，抬头挺胸，腰收紧。②思想集中，下蹲要慢，起来要快。

（2）肩负杠铃跳弓步

两手屈时正握杠铃于颈后肩上，两脚前后开立成弓步；吸气后，两腿用力向上跳起的同时，两腿前后交换，可稍停 1~2 秒，也可连续做 4~5 个，换蹲弓步，重复进行（图 6-3-21）。

要点：①上身正直，紧腰，两眼前视。②保持杠铃平稳，双手要握紧。

（3）坐姿腿屈伸

图 6-3-21　肩负杠铃跳弓步

坐于练习凳上，两手扶凳固定上身，两腿膝关节在凳端外，脚上可持一定的重物，沙袋、杠铃片等做腿的屈伸动作，为使股四头肌充分地收缩，随着膝关节伸直、小腿的伸屈，上身可稍向后倾，待腿伸直后坚持停 3~5 秒后慢慢还原，重复进行（图 6-3-22）。

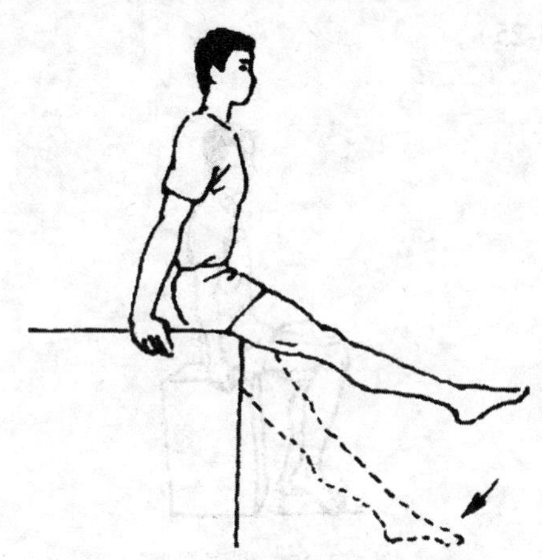

图 6-3-22　坐姿腿屈伸

要点：①脚持重物从小重量开始，要量力而行。②练习动作时，脚面要伸直。

8. 小腿肌练习

（1）负重提踵

身体正直，两手正握杠铃于颈后肩上，两腿伸直，足趾正中垫 2~3cm 厚的木板，然后做直腿提踵动作，可连续进行（图 6-3-23）。也可在肋木旁等做骑人提踵练习。

要点：①保持身体平衡，要以足部屈伸动作为主，提踵要充分。②可连续做 4~5 次，也可屈足到最高点时稍停 5~6 秒，效果更好。

（2）站姿直腿跳

身体直立，挺胸塌腰，可徒手，也可手持重物、哑铃等，膝关节伸直，小腿发力，用脚掌蹬地向上纵跳（图 6-3-24）。还可持一哑铃做直跳和蹲跳，对大小腿肌群的锻炼效果也很好。

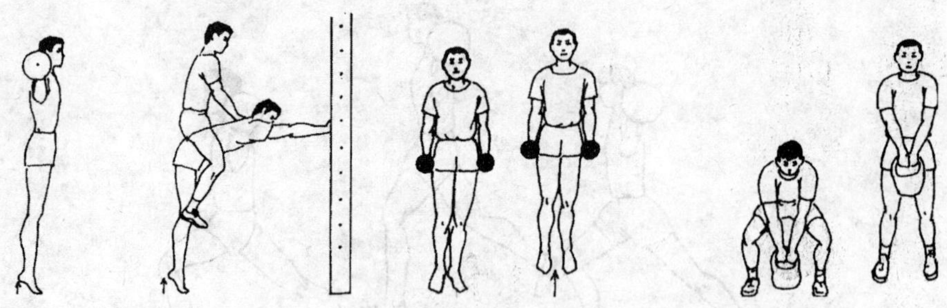

图 6-3-23　负重提踵　　　　　　　　图 6-3-24　站姿直腿跳

要点：①不要屈膝。②跳起要做到三伸：髋、膝、踝充分伸展，重点是踝关节一定要用力蹬伸。

（3）坐姿提踵

练习者坐于练习凳上，屈膝一般以 90°为好，两腿稍分开，两手将杠铃片或沙袋固定在膝关节上；可两腿同时做提踵动作，也可单腿做提踵动作，提起要充分，稍停 1~2 秒后还原，重复进行（图 6-3-25）。

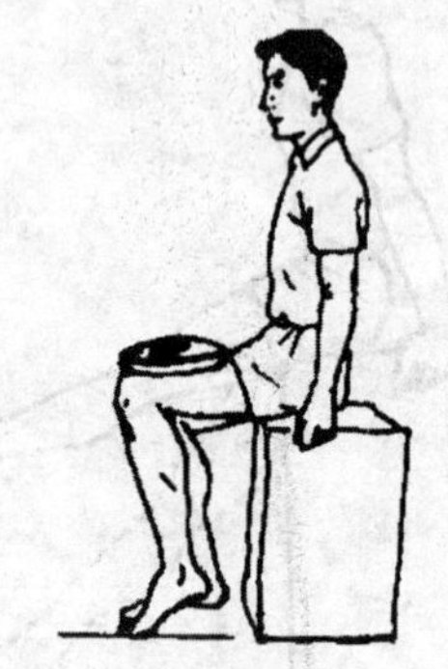

图 6-3-25　坐姿提踵

要点：①提踵时脚跟尽量提起。②杠铃片可由轻到重，并注意安全。

第七章 传统武术与搏击

第一节 初级长拳（第三路）

长拳是一种姿势舒展大方，动作灵活快速，蹿蹦跳跃，闪展腾挪，起伏转折，勇猛有力，节奏鲜明，动作流畅，一气呵成的武术套路。

长拳的种类不同，又各有其不同的技术特点和运动风格，如初级长拳第三路，动作幅度和关节的活动范围较大，内容结构较为复杂，不仅有利于发展和提高肌肉的弹性、收缩力和关节的灵活性、柔韧性，而且有利于促进、发展和提高心、肺系统及中枢神经系统等各器官系统的机能，全面发展身体素质。长拳第三路以踢打基本技击动作为中心，一招一式都含有攻防的意义，如第1节中的两次“弓步冲拳”，均有格挡的配合，“大跃步前穿”接“弓步击掌”中有挂、铲、搂、击的配合，第2节中的“马步击掌”、“马步盘肘”与搂手的配合等，均有攻有防，攻防结合。第3、4节从“弓步劈拳”接“换跳步马步冲拳”，直到“虚步挑拳”、“弓步顶肘”等一系列“拳打、脚踢”的技击方法更为紧凑、鲜明，武术特点尤为突出，有利于培养人们勇敢顽强、坚韧不拔的意志品质和良好的攻防意识。

一、动作名称

（一）预备动作

1. 预备势　2. 虚步亮掌　3. 并步对拳

（二）第一段

1. 弓步冲拳　2. 弹腿冲拳　3. 马步冲拳　4. 弓步冲拳
5. 弹腿冲拳　6. 大跃步前穿　7. 弓步击掌　8. 马步架掌

（三）第二段

1. 虚步栽拳　2. 提膝穿掌　3. 仆步穿掌　4. 虚步挑掌
5. 马步击掌　6. 叉步双摆掌　7. 弓步击掌　8. 转身踢腿马步盘肘

（四）第三段

1. 歇步抡砸拳　2. 仆步亮掌　3. 弓步劈拳　4. 换跳步弓步冲拳
5. 马步冲拳　6. 弓步下冲拳　7. 叉步亮掌侧踹腿　8. 虚步挑拳

（五）第四段

1. 弓步顶肘　2. 转身左拍脚　3. 右拍脚　4. 腾空飞脚

5. 歇步下冲拳　6. 仆步抡劈拳　7. 提膝挑掌　8. 提膝劈掌弓步冲拳

(六) 结束动作

1. 虚步亮掌　2. 并步对拳　3. 还原

二、动作说明及图解

(一) 预备动作

1. 预备势

两脚并步站立，两臂垂于身体两侧，五指并拢贴靠腿外侧。眼向前平视（图 7-1-1)。

要点：头要端正，颏微收，挺胸，塌腰，收腹。

2. 虚步亮掌

(1) 右脚向右后方撤步成左弓步。右掌向右、向上、向前划弧，掌心向上；左臂屈肘，左掌提至腰侧，掌心向上。目视右掌（图 7-1-2)。

(2) 右腿微屈，重心后移。左掌经胸前从右臂上向前穿出伸直；右臂屈肘，右掌收至腰侧，掌心向上。目视左掌（图 7-1-3)。

(3) 重心继续后移，左脚稍向右移，脚尖点地，成左虚步。左臂内旋向左、向后划弧成勾手，勾尖向上；右手继续向后、向右、向前上划弧，屈肘抖腕，在头前上方成亮掌（即横掌），掌心向前，掌指向左。目视左方（图 7-1-4)。

图 7-1-1

图 7-1-2

图 7-1-3

图 7-1-4

要点：三个动作必须连贯。成虚步时，重心落于右腿上，右大腿与地面平行。左腿微屈，脚尖点地，勾手、亮掌、甩头三者同时完成。

3. 并步对拳

(1) 右腿蹬直，左腿提膝，脚尖里扣，上肢姿势不变（图 7-1-5)。

(2) 左脚向前落步，重心前移。左臂屈肘，左勾手变掌经左侧前伸；右臂外旋向前下落于左掌右侧，两掌同高，掌心均向上（图 7-1-6)。

(3) 右脚向前上一步，两臂下垂后摆（图 7-1-7)。

(4) 左脚向右脚并步，两臂向外向上经胸前屈肘下按，两掌变拳，拳心向下，停于小腹前。目视左侧（图 7-1-8)。

要点：并步后挺胸、塌腰。对拳、并步、转头要同时完成。

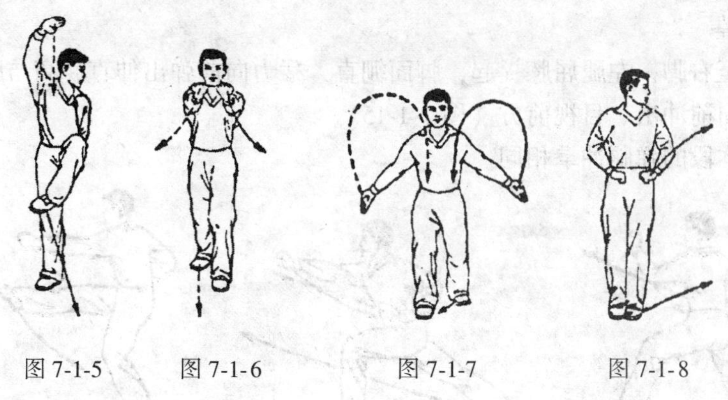

图 7-1-5　　图 7-1-6　　图 7-1-7　　图 7-1-8

（二）第一段

1. 弓步冲拳

（1）左脚向左上一步，脚尖向斜前方；右腿微屈，成半马步。左臂向上向左格打。拳眼向后，拳与肩同高；右拳收至腰侧，拳心向上。目视左拳（图 7-1-9）。

（2）右腿蹬直成左弓步。左拳收至腰侧。拳心向上；右拳向前冲出。高与肩平，拳眼向上。目视右拳（图 7-1-10）。

要点：成弓步时，右腿充分蹬直，脚跟不要离地。冲拳时，尽量转腰顺肩。

2. 弹腿冲拳

重心前移至左腿，右腿屈膝提起，脚面绷直，猛力向前弹出伸直，高与腰平。右拳收至腰侧；左拳向前冲出。目视前方（图 7-1-11）。

要点：支撑腿可微屈，弹出的腿要有爆发力，力点达于脚尖。

3. 马步冲拳

右脚向前落步。脚尖里扣，上身左转。左拳收至腰侧，两腿下蹲成马步；右拳向前冲出。目视右拳（图 7-1-12）。

图 7-1-9　　图 7-1-10　　图 7-1-11　　图 7-1-12

要点：成马步时，大腿要平拳心向下，两眼平视，脚跟外蹬，挺胸、塌腰。

4. 弓步冲拳

（1）上身右转 90°，右脚尖外展向右前方，成半马步。右臂屈肘向右格打，拳眼斜向后。目视右拳（图 7-1-13）。

（2）左腿蹬直成右弓步。右拳收至腰侧；左拳向前冲出。目视左拳（图 7-1-14）。

要点：与本段的弓步冲拳相同，唯左右相反。

5. 弹腿冲拳

重心前移至右脚，左腿屈膝提起，脚面绷直，猛力向前弹出伸直，高与腰平。左拳收至腰侧，右拳向前冲出。目视前方（图 7-1-15）。

要点：与本段的弹腿冲拳相同。

图 7-1-13　　图 7-1-14　　图 7-1-15

6. 大跃步前穿

（1）左腿屈膝。右拳变掌内旋，以手背向下挂至左膝外侧，上身前倾。目视右手（图 7-1-16）。

（2）左脚向前落步，两腿微屈。右掌继续向后挂，左拳变掌，向后向下伸直。目视右掌（图 7-1-17）。

（3）右腿屈膝向前提起，左腿立即猛力踏地向前跃出。两掌向前向上划弧摆起。目视左掌（图 7-1-18）。

（4）右腿落地全蹲，左腿随即落地向前铲出成仆步。右掌变拳抱于腰侧，左掌由上向右向下划弧成立掌，停于右胸前。目视左脚（图 7-1-19）。

要点：跃步要远，落地要轻，落地后立即接做下一个动作。

图 7-1-16　　图 7-1-17　　图 7-1-18　　图 7-1-19

7. 弓步击掌

右腿猛力蹬直成左弓步。左掌经左脚面向后划弧至身后成勾手，左臂伸直，勾尖向上；右拳由腰侧变掌向前推出，掌指向上，掌外侧向前，目视右掌（图 7-1-20）。

8. 马步架掌

（1）重心移至两腿中间，左脚脚尖里扣成马步，上身右转。右臂向左侧平摆，稍屈肘；同时左勾手变掌由后经左腰侧从右臂内向前上穿出，掌心均朝上。目视左手（图7-1-21）。

（2）右掌立于左胸前，左臂向左上屈肘抖腕亮掌于头部左上方，掌心向前。目右转视（图 7-1-22）。

要点：马步同前。

图 7-1-20　　图 7-1-21　　图 7-1-22

（三）第二段

1. 虚步栽拳

（1）右脚蹬地，屈膝提起；左腿伸直，以前脚掌为轴向右后转体 180°。右掌由左胸前向下经右腿外侧向后划弧成勾手；左臂随体转动并外旋，使掌心朝右。目视右手（图 7-1-23）。

（2）右脚向右落地，重心移至右腿上，下蹲成左虚步。左掌变拳下落于左膝上，拳眼向里，拳心向后；右勾手变拳，屈肘向上架于头右上方，拳心向前。目视左方（图 7-1-24）。

2. 提膝穿掌

（1）右腿稍伸直。右拳变掌收至腰侧、掌心向上；左拳变掌由下向左向上划弧盖压于头上方，掌心向前（图 7-1-25）。

（2）右腿蹬直，左腿屈膝提起，脚尖内扣。右掌从腰侧经左臂内向右前上方穿出，掌心向上；左掌收至右胸前成立掌。目视右掌（图 7-1-26）。

要点：支撑腿与右臂充分伸直。

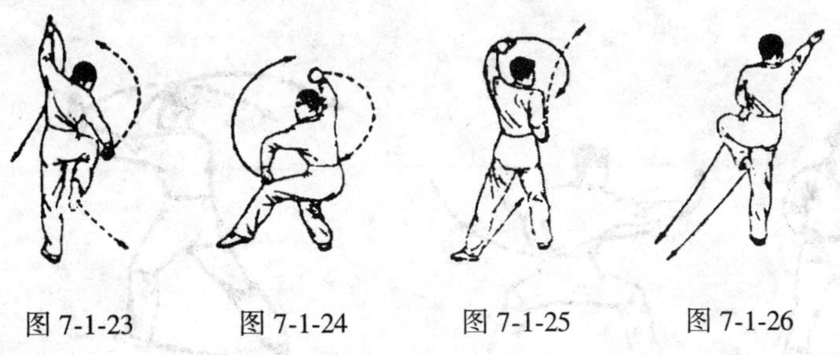

图 7-1-23　　图 7-1-24　　图 7-1-25　　图 7-1-26

3. 仆步穿掌

右腿全蹲，左腿向左后方铲出成左仆步。右臂不动，左掌由右胸前向下经左腿内侧，向左脚面穿出。目随左掌转视（图 7-1-27）。

4. 虚步挑掌

（1）右腿蹬直，重心前移至左腿，成左弓步。右掌稍下降，左掌随重心前移向前挑起（图 7-1-28）。

（2）右脚向左前方上步，左腿半蹲，成右虚步。身体随上步左转 180°。在右脚上步的同时，左掌由前向上向后划弧成立掌，右掌由后向下向前上挑起成立掌，指尖与眼平。目视右掌（图 7-1-29）。

要点：上步要快，虚步要稳，左掌略高于右掌。

图 7-1-27　　图 7-1-28　　图 7-1-29

5. 马步击掌

（1）右脚落实，脚尖外撇，重心稍升高并右移，左掌变拳收至腰侧；右掌俯掌向外掳手（图 7-1-30）。

（2）左脚向前上一步，以右脚为轴向右后转体 180°，两腿下蹲成马步。左拳从右臂上成立掌向左侧击出；右掌变拳收至腰侧，目视左掌（图 7-1-31）。

要点：右手做掳手时，先使臂稍内旋、腕伸直，手掌向下向外转，接着臂外旋，掌心经下向上翻转，同时抓握成拳。收拳和击掌动作要同时进行。

6. 叉步双摆掌

（1）重心稍右移，同时两掌向下向右摆，掌指均向上。目视右掌（图 7-1-32）。

（2）右脚向左腿后插步，前脚掌着地。两臂继续由右向上向左摆，停于身体左侧，均成立掌，右掌停于在肘窝处。目随双掌转视（图 7-1-33）。

要点：两臂要划立圆，幅度要大，摆掌与后插步配合一致。

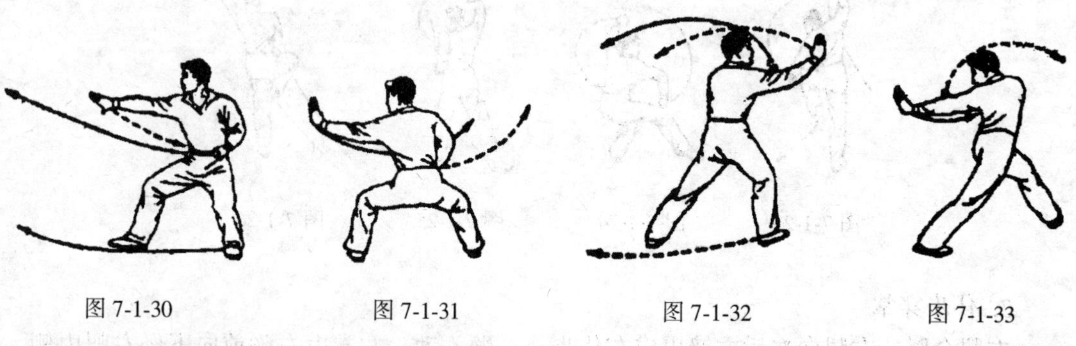

图 7-1-30　　图 7-1-31　　图 7-1-32　　图 7-1-33

7. 弓步击掌

（1）两腿不动。左掌收至腰侧，掌心向上。右掌向上向右划弧，掌心向下（图 7-1-34）。

（2）左腿后撤一步，成右弓步。右掌向下向后伸直摆动，成勾手，勾尖向上；左掌成立掌向前推出。目视左掌（图 7-1-35）。

8. 转身踢腿马步盘肘

（1）两脚以前脚掌为轴向左后转体 180°。在转体同时，左臂向上向前划半立圆，右臂向下向后划半立圆（图 7-1-36）。

图 7-1-34　　图 7-1-35　　图 7-1-36

（2）上动不停，两脚不动，右臂由后向上向前划半立圆，左臂由前向下向后划半立圆（图 7-1-37）。

（3）上动不停，右臂向下成反臂勾手，勾尖向上。左臂向上成亮掌，掌心向前上方。右腿伸直，脚尖勾起，向额前踢（图 7-1-38）。

（4）右脚向前落地，脚尖里扣。右手不动，左臂屈肘下落至胸前，左掌心向下。目视左掌（图 7-1-39）。

（5）上身左转 90°，两腿下蹲成马步。同时左掌向前向左平捋变拳收至腰侧，右勾手变拳，右臂伸直，由体后向右向前平摆，至体前时屈肘，肘尖向前，高与肩平，拳心向下。目视肘尖（图 7-1-40）。

要点：两臂抡动时要划立圆，动作连贯。盘肘时要快速有力，右肩前倾。

图 7-1-37　　图 7-1-38　　图 7-1-39　　图 7-1-40

（四）第三段

1. 歇步抡砸拳

（1）重心稍升高，右脚尖外撇。右臂由胸前向上向右抡直；左拳向下向左，使臂抡直。目视右拳（图 7-1-41）。

（2）上动不停，两脚以前脚掌为轴，向右后转体 180°。右臂向下向后抡摆，左臂向上向前随身体转动（图 7-1-42）。

（3）紧接上动，两腿全蹲成歇步。左臂随身体下蹲向下平砸，拳心向上，肘部微屈；右臂伸直向上举起。目视左拳（图 7-1-43）。

要点：抡臂动作要连贯完成，划成立圆。歇步要两腿交叉全蹲。左腿大、小腿靠紧，臀部贴于左小腿外侧，膝关节在右小腿外侧，脚跟提起；右脚尖外撇，全脚着地。

图 7-1-41　　图 7-1-42　　图 7-1-43

2. 仆步亮拳

（1）左脚由右腿后抽出前上一步，左腿蹬直，右腿半蹲，成右弓步。上身微向右转。左拳收至腰侧，右拳变掌向下经胸前向右横击掌。目视右掌（图 7-1-44）。

（2）右脚蹬地屈膝提起，上身右转。左拳变掌从右掌上向前穿出，掌心向上；右掌平收至左肘下（图 7-1-45）。

（3）右脚向右落步，屈膝全蹲，左腿伸直，成仆步。左掌向下向后划弧成勾手，勾尖向上；右掌向右向上划弧微屈，抖腕成亮掌，掌心向前。头随右手转动，至亮掌时，目视左方（图 7-1-46）。

要点：仆步时，左腿充分伸直，脚尖里扣，右腿全蹲，两脚脚掌全部着地。上身挺胸塌腰，稍左转。

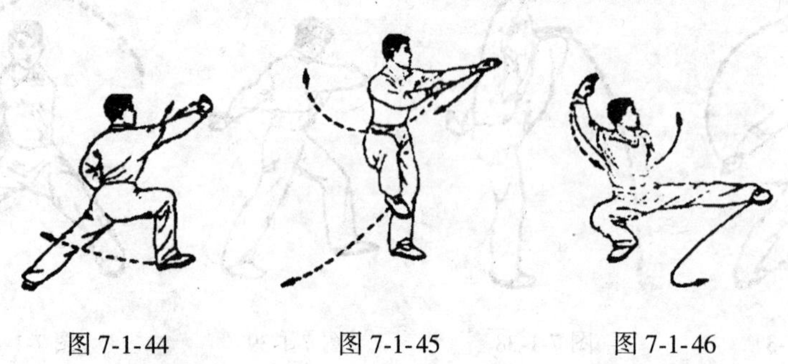

图 7-1-44　　图 7-1-45　　图 7-1-46

3. 弓步劈拳

（1）右腿蹬地立起；左腿收回并向左前方上步。右掌变拳收至腰侧。左勾手变掌由下向前上经胸前向左做掳手（图 7-1-47）。

（2）右腿经左腿前方向左前上一步，左腿蹬直成右弓步。左手向左平掳后再向前挥摆，虎口朝前（图 7-1-48）。

（3）在左手平掳的同时，右拳向后平摆，然后再向前向上做抡劈拳，拳高与耳平，拳心向上，左掌外旋接扶右前臂。目视右拳（图 7-1-49）。

要点：左右脚上步稍带弧形。

图 7-1-47　　图 7-1-48　　图 7-1-49

4. 换跳步弓步冲拳

（1）重心后移，右脚稍向后移动。右拳变掌臂内旋以掌背向下划弧挂至右膝内侧；左掌背贴靠右肘外侧，掌指向前。目视右掌（图 7-1-50）。

（2）右腿自然上抬，上身稍向左扭转。右掌挂至体左侧，左掌伸向右腋下。目随右掌转视（图 7-1-51）。

（3）右脚以全脚掌用力向下震跺，与此同时，左脚急速离地抬起。右手由左向上向前掳盖，而后变拳收至腰侧；左掌伸直向下、向上、向前屈肘下按，掌心向下。上身右转，目视左掌（图 7-1-52）。

（4）左脚向前落步，右腿蹬直成左弓步。右拳向前冲出，拳高与肩平；左掌藏于右腋下，掌背贴靠腋窝、目视右拳（图 7-1-53）。

要点：换跳步动作要连贯、协调。震脚时腿要弯曲，全脚掌着地，左脚离地不要高。

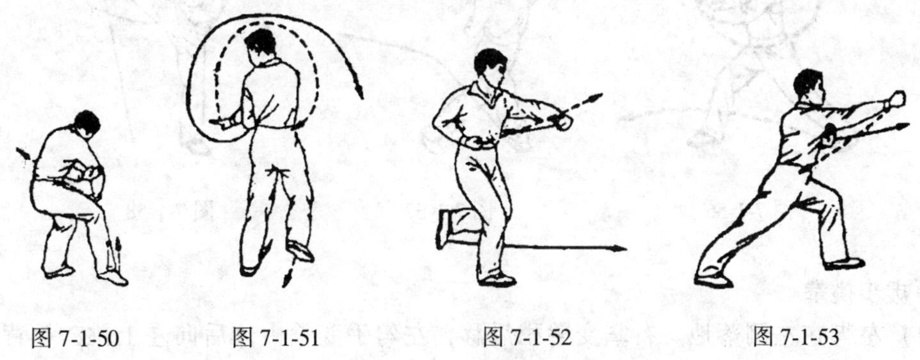

图 7-1-50　　图 7-1-51　　图 7-1-52　　图 7-1-53

5. 马步冲拳

上身右转 90°，重心移至两腿中间，成马步。右拳收至腰侧，左掌变拳向左冲出，拳眼向上。目视左拳（图 7-1-54）。

6. 弓步下冲拳

右脚蹬直，左腿弯曲，上身稍向左转，成左弓步。左拳变掌向下经体前向上架于头左上方，掌心向上，右拳自腰侧向左前斜下方冲出。目视右拳（图 7-1-55）。

图 7-1-54　　图 7-1-55

7. 叉步亮掌侧踹腿

（1）上身稍右转。左掌由头上下落于右手腕上，右拳变掌，两手交叉成十字。目视双手（图 7-1-56）。

（2）右脚踏地并向左腿后插步，以前脚掌着地。左掌由体前向下向后划弧成勾手，勾尖向上；右掌由前向右向上划弧抖腕亮掌，掌心向前。目视左侧（图 7-1-57）。

（3）重心移至右腿，左腿屈膝提起，向左上方猛力蹬出。上肢姿势不变，目视左侧（图 7-1-58）。

要点：插步时上身稍向右倾斜，腿、臂的动作要一致。侧踹高度不能低于腰，大腿内旋，着力点在脚跟。

图 7-1-56　　图 7-1-57　　图 7-1-58

8. 虚步挑拳

（1）左脚在左侧落地。右掌变拳稍后移，左勾手变拳由体后向左上挑，拳背向上（图 7-1-59）。

（2）上身左转 180°。微合胸前俯。左拳继续向前向上划弧上挑。右拳向下向前划弧挂至右膝外侧，同时右膝提起。目视右拳（图 7-1-60）。

（3）右脚向左前方上步，脚尖点地，重心落于左脚。左腿下蹲成右虚步。左拳向后

划弧收至腰侧。拳心向上；右拳向前屈臂挑出，拳眼斜向上，拳与肩同高。目视右拳（图 7-1-61）。

（五）第四段

1. 弓步顶肘

（1）重心升高，右脚踏实。右臂内旋向下直臂划弧以拳背下挂至右膝内侧，左拳不变。目视前下方（图 7-1-62）。

图 7-1-59　图 7-1-60　图 7-1-61　图 7-1-62

（2）左腿蹬直，右腿屈膝上抬。左拳变掌，右拳不变。两臂向前向上划弧摆起。目随右拳转视（图 7-1-63）。

（3）左脚蹬地起跳，身体腾空，两臂继续划弧至头上方（图 7-1-64）。

（4）右脚先落地，右腿屈膝，左脚向前落步，以前脚掌着地。同时两臂向右向下屈肘停于右胸前，右拳变掌，左掌变拳。右掌心贴靠左拳面（图 7-1-65）。

（5）左脚向左上一步，左腿屈膝，右腿蹬直成左弓步，右掌推左拳，以左肘尖向左顶出，高与肩平。目视前方（图 7-1-66）。

要点：交换步时不要过高，但要快。两臂抡摆时要成圆弧。

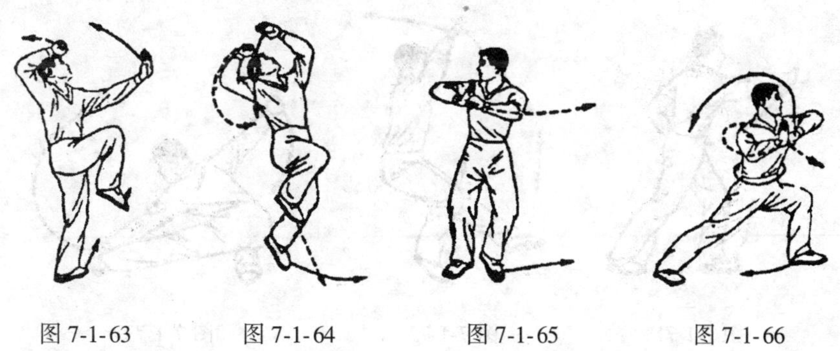

图 7-1-63　图 7-1-64　图 7-1-65　图 7-1-66

2. 转身左拍脚

（1）以两脚前脚掌为轴向右后转体 180°。随着转体，右臂向上向右向下划弧抡摆，同时左拳变掌向下向后向前上抡摆（图 7-1-67）。

（2）左腿伸直向前上踢起，脚面绷平，左掌变拳收至腰侧，右掌由体后向上向前拍击左脚面（图 7-1-68）。

要点：右掌拍脚时手掌稍横过来，拍脚要准而响亮。

3. 右拍脚

（1）左脚向前落地，左拳变掌向下向后摆，右掌变拳收至腰侧（图 7-1-69）。

（2）右腿伸直向前上踢起，脚面绷平。左拳变掌由后向上向前拍击右脚面（图7-1-70）。

要点：与本段的转身左拍脚相同。

图 7-1-67　　图 7-1-68　　图 7-1-69　　图 7-1-70

4. 腾空飞脚

（1）右脚落地（图 7-1-71）。

（2）左脚向前摆起，右脚猛力蹬地跳起，左腿屈膝继续前上摆。同时右拳变掌向前向上摆起，左掌先上摆而后下降拍击右掌背（图 7-1-72）。

（3）右腿继续上摆，脚面绷平。右手拍击右脚面，左掌由体前向后上举（图7-1-73）。

要点：蹬地要向上，不要太向前冲，左膝尽量上提。击响要在腾空时完成，右臂伸直成水平。

图 7-1-71　　图 7-1-72　　图 7-1-73

5. 歇步下冲拳

（1）左、右脚先后相继落地。左掌变拳收至腰侧（图 7-1-74）。

（2）身体右转 90°，两腿全蹲成歇步。右掌抓握、外旋变拳收至腰侧；左拳由腰侧向前下方冲出，拳心向下。目视左拳（图 7-1-75）。

图 7-1-74　　图 7-1-75

6. 仆步抡劈拳

(1) 重心升高，右臂由腰侧向体后伸直，左臂随身体重心升高向上摆起(图7-1-76)。

(2) 以右脚前脚掌为轴，左腿屈膝提起，上身左转 270°。左拳由前向后下划立圆一周；右拳由后向下向前上划立圆一周（图 7-1-77）。

(3) 左腿向后落一步，屈膝全蹲，右腿伸直，脚尖里扣成右仆步。右拳由上向下抡劈，拳眼向上；左拳后上举，拳眼向上。目视右拳（图 7-1-78）。

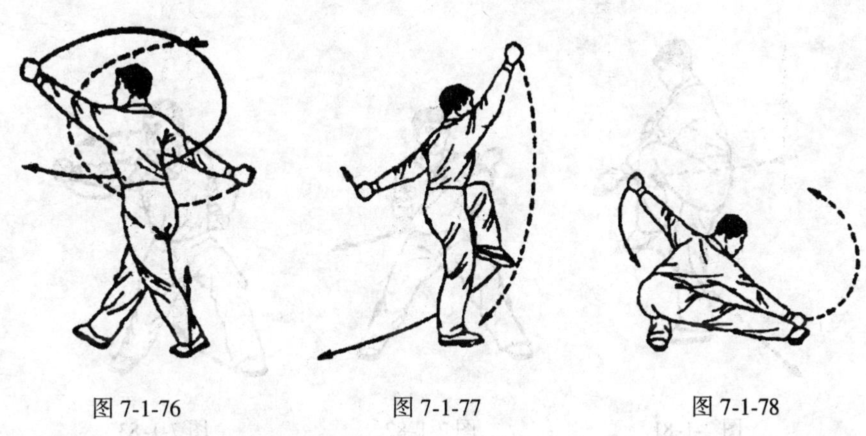

图 7-1-76　　图 7-1-77　　图 7-1-78

要点：抡臂时一定要划立圆。

7. 提膝挑掌

(1) 重心前移成右弓步。同时右拳变掌由下向上抡摆，左拳变掌稍下落，右掌心向左，左掌心向右（图 7-1-79）。

(2) 左、右臂在垂直面上由前向后各划立圆一周。右臂伸直停于头上，掌心向左，掌指向上；左臂伸直停于身后成反勾手。同时右腿屈膝提起，左腿挺膝伸直独立。目视前方（图 7-1-80）。

要点：抡臂时要划立圆。

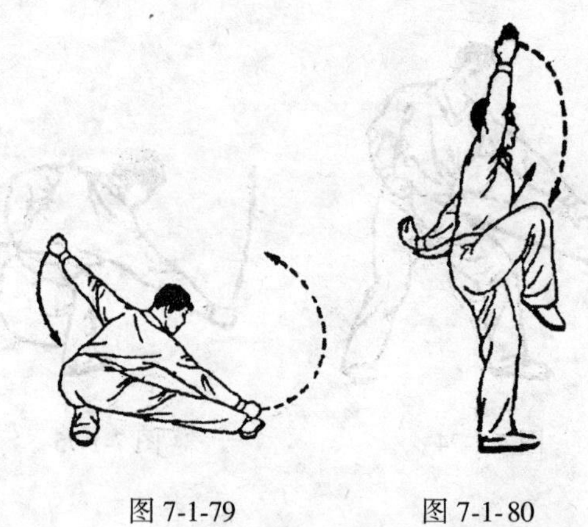

图 7-1-79　　图 7-1-80

8. 提膝劈掌弓步冲拳

（1）下肢不动。右掌由上向下猛劈伸直，停于右小腿内侧，用力点在小指一侧，左勾手变掌，屈臂向前停于右上臂内侧，掌心向左。目视右掌（图 7-1-81）。

（2）右脚向右后落地，身体右转 90°。同时左掌变拳收至腰侧，右臂内旋向右划弧做劈掌（图 7-1-82）。

（3）上动不停，左腿蹬直成右弓步。右手抓握变拳收至腰侧，左掌由腰侧向左前方冲出。目视左拳（图 7-1-83）。

图 7-1-81　　图 7-1-82　　图 7-1-83

（六）结束动作

1. 虚步亮掌

右脚扣于左膝后，两拳变掌，两臂右上左下屈肘交叉于体左前。目视右掌（图7-1-84）。

（1）右脚向右后落步，重心后移，右腿半蹲，上身稍右转。同时右掌向上、向右、向下划弧停于左腋下；左掌向左、向上划弧停于右臂上与左胸前。两掌心左下右上。目视左掌（图 7-1-85）。

（2）左脚尖稍向右移，右腿下蹲成左虚步。左臂伸直向左、向后划弧成反勾手；右臂伸直向下、向右、向上划弧抖腕亮掌，掌心向前。目视左方（图 7-1-86）。

图 7-1-84　　图 7-1-85　　图 7-1-86

2. 并步对拳

(1) 左腿后撤一步，同时两掌从两腰侧向前穿出伸直，掌心向上（图 7-1-87）。

(2) 右腿后撤一步，同时两臂分别向体后下摆（图 7-1-88）。

(3) 左脚后退半步向右脚并拢。两臂由后向上经体前屈臂下按，两掌变拳，停于腹前，拳心向下，拳面相对。目视左方（图 7-1-89）。

3. 还原

两臂自然下垂，目视正前方（图 7-1-90）。

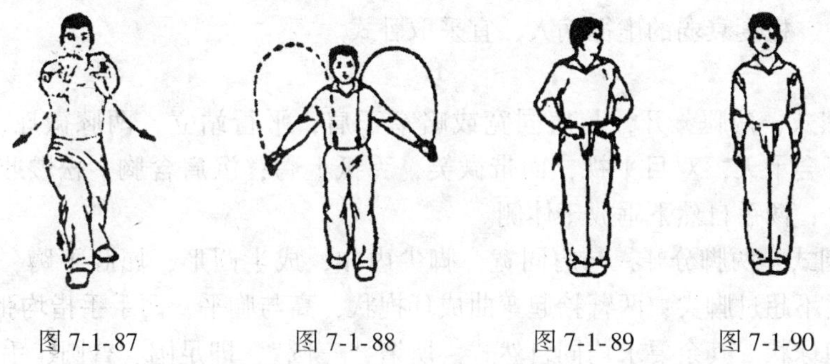

图 7-1-87　　图 7-1-88　　图 7-1-89　　图 7-1-90

第二节　传统体育养生

传统体育养生是中国古代的养生学说与强身健体的锻炼方法相结合的宝贵民族文化遗产。它依靠人体自身的能力，通过姿势的调整，呼吸的锻炼，意念的运用，来调节和增强人体各部分机能，起到防病、治病、益智、延年的作用。

传统体育养生历史悠久，源远流长，因此内容十分丰富，主要有导引和武术两部分。本节就导引部分做重点介绍。

导引是我国古代劳动人民在长期的生活和劳动中，在与疾病和衰老作斗争的过程中，逐渐认识和创造的一种自我身心锻炼的方法和理论。它通过姿势调整，呼吸锻炼，意念运用等方法，诱导和启发人体的内在潜力，增强人体各部分机能以及人体的免疫力和抵抗力。

导引功法流派繁多，内容丰富，按照导引锻炼三要素——调身、调息、调心，基本可分成三大类：以调心、调息为主，身体姿势处于相对安静状态，不断加强意念对自身的控制能力来养生治病的，归为静功；以调身、调息为主，增强身体姿势变化对气息运行的影响，通过姿势和呼吸的调整来养生治病的，归为动功；运用自身按摩、拍击等锻炼方法，达到疏通经络，调和气血，增进健康的，归为保健功。

一、导引锻炼

导引锻炼，就是选择坐、卧、站等姿势，结合意念的集中和各种呼吸方法的锻炼，以达到治病强身、延年益寿的目的。这种姿势的选择即为“调身”；意念的集中即为“调心”；呼吸的锻炼即为“调息”。此“三调”构成了导引锻炼的三大要素。所以任何一个导引锻炼的功种，都是根据特定的锻炼目的，选择所需的“三调”操作内容，将它们有机地结合在一起而形成的。

（一）调身

调身是指练功者在练功过程中对体位和形态的调整。要求做到：通过调整身体姿势，使身体各部位放松、舒适，符合生理体位和形态，进而使呼吸轻松，思想集中，为练功奠定良好的基础。古人说：“形不正则气不顺，气不顺则意不宁，意不宁则气散乱”，说明了调身在练功中的重要性。

姿势选择的恰当与否和治病强身作用密切相关。如高血压、青光眼、头痛头胀、肝阳上亢型的病人，宜采取站式；消化道溃疡、慢性结肠炎、胃肠功能紊乱的病人，宜采取坐式；年老体弱、极度衰弱的虚征病人，宜采取卧式。

1. 站式

（1）自然式：两腿分开，与肩同宽或略窄于肩，平行站立，两膝微屈；头正身直，下颏微收，百会承天，双目平视，面带微笑，舌抵上腭；沉肩含胸，松腰收胯，命门打开，收腹提肛；两手自然下垂放于体侧。

（2）三圆式：两脚分开，与肩同宽，脚尖内扣，成半圆形，屈膝下蹲，高低量力而行，膝盖垂线不超过脚尖；两臂抬起弯曲成环抱状，高与胸平，两手手指均张开弯曲，掌心相对，如抱球状。其余要求均同自然式。所谓“三圆”，即足圆、臂圆、手圆。

（3）下按式：两脚分开，与肩同宽，平行站立；两臂下垂微屈，两手下按，掌心朝下，手指向前，置于两髋旁。其他要求同自然式。

2. 坐式

（1）平坐式：取一高度适宜的凳子或椅子，臀部 1/2 坐在凳面上，头身正直，下颚微收，口眼轻闭，舌抵上腭，松肩含胸，直腰收腹，两脚分开，与肩同宽，平行踏地，使上身与大腿、大腿与小腿夹角均成 90°，两手自然放在两大腿上。

（2）靠坐式：取一椅子或沙发，除臀部满坐、背部轻抵椅背外，其他要求均同平坐式。靠坐式比平坐式更省力，机体能更放松，且时间持久，故对年老体弱者尤为适宜。

（3）盘坐式：取凳面比坐凳大的木制矮方凳、普通的床、坑或地毯，在上面均可盘坐。

3. 卧式

（1）仰卧式：面朝天，平卧于床上，枕头高低适宜，口眼轻闭，舌抵上腭；两臂自然伸直，两手掌心朝下，分别放在身体两侧或虎口交叉重叠放在腹上；两腿自然伸直，两

脚分开与肩同宽或将一脚后跟扣在另一脚踝上。

(2) 侧卧式：侧身卧于床上（左右均可，一般采用右侧卧）。以右侧卧为例，腰部稍弯成弓形，头略向胸前收，枕高适宜，口眼轻闭，舌抵上腭；左臂自然放在身体侧面，手掌放在左髋侧上；右臂弯曲，手心朝上，置于枕上；右腿自然伸直，左腿弯曲搁在右腿上。

(3) 半卧式：在仰卧式的基础上，将上半身及头部垫高，斜靠在床上，也可在膝下垫物。其余均同仰卧式。

(二) 调息

调息就是调整呼吸的方式、速度、节奏、强弱等，呼吸在古代称为吐纳，它是练功中的重要环节之一。调息的方法主要有以下几种：

1. 自然呼吸法

自然呼吸法是指人们按照原来的呼吸频率和呼吸方法进行呼吸，只是更为柔和，每分钟 16 次左右。

2. 腹式呼吸法

顺腹式呼吸法：吸气时腹部隆起，呼气时腹部缓慢回收。

逆腹式呼吸法：吸气时腹部轻轻凹陷，呼气时腹部放松还原。

3. 停闭呼吸法

在呼气和吸气之间，或者吸气和呼气之间，停闭片刻，称为停闭呼吸法。

4. 鼻腔喷气法

这是一种鼻吸鼻呼法。先吸气，鼻孔微微张开，眉毛轻轻上抬，要求缓、长、匀、深，得法时，可有气在鼻腔中的回荡声，有吸气直入丹田之感，腹部隆起，胸部不动；呼气时，鼻腔收缩，速度略快，气体喷出有声，同时腹部收缩，协同逼气外出，自然提肛。

5. 三吸一呼法和三呼一吸法

这两种均为鼻吸鼻呼法。三吸一呼是连续三次短的吸气，一次长的呼气；三呼一吸是连续三次短的呼气，一次长的吸气。

6. 大呼大吸法

此为古代吐纳、导引采用的一种呼吸方法，即用鼻使劲吸气，用鼻口呼气，每一吸一呼都要求尽量延长时间，尽可能加大气体出入量，并且呼和吸都要发出较大声音，这是一种以扩大肺活量为主的呼吸法。

(三) 调心

调心是练功的重要环节，也是导引有别于其他运动的特有练功内容，它包括意念、感觉、情绪等方面的调整。调心就是使练功者把注意力集中到身体某一部位、某一练功姿势、某一事物上来，以便能安静地练功，不断地排除杂念，从而达到放松身体及大脑的入静状态。调心的方法主要有以下几种：

1. 默念字句法

默念字句法是指在练功中用意念去默诵选定好的句子，而不需要念出声来的一种练功方法。

2. 意守部位法

把注意力集中起来，放在身体的某一部位上，称为意守。常用的部位，大多是经络上的主要穴位，如丹田、命门、会阴、百会、涌泉、劳宫等穴位。

3. 注意呼吸法

数息法：数呼吸的次数，可从一到十或百，周而复始。

听息法：静心细听自己的呼吸是否细长而均匀，不计次数。

随息法：意念随呼吸气息的出入，不计次数。

4. 内视法

眼帘下垂或轻闭，目不外视，向内返观，可内视丹田、心肺等五脏六腑，注意内脏的活动，可以起到加强内脏功能的作用。

5. 观想法

观想自然界的外景和身体里的秀丽内景。外景可以是生态景观，如青松、花草、山川、河流、大海、蓝天等。

二、导引养生功法

目前市面上有许多优秀的导引养生功法，如放松功、站桩功、内养功，还有国家健身气功中心组织专家新编的易筋经、五禽戏、六字诀、八段锦等。本节选取几种较为简便易行的功法作为介绍。

（一）放松功

放松功是根据气功“三调”的原则，侧重于调心方面而编制的一套静功锻炼方法，它是学练气功的基础和前奏。

放松功就是将意念放在身体的某个部位上，配合呼吸，在呼气时默念“松”字的方法，在已采取的练功姿势的基础上将身体进一步调整得更自然、更舒适，首先使机体得到放松，进而缓解神经的紧张，排除大脑的杂念，逐步进入一种“松静”的气功状态。

放松功一般采用的方法是吸气时意想部位，呼气时默念“松”字，逐步把机体放松。

1. 分段分线放松法

第一条线：头部→颈项部→两肩→两手臂→两手→10个手指→意守劳宫1~2分钟。

第二条线：头部→颈项部→胸背部→腰腹部→尾骶部→两大腿→两小腿→两足→10个脚趾→意守涌泉穴1~2分钟。

以上方法可重复做3遍，最后把意念放在腹部丹田，静养5~10分钟收功。此法对初学者较为适宜。

2. 三段放松法

把人体分为三段：头和颈项部为第一段，躯干部和两上肢部为第二段，下肢为第三段。具体操作方法是：按段进行，每一段连续放松3次，由上到下，重复3遍，最后意守丹田10分钟左右收功。此法可为稍有一些练功基础的人所选择运用。

3. 整体放松法

吸气时，意念思静；呼气时，从头到脚似淋浴般地向下或是由身体中心向四周散开，无有尽头，同时默念“松”字，连续放松九遍。无需意守，静养10~15分钟收功。此法适合已基本掌握放松方法的人选择运用。

练完功后，做一些收功动作，可使气息归根，这样不仅能增强练功效果，而且还可防

止元气散乱，少出偏差，具体操作如下：

摩腹：两手虎口交叉，掌心重叠于腹部脐中，先顺时针方向由小到大转圈摩腹 18 或 36 圈，再倒过来按逆时针方向由大到小转圈摩腹 18 或 36 圈，最后置于脐中。可配合呼吸，由下向上时吸气，由上向下时呼气。

浴面：将两手掌搓热，轻贴左右颜面部，向上推摩至头顶部，再从后脑经耳后根回到颜面部，重复 9 遍，要求使整个头部都按摩到。

（二）站桩功

站桩功是一种练内劲的功法。它整体形似一棵树，两脚似树的根基，沉稳而有力；上身似树的枝干，舒展而内涵。

平行桩，两脚分开，分开的距离可大可小，根据需要和体质状况而定，小的可与肩同宽或稍窄于肩，大的可以是肩宽的两倍左右。重心可高可低，最高也得使膝关节稍有弯曲，髋部稍内收犹如坐时的姿势；最低可使大腿面平行于地面，脚跟不可离地，膝盖不可超出脚尖，无论重心的高低如何，上身都不可倾斜，要保持百会上领、尾闾中正，脚尖平行或内扣，脚趾抓地。

不等分桩，两脚前后分开，成丁字步形，与身体成斜方向站立，身体重心偏于一脚，可采用四六分、三七分、二八分、一九分，甚至可以全部加在一只脚上。重心可放于前脚，也可放在后脚。

1. 三圆桩

两脚分开与肩宽，平行站立，屈膝屈髋如坐式，裆部分开能放一小球，成圆形，高低视个人情况而定。两臂向前提起与肩平，两臂弯曲，向前合抱成圆，如抱大树状。两手虎口分开，手心相对，相距尺许，如抱一篮球，成圆形。头正身直，尾闾中正，下颌微收，舌抵上腭，双目平视，沉肩坠肘，松腰（如坐凳时姿势）提肛（如忍大便状）。

2. 金刚桩

两脚分开双倍于肩，脚尖内扣，屈膝至大腿与地面平行。两手臂分开于体侧，虚腋（腋下能放一拳的空间），两手下按，置于两大腿外侧。其余要求同三圆桩。

3. 游龙桩

两脚成钉子步，前后分开，重心落于后腿，比例自定。两臂抬起，如左脚在前，则左手抬至与鼻平，右手抬至胸前，手掌均朝下，手臂自然弯曲。反之若右脚在前，则右手高至鼻平，左手高至胸前。两脚可交替练习。其余要求同一般站桩功。

4. 鹤立桩

单腿站立，屈膝屈髋，另一腿抬起，屈膝，将脚踝置于站立腿的膝盖上。两手合掌置于胸前。其余要求同三圆桩。

站桩功的呼吸和意念：站桩功主要强调的是姿势，而对呼吸就因各功法不同而异，有的要求腹式呼吸或逆腹式呼吸，但大多数功法对初学者都要求用自然呼吸；站桩功意念的运用可以采用有为也可采用无为。有为法主要是用意守法，无为法是不强调意念的运用，让大脑处于一种空虚的状态，但并不是任大脑胡思乱想。

（三）八段锦

八段锦是我国古代的导引术，健身效果明显，流传广泛，是中华传统体育养生文化中的瑰宝。

八段锦的“八”字，不是单指段、节和八个动作，而是表示如八卦那样，其功法有多种要素，相互制约，相互联系，循环运转。“锦”字，是由“金”、“帛”组成，以表示其精美华贵。除此之外，“锦”字还应该理解为单个导引术式的汇集，如丝锦那样连绵不断，是一套完整的健身方法。八段锦分为坐式和立式两种。

八段锦的练功要领，主要有：松静自然、准确灵活、练养相兼、循序渐进。

1. 松静自然

松静自然，是练功的基本要领，又是一条根本法则。“松”，是指精神与形体两方面的放松。精神的放松，主要是解除心理和生理上的紧张状态。形体上的放松，是指关节、肌肉及脏腑的放松。放松是由内到外，由浅到深的一个锻炼过程，使意念、形体、呼吸轻松舒适无紧张之感。“静”，是指思想和情绪要平稳安宁，排除一切杂念。放松与入静是相辅相成的，入静可以促进放松，而放松又有助于入静，二者缺一不可。

这里所说的自然，是指意念、呼吸、形体都要顺其自然。意念自然可理解为“似守非守，绵绵若存”，过于用意会造成气滞血淤，导致精神紧张。呼吸自然，要掌握莫忘、莫助，不能强吸硬呼。形体自然，要合于法，一动一式要准确规范。因此这里所说的自然决不能理解为听其自然，任其自然，而是指“道法自然”。

2. 准确灵活

“准确”，主要是指练功时的姿势与方法要正确，合乎规范。在学习的初始阶段，基本身形的锻炼最为重要。这如同盖房子筑地基一样，要做到扎实稳固。八段锦的基本身形，通过套路的预备势进行站桩锻炼即可。对站桩的时间和强度应根据身体的状况灵活掌握。在练习过程中，要认真体会身体各部的要求和要领，克服关节肌肉的酸痛等不良反应，为放松入静、调心、调息创造先决条件，为学习套路打好基础。在套路的学练中，要对动作的路线、方位、角度、虚实松紧分辨清楚，做到姿势工整，方法准确。

“灵活”，是指习练中在做到方法准确的前提下，对动作的幅度、姿势的高低、用力的大小、练习的数量、意念的运用、呼吸的调整，要根据自身情况灵活掌握，不可照搬或强求。

总之，准确灵活，即古人所说：“神明变化出乎规矩之外，又不离乎规矩之中，所谓从心所欲而不逾矩。”

3. 练养相兼

“练”，是指形体运动，呼吸调节与意念运用有机结合的锻炼过程。“养”，是通过上述练习，身体出现轻松舒适、呼吸柔和、意守绵绵的静养状态。八段锦的练习，在求动作姿势工整、方法准确的同时，要根据自己的身体情况，调整好姿势的高低和用力的大小，对有难度的动作，一时做不好的，可逐步完成。呼吸的锻炼在学习动作期间，应采取自然呼吸，待动作熟练后可结合动作的升降、开合和自己的呼吸频率，有意识地进行锻炼，最后达到不调而自调。对意念在最初练习时应放在动作的规格、要点上，动作熟练后要遵循勿忘勿助、似守非守、绵绵若存的原则进行练习。练与养，是相互并存的，不可截然分开，应练中有养，养中有练。要合理安排好练习的时间、数量，把握好强度，处理好意、气、形三者的关系。

从广义上讲，练养相兼，同日常生活也有着密切的关系，能做到“饮食有节、起居有常”，保持积极向上的乐观情绪，将会更有助于增进身心的健康，提高练功的效果。

4. 循序渐进

循序渐进，是气功锻炼中必须遵循的一条原则。人们学习和掌握一种技能，大体要经历泛化、分化和自动化三个阶段。学习气功更是如此。在练功的初期，首先是要克服由于练习而给身体带来的诸多不适，如肌肉关节酸痛、动作僵硬、紧张、手脚配合不协调、顾此失彼等。经过一段时间和数量的练习，姿势趋于工整，方法更加准确，对动作的要领体会加深，注意到了动作的细节，动作连贯性与控制能力得到提高，在此基础上才能对呼吸进一步提出要求。练功一般都是采用腹式呼吸，首先应掌握呼吸方法，并同动作进行配合，这同样也存在一个适应和锻炼过程。最后才能达到动作、呼吸、意念的完美结合。

动作方法说明：

(1) 预备式

动作要点：头向上顶，下颏微收，舌抵上腭，嘴唇轻闭，沉肩坠肘，腋下虚掩，胸部宽舒，腹部松沉；收髋敛臀，上身中正。

作用：宁静心神，调整呼吸，内安五脏，端正身形，从精神与肢体上做好练功前的准备，唤醒已经建立的条件反射。

(2) 第一式“两手托天理三焦”（图 7-2-1）

动作要点：两掌上托要舒胸展体，略有停顿，保持伸拉；两掌下落，松腰沉髋，沉肩坠肘，松腕舒指，上身中正。

(3) 第二式“左右开弓似射雕”（图 7-2-2）

动作要点：侧拉之手五指要并拢屈紧肩臂放平；八字掌侧撑需沉肩坠肘，屈腕，竖指，掌心涵空。

(4) 第三式“调理脾胃须单举”（图 7-2-3）

动作要点：力在掌根，上撑下按，舒胸展体，拔长腰脊。

(5) 第四式“五劳七伤往后瞧”（图 7-2-4）

动作要点：头向上顶，肩向下沉，转头不转体，旋臂，两肩后张。

图 7-2-1　图 7-2-2　图 7-2-3　图 7-2-4

(6) 第五式“摇头摆尾去心火”（图 7-2-5）

动作要点：马步下蹲要收髋敛臀，上身中正；摇转时，脖颈与尾闾对拉伸长，好似两个轴在相对运转，速度应柔和缓慢，圆活连贯。

(7) 第六式“两手攀足固肾腰”（图 7-2-6）

动作要点：两掌反穿摩运要适当用力，至足背时松腰沉肩，两膝挺直，向上起身时要手臂主动上举，带动上身立起。

（8）第七式“攒拳怒目增气力”（图 7-2-7）

动作要点：马步的高低可根据自己的腿部力量灵活掌握；冲拳时怒目圆睁，脚趾抓地，拧腰顺肩力达拳面；回收时要旋腕，五指用力抓握。

（9）第八式“背后七颠百病消”（图 7-2-8）

动作要点：上提时要脚趾抓地，脚跟尽力抬起，两腿并拢，百会穴上顶，略有停顿掌握好平衡；脚跟下落时，轻轻下震，同时沉肩舒臂，周身放松。

（10）收式

动作要点：两掌内外劳宫相叠于丹田，周身放松，气沉丹田。

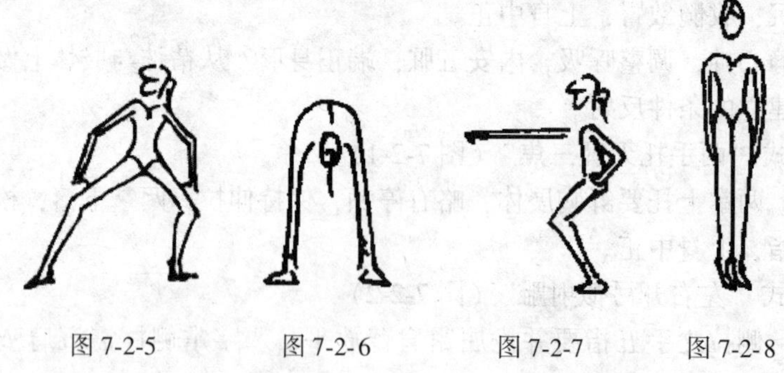

图 7-2-5　图 7-2-6　图 7-2-7　图 7-2-8

第三节　跆　拳　道

跆拳道起源于朝鲜半岛，是一项古老而又有创新的竞技体育运动。远古朝鲜民族为了狩猎获取食物，抗击外来入侵，在生活中采用一些格斗和锻炼身体的方法，到近代这些方法受到韩国人民的喜好，逐步形成了“手搏”“跆跟”。

目前跆拳道在世界上开展得非常普及，跆拳道协会有 150 个会员国，并在第 27 届悉尼奥运会上成为正式项目，我国开展此项运动才十余年时间，发展很快，深受青少年们的喜爱，跆拳道运动的特点是以腿法为主，拳脚并用，非常刚烈，发力快而硬，并辅以发声助威，给自己增强斗志，因此跆拳道有很高的竞技性和观赏价值。跆拳道突出一个“礼”字，任何练习者在不同的场合都要行礼鞠躬，强调“以礼始、以礼终”的武道精神。练习跆拳道能增强人的各种力量，使身体素质全面发展，培养无畏坚毅的意志品质。

为了正确评价跆拳道的技术、人格、耐性、勇气、诚实性和精神，跆拳道分为 10 级和九段。初级选手从最低级 10 级开始依次往上到 1 级；高级选手从最低段开始依次往上到九段。一段到三段为学习阶段，四段到六段为步入行家阶段，从七段开始为精通技术和精神阶段。

区别跆拳道选手的级别主要从腰带上来看，10 级和 9 级为白带：表示空白，根本没有跆拳道知识，意味着入门阶段。8 级和 7 级为黄带：表示大地，草木在大地生根发芽，意味着学习基础阶段。6 级和 5 级为绿带：表示草木，成长中的绿色草木，意味着技术的

进步阶段。4 级和 3 级为蓝带：表示蓝天，草木向着蓝天茁壮成长，意味着进度达到相当高的阶段。2 级和 1 级为红带：表示危险，已具备相当的威力，意味着克己和警告对手不要接近。黑带：表示白色的对立，相对于白色技术已经熟练，意味着黑暗中也能发挥自身能力。

区别跆拳道的段位还要看道服和肩章：一段至三段的道服衣边有黑色带条，四段以上道服的衣袖和裤腿两边有黑色带条。根据道服上的肩章和腰带上的罗马数字 i 到 ix 可区别段位和级别。

一、跆拳道基本技术

（一）基本步型和步法

1. 基本步型

（1）准备姿势。两脚开立与肩同宽，身体自然直立，两脚尖略外展，两手握拳置于腹前。

（2）开立步。两脚开立与肩同宽，身体自然直立，两膝微屈，两脚尖正对前方，两手握拳置于体侧。

（3）马步。两脚开立，较肩宽，两脚尖平行或略内扣，挺胸直背，两腿屈膝半蹲，重心落在两脚之间。

（4）弓步。又称前屈立。前后脚分立，两脚相距一步半，前腿屈膝，后腿伸直，前腿膝关节与脚尖垂直，重心大部分落在前脚上，左脚在前称左弓步，右脚在前称右弓步。

（5）前探步。又称高前屈立。如走路姿势，两脚之间距离小于弓步，上身略前倾，前腿膝关节略屈，重心大部分落在前脚上。左脚在前称左前探步，右脚在前称右前探步。

（6）虚步。前脚掌点地，脚跟提起，重心落在后脚。左脚在前称右虚步，右脚在前称左虚步。

（7）交叉步。一脚向另一脚的前侧（前交叉步）或后侧（后交叉步）落步，脚尖着地，两腿屈膝交叉。

（8）并步。两腿直立，两脚跟并拢，脚内侧相靠，两臂握拳自然垂于体侧。

2. 步法

（1）前进步。前进步主要包括前滑步和前跃步，是主动进攻时常常采用的步法，也常运用于假动作过程中的战术配合。标准实战姿势开始，两脚成斜马步，两手握拳置于胸前。前进时，后脚蹬地，前脚先向前方滑出一步，后脚迅速跟上一步，称为前滑步；后脚蹬地，前脚向前跳跃称为前跃步。在做跃步和滑步时候，重心不要起伏过大，尽量保持身体重心的平稳移动。

（2）后退步。后退步包括后跃步和后滑步。由标准实战姿势开始，前脚掌用力蹬地，两脚向后跃起退后一步，称为后跃步。若前脚掌蹬地后，后脚后移一步，前脚随即向后移动一步，两脚以及身体仍保持原来姿势，叫做后滑步。应用此步法可以拉开与对手的距离，避开对方的进攻或准备反击。

（3）后撤步。标准实战姿势开始，以后脚前脚掌为轴，前脚抬起向后经后脚内侧向后撤一步，形成和原来相反的实战姿势。后撤步可根据实战需要左右变化，调整与对方的相对距离，准备进行攻击或反击。

（4）侧移步。由标准实战姿势开始，两脚前脚掌同时向左（右）侧蹬地，使身体向右（左）侧移动，离开原来的位置。向左移称为左移步，向右移称为右移步。侧移步的作用是避开对方有力攻击，移动到对方的侧面，准备进行反击。

（5）跳换步。由标准实战姿势开始，两脚同时蹬地使身体腾空，空中两脚前后交换，同时转体；落地时身体姿势成另一侧的准备姿势。跳换步的腾空不宜高，略离地即可；换步时要拧腰转髋，迅速敏捷，其目的是干扰对方的攻防思路，选择适宜自己进攻的方位和转换自己身体的得分部位使对方不能得分，同时争取反击的空间和时间，马上转入进攻。

（6）弧形步。由标准实战姿势开始，前脚的前脚掌原地蹬碾地面，后脚同时向左（右）蹬地后右（左）跨移一脚，成为与原来准备姿势不同方向的准备姿势。向左跨为左弧形步（或左环绕步），向右跨步为右弧形步（右环绕步）。

（7）上步。上步是为了调整与对方的距离，为准备进攻和反击做准备。左势站立，以左脚前脚掌为轴，右腿上前一步，成为右势实战姿势。

（8）垫步。垫步主要有两种，即前垫步和后垫步。垫步的动作要求快捷、连贯，迅速接近或远离对手。

①前垫步：由基本姿势开始，右脚蹬离地面向左脚的脚跟方向移动一步，左脚随即迅速前移一步，保持实战姿势，主要运用于主动进攻时接近对方。

②后垫步：由基本姿势开始，左脚掌蹬离地面向后快速移动一步落于右脚前，右脚随即迅速后移一步，保持实战姿势不变。后垫步主要运用于防守和防守反击。

（9）组合步。它指各种步法之间的不同组合。实际上，跆拳道技术在实战运用的过程中，无不通过各种步法的运用和变化而得到实施，而且使用的步法都是有意或无意地组合起来综合运用的。运用步法的目的是为了调整距离，使自己的动作更加快速灵活，进而达到进退自如、控制节奏、有效攻击和有效防守的目的。步法的组合应根据实际情况的变化而改变，把攻击和反击的技术与步法紧密结合起来，做到在移动中进攻，在移动中防守，在移动中反击，使步法的运用和拳法、腿法融为一体，成为进攻、防守、反击的有机连接技术，从而达到取得实战胜利的目的。

（二）基本进攻技术

跆拳道实战的基本进攻技术主要包括拳法、掌法、肘法、膝法和脚踢法，这些技法组成了跆拳道实战的基本形式。只有练好基本进攻技术，才能为以后掌握更高难的动作打好基础，才有可能成为优秀的跆拳道选手和跆拳道实战家。所以，必须认真学习基本进攻技术，体会其动作含义，揣摩研究基本进攻技术的实际运用规律，打下扎实的功底，为今后的提高打下坚实的基础。

1. 拳的基本进攻技术

拳法是跆拳道实战中最基本而又非常重要的技术。运用拳法时，拳必须握紧，动作发力要迅猛短促，完成击打动作后要立即收回，拳击出的过程中要做手臂的内旋动作，拳击至最远端时手臂伸直，拳向下，击打目标后放松收回。下面介绍几种主要的拳法。

（1）冲拳（图 7-3-1、图 7-3-2）

①两脚开立，与肩同宽，两手握拳收于腰间，拳心朝上。

②左脚向前上步成左弓步；同时，右拳从腰间由屈到伸，臂内旋向前平冲。用拳面击打对手的身体。除前冲拳外，还有侧冲拳、后冲拳。

③此拳通常用于对面部及下颚作上盘攻击；对胸部及腹部作中盘攻击；对下腹部、下肋部及阴部做下盘攻击。此外，除了向对方攻来的部位施以防御性的自卫外，还可主动击打对方手及脚部的肌肉、关节等，使其无法活动自如，抑制对手的攻势。

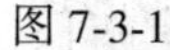

图 7-3-1

图 7-3-2

（2）弹拳（图 7-3-3、图 7-3-4）

①两脚开立，身体右转；两手握拳，两臂屈肘置于腹前，右拳在外，左拳在内，两拳心均朝下，体左转，同时左臂屈肘提至胸前，以肘关节为轴使左拳由下颚向前弹击，力达拳背。

②此拳通常用于攻击人的上唇、人中穴或面部。

图 7-3-3

图 7-3-4

（3）鞭拳（图 7-3-5、图 7-3-6）

图 7-3-5

图 7-3-6

①两脚前后开立；左手握拳，左臂屈肘上提至肩高，左拳置于右肩前方，拳心向内；右手握拳收于腰间。

②左臂以肘关节为轴，由里向外用拳背鞭打对手的面部或胸部。

③此拳通常用于攻击人的面部或胸部。

（4）劈拳（图 7-3-7）

①两脚开立；同时左手握拳置于腹前，拳心朝内，右手握拳收于腰间。

②两脚不动：左臂由下向上向左直臂抡劈，用拳轮劈击对手的头部、颈部或胸部。

图 7-3-7

（5）截拳（图 7-3-8、图 7-3-9）

①两脚开立，身体微右转；同时左手握拳，左臂屈肘上提，左拳置于右肩上方，拳心朝内；右手握拳收于腰间。

②左脚向前上步成左弓步；同时，左臂以肘关节为轴，臂内旋向前，用拳轮横击对方的面部、胸部或肋部。

图 7-3-8　　图 7-3-9

2. 掌的基本进攻技术

掌法在跆拳道实战中是非常多见的。虽然正式的跆拳道比赛不准使用掌法，但是，掌法在跆拳道品势练习、实战格斗以及防身自卫中，具有非同寻常的攻击效果，轻者致伤，重者致残致命。因此练好掌法对增强实战格斗和防身自卫能力有着重大的意义。

（1）砍掌（手刀砍，见图 7-3-10、图 7-3-11）

①两脚开立，右臂屈肘上举，右掌提至右耳旁，随即边伸臂边用右手刀向前横砍，掌心朝上。

②右脚向前上步成右弓步；同时右臂由屈到伸向前横砍，用手刀砍击对手的颈动脉

处，掌心朝上。

③砍掌分仰掌砍击、俯掌砍击。

图 7-3-10

图 7-3-11

（2）插掌（贯手，见图 7-3-12、图 7-3-13）。

①两脚开立；握拳收于腰间掌心朝上。

②右脚向前上步成右弓步；同时右拳变掌，掌指朝前，从腰间由屈到伸向前插击，用掌指末端插击对手的腹腔神经丛。

③插掌可分为立插掌和平插掌。

图 7-3-12

图 7-3-13

（3）掌根推击（图 7-3-14、图 7-3-15）

图 7-3-14

图 7-3-15

①两脚开立；两手握拳收于腰间拳心朝上。

②右脚向前上步，同时右手成“熊掌”（四指并拢，第二指节卷屈、拇指扣于虎口处）屈腕向前推出，力达掌根，从腰间向前推击，用掌根击打对手的面部。

3. 肘的基本进攻技术

肘关节由于骨结构本身的特点，使用肘的骨尖部，其击打的力度和威胁都很大。尤其是在贴身的近距离攻击中，肘的威力能更充分发挥，给对方以强有力的打击。因为肘关节前后左右都可以使用，所以肘的进攻动作可以向多个不同方向击出。

（1）顶肘（图 7-3-16、图 7-3-17）

①左脚开立侧向；左手握拳，左臂屈肘置于右胸前，拳心朝下；右臂屈肘，右掌贴附左拳拳面。

②准备姿势开始，左脚向前迈出一步成左弓步，同时左臂屈肘上提至胸前，左拳置于脚前，拳心向下；右拳变掌提到胸前，用右手掌推动左拳，以左肩关节为轴，左肘关节尖领先，将左肘向前顶击。

③攻击的主要部位是头面部、胸部、腹部和肋部。

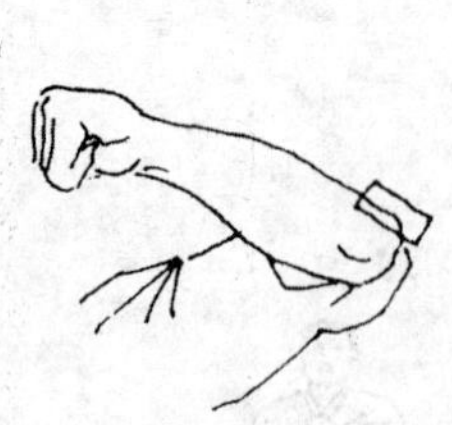

图 7-3-16

图 7-3-17

（2）挑肘（图 7-3-18、图 7-3-19）

①两脚开立；两手握拳收于腰间，左拳拳心朝上；右拳拳心朝下。

②准备姿势开始，左脚向前迈一步成左弓步，同时右拳自腰间上举，右肘关节屈曲收紧，肘尖自下向上挑起。挑时动作可用左右肘完成，只是方向相反。

③攻击的主要部位有下颚和腹部。挑肘时要拧腰顺肩，以增加挑肘的距离和力量。

图 7-3-18

图 7-3-19

（3）击肘（图 7-3-20、图 7-3-21）

①两脚开立；右手握拳，右臂屈肘置于右腹前；左手附于右拳面。

②右脚向前上步成右弓步；同时，右臂以肘尖领先由外向里弧形摆动，用肘部横击对手的腹腔神经丛。

③击肘时要尽量将身体重量作用于肘部，增加击肘的力量。

图 7-3-20

图 7-3-21

4. 膝的基本进攻技术

膝关节在跆拳道实战格斗中是近距离攻击对方的主要武器之一，因为膝关节是人体关节武器化中最具力量的一种，而且使用简单，一旦击中会致敌败北。膝关节的主要使用技术是顶膝和撞膝技术。

（1）顶膝（图 7-3-22、图 7-3-23）

①准备姿势开始，左脚上前迈半步成左弓步，同时双手自腰间前举，由拳变掌抓对方的肩部或衣襟；随即双手用力向下压拉对方的肩部或衣襟，同时提右膝向上顶击。

②顶膝的主要部位有腹部、裆部、头面部。顶膝时两手的下压、下拉用力和提膝上顶的力量协调进行，形成合力顶击对方。

图 7-3-22

图 7-3-23

（2）撞膝（图 7-3-24、图 7-3-25）

①准备姿势开始，左脚掌为轴碾地，身体左转，同时右腿屈膝上提，自右下向左上侧用膝部撞膝，两拳抱于腹前。

②左脚上步成左弓步；同时，双手抓住对手的双肩，使其身体前倾；右腿屈膝上提，用膝部冲撞对手的头部或腹腔神经丛。

③撞膝的主要部位是腹腔神经丛和两软肋部。做动作时提膝、转体、撞膝的动作连续协调，形成加速撞钟式的动作，以提高杀伤力。

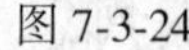

图 7-3-24　　图 7-3-25

5. 脚踢的基本进攻技术

跆拳道实战中脚踢进攻时一般使用的部位包括脚前掌、脚趾、脚背、足刀、脚后跟、脚后掌（脚跟底部）。利用这些部位可以进行站立踢、跳动踢、助跑踢、转身踢和飞踢等不同形式的踢法进攻，每种踢法踢击的部位各有不同。实战过程中，要根据具体情况，如对方所处位置、暴露的部位、防守的姿势以及双方的距离，选择不同的踢法。

（1）前踢（图 7-3-26）

①实战姿势的基本姿势开始，右脚蹬地，髋关节向左旋转，双手握拳置于体侧；同时，右腿以髋关节为轴屈膝上提。

②当大腿抬至水平或稍高时，髋关节向前送，将要踢的那只腿弯曲举起，并把膝盖抬到胸前，待脚的位置与目标成一直线后，再用弹性力从膝盖发力去踢，另外还可将脚趾向后弯曲，用脚底去踢对方。

③膝关节夹紧，小腿放松，要有弹性；髋往前送，高踢时髋往上送；小腿回收与前踢的速度一样快。主要攻击部位有面部、下颚、腹部、裆部。前踢亦可用于防守。

图 7-3-26

（2）侧踢（图 7-3-27）

①实战的基本姿势开始；右脚蹬地，右腿以膝关节为轴屈膝提起，两手捏拳置于体侧，身体侧向对方站立。

②左脚以前脚掌为轴外旋 180°，髋关节向左旋转，右腿以膝关节为轴向前蹬伸，右脚快速向右前上方直线踢出，力点在脚跟，发力后沿起腿路线收腿、放松，重心落下（原处或向前均可），再次回到实战姿势。

③起腿时大小腿、膝关节夹紧；踢出发力时头、肩、腰、髋、膝、腿和踝成一直线；大小腿直线踢出，原路线收回。侧踢动作的主要攻击部位有膝部、腹部、肋部、胸部和头面部。

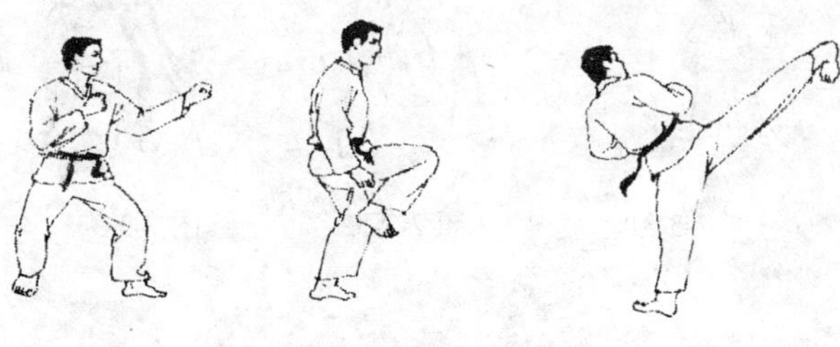

图 7-3-27

（三）组合技术

所谓组合技术，就是根据比赛中攻防情况的变化，将两个以上的动作组合在一起的连接技术。

由于跆拳道比赛日趋激烈，运动员的技术水平越来越接近，可能运动员在进攻的同时就要防守，或是在防守的同时就要反击。使用单个的技术，往往会被有经验的选手化解或反击。为了战胜对手，就必须在熟练掌握单个基本技术的基础上，掌握一些组合技术，使对手在短时间内很难适应。当然这些组合技术也不是一成不变的，运动员在比赛中要根据场上的具体情况，灵活多变地运用组合技术，使得对手摸不清自己技术动作的规律，以达到出奇制胜的目的。

1. 左冲拳两次连击

预备势站立（图 7-3-28）。第一次冲拳轻击（图 7-3-29），一击即弹回；第二次击打要送肩转髋（图 7-3-30）。

图 7-3-28　　图 7-3-29　　图 7-3-30

2. 左冲拳——左侧拳

预备势站立。出左拳时，右拳护住右颚（图 7-3-31）；左拳伸直后即屈肘，左臂成勾，左脚跟外转，左膝内扣，身体右转带左拳向右横击（图 7-3-32、图 7-3-33）。

图 7-3-31　　图 7-3-32　　图 7-3-33

3. 左右侧拳

预备势站立。左脚蹬地，后跟提起，左膝内扣身体右转，同时左臂屈成 135°左右，左拳拳心向下，随转体向右横击（图 7-3-34、图 7-3-35）；上动不停，右脚蹬地，身体左转打右侧拳（图 7-3-36）。

图 7-3-34　　图 7-3-35　　图 7-3-36

4. 四连击

预备势站立。左脚向前一步，同时左冲拳头（图 7-3-37），右脚跟上半步，重心下降，转腰送肩右冲拳击胸（图 7-3-38）；上动不停，向右转身，重心上升的同时左侧拳向右横击（图 7-3-39）；上动不停，腰微下沉，右拳向前上勾，拳心朝里（图 7-3-40）。

图 7-3-37　　图 7-3-38　　图 7-3-39　　图 7-3-40

5. 上段左右冲拳

预备势站立。原地出左直拳（图 7-3-41）；左拳收回同时出右拳，出右拳要蹬腿转腿

送肩，体重 70%压在左腿上（图 7-3-42）。

图 7-3-41

图 7-3-42

二、跆拳道基本战术

运动员在比赛中，根据自己和对手的情况，充分发挥己方特长，限制对方特长，为战胜对手而采取的计策和方法，即为战术。

跆拳道战术的实质在于使运动员能在跆拳道比赛中依据各种可能发生的情况，运用自己平时训练中所练就的各项技能，最有效地发挥自己的优势去战胜对手。在运用战术的过程中，要树立正确的战术思想，体现以我为主、快速灵活的方针，要遵循跆拳道的技术发展变化规律，使战术训练有明确的目的性。

（一）跆拳道比赛的战术原则

跆拳道比赛的战术原则，是制定战术计划、实施战术方案必须遵循的准则。主要的战术原则有以下几种：

1. 根据跆拳道比赛技术特点的功能设计战术

技术，是实现战术的基础，战术又是通过一定的技术动作实现的，不同技术动作的组合，表达了不同的战术意识。因此，根据跆拳道比赛技术动作的特点和功能设计战术是合理、有效的发挥技术的战术原则之一。它能使我们从跆拳道技术的整体性、相对独立性、相关性、动态性、有序性和互变规律性的系统观点出发，正确地制定战术，而不是孤立地、片面地只考虑某一个战术环节和某一个战术动作的技术因素，产生单一的战术方案。跆拳道比赛的技术以踢法为主，制定战术时根据踢法的不同形式、方位、远近、高低以及动作之间的连接规律，按照不同动作的不同作用，充分运用竞赛规则允许的条件，制定不同的战术方案。

2. 攻防兼顾的战术原则

跆拳道的比赛紧张、激烈、刺激，如果比赛中只一味讲究进攻或单纯防守，就会攻防失调、顾此失彼。因此，比赛中一定要遵循攻防兼顾的原则，在瞬息万变的激烈对抗中临战不惧，临危不乱，保持合理的攻防节奏和效果。攻防兼顾原则的运用是根据比赛时的具体情况灵活应用的，比赛时如果你面对的是强于自己的对手，你就要加强防守，运用防守反击战术与对手对抗；如果你面对的是弱于自己的对手，你就要采取主动进攻战术，争取主动战胜对方。如果两人功力相当时，要攻防兼顾，充分发挥你的智能，运用适当的战术，做到有序进攻，稳妥防守，抓住战机，猛烈进攻。

3. 利用控制与反控制原则

在跆拳道比赛中，经常会遇到这样的情况，就是一名运动员虽然具有较好的专项身体素质和较高的技、战术水平，但比赛中被对方控制得不能有效发挥，他的一举一动都被对方有效控制，因而导致比赛的失败。这种控制就是运用技、战术扼制对方进攻的有效方法。如果你的控制能力好，运用技、战术合理，你就会占据比赛的主动和优势；相反，你就会处于劣势和被动。但如果你具有更强的反控制技战术，你就会变被动为主动。

4. 灵活多变原则

跆拳道赛场上的局势是千变万化的，比赛时如果利用为数不多的战术，甚至采用固定的战术，容易被对方摸到规律，使自己陷入被动挨打的局面。因此，在设计战术和进行战术训练时，要根据比赛中可能发生的情况，多考虑几种战术组合及其相互之间的衔接配合和变化运用。利用多种技战术方法，最大限度地体现不同的进攻方向和进攻点。利用比赛场上的时间、空间、角度、方向和位置，以及真假动作的交替变化，即利用一切可以利用的条件和规则允许，设计和练习灵活多变、多种形式的战术组合、战术意图。而且，这些战术一定要有针对性和实效性，否则，只有华而不实的技术战术动作组合，形式再多，动作再漂亮，也不可能取得最终的胜利。

5. 根据对方的实际情况设计战术

《孙子兵法》曰："知己知彼，百战不殆。"即只有正确地认识自己，清楚地了解对方的实际情况，才能百战百胜。跆拳道比赛中同样需要运用这一策略。要想战胜对方，就要了解对方的具体实力和各种优缺点，然后针对这些具体情况考虑设计相应的战术，实现运筹帷幄，决胜于比赛之中的战略战术意图。因此，在双方交战前一定要全面了解对手的具体情况。

（二）跆拳道比赛的战术种类

跆拳道比赛的战术种类是指运动员在临场复杂多变的比赛中，根据比赛的规律和各方面的情况随机应变，有判断、有目的、有预见地决定自己对付对手的策略思维活动。符合自己特点的战术容易掌握和运用，并可以达到有效使用的目的，而要切实提高战术的质量，则战术要先进，要充分了解战术本身的优点和缺点及对方的适应情况，挖掘发展潜力大的战术，不断地创造新战术。

1. 技术战术

利用技术全面、熟练、有效果的特点，变化运用各种技术，发挥自己的得意技术，掌握比赛的主动权，抑制对手，达到取胜对手的目的。

2. 假动作或假象战术

用逼真的假动作或假象欺骗对手，引其上当，分散其注意力，使其露出破绽，利用这个机会猛烈攻击而得分。

3. 心理战术

比赛开始前，利用情绪、动作和表情等威慑对手，比赛中用气势压倒对手，或利用规则允许和基本允许的各种手段，干扰对方情绪，给对方造成心理负担，使对手技能战术发挥失常，挫伤对方的锐气，发挥自己的优势，在气势上战胜对方。

4. 破坏战术

使用黑招重招使对手先受伤，失去正常比赛的能力，或用技术破坏对手技术，控制其

动作发挥，使对方进攻无效并且消耗体力，丧失信心，导致比赛的失败。

5. 防守反击战术

利用防守好的特点，在防守的基础上利用反击技术打击对方。

6. 体力战术

对于耐力好的运动员来说，要充分发挥体力比对方要好的优势，让对手和自己一直处于运动之中，与对方比拼体力，耗掉对方的体力而战胜对手。

7. 规则战术

在竞赛中，有对攻击部位和攻击方法的限制，但也有规则限制模糊的地方，可以利用规则允许或基本允许使用的各种制胜办法攻击对手，也可以利用规则的漏洞。

8. 步法战术

利用自己步法灵活和动作敏捷的优势，围绕对手游斗，引对手上当或扰乱其情绪；待对方反击时迅速撤退或靠近对手，扰乱对手的情绪和攻防意图，破坏对手进攻而战胜对手。

9. 优势战术

在比赛平分的情况下，利用规则上允许的技术，靠主动进攻次数或使用高难技术而取胜。规则中规定，在比赛平分的情况下，裁判员根据双方主动进攻的次数和使用高难技术的多少进行判定，进攻次数或使用高难技术多的一方为胜方。

10. 特长发挥战术

利用自己的特长、优势技术不断得分的战术。

11. 空间战术

充分利用赛场的空间，攻击对手不同的得分部位或同一部位，或故意露出某一部位引诱对手进攻，实行反击。

12. 语言战术

教练员和运动员达成默契的配合，用语言引诱对手上当受骗；但要注意语言的隐蔽性和合理性，既能够使对方上当，又不要触犯规则。

第四节　散　　手

散手是武术的重要组成部分，是一项斗智、较技的对抗性竞赛项目。散手以不伤害对方为原则，其竞赛规则严格规定了后脑、颈部、裆部等为禁击部位。散手具有增强体质、健体防身、磨炼意志、培养品德的作用。

一、散手基本技术

(一) 手型、实战姿势和拳法技术

1. 手型

拳：五指内屈握紧，拇指第一指骨压在食指和中指的第二指骨上，拳心朝下为平拳，拳眼朝上为立拳。

2. 实战姿势

准备姿势是以尽量缩小被打击面积，有利于灵活快速的出击为基本原则。

基本实战姿势为两脚前后开立，略比肩宽，两脚尖内扣，两膝微屈，重心在两腿之

间，前、后脚开立角度约 45°（一般正架左脚在前，反架右脚在前，可根据个人习惯选择）；两手握拳，左前右后，拳眼朝上，左手臂弯曲，肘关节夹角在 90°~120°，左拳与鼻同高，右手臂弯曲，肘关节夹角要小；含胸拔背，收腹，双肘保护两软肋部，方向向下，身体站立，下颌微收，闭嘴含齿，面向对手，两脚尽量脚前掌着地，便于移动（图 7-4-1）。

图 7-4-1　实战姿势

3. 拳法

（1）冲拳

①左冲拳实战姿势（一般为正架，左手在前），左脚微蹬地，左膝微向内转动，带动胯、腰直至肩部将转动力变为向前的推力，传达到大臂至小臂，最后力达拳面。左冲拳的路线是一条向前的直线，然后迅速还原成实战姿势。

要领：姿势灵活放松，不可僵化，以便于随时移动变化；重心不可太低，膝关节不得小于 90°，两手紧护躯体，暴露给对手打击的有效部位尽量小；冲拳时，上身不可前倾，脸略向右侧平转，出拳路线要直，快出快收，迅速回到准备姿势。

左冲拳的用法：击打对手头部；重心下降击打对手腹部。

②右冲拳实战姿势，右脚蹬地并向内扣转动，脚带动胯部、腰部将力传送至肩，顺肩推动大臂、小臂，最后力达拳面。右冲拳的路线是一条直线。此时，左拳变掌回收到右肩内侧，保护头部。

要领：出拳时要将自脚至身体之力，经过发力过程顺利到达拳面，所以动作要协调。

右冲拳的用法：在双方对峙时，左冲拳刺开对方破绽，右冲拳充分利用蹬腿、转腰的力量加大冲拳力度，直击对方要害部位，如头部；当对手左掼拳向头部攻击时，俯身下躲，同时右冲拳击对手中盘腹部；当对手右冲拳进攻中盘时，先以左手拍压其拳，继而右冲拳反击其头部（图 7-4-2）。

（2）掼拳

①左掼拳：由实战姿势开始，上身微向右转，幅度不能过大，带动肩部、臂部直至拳面。

左掼拳是一种横向型进攻动作。出拳时，肘部微翻至水平面，横向用力，肘的角度约 120°；左拳向前、向里横掼，拳心向下，力达拳面，右拳护于右腮。

左掼拳的用法：双方对峙时，对方出左冲拳，突然向右闪，左掼拳反击其头部；对方右掼拳时，俯身不躲闪，向左侧倾，立身反击对手右侧下腮部；对手左抄拳向胸腹部进攻时，左掩肘防守后，左掼拳反击其头部。

②右掼拳：右掼拳的特点是能充分借助右脚蹬地转腰的力量，力度较大，但因进攻路

图 7-4-2　右冲拳

线长，动作幅度大，一般在连击或防守反击时较多用。由实战姿势开始，右脚蹬地向内扣转，合胯向左转腰，顺肩，肘部微屈；由下至水平抬起，右拳再由外至里横掼，弧度不能太大，力达拳面；左拳变掌，屈臂回收至左腮前做保护。

要领：右掼拳从发力时肋部动作跟上，由下至水平面快速出拳，当收拳时，肘部要随身体迅速回收保护软肋部。

右掼拳的用法：双方对峙时，俯身以左拳虚晃，佯攻其腹部，继而起身右掼拳攻其头部；对手右掼拳进攻腹部，左手向里掩肘防守，右掼拳反击其头部；双方相峙时，突然左向上步。攻对方左肋处（图 7-4-3）。

图 7-4-3　右掼拳

（3）抄拳

抄拳属于上下进攻型动作，由于击打距离短，适用于近距离实战。双方接触时，正面攻击对手的胸、腹或下颏。由实战姿势开始，重心下沉。脚蹬地拧转，左、右转动腰，再由腰带动大臂、小臂，两臂的肘部屈 90°～110°角。拳心朝里，由下向前上方勾起，力达拳面。动作要连贯、顺达，用力由下至上。抄拳时，臂应微内旋，拳呈螺旋形运行。

要领：抄拳要借助脚蹬地、扣膝、合胯、转腰的力量，发力由下至上，协调顺达，重心下沉是为了更好地利用脚蹬地拧转的反作用力，加大抄拳力量。

抄拳的用法：对手左抄拳进攻胸部、腹部时，沉身做转右掩肘后，以左抄拳反击躯干部位；对手右掼拳进攻上盘右侧时，左手推挡右抄拳反击其躯干以上正面部位（图 7-4-4）。

（二）散手中的基本步法与腿法技术

1. 步法

步法是散手技术中的重要内容。实战时，双方保持着一定的距离，只有通过步法的移动才能抢占有利的位置、发动进攻或转换防守。距离不合适，有效的进攻和防守就是一句

图 7-4-4　抄拳

空话。武术谚语云："步慢则拳脚慢，手到步到方之为动。"步法的总体要求是"疾、准、活"。"疾"是指步法移动要迅速；"准"是指移动的步幅要准确；"活"是指步法移动要灵活多变，不僵不滞，富有弹性。散手实战中表现出来的步法要综合使用，其中基本步法包括进步、退步、撤步、插步、跨步、闪步、换步、盖步、纵步、垫步、跃步等。下面简单介绍几种步法。

(1) 进步

由实战姿势开始，前脚（左脚）先向前进半步，后脚再跟进半步，进步步幅不宜过大，后脚跟进后的身体姿势不变，衔接进步与跟步时越快越好。

(2) 退步

后脚先后退半步，前脚再退回半步。

(3) 插步

后脚向左横移一步，脚跟离地，两脚略呈交叉。插步时身体不要转动，左侧面仍与对手相对。插步后要及时还原成实战姿势。

(4) 跨步

左脚（右脚）向左（向右）侧跨半步，右脚略向左脚靠近，两膝弯曲。同时右拳向斜下方伸出，左拳收至左胯旁。此步法主要用于侧闪防守，跨步后身体重心下降，以利于反击。两腿要一虚一实，两臂分别防守上、下，形成较大防守面。

(5) 闪步

左（右）脚向左（右）侧移半步，右（左）脚随之向左（右）滑步，同时身体转动90°，步法轻盈，转体闪躲灵活、敏捷。

(6) 换步

左脚与右脚同时蹬地并前后交换，同时两拳也前后交换成反架姿势。转换时要以髋关节带动两腿，身体不能明显向上腾空。

2. 腿法

腿法是散手技术中非常重要的一项技术。古谚道："手是两扇门，全靠腿打人。"

(1) 蹬腿

①左蹬腿实战姿势站立，面向对手，右腿直立或稍屈，左腿提膝抬起。勾脚，先向前蹬出，力达脚跟；也可送髋，脚掌下压，力达脚前掌。

②右蹬腿实战姿势，身体重心前移，左腿直立或稍屈支撑身体，右腿提膝前抬。勾

脚，出脚时应稍送髋，身体轻微前压，以脚跟领先向前蹬出，力达脚跟，脚掌下压，力达脚前掌（图 7-4-5）。

要领：支撑直立或稍屈，另一脚由屈到伸，脚尖勾起用脚跟猛力蹬出，快速连贯，高不过胸，低不过腰，出腿时一定要注意蹬腿的路线是直线，不要做成弹腿。

图 7-4-5　蹬腿

用法：散手中的蹬腿，除与套路中的要求相同外，还吸取了前点腿的优点，力达脚跟。当击中对方时，脚踝发力，前脚掌下压，这样击后容易将对方蹬开或使其倒地。例如，当双方移动，与对手正面相对时，蹬腿击其躯干，是为主动蹬腿；当与对手距离较远时，垫步接近对方，同时蹬腿击其躯干，是为垫步蹬腿；当对方上步，用拳法进攻时，迎面抢先用蹬腿击其躯干，是为迎面蹬腿。

（2）踹腿

①左踹腿实战姿势，右腿直立或稍屈支撑；左腿屈膝抬起，小腿外摆，脚尖勾起，脚掌正对攻击目标，展胯、挺膝向前踹出，力达脚掌，上身也可倾斜。

②右踹腿左腿直立或稍屈支撑，身体向左转 180°，同时右腿屈膝前抬，小腿外摆，脚尖勾起，脚掌正对攻击目标，用力向前踹出，力达脚掌（图 7-4-6）。

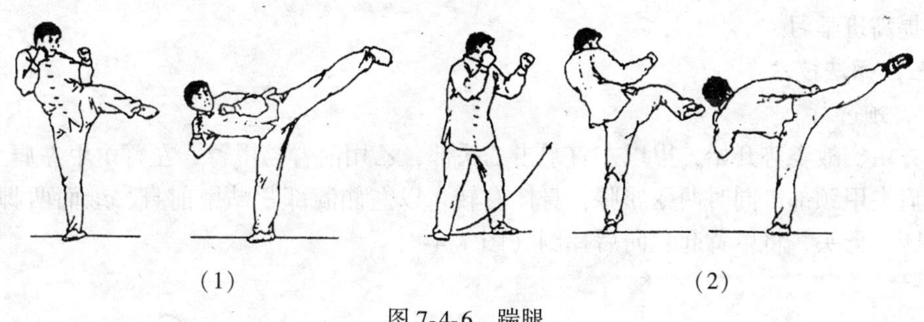

（1）　　　　（2）

图 7-4-6　踹腿

实战范例：以左侧踢踹腿，假装攻击对方下肢，随即用右踹腿实攻对方上肢；左侧弹腿假装攻对方下肢，然后转身踹腿攻击对方上肢。

用法：踹腿是比赛中使用频率较高的腿法之一，配合步法运用，变化多，宜于在不同距离上使用。例如，当对方向前进步时，退步，左踹腿反击对方下肢，是为退步踹腿；当对方进步时先用踹腿击其下肢，若对方提膝躲闪，可当其落地时，二次踹腿击其胸部，是为连续踹腿；先用前腿踹击对方，对方后撤躲闪，前腿落地，继续以后腿踹击对方头部，

是为转换踹腿。

（3）横摆踢腿

①左横摆踢腿上身稍左转并侧倾，同时带动左腿收髋、扣膝，直腿向右上方横摆打腿，踝关节屈紧，力达脚背至小腿下端。

②右横摆踢腿实战姿势开始，左膝外展，上身左转，收腹，带动右腿收髋、扣膝，直腿向左上方横摆打腿，踝关节屈紧，力达脚背至小腿下端。

用法：以身带腿，速度快，力量大，运用得好能起到重创对手的作用；但因其弧形横摆，路线长，幅度大，较易被对手察觉和防守，实战中应注意动作快速及把握好时机。

（4）转身横扫腿

①左转身横扫腿右脚向左脚前上步，微屈独立支撑，左后转身 360°；随转体上身稍侧倾，左腿经左后向前横扫，脚面绷平，力达脚掌；目视左脚。

②右转身横扫腿身体右后转 360°，随转体右腿直腿由后向前横扫，脚背绷紧，力达脚掌；目视右脚。

实战范例：当对方用右侧弹腿攻击上肢时，拍挡防守后，随即用右后横扫腿攻击敌上肢。

用法：横扫腿是横向型的进攻动作，虽动作路线长，但在直线动作难以进攻时，突然改变路线，亦能使对手防不胜防。运用时往往以假动作做掩护，动作要果断、敏捷、快速。此动作适合提高班学习。

（5）后扫腿

左腿屈膝全蹲，脚前掌为轴；两手扶地向右后方弧线擦地，直腿后扫，脚掌内扣前勾紧，力达脚后跟至小腿下端背面。

实战范例：当对方以左弹腿攻击我上肢时，拍挡防守后，随即用后扫腿攻击对方支撑腿。

用法：交战中，突然下蹲，没有经验的对手都会产生瞬间的迟疑，容易被扫倒。此动作适合提高班学习。

（三）摔法技术

1. 夹颈过背

双方由实战姿势开始，甲以左直拳击乙头部，乙用前臂挡甲臂，左臂由甲左肩上穿过后，屈肩夹甲颈部，同时两腿屈膝，身体右转，以左侧髋部紧贴甲前身，继而两脚蹬伸，向下弓腰、低头，将甲背起，向后摔倒（图 7-4-7）。

图 7-4-7

2. 抱腿过胸

甲用右冲拳击乙头部，乙立即上右步，屈膝，弓腰，两手抱甲双腿，随即向前上右步，蹬腿，挺身将甲抱起后，向后弓腰，仰头，后倒。

要点：上步下潜快，抱腿紧，仰头后倒大胆，空中翻身及时。

3. 抱腿前顶

甲出拳击乙头部时，乙上左步，下潜躲闪，两手抱甲腿，屈肘，两手用力回拉，同时用左肩前顶甲大腿或腹部，将甲摔倒。

4. 接腿勾腿摔

当对方用右侧弹腿踢击时，左手抄抱其小腿，右手由对方右肩上穿过，下压其颈部，同时左手上抬，右脚向前上方踢其支撑腿将对方摔倒。

5. 接腿侧摔

当对方用右侧弹腿踢击时，双手抓握对方右脚，并向左拉，随即向下、向右上方成弧形摆荡将其摔出。

6. 接腿上托摔

当对方用右正蹬腿踢击时，两手抓握其小腿下端，随即屈臂上抬，两手挟托其脚后，同时上右步，向前上方推展将其摔倒。

（四）防守技术

拳经说“攻中能守守不丢，守中善攻练家愁，严守只为攻必进，能攻才能好防守”。防守是积极主动的，其目的是为了更好地进攻。防守方法有以下几种：

（1）拍挡正架预备姿势开始，左手（右手）以拳心或掌心为力点向里横向拍挡。

要点：前臂尽量呈垂直状，拍挡幅度小，用力短促。切勿向前迎拨，否则幅度过大。

（2）拍压左手（右手）变掌，掌心或掌根的力点由上向前拍压。

要点：臂要弯曲，手腕和掌指要紧张用力，臂内旋，虎口、指尖均朝右（左）。

（3）阻挡两脚蹬地，身体前移，以肩部或手心阻挡对方直线拳法的进攻，以臂部阻挡对方直线的进攻。

要点：身体紧张，含缩，闭气，尽量缩小被击面，两手保护要严密。

（4）挂挡左手屈臂向同侧头部或肩部挂挡。

要点：大小臂叠紧并贴于头侧，要含胸侧身，暴露面小。

（5）外抄左手臂外旋弯曲，上臂紧贴肋部，前臂水平，手心朝上，同时右手屈臂紧贴腹部，立掌，手心朝外，手指朝上。

要点：上臂紧护躯干，两手成钳子状，抱脚时两手相合锁扣。

（6）里抄左臂外旋，微屈，紧贴腹前，手心朝上，同时右手臂紧贴胸前，虎口朝上，掌心朝外。

要点：与外抄相同。

（7）撤步前脚由前向后收步，接近后脚时脚前掌着地，重心落于后腿。

要点：前脚回收迅速，虚点地面，上身正直，支撑要稳。

（8）提膝后膝微屈独立支撑，前腿屈膝提起。

要点：重心后移，提腿迅速，根据对方腿法进攻的路线、方位，膝盖分别有里合、外摆或垂直向外的变化。

二、散手基本战术

散手的战术方式是指为了完成战术意图而由各种动作组成的具体方法。散手以它丰富的技术内容和相生相克、互相制约、相互转换的技术规律，为散手多彩多姿的战术形式提供了先决条件。散手的战术方式有以下三种：

（一）直攻战术

直攻战术是指在没有虚晃假动作的掩护下，所使用的攻击对方的方法。运用直攻战术须具备以下条件：

（1）当对方的反应速度、动作速度、位移速度没有自己快时；

（2）当对方的攻防动作不够熟练时；

（3）当对方的体力不足时；

（4）当对方的防守姿势出现空隙时；

（5）当与对方的距离能有效地使用进攻动作时。

（二）强攻战术

强攻战术是指硬性突破对方的防守后发出的攻击。运用强攻战术须具备以下条件：

（1）力量、速度、耐力素质比较好，但技术不如对方时；

（2）身体素质好，技术比较全面，但比赛经验不如对方时；

（3）对方的近战能力比较差时；

（4）对方的耐力比较差时；

（5）对方的心理素质比较差时。

采用强攻战术，以扰乱和破坏对手的心理平衡、战术准备和距离感，从而乱中取胜。猛冲猛打并不是盲目蛮干，而是通过强攻这一战术手段扬己所长，实现打击对方的目的。

（三）佯攻战术

佯攻战术是有目的地造成对方的错觉，把对方引入歧途，实现真实进攻。在散打比赛中，佯攻是最为常见的战术形式之一。随着战术水平的普遍提高，特别是当对手反应快、防范能力强时，直接进攻容易被防守、截击或反击。采用左右、前后、上下虚晃动作，和指上打下、指下打上、指左打右、指右打左等假动作，可以转移对方的注意力，促使对方对自己的虚假动作产生某种反应，而改变正确的防守姿势，然后加以利用，使自己的进攻机会得以出现，可以提高进攻效率。

三、散手综合练习

（一）绝对力量的练习

发展运动员的绝对力量基本采用本人最大力量60%~70%的负荷量来练习，重复次数为8~12次，组数以不降低重复次数为原则，组间间歇时间为2~5分钟。

训练中，经常采用的具体方法如下：

（1）杠铃屈臂两脚左、右开立，两手反握杠铃，提杠铃至腹前，以肘关节为轴做两臂屈伸动作。

（2）仰卧在长凳上，做卧推杠铃动作。

（3）负重仰卧起坐，将两脚固定，或请同伴扶按两脚，两手持杠铃片置于脑后，做

仰卧起坐动作。

（4）负重仰卧体后屈俯卧，两脚固定，两手持杠铃片置于脑后，做身体抬起动作。

（5）负重深蹲肩负杠铃，深蹲起。

（二）速度力量的练习

发展运动员的速度力量应采用小重量的负荷或不加外负荷，练习时动作速度要快而连贯。训练中，经常与基本动作结合，主要方法有下面几种：

（1）马步推砖（哑铃）两脚并立，屈膝半蹲成马步；两手持砖（哑铃），屈肘置于胸前，手心向内，然后左右手依次向前推出。推砖时，借助腰力，转腰顺肩，旋臂伸肘，爆发用力。

（2）蹲跳冲拳半蹲或全蹲，两手握拳，屈肘抱于胸前，当右脚上步时，冲左拳；左脚上步时，冲右拳，并收回左拳。

（3）腿负重练习腿系沙袋做蹬、踹、弹等各种腿法练习。

（三）力量耐力的训练

散手训练中的力量，首先是爆发力，其次是力量耐力。发展运动员的力量耐力多采用小重量负荷，重复次数多，直至极限的重复次数。采用的动作方法如下：

（1）推小车同伴帮助将两腿抬起，做两臂支撑向前爬行动作。

（2）肋木举腿背靠肋木，两手抓握横木（或能支撑一定重量的横杆）悬垂，做收腹举腿动作。

（3）蹲步换跳一腿屈膝全蹲，另一腿前伸，跳步交换。

（4）匀速跑、越野跑心率控制在150次/分钟左右，负荷时间保持在30分钟以上。

（5）打沙包进行拳法或腿法以及组合动作的计时练习，一般3~5分钟，练习3组，每组间休息1~3分钟。要求以最快速度完成，全力使用力量。

（四）柔韧素质训练

武术对柔韧素质有着较高的要求，特别是腿部的柔韧练习。其方法如下：

（1）压腿分正压腿、侧压腿、后压腿。

（2）“吻靴”并步站立，右腿屈膝略蹲，左腿伸向身前，膝部挺直，脚尖翘起，脚跟着地；上身前俯，右手握住左脚内侧，左手握在脚尖外侧，两臂屈肘，两手用劲向后拉，上身前俯用下额触及脚尖。略停片刻，上身直起，两臂伸直，接着做下一次。

（3）仆步压腿两脚左右开立，右腿屈膝全蹲，全脚着地，左脚挺膝伸直，脚尖里扣；然后两手分别抓握两脚外侧，成左仆步。练习时，左右仆步交替进行。

第八章 时尚运动

第一节 游　　泳

游泳是凭借自我支撑力和推进力在水中游动的水上运动，它包括竞技游泳和实用游泳。现在正式列入奥运会的比赛项目包括男、女 100 米和 200 米蛙泳、仰泳、蝶泳，男、女 50 米、100 米、200 米、400 米和女子 800 米、男子 1500 米自由泳，男、女 200 米和 400 米个人混合泳，男、女 4 × 100 米自由泳接力和混合泳接力及男、女 4 × 200 米自由泳接力共 34 项，其项目和金牌数仅次于田径运动。

一、游泳基本技术与练习方法

(一) 熟悉水性的教学

熟悉水性是初学游泳的一个重要环节，是初学者必须经过的阶段。其目的是让初学者体会与了解水的特性，逐步适应水的环境，消除怕水心理；掌握游泳的一些最基本的动作，如憋气、换气、浮体、滑行和站立等动作，能为学习和掌握各种游泳姿势打下基础。

在熟悉水性教学时，宜在浅水区域内进行。

(一) 水中行走和跳动练习

目的是体会水的阻力、压力和浮力，初步掌握身体在水中维持平衡的能力。

练习方法与步骤（图 8-1-1）：

(1) 扶池边向前、向后、向两边行走。

(2) 集体手拉手，向前、向后、向两侧行走。

(3) 用两手保持平衡，做变换方向的行走。

(4) 各种方向的走、跑、转身、跃起、下沉等。

(5) 手拉手成圆圈，然后做简单的走和跳舞动作。

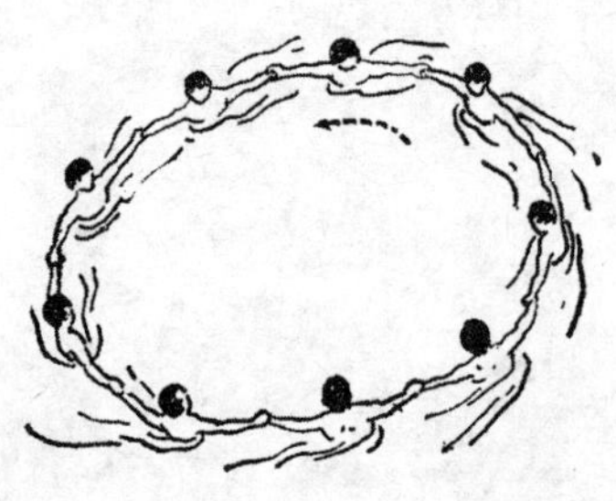

图 8-1-1

（二）水中睁眼和呼吸练习

目的是初步掌握游泳的呼吸方法、呼吸过程、呼吸节奏，适应头浸入水的刺激，消除怕水心理。

练习方法与步骤：

（1）在岸上做深呼吸和长时间的憋气，逐步过渡到低头吐气、抬头吸气的练习。

（2）扶池槽或在同伴帮助下，用口吸气后闭气，慢慢下蹲将头浸入水中，然后慢慢睁开眼睛，停留片刻后起立，口鼻出水后，先呼气后吸气（图 8-1-2）。

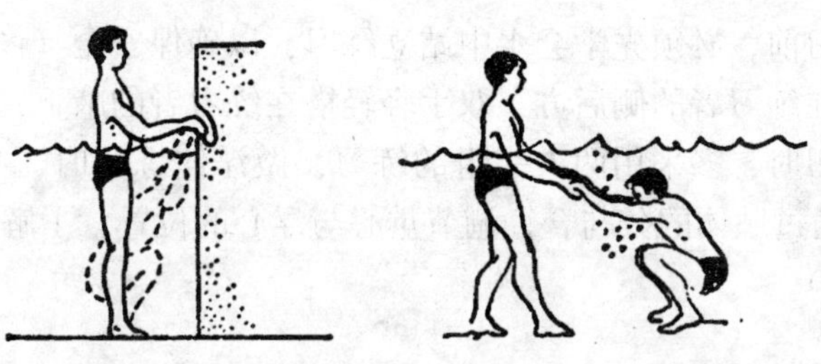

图 8-1-2

（3）同上练习，要求头浸入水中停留片刻后，用鼻慢慢将气呼完，然后起立在水面上用口吸气。

（4）同上练习，头浸入水中稍闭气后，用口鼻开始呼气，随着缓慢地起立而逐渐加大呼气量，口接近水面时加速将气呼完，并有明显的吹水动作。紧接着用口在水面上快而深地吸气。多次重复练习。

（5）两脚左右开立，上身前俯将脸浸入水中，做同上练习。但不同的是随头逐渐向前上抬（或向侧转）时开始加大呼气量。

（6）配合叫喊声在水中吐气，出水面吸气。

（7）一人把手放在水中，另一人蹲在水中，看同伴伸几个指头。

（三）浮体与站立练习

目的是体会水的浮力，控制身体平衡和水中站稳的感觉，能做到水上直体漂浮，为后面的学习打下基础。

练习方法与步骤：

（1）抱膝浮体练习：原地站立，深吸气后闭气，下蹲低头抱膝团身，用前脚掌轻轻蹬离池底，背部露出水面自然漂浮于水中。需站立时，松开抱膝的手，两臂前伸下压按水抬头，同时两腿下伸，脚触池底站立，然后两臂侧分拨水维持平衡（图8-1-3）。

（2）展体浮体练习：在抱膝浮体的基础上，闭气、松手，两臂两腿自然伸直并拢，成较好的流线型。站立时，收腹、屈膝、收腿，两手臂向下压，抬头，两腿向下伸，脚触池底站立（图 8-1-4）。

图 8-1-3　　　　图 8-1-4

（3）做浮体练习前，必须先学会水中站立练习，以确保安全（图 8-1-5）。

（4）保护者站在练习者的侧后方，双手轻轻搭在练习者的腋下，帮助站立。

（5）做浮体练习时，多采用两人一组的练习，做浮体练习时，身体要展平，肌肉要放松，切忌塌腰。通过肢体的分与合，调节重心与浮心的位置，了解平衡的条件，也可做仰卧浮体（图 8-1-6）。

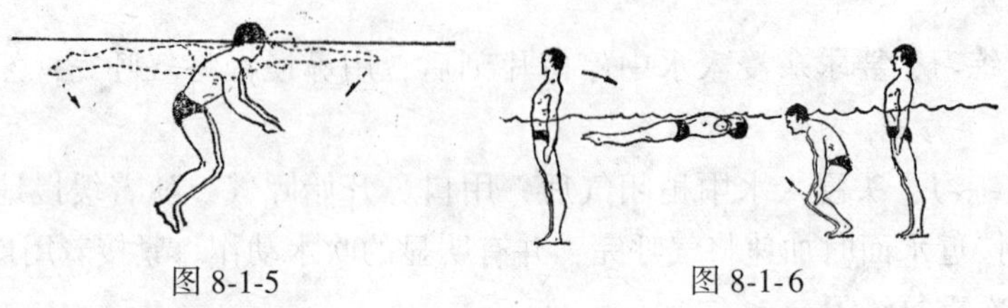

图 8-1-5　　　　图 8-1-6

（四）滑行与简单动作练习

目的是进一步体会水的浮力，掌握身体在水中的平衡和滑行姿势。

练习方法与步骤：

（1）拖拉滑行练习：练习者两臂并拢前伸，搭在帮助者伸开的手臂上，深吸气后，低头入水同时两腿蹬离池并拢伸直，利用帮助者的拖拉体会滑行。

（2）蹬池底滑行练习：两脚前后开立，两臂前伸，两手并拢。深吸气后屈膝，重心前移，当头和肩浸入水中时，前脚掌轻轻蹬池底，随后两腿并拢伸直，使身体呈流线型向前滑行（图 8-1-7）。

（3）蹬池壁滑行练习：背对池壁，一手拉池槽或扶池边，一臂前伸，同时一脚站立，一脚紧贴池壁，深吸气后低头，上身在水中前倾成俯卧姿势，然后上收支撑腿，两脚贴住池壁，臀部靠向池壁，随即两臂前伸并拢，头夹于两臂之间，两脚用力蹬壁，使身体呈流线型向前滑行（图 8-1-8）。

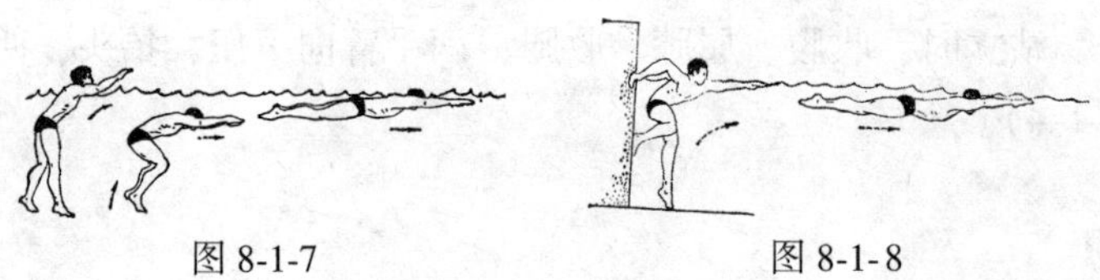

图 8-1-7　　　　图 8-1-8

二、蛙泳

蛙泳是模仿青蛙游泳动作的一种姿势，“蛙泳”一词在英文里是胸泳或俯泳的意思。日本称之为平泳。蛙泳比其他竞技游泳姿势易学且实用，速度相对较慢，但动作平稳，呼吸便利，能持久，适于长距离游泳，又便于观察目标和方向。广泛应用于渔猎、水上搬运、泅渡、救护等方面。

游泳的竞赛规则规定：蛙泳比赛时，身体必须呈俯卧姿势，两肩需与水面平行，两腿要同时在同一水平面上弯曲，向外翻脚及做蹬腿动作。两手应在水面下收回，并需从胸前伸出。整个游程中，不得做潜泳动作。

现代蛙泳的技术特点是：快速内划，肩部高拉高起（高肘划水），低头前冲，蹬腿时借助冲力上身呈“冲潜式”，全身伸直滑行（猫扑）。

（一）蛙泳技术动作

（1）身体姿势：蛙泳在游进中身体必须保持较好的流线型姿势，充分发挥手臂和腿的推进作用。当完成臂和腿的有效动作后，身体几乎是水平地俯卧在水面上滑行。此时两臂向前伸直，稍低头，脸的下部浸入水中，两腿向后伸直，腹部稍紧张，两眼俯视前下方，身体纵轴与水平成5°~10°角（图8-1-9）。

图 8-1-9

吸气时，下颏露出水面，肩部升起，这时身体与水平面的角度较大。吸气后，头随着手的前伸和肩胸下降而没入水中，这样既减少头露出在水面上受到波浪的阻力，又可以使身体随着波浪起伏的惯性，起着躯干压浪前滑的作用。

（2）腿部动作：蛙泳腿部动作是推动身体前进的主要动力，其技术有宽蹬和窄蹬两种。腿部动作是由滑行、收腿、翻脚和蹬腿四个阶段组成。

①滑行：当身体借助惯性向前滑行时，两腿并拢向后伸直，身体成水平姿势，下肢放松，只靠腿部肌肉的适当收缩，把脚跟稍稍提出水面，为收腿做好准备（图8-1-10）。

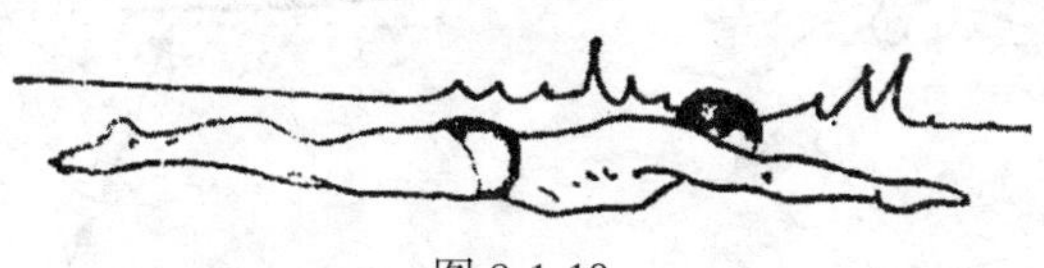

图 8-1-10

②收腿：收腿时，两腿稍微内旋，使脚跟分开，脚跟向臀部靠拢，两膝逐渐自然分开，力量要小，放松自然地边收边分。两脚和小腿回收时要收在大腿的投影截面内，以减小回收时的阻力。收腿结束后，大腿和躯干成130°~140°角，两膝内侧与髋关节同宽（图

8-1-11)。

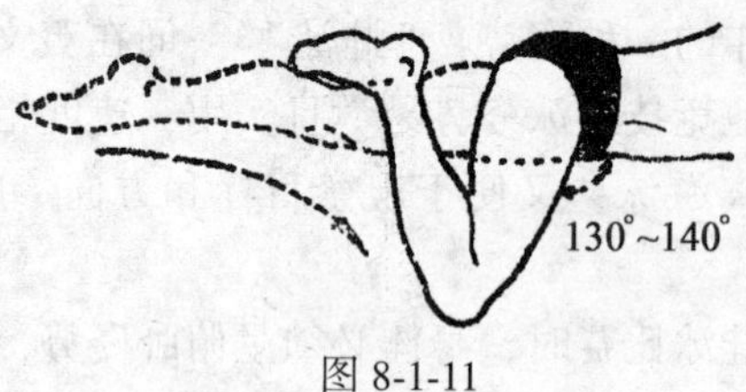

图 8-1-11

③翻脚：收腿动作即将结束时，两脚继续向臀部靠紧，这时膝关节稍向里扣，两脚向外侧翻开，接着脚尖也向两侧外翻。使脚掌和小腿内侧对着蹬水方向，加大了对水面积，并为大腿发挥更大力量做好积极准备（图 8-1-12）。

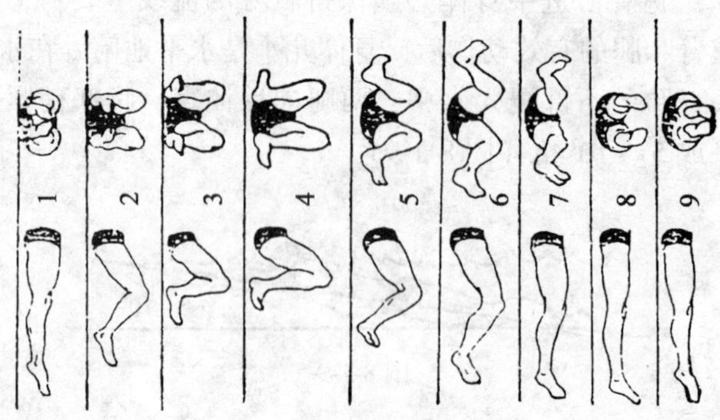

图 8-1-12

④蹬腿：蹬水方向向后，由髋部发力，带动膝关节和踝关节相继伸直。利用小腿内侧和脚掌内侧的合理对水，造成向前的推进作用力（图 8-1-13）。另外，蹬水翻脚时大腿内旋造成膝内压，能带动小腿和脚向后蹬水而形成一个有力的鞭状打水动作（图 8-1-14）。

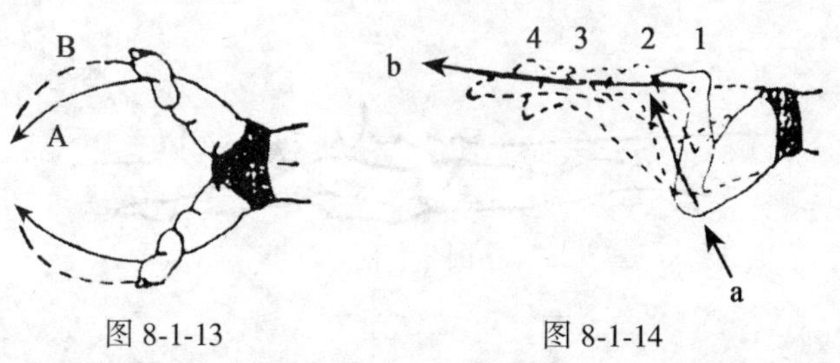

图 8-1-13　　图 8-1-14

（3）臂部动作：臂划水的过程中能以较大的对水面取得较好的效果，并且手臂的还原动作阻力小。因此，掌握合理的臂划水技术，是提高运动成绩的重要条件。臂部动作由

滑行、抓水、划水、收手和伸臂五个连续动作组成。

①滑行：两臂自然向前伸直，掌心向下，手指自然并拢，两手尽量接近水面，使身体在较高的位置上保持稳定，身体成流线型。

②抓水：从开始姿势起，手臂先前伸，并使重心向前，两臂和上臂立即内旋，掌心向外斜下方并稍勾手腕，两手分开向侧斜方压水，当手掌和前臂感到有压力时，开始划水。抓水一方面能给划水创造有利条件，另一方面还能造成身体上浮和前进的作用(图8-1-15)。

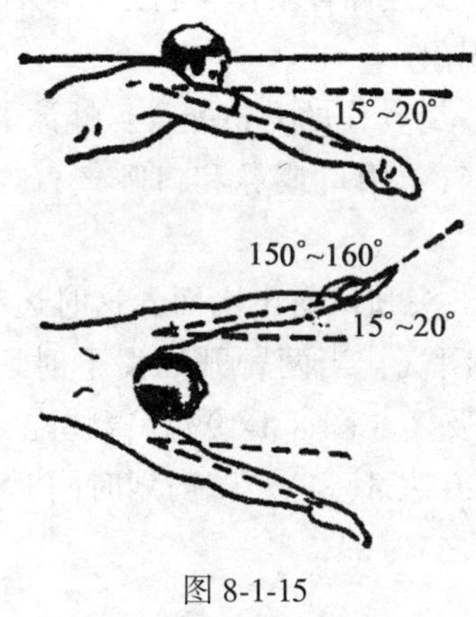

图 8-1-15

③划水：划水路线是向后偏外下方，划至与前进方向约成80°角（图 8-1-16-（A））。划水时，肩部向前伸展，保持高抬肘的姿势。整个动作过程是肘高于手并前于肩，手带动前臂和上臂向后划水的过程，肘关节的角度为 120°～130°（图 8-1-16-（B））。划水是用手掌加速内拨的动作，带动前臂收至超过垂直部位并开始降肘，掌心从外后转向内后急促拨水而结束划水（图 8-1-16-（C））。

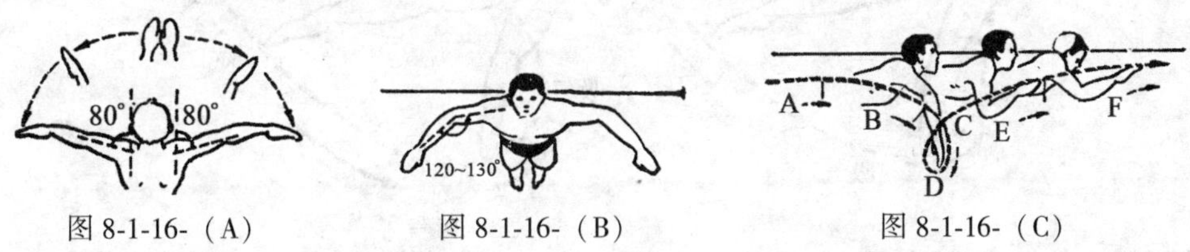

图 8-1-16-（A） 图 8-1-16-（B） 图 8-1-16-（C）

④收手：收手是划水阶段的继续，收手过程也能产生较大的推进力和上升力。动作是手掌由内向上收缩到头的前下方，继而成两手掌相对，最后掌心向下并拢前伸，收手动作应当有利于做快速前伸手动作。

在整个收手动作过程中，手的动作应积极地、快速地、圆滑地完成，收手结束吋，肘关节低于手，大、小臂成锐角（图 8-1-17)。

⑤伸臂：伸臂动作是由伸直肘关节、肩关节来完成，掌心由朝上逐渐向下方。同时，

向前伸出（图 8-1-18）。

图 8-1-17　　　　图 8-1-18

现代蛙泳臂的技术特点是：快速伸臂动作，它紧密配合腿的动作。因此，在伸臂的同时，肩要向前伸，不能有停顿现象。

（4）呼吸动作和呼吸、腿、臂动作的完整配合：蛙泳的呼吸是和手臂划水动作紧密配合的呼吸方法，它是用口吸气，用口或鼻和口呼气，当前在蛙泳呼吸技术中，有早吸气和晚吸气两种类型。

早吸气是两臂划水开始时，头和口露出水面，这时运动员将气最后吐完，并迅速做深吸气动作。继而随伸臂低头闭气，当两臂开始滑下时逐渐呼气。晚吸气是随着臂的有力划水动作，头和肩上升时吸气（图 8-1-19）。臂腿配合技术是：臂划水时，腿保持放松或自然伸直姿势（图 8-1-20 之 3、4）。臂内划时同时收腿（图 8-1-20 之 5），臂将伸直时开始蹬夹腿（图 8-1-20 之7、8）。

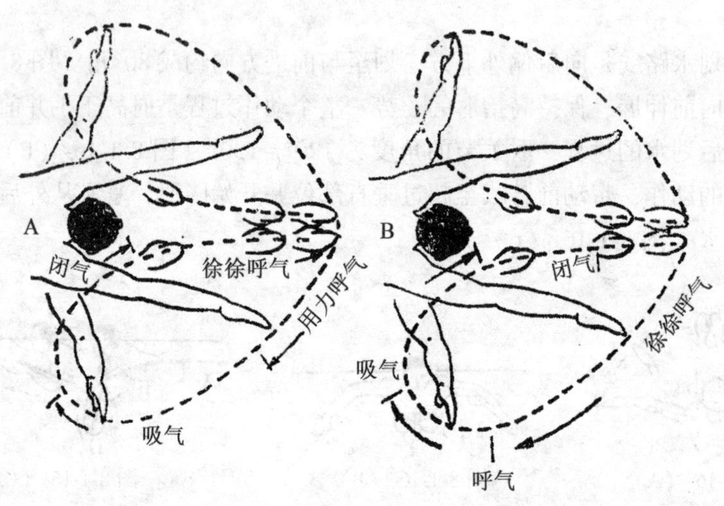

图 8-1-19

（二）蛙泳的教学

蛙泳的教学顺序是先学腿，后学臂（和呼吸），再学臂、腿配合和完整配合。

1. 腿部动作教学

目的是建立蛙泳腿的“收”、“翻”、“蹬”的概念，学习腿部的完整技术。

练习方法与步骤：

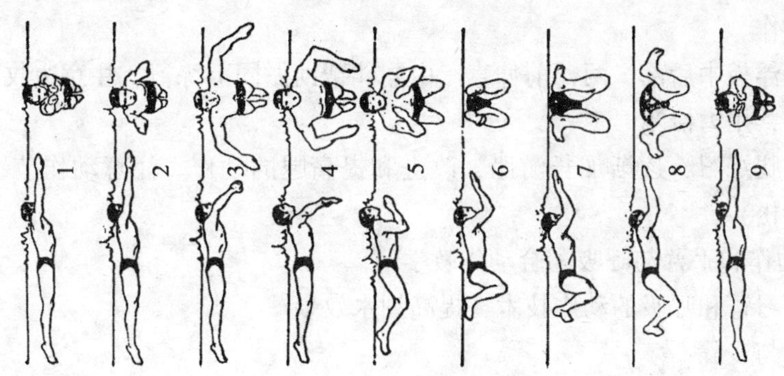

图 8-1-20

（1）陆上模仿练习

①坐在岸上或池边，上身稍后仰，两手后撑，按口令做蛙泳的腿部动作练习，开始分四拍做，体会收、翻、蹬夹、停的动作，再过渡到两拍，最后是一拍的完整练习。注意翻脚动作（图 8-1-21）。

②俯卧凳上或出发台上，做蛙泳腿的模仿练习，先由同伴帮而自己被动做；再自己主动做，同伴控制动作；最后由自己独立做。先做分解动作练习，逐渐过渡到完整动作练习（图 8-1-22）。注意收腿角度、动作路线和节奏。

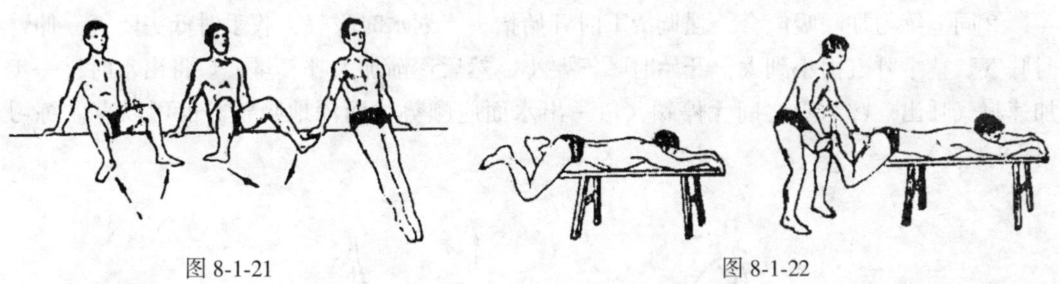

图 8-1-21　　图 8-1-22

（2）水中练习（图 8-1-23，图 8-1-24）

图 8-1-23

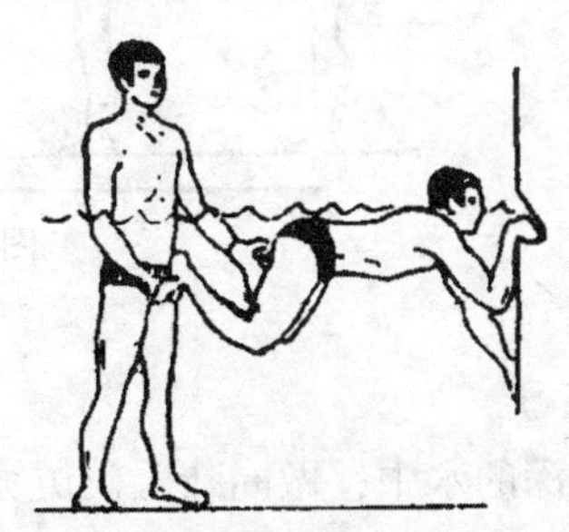

图 8-1-24

①一手抓池槽，一手反撑池壁成俯卧姿势，由同伴帮助做同上练习。重点体会翻脚和弧形蹬夹水动作。

②两手扶浮板中后部，两臂前伸直。由同伴帮助做同上练习。注意边收边分，翻脚及时，蹬夹连贯，用力恰当。

③扶板蹬腿练习，逐渐加长游距，改进和提高腿的动作。注意动作节奏和放松（特别是踝关节放松）。

2. 手臂动作和手臂与呼吸配合动作教学

目的是学习臂和呼吸的动作技术，提高划水效果。

练习方法与步骤：

（1）陆上模仿练习

①两脚开立，上身前倾，两臂向前伸直相并，掌心朝下。先按划、收、伸分三拍做蛙泳臂动作，再按划、伸分两拍练习，最后只用一拍做完整练习（图 8-1-25）。

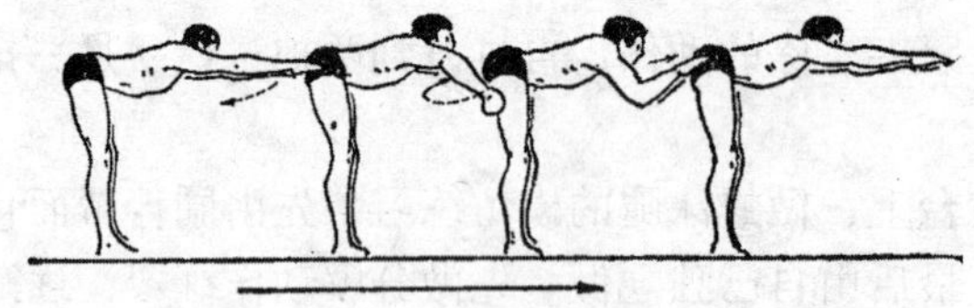

图 8-1-25

②同上练习加呼吸配合。强调滑下时开始抬头，划水时吸气，收手时低头闭气，伸臂时呼气。整个呼气由小到大，开始时呼气要小，然后逐渐加大呼气量，口将出水时进一步加速将气呼出。呼与吸之间无停顿，口一出水面应顺势快而深地吸气。也可以直立练习（图 8-1-26）。

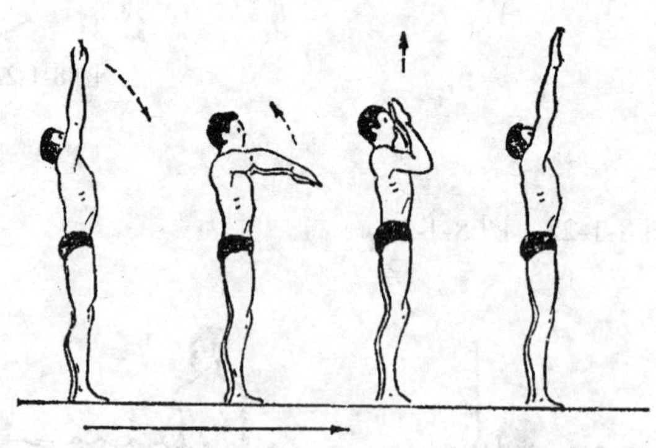

图 8-1-26

（2）水中练习

①站立齐腰深的水中，做同陆上模仿练习①的连贯动作。划水不要用力，着重体会划水时的方向路线，收臂时动作不停，臂伸直稍停（图 8-1-27）。

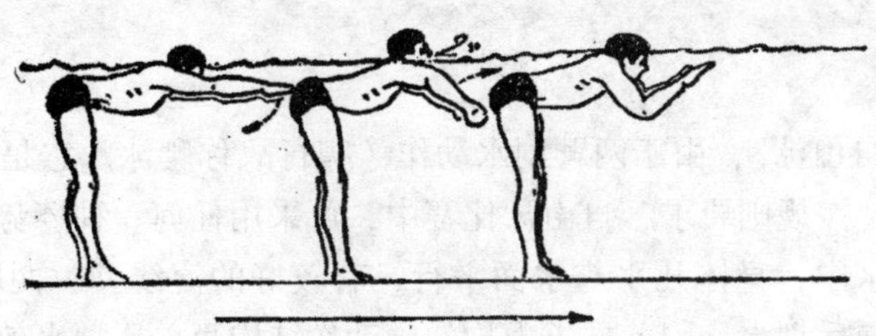

图 8-1-27

②同陆上练习②的内容。

③走动中做同上练习内容。

④由同伴抱住腿或大腿夹浮板做臂与呼吸的配合练习。

⑤头向池内，俯卧在池边，上半身浸入水中，做手臂或手臂与呼吸的配合练习。

3. 完整配合动作教学

目的是学习正确的臂与呼吸及腿的配合技术，手、腿依次用力的相互关系。

练习方法与步骤：

（1）陆上模仿练习

①站立，两臂向上伸直并拢。一腿支撑，一腿做模仿练习。“一”两臂向两侧划水。“二”收手同时收腿，收腿即将结束开始翻脚。“三”臂将伸直时蹬腿。“四”臂、腿伸直稍停，然后逐渐连贯做（图 8-1-28）。

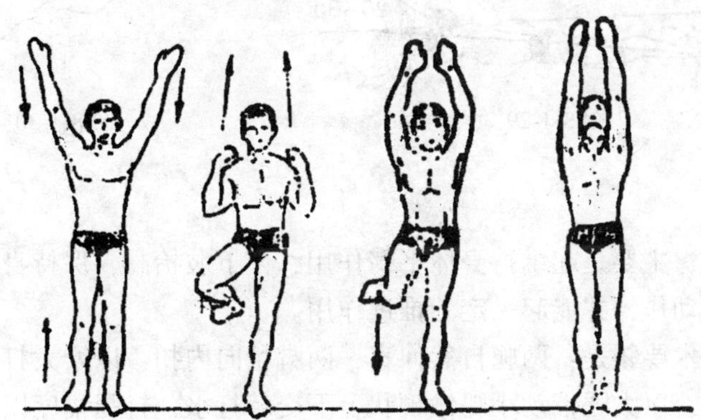

图 8-1-28

②同上练习加呼吸。

（2）水中练习

①滑行后闭气做臂、腿配合的分解练习，即划一次臂后蹬一次腿，臂腿依次交替做。

②闭气滑行，做划臂腿伸直、收手又收腿、臂先伸再蹬腿、臂腿伸直后滑行的配合练习。

③同上练习加呼吸配合。由多次蹬腿一次划臂逐渐过渡到一次臂、一次腿、一次呼吸的完整配合。

④逐渐增加游距，改进技术。

三、爬泳

爬泳，俗称“自由泳”，由于两臂划水动作像爬行故称爬泳。它是四种竞技游泳中速度最快的一种姿势，按规则要求，自由泳比赛中，可采用任何一种姿势游进。但由于游爬泳时，身体俯卧在水中，身体几乎与水面平行，有较好的流线型，两腿不停地做上下打水，两臂依次轮流向后划水，因此推进力均匀，动作结构简单，划水效果好；动作配合协调，既省力又能发挥最大的速度，所以在自由泳比赛中，人们都采用爬泳技术。

（一）爬泳技术动作

1. 身体姿势

游爬泳时，身体应伸直成流线型，几乎水平地俯卧在水面。稍收腹，水面接近发际，髋部略低于肩，身体纵轴与水面构成3°~5°角，头与身体的纵轴成20°~30°角，眼睛视线应向斜前方（图8-1-29）。

游进时的身体转动是由于划臂、转头吸气形成的自然动作，其优点是：便于手臂出水和空中向前移臂；缩短移臂的转动半径；有利于臂的抱水、划水和维持身体平衡；有利于转头吸气。身体转动的大小取决于运动员的技术、个人特点和游泳速度，转动幅度为两肩横轴与水平面构成35°~45°角（图8-1-30）。

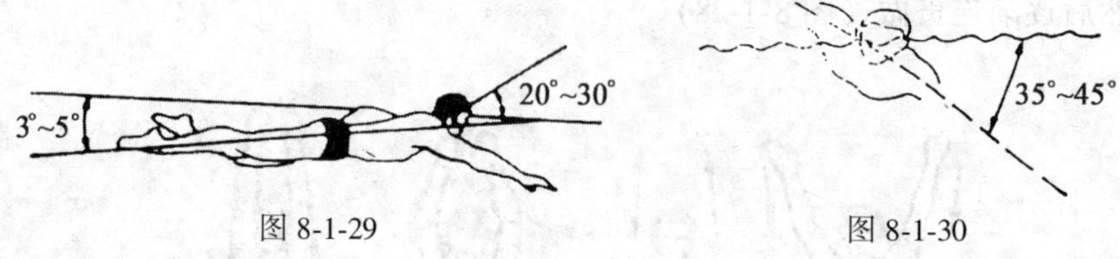

图8-1-29　　图8-1-30

2. 腿部动作

爬泳腿的动作，主要是起维持身体平衡作用，使下肢抬高，保持身体流线型，以及协调两臂有力的划水动作，并能起一定的推进作用。

爬泳打水的技术要领是：两腿自然伸直，两脚稍向内扣，以增大打水面积，踝关节放松，髋关节先发力，以大腿带动小腿做鞭状上下交替打水，打腿幅度以两脚跟的垂直距离30~40厘米为宜，脚不要打出水面，但可溅起一点浪花，打水效果取决于鞭状发力和踝关节的灵活性（图8-1-31）。

向下打水时，大腿发力开始向下，由于惯性作用，此时小腿和脚仍继续向上移动，膝关节弯曲成160°角（图8-1-32）。这时大腿还继续带动小腿，使小腿和脚背向后下方打水，这时产生了两个力量，一个是水平分力，推动身体向前进，另一个是上升力，使身体上浮。当大腿开始向上打水时，小腿继续向下，直到伸直膝关节，这两个力量继续作用。开始做向上打水的动作，这时大腿带动小腿向上移，髋关节逐渐展开，腿自然伸直；脚跟接近水面完成向上打水，由于腿受到水的反作用力，也产生一部分推动身体前进的力（图8-1-33中b′），但也有一个下沉力（图8-1-33中o、c′），所以向上打水时，用较小的

力量来完成，而向下打水时要用较大的力量和较快的速度来完成，以便产生较大的推进力和上浮力。

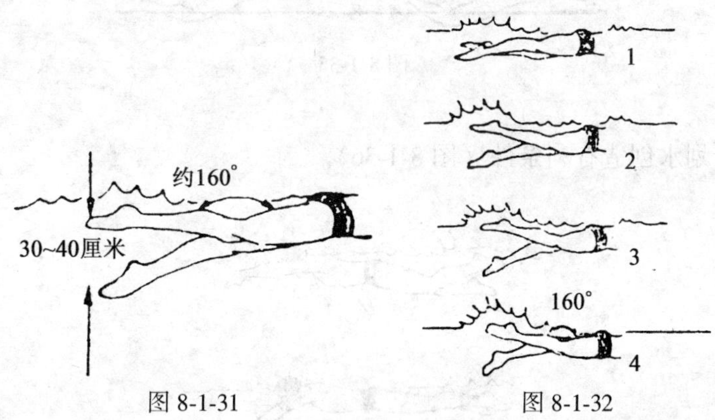

图 8-1-31 图 8-1-32

腿从上向下完成打水动作的过程称之为“下鞭动作”。从上向下打水时，踝关节的灵活性对前进的作用很大，从图 8-1-34 之 1 中可以看到，向下打水时，除产生上升力（oc）外，还可以产生向前的分力（oa）。但是在图 8-1-34 之 2 中，由于踝关节灵活性差，打水只产生向上的分力（ob），而无向前的推进力。

爬泳的两腿配合是随着运动员的个人特点、臂腿配合技术、两臂划水效果和游泳距离的长短而有所不同。

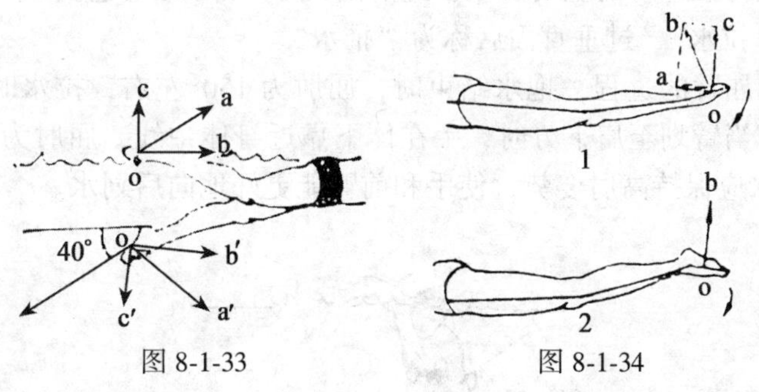

图 8-1-33 图 8-1-34

3. 臂的动作

游爬泳时，划臂是推动身体前进的主要力量。臂的动作是由入水、抱水、划水、出水、空中移臂五个阶段组成。

（1）入水：臂入水时，肘关节略屈并高于手，手指自然伸直并拢，手指向斜下方切插入水或掌心稍向外侧切入水中，动作要自然放松。

臂的入水点应在肩的延长线上或在身体中线和肩延长线中间（图 8-1-35）。当身体转动时，正好臂屈到身体下面，使划水更加有力，臂入水的顺序是手——前臂——上臂。

（2）抱水：臂入水后，积极插向前下方，并逐渐开始屈腕，屈肘对水，肘关节通过肩关节的内转而稍向外转，保持高肘。到划水开始，手臂与水平面成 40°角时，手和前臂已经接近垂直对水，肘关节屈至 150°角左右，整个手臂像抱一个大圆球一样，使肩带肌

图 8-1-35

群充分拉开，给划水创造有利条件（图 8-1-36）。

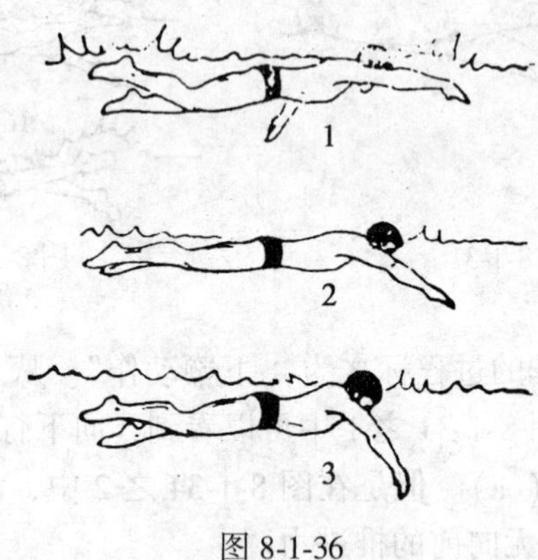

图 8-1-36

（3）划水：划水是指手臂与水平面成 40°角起，向后划至与水面成 15°~20°角止的这一动作过程，是获得推进力的主要阶段，此阶段又分两部分，从整个臂部划至肩下方与水平面垂直之前称“拉水”，过垂直面后称为“推水”。

拉水是直臂到屈臂的过程，抱水结束时，屈肘为 150°左右，拉水时前臂的速度快于上臂，继续屈肘，当臂划至肩下方时，手在体下靠近身体中线，屈肘为 90°~120°角（图 8-1-37）。整个拉水应保持高肘姿势，使手和前臂能更好地向后划水。

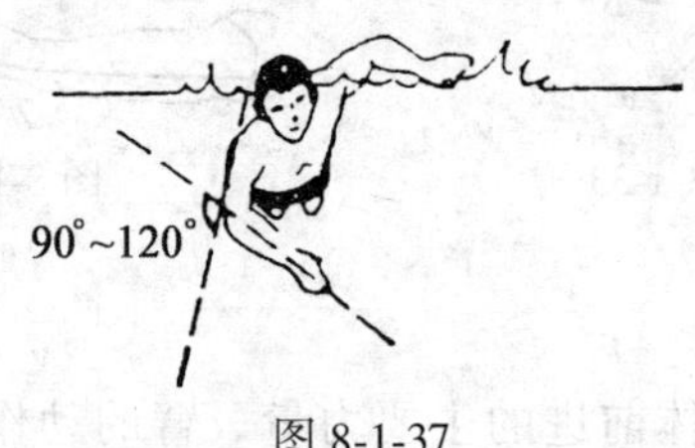

图 8-1-37

从拉水到推水，应是连贯地加速完成，中间没有停顿，特别是经过肩下垂直线时，不要失掉手对水的支撑感觉，要使上臂与前臂同时向后划动，同时肩部后移，以加长有效的划水路线。

向后推水是通过屈臂到伸臂来完成的。为了使前臂、手掌能以最大的面积推水，在推水中肘关节要向上，向体侧靠近（图 8-1-38）。

在推水过程中，为了使手掌始终与水平面保持垂直，推时要逐渐放松腕关节，使手伸展开，与前臂构成一个 200°~220°角（图 8-1-39）。

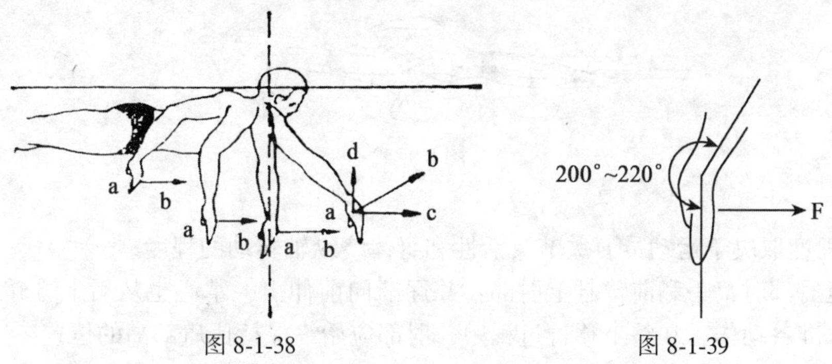

图 8-1-38　　　　图 8-1-39

整个划水动作，手的轨迹是向下——向后——向上。划水路线呈“S”形。

（4）出水：在划水结束后，臂由于惯性的作用而很快地靠近水面，运动员立即借助三角肌的收缩将臂提出水面（图 8-1-40 之 1）。出水时，肩部和上臂几乎同时出水，但肩部稍微早一些，掌心朝后上方（图 8-1-40 之 2）。

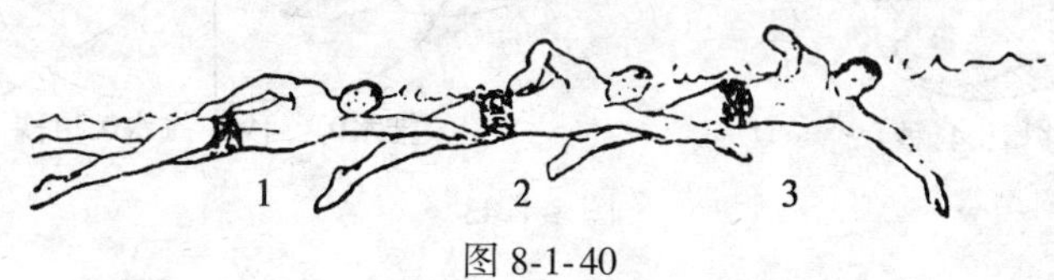

图 8-1-40

手臂出水。动作必须迅速而不停顿，同时应柔和，前臂和手掌尽量放松。爬泳手臂的连续动作，如图 8-1-41 所示。

图 8-1-41

（5）空中移臂：臂在空中前移的动作是手臂出水的继续，不能停顿，移臂时动作应放松自如，尽量不破坏身体的流线型，要和另一臂的划水动作协调一致。

手臂提出水面前移的前半部分，前臂和手的动作较慢，落后于前移的肘关节（图 8-1-42 之 1），移臂完成一半时，肘部继续弯曲（图 8-1-42 之 2）。

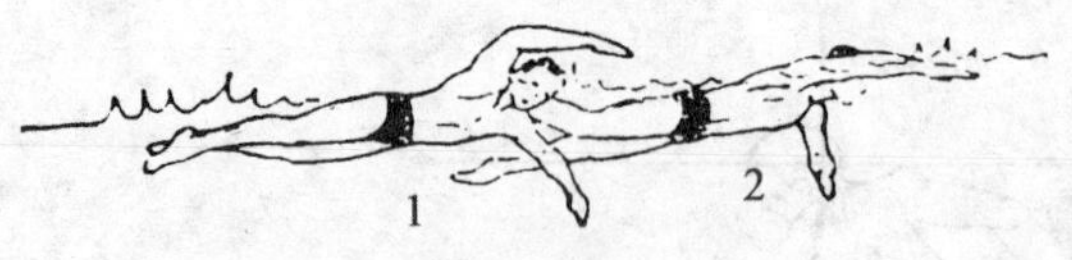

图 8-1-42

屈肘程度取决于运动员肩关节灵活性和身体绕纵轴转动的程度。

臂移至肩部时，手和前臂赶上肘部，并逐渐向前伸出，掌心也从后上方转向前下方。接着做入水准备动作，在整个移臂过程中，肘部应始终保持比肩部高的位置。

在爬泳划臂的整个周期中，动作是不停顿的，划水动作内部循环是有节奏的，随着阶段的不同，各部分所用的力量也不同，动作速度也有所区别（图 8-1-43）。

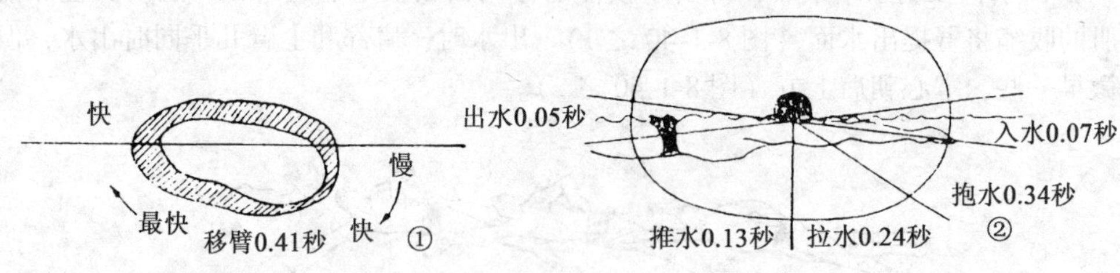

图 8-1-43

4. 两臂的配合技术

爬泳两臂的正确配合是前进速度均匀性的最重要条件之一，划水时，依照两臂所处的位置不同，可以分为三种交叉形式，即前交叉、中交叉、后交叉。

（1）前交叉配合：一臂入水时，另一臂处于肩前方。与水平面构成 30°角左右（图 8-1-44）。

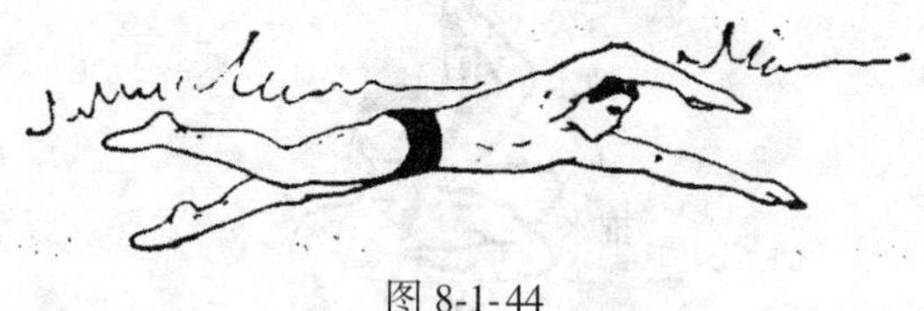

图 8-1-44

（2）中交叉配合：当一臂入水时，另一臂处于肩下垂直部位，与水平面构成 90°角左右（图 8-1-45）。

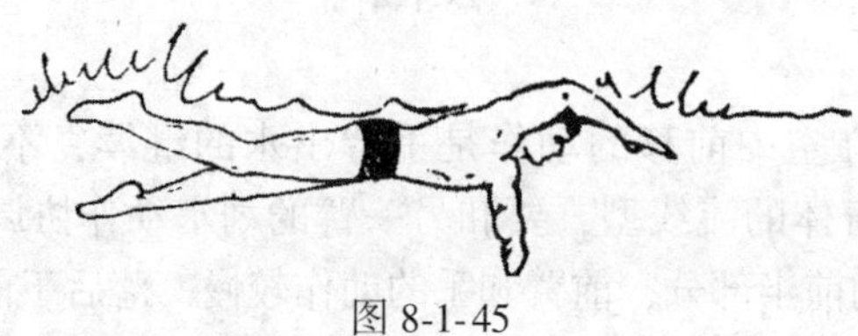

图 8-1-45

（3）后交叉配合：当一臂入水时，另一臂划水至腹部下方，与水平面构成150°角左右（图8-1-46）。

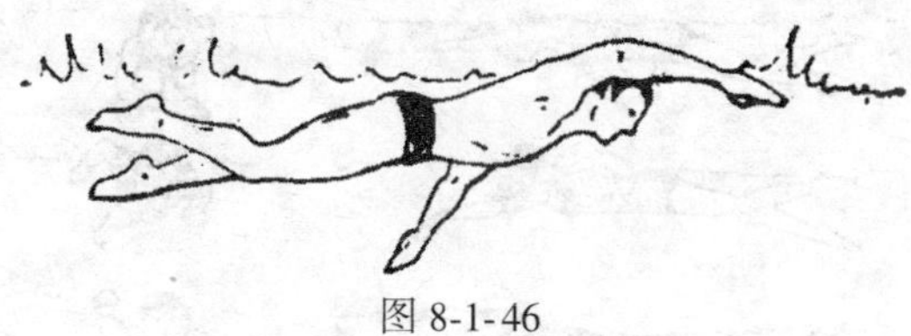

图8-1-46

以上三种配合形式都有其各自的特点，对初学者来说，可以采用第一种形式，以便掌握爬泳动作和呼吸动作。采用第二种和第三种形式，有利于发挥两臂力量和提高动作频率，加快速度，保持连续的推进力。

5. 呼吸与臂的配合

游爬泳时，呼吸动作应有节奏地进行，一般是在两臂各划一次做一次呼吸。以右臂动作为例，右手入水后，口鼻开始逐渐呼气，在水中呼气的结束部分，呼气速度加快。同时逐渐向右转头，右臂划水结束提肘出水时，嘴出水把剩余的气快速呼出。这样能把嘴唇边的水吹开，以便立即吸气（图8-1-47）。右臂出水前移至肩前时吸气结束，然后闭气并将头转正，右臂随之前移入水。

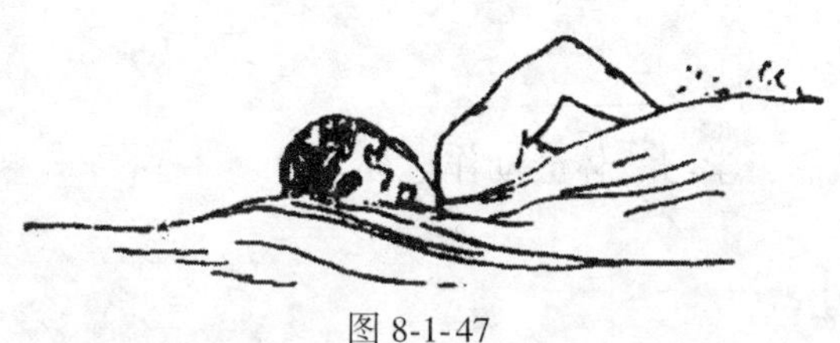

图8-1-47

6. 腿、臂和呼吸完整动作配合

完整的配合技术，是运动员匀速地、不间断地向前游进的保证。目前爬泳的配合动作中有两腿打水6次，两臂划水各1次，呼吸1次，简称6∶2∶1的配合技术；另一种是两腿打水4次，两臂划水各1次，呼吸1次，简称4∶2∶1的配合技术及两腿各打水1次，两臂各划水1次，呼吸1次，简称2∶2∶1的配合技术。另外还有采用不规则打水，交叉打水等多种形式的配合技术。爬泳完整动作，如图8-1-48所示。

爬泳的各种配合方法各有其优缺点。6次打腿配合技术，能保证配合的稳定性，保持臂腿协调配合和保持身体的平衡，适用于短距离项目；4次打腿的配合可以减少腿的负担量，2次打腿配合技术有利于发挥两臂作用，加快臂的动作频率。4次打腿和2次打腿技术在中长距离项目中多见。

（二）爬泳的教学

爬泳动作形象接近人们在陆上的行走动作，臂、腿动作较简单易学。掌握爬泳后，可为学习仰泳、蝶泳打下基础。所以往往先教爬泳。爬泳的教学一般采用分解教学法，先教腿后教臂（和呼吸），再教配合动作。两腿鞭状动作是基础，两臂划水是主要动力，呼吸动作是关键。

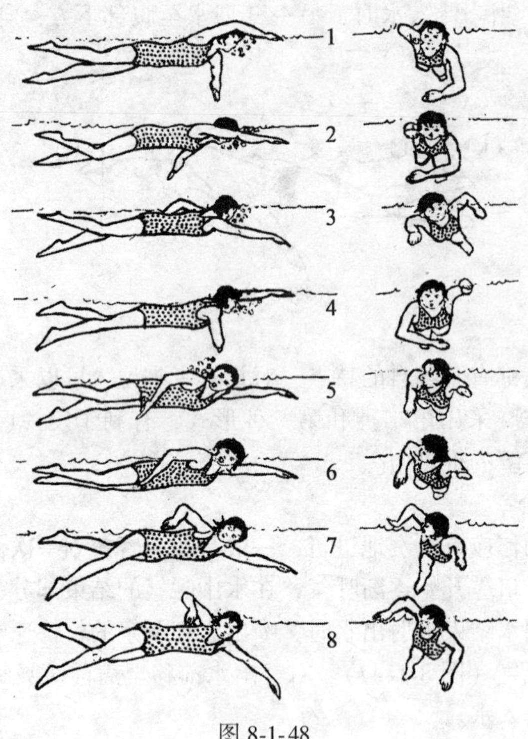

图 8-1-48

1. 腿部动作教学

目的是建立打腿概念，学习、体会动作过程。

练习方法与步骤：

（1）陆上模仿练习

①坐池边或岸边，两手后撑（图 8-1-49）。眼看稍内旋的两腿的动作，做直腿打水练习。

②俯卧池边或岸边，做两髋展开、大腿带动小腿的打水动作练习（图 8-1-50）。

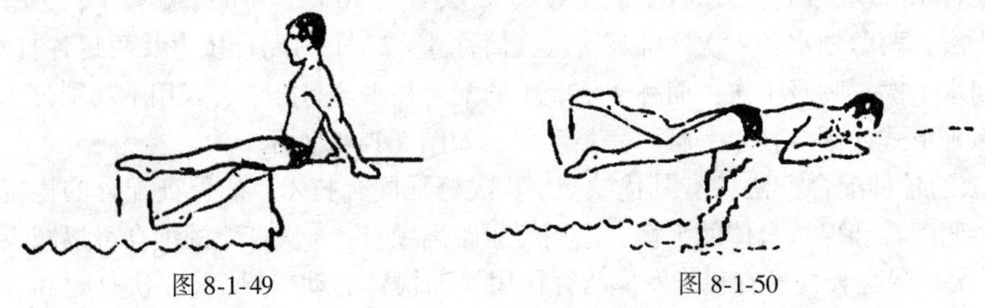

图 8-1-49　　图 8-1-50

（2）水中练习

①手握池槽或撑池底，成俯卧水平姿势，做直腿打水练习（图 8-1-51）。

②蹬边滑行，先直腿打水，再逐步过渡到膝、踝关节适度放松弯曲的鞭状打水（图 8-1-52）。

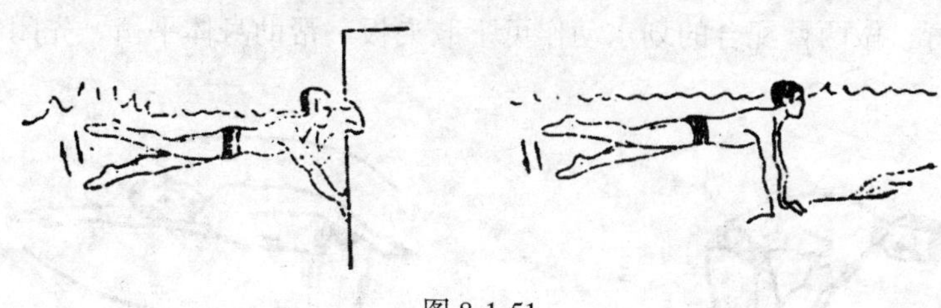

图 8-1-51

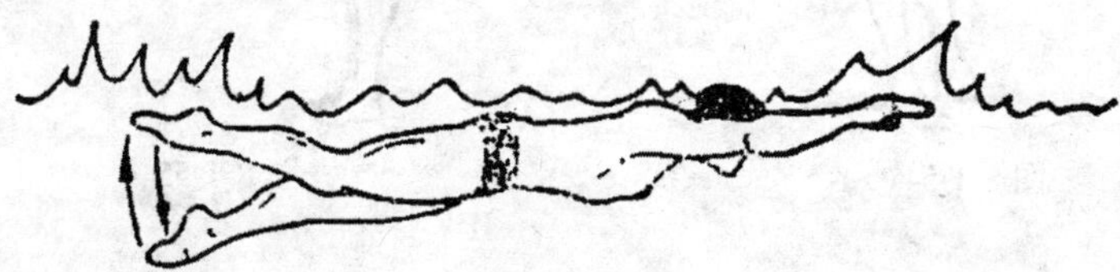

图 8-1-52

2. 手臂动作和手臂与呼吸配合动作的教学

目的是学习体会动作过程，建立划水（抱水、拉水、推水）、移臂的正确概念。

练习方法与步骤：

（1）陆上模仿练习

①原地两脚开立，上身前倾做直臂划水模仿练习。重点体会空中移臂动作和臂入水动作，先单臂练，后两臂交替练习（图 8-1-53）。

图 8-1-53

②同上练习，要求屈臂划水，着重体会划水路线。除划水阶段用力外，其他动作放松。移臂时肘高于手。

③呼吸练习。两脚开立，上身前倾，两手扶膝。做向侧转头吸气练习（图 8-1-54）。

④同练习②，配合呼吸练习，在同侧臂开始划水时呼气，推水时转头吸气(图 8-1-55)。

（2）水中练习

①站立浅水中，做同陆上练习①的内容。

②站立浅水中，做同陆上练习④的内容。向侧转头吸气。

③同上练习,由原地做过渡到走动做。要求划水适当用力,手掌对水,推水时掌心向后。

④蹬边滑行，做两臂配合的划水动作可下肢夹板，帮助身体平衡。先闭气，然后逐步增加呼吸次数。

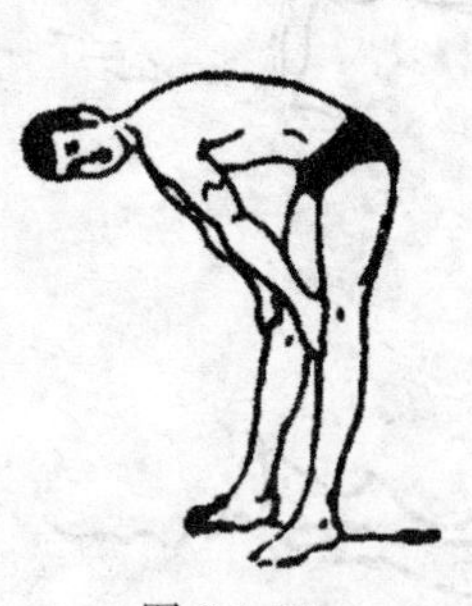
图 8-1-54

图 8-1-55

3. 完整配合动作教学

目的是学习、体会完整配合的节奏、时机及要求。

练习方法与步骤：

（1）陆上模仿练习

①俯卧凳上做臂、腿配合模仿练习。

②同上练习，加呼吸动作配合。

（2）水中练习

①滑行打腿，一臂前伸，另一臂划水。

②滑行打腿，配合两臂分解划水练习。

③滑行打腿，两臂用前交叉或中交叉配合轮流划水练习。

④同上练习，由划臂数次、呼吸一次，逐步过渡到两臂各划一次、呼吸一次练习(图 8-1-56)。

⑤逐渐加长游距，在练习中改进动作。

图 8-1-56

四、仰泳

仰泳是身体成仰卧姿势的游泳。其动作结构和爬泳基本相似。它包括反蛙泳和爬式仰泳。其速度仅次于爬泳和蝶泳。

（一）身体姿势

身体平直仰卧水中，自然伸展，头肩略高于臀，腰和腿保持水平部位，后脑浸入水中，水位在两耳际附近。身体纵轴与水平面构成一个小迎角（图 8-1-57)。颈部肌肉放

松，脸部露出水面，眼看后上方。

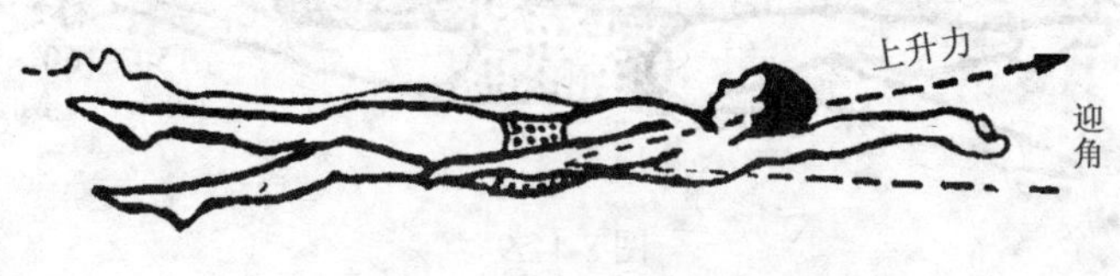

图 8-1-57

（二）腿部动作

腿部动作是保证身体水平姿势和维持身体平衡的主要因素，正确的踢水动作能产生较大的推进力。两腿的动作是：以髋关节为轴，大腿发力，带动小腿和脚，形成鞭打有力向后踢水动作。连续动作如图 8-1-58 所示。

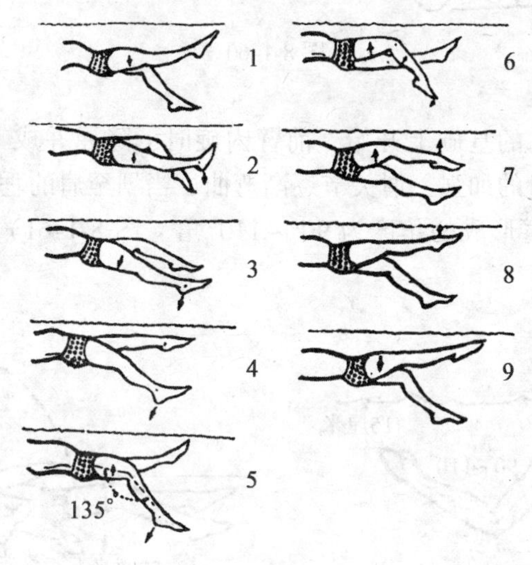

图 8-1-58

（三）臂部动作

臂部动作是产生推进力的主要因素。臂的一个动作周期可分为入水、抱水、划水、出水、空中移臂五个阶段。

入水：借助移臂的惯性，臂部自然伸直，小指领先入水，入水点在身体纵轴延长线与肩的延长线之间，或肩的外长线上。其顺序是：上臂先入水，再前臂和手几乎同时入水（图 8-1-59）。入水动作自然、放松。不要用手拍击水面，以避免带入气泡。

抱水：手臂入水后，臂下滑到一定深度时直臂向内探水处积极抓水，并转腕和肩带内旋，同时开始屈臂，使整个臂处于最有利的划水部位。完成抱水动作时臂与身体纵轴构成约 40°角，肘关节开始弯曲，手掌距水面约 30 厘米。

划水：划水动作是推进身体前进的主要动力。动作包括拉水和推水两个部分。整个动作是由屈臂抱水开始，以肩为中心，划至大腿侧下方为止。整个划水手掌走的路线从侧面看是先向下，再向上，再向下，成 S 形（图 8-1-60）。

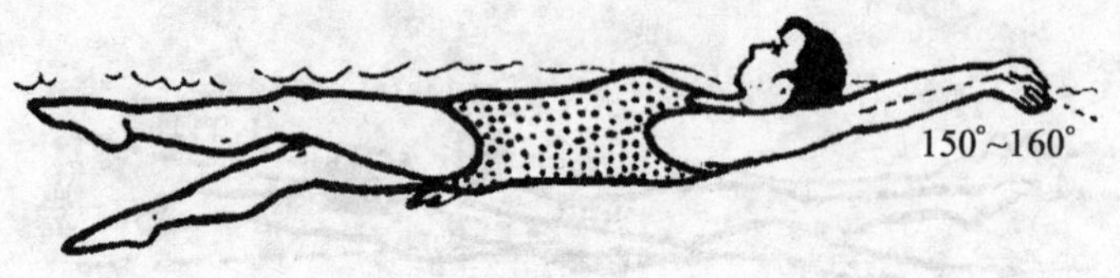

图 8-1-59

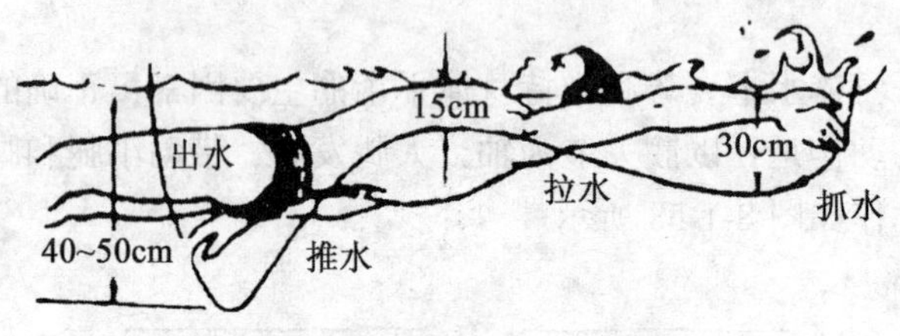

图 8-1-60

拉水是在臂前伸抓水的基础上开始，前臂内旋时下降屈并成 150°角左右，手掌向后上方拉水。随着划水力量的加强，肘关节逐渐弯曲，当划至肩的垂直截面时，手掌离水面 15 厘米左右，上臂与前臂形成的角度为 90°～110°角（图 8-1-61），推水动作如图 8-1-62 所示。

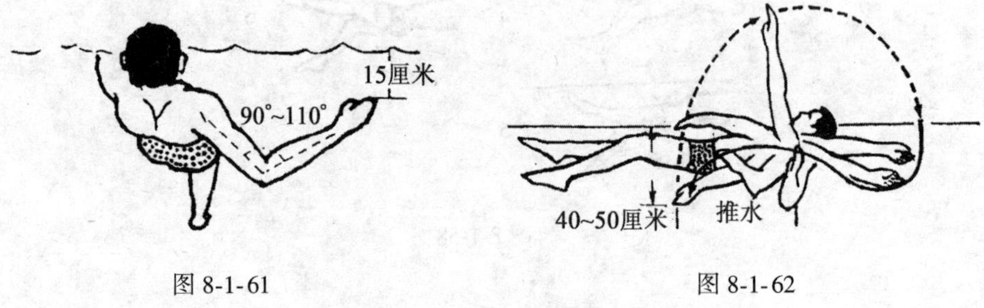

图 8-1-61　　图 8-1-62

出水：借助手臂内旋下压推压水的反作用力和三角肌的收缩力，手臂自然出水。出水动作是臂先压水后提肩，由肩带动上臂、前臂和手依次出水。

仰泳手臂连续动作如图 8-1-63 所示。

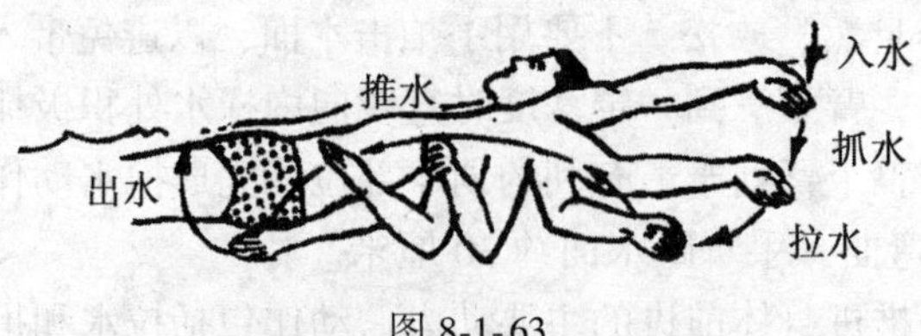

图 8-1-63

空中移臂：提臂出水后，手臂应迅速沿着肩的垂直面向肩前移动，手臂要自然、放松、伸直。移臂的后段肩关节要充分伸展，手垂直向头后移臂，速度要快。

(四) 两臂配合

应采用当一臂划水结束，另一臂已入水并开始划水；一臂处于移臂一半，另一臂处于划水的中部，两臂几乎处在完全相反的位置。

(五) 呼吸与臂、腿配合技术

现代仰泳技术采用6∶2∶1的配合技术，即6次打腿，2次划臂，1次呼吸。呼吸要有严格的节奏，不能用鼻子呼吸，要用口呼吸。

仰泳连续动作如图8-1-64所示。

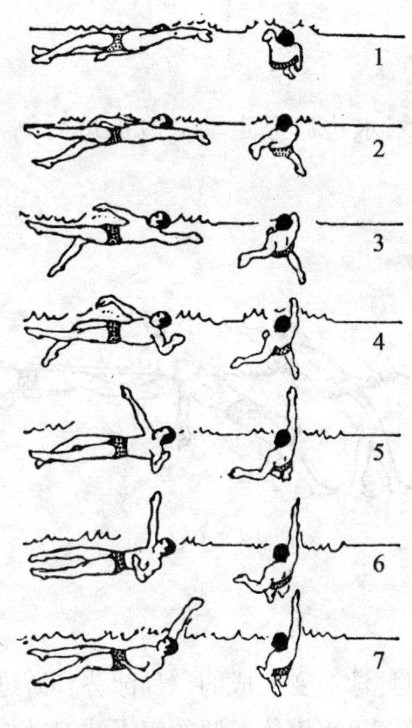

图8-1-64

现代仰泳的技术特点是：身体在水中保持流线型位置；手臂垂直向头后移臂；手掌入水点远，划水深，高肘划水；两臂交替划水，肩左右转动较大，肩横轴与水平面约成45°夹角；6次踢水，踢水很有力。

(六) 练习方法与步骤

(1) 陆地仰卧池边或出发台上做两腿打水模仿动作。

(2) 在水中，深吸气后，头和上身慢慢后仰，在同伴的帮助下两手后撑池底，做漂浮踢水练习。

(3) 仰卧凳上，做仰泳臂划水动作。先单臂划水，后两臂交替划水。划水时先直臂，再过渡到曲臂（图8-1-65）。

(4) 仰卧水中，同伴扶其双腿，做两臂交替划水动作（图8-1-66）。

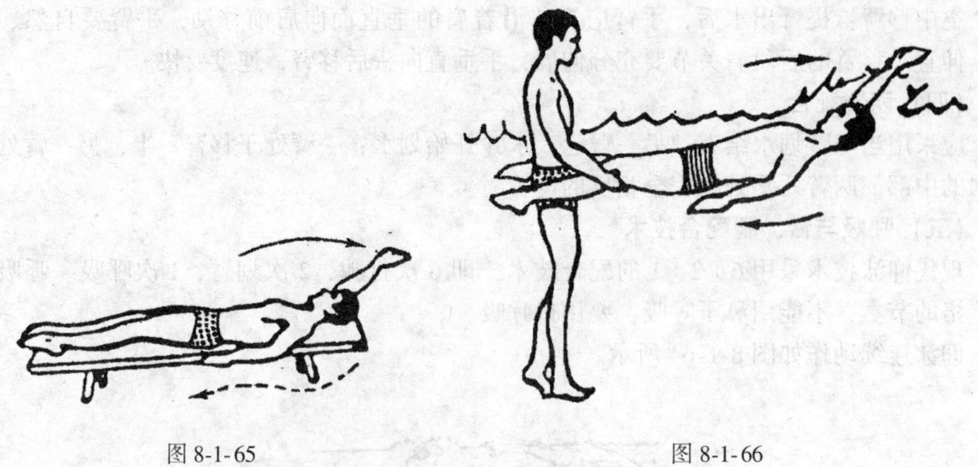

图 8-1-65　　　　图 8-1-66

（5）后倒仰卧划水。边划水边后退走动，边走边后倒，直至臂、腿配合游进（图 8-1-67）。

图 8-1-67

五、蝶泳

蝶泳又称海豚泳。它是由蛙泳演变而成的一种泳势，游进时因两臂动作形似蝴蝶展翅而得名。后来，匈牙利运动员董贝克模仿海豚的躯干波浪动作，创造了海豚泳姿势，使游进速度有了很大的提高，从此产生了海豚式蝶泳。

（一）身体姿势

蝶泳与其他泳式不同，它没有稳定的身体位置，而是在游进过程中，头、颈、躯干、腿、脚沿整个身体纵轴作传动式的递次起伏，形成有节奏的波浪运动。特点是躯干投入了运动，身体有节奏地上下起伏不大的波浪既给划臂和腿部鞭打动作提供了有利条件，又保持了身体有较好的流线型和相对位置的稳定。

（二）躯干和腿部动作

躯干和腿联合做鞭状打水（图 8-1-68）。它弥补了臂部动作间断时速度下降的不足，保持身体处于良好的位置，给臂和呼吸动作提供了有利的条件。

鞭状打水是从腰部发力，带动脊柱、髋、膝、踝各关节相继屈伸和制动，形成波形相继传递，直到脚尖，才使脚以最大的角加速度上、下打水。当脚尖到达最低点时，身体形成挺胸、收腹、向下，打水姿势，即下鞭动作。这时，膝关节伸直，臀部上升到水面，髋

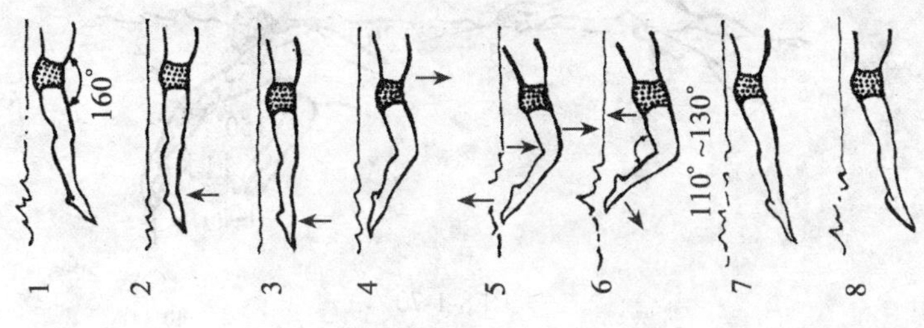

图 8-1-68

关节屈成约 160°（图 8-1-68 之 1）。同样，当两脚尖到达最高点时，形成了一个与下鞭时相反的传递波形，这时，完成上鞭动作，身体成含胸、挺腹、收腿的姿势，膝关节屈成 110°~130°（图 8-1-68 之 6）。身体依靠这种上、下鞭动作向前推进。下鞭时能造成较大的推进作用，所以下鞭的力量和速度比较大。踝关节灵活，可以加大鞭尾的角加速度，所以柔韧性好、踝关节灵活的人，蝶泳波浪打水动作不但漂亮，而且游速快而省力。

（三）手臂动作

蝶泳臂部动作仍要经过入水、抱水、划水（拉水和推水）、出水、空中移臂五个紧密衔接的阶段（图 8-1-69）。

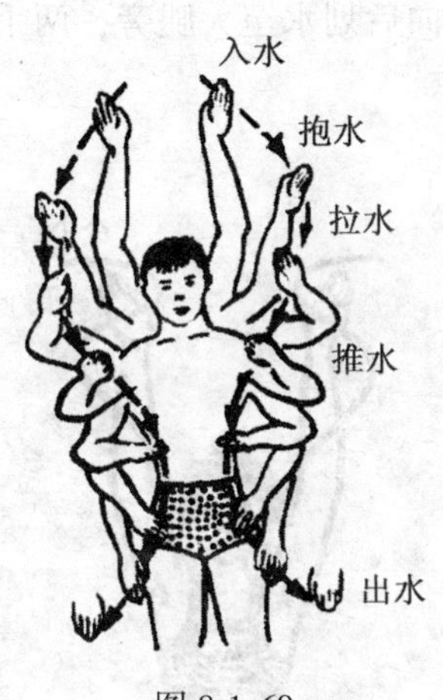

图 8-1-69

入水滑抱：空中移臂后，肘稍屈并高于前臂，以手指（食指）、前臂、上臂的顺序依次在肩的延长线上与水平面约为 20°角方向切入水中（图 8-1-70 之 1）。头随两臂前移顺势低下。

臂入水后应积极下滑，不宜向前伸肩滑行，很快将两手掌心转向内后下方，屈肘屈腕，使手和前臂形成良好的对水面，呈高肘抱水姿势（图 8-1-70 之 2）。这时上臂与水平面约成 20°角，肘关节约屈成 150°角，两手掌距离比肩稍宽。

划水（拉水与推水）：两臂从抱水开始，两手向内，屈臂保持高肘向后划（拉）水，当手划至肩的垂直横截面下方时，上臂与前臂约屈为 90°~110°角（图 8-1-71）。这时臂的有效对水面最大、位置最佳，要毫不停顿地向后加速推水到大腿旁。

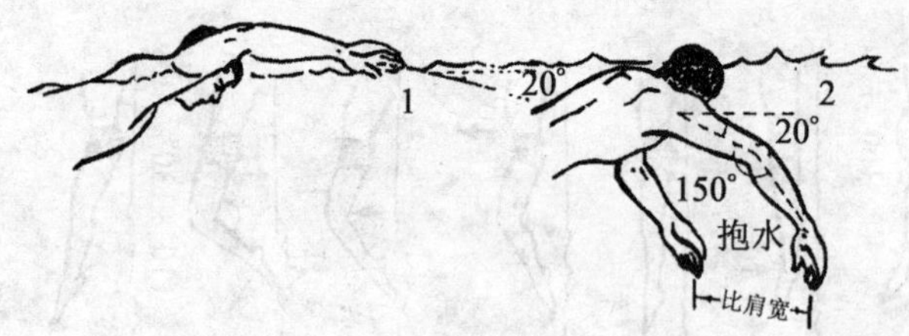

图 8-1-70

图 8-1-71

蝶泳两臂同时从入水滑抱到向后划水至大腿旁，两手所走的路线呈对称的双“S”形（图 8-1-72）。

图 8-1-72

出水移臂：推水结束后，以肩带动肘和手提出水面（图 8-1-73）。两手向髋外上侧挥动，沿低而平的弧线经空中前移，直至入水（图 8-1-74）。

图 8-1-73　　图 8-1-74

（四）呼吸和臂部动作配合

当臂入水后用嘴、鼻慢慢吐气，两臂进入划水时，下颏微抬，划水至胸下方时抬头张嘴吸气，臂出水后经空中移臂时，低头、闭气至吐气。

（五）腿、臂、呼吸配合与练法

蝶泳的完整配合，一般采用 2∶1∶1 的配合方法。即腿打水两次、臂划水一次、配合一次呼吸。

臂入水时吐气，腿做第一次打水；臂划水时抬头张嘴吸气，腿做第二次打水，臂出水、移臂时闭气。这种方法速度均匀，节奏协调，两次打水间歇时间大致相同。

蝶泳的呼吸配合有两种：

一是早吸气。当臂进行拉水时抬头吸气。这种方法，吸气时间长，速度慢，身体容易下沉，但比较容易学，适用于初学者。

二是晚吸气。当臂进行推水时抬头吸气。这种方法吸气时间短，速度快，阻力小，便于加快频率，多为运动员采用。

蝶泳连续动作如图 8-1-75 所示。

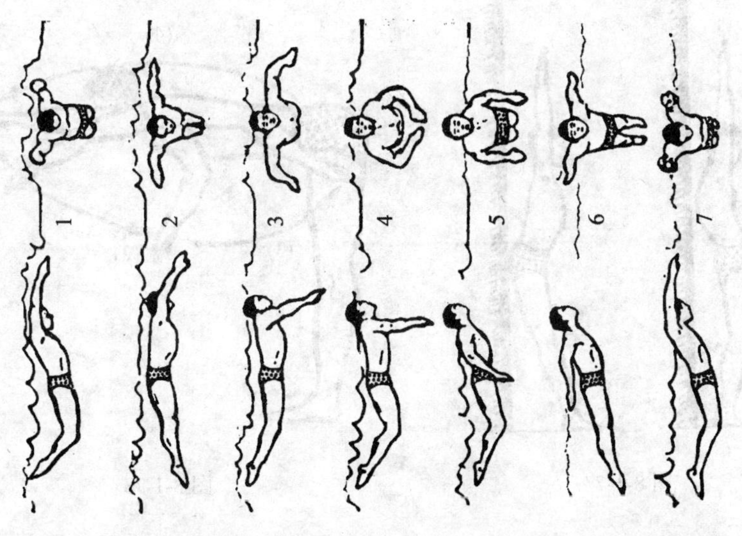

图 8-1-75

（六）练习方法与步骤

1. 陆上模仿练习

（1）并腿站立，两臂屈抱头后，有节奏地做挺腹、屈膝、收腹提臀、伸膝动作。先分解做，然后把四个动作连贯起来做。体会腰、腹、腿的波浪动作。

（2）在练习（1）动作中，加两肘内合和后展动作，逐步过渡到二拍完成上述四个动作。即口令 1，做两肘内合含胸、挺腹屈膝；口令 2，做两肘后展挺胸、收腹提臀、伸膝打水（图 8-1-76）。

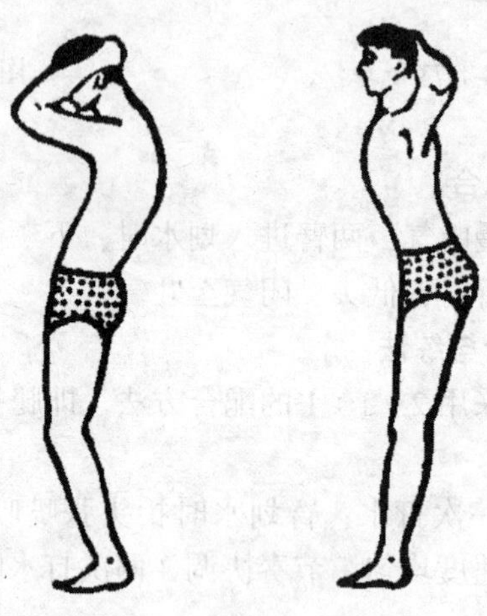

图 8-1-76

（3）背距墙 10~15 厘米站立，两臂上举，做（2）后二拍的动作（图 8-1-77）。身体做波浪形动作时，臀部碰墙，借助墙体会动作。

（4）原地开立，上身前倾，做蝶泳两臂划水动作，即抱水、拉水、推水、出水、空中移臂、入水（图 8-1-78）。

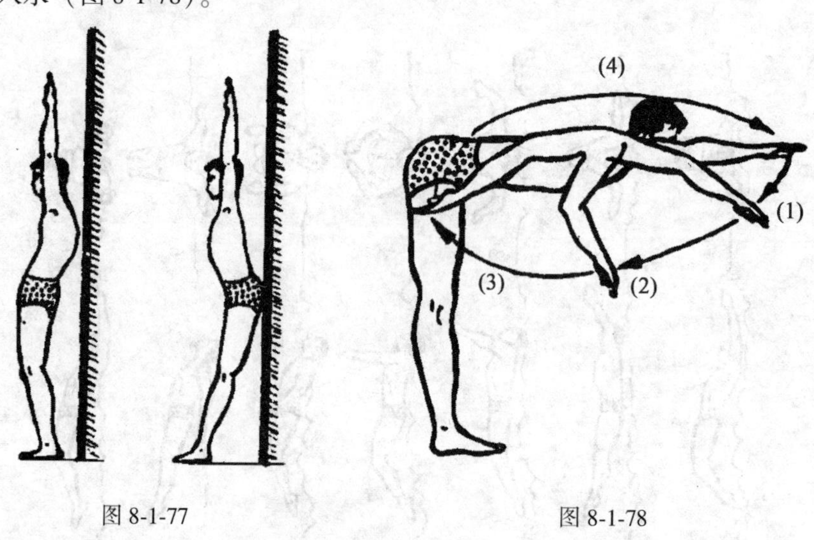

图 8-1-77　　图 8-1-78

（5）并腿站立，上身前倾，两臂前上举做臂与呼吸配合练习，即划水、抬头吸气，

移臂、闭气至呼气。

（6）原地单脚站立，一腿后伸，上身稍前倾，两臂上举，做臂、腿配合，即两臂前移“入水”时，后伸腿向下打第一次腿，两臂向后“划水”至肩下时，打第二次腿。基本掌握后再加呼吸动作。

2. 水中练习

（1）水中手扶池边、槽，做爬泳腿打水，过渡到两腿并拢同时做上下打水动作。

（2）水中用杆子诱导做随杆上下起伏打水动作，即两臂伸直握住垂直于水面的杆子，身体平卧水面，岸上人使杆子上下起伏诱导，练习者随杆子上下做躯干和腿的上下打水动作。

（3）手扶浮板做（1）练习。

（4）手扶池壁、槽，侧卧做躯干和腿的波浪打水动作（图 8-1-79）。

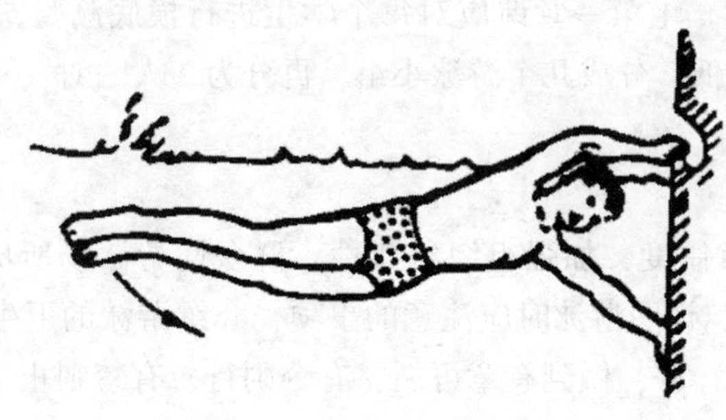

图 8-1-79

（5）水中在蛙泳腿蹬夹水的基础上，做臂划水练习。

（6）上身前倾，水中走动做臂与呼吸配合练习。体会手臂划水路线、划水对身体的推动作用以及臂与呼吸的配合。

（7）滑行后先打三四次腿，划一次手。掌握好手、腿配合时机后减少到打腿两次、划手一次。

（8）同练习（7）后部练习，加抬头吸气动作。即臂入水吐气、臂划水到胸腹下方时抬头吸气。

六、游泳的安全与救护常识

（一）遵守规定，确保安全

游泳是一项非常有益的运动，是我国群众性最广泛的运动项目之一。可以说，在所有体育项目中，任何一项都比不上参加游泳运动的人广泛，从刚出生几个月的婴儿，到七八十岁的老人，都能到水中泡一泡，游一游；尤其是少年儿童特别喜爱游泳。但是，如果组织不当，游泳也容易出现不幸事故。因此，在教学、训练和群众性的游泳活动中，游泳的安全应放在首要地位，防止发生意外事故。下面介绍有关的安全常识。

1. 加强安全教育

加强安全教育，使学生明确和遵守安全规则，树立安全观念，把安全教育贯彻于整个游泳教学的始终。

2. 选好游泳场所

在天然水域游泳，必须先做好调查工作，要查清水质、水深、流速、水底、水中生物等情况。凡有污泥、乱石、暗礁、急流、漩涡、枯枝、树桩和杂草的水域，来往船只多或靠近码头的地方，有工业废水污染和有血吸虫的水域，都不能作为游泳场所。在海滨选择游泳场所要注意海浪和涨潮、落潮情况，还要注意有无伤害人的鱼类。最理想的天然游泳场所是流速缓慢、坡度小的沙底水域。

场地选好后，用鲜明的标志划分深水区和浅水区。初学者严格禁止到深水区游泳。

3. 搞好安全组织

(1) 指派救生人员，成立安全小组。每次上课前应指派两人以上责任心强、水性好的学生担任救生员，组成安全小组。准备好救生器材，注意清点人数，在岸上进行观察，做到既注意全面，又照顾重点。如发现情况，立即发出呼救信号和使用救生器材进行救护。

(2) 编排游泳小组。上第一堂课应对每个学生进行摸底测验，了解学生的游泳技术水平，按技术水平的高低，分成几个游泳小组，再分为 2 人一对，互相帮助。如果发现情况，立即呼救。

4. 落实安全措施

(1) 严格遵守规章制度，加强组织纪律性。群众性游泳场所应有严格的规章制度。如游泳须知（或守则），说明游泳时应注意的事项，介绍游泳的卫生、安全常识，规定游泳者应遵守的制度和纪律等，做到有章可循，有令则行，有禁则止。

(2) 经常清点人数。每次上课前后都必须清点人数，绝不允许擅自离队。在课中大约每隔 15 分钟检查一次人数（由安全小组检查报告），如有怀疑，必须令全体人员上岸清点。

(3) 认真做好准备活动。准备活动可以提高神经系统的兴奋性，调节身体各器官系统的状况，增强身体对游泳活动的适应能力，同时还是预防肌肉痉挛和拉伤的有效手段。

(4) 准备好安全救护工具。如救生圈、竹竿、浮板、绳索、必需的药品、担架和人工呼吸用具等。

5. 注意卫生常识

(1) 进行健康检查。为了预防疾病，保护自身健康，凡有严重皮肤病、红眼病；中耳炎、腹泻、肝炎、肺结核、高血压、心脏病、精神病、癫痫病等，一律不能参加游泳。女生月经期不宜游泳。

(2) 饭后、酒后或激烈运动之后不要立即下水游泳。

(3) 出现冷颤、头晕、呕吐等异常情况，应及时出水。

(4) 注意公共卫生，游泳池应及时消毒和净化，不应在水中吐痰或小便。

(二) 预防、自救与救护

1. 预防、保护与自救

要防止溺水事故，就应了解发生事故的原因，掌握自救的方法。现将常见的几种事故以及预防、保护和自救的方法介绍如下：

(1) 溺水事故大多数都是由于技术不好、惊慌、呛水等原因引起的，预防溺水事故，首先要学会呼吸和放松，呛水时不要紧张，可用踩水等姿势排除呛水。

（2）对一些容易出现突发性休克的疾病，如严重的癫痫病、心脏病，不能游泳。

（3）随意潜水是造成不幸事故的隐患。即使是水性好的人，也会因潜水时间过长，脑部缺氧而突然休克。因此，在人多的游泳场合，不宜潜水。在教学中，做潜水练习时，应互相照顾和保护。

（4）游泳时，因疲劳、寒冷和过度紧张都会引起肌肉痉挛（抽筋）。出现抽筋，首先应克服紧张害怕心理，尽量使抽筋部位伸展。如严重的抽筋应立即呼救。

（5）游泳时过度疲劳，容易出现事故。这时，应借助别人的帮助，放松游出危险区。

（6）在游泳时，有时会因跳水或其他原因碰撞而发生事故，因此，规定不要在游泳场所跳水或互相追逐打闹。发生碰撞，必须停下来，观察情况，如有问题，立即采取应急措施。

（7）游泳时，由于水情不熟，落入危险水域，首先要沉着、冷静，如落入漩涡中，应持平卧姿势，增大身体半径，逆漩涡而游出险区。

2. 水上救护

为了保证游泳安全，不仅要加强安全教育，采取有效的安全措施，而且还要掌握游泳的救护知识与方法。如发现溺水事故后，应根据情况当机立断，采取有效措施、沉着、勇敢、迅速进行救护。

由于水域的不同，出现事故的情况也不一样，所以对不同的情况要采取相应的救护方法。水上救护分间接救护和直接救护。

（1）间接救护技术

间接救护技术是救护人员利用救生器材的一种救护方法。这种方法适用于溺水者神志较清醒的情况下使用。使用的器材有竹竿、绳索、泳板、救生圈、救生衣、浮球等。救护应根据现场情况，使用相应的救生器材，可在岸上或船上使用，也可携带入水，游近溺水者时使用。在江河中用救生圈、浮球等浮物救护较清醒的溺水者，应向溺水者的上游准确地掷去，就能使溺水者稳当而快速地脱险。

（2）直接救护技术

直接救护技术是救护者不用任何救护器材、徒手对溺水者施救的一种技术。当溺水者神志不清或救护者没有救生器材的情况下，要果断、迅速地采用直接救护。直接救护技术可分为观察、入水、游近溺水者、解脱、拖运、上岸、抢救等过程。

①观察：为了以最快的时间和最短的距离尽快地游近溺水者，救护者在入水前应迅速观察周围的环境。如溺水者落水地点、水流的方向和流速等情况，迅速选好入水地点，脱去衣服、外裤和鞋袜。

②入水：入水要快，目标要准。对熟悉的水域可采用头先入水的出发动作，入水后出水动作要快。不熟悉的水域或距溺水者较近时，可采用跨跳式入水动作（图 8-1-80）。入水后，两腿向下夹水，手臂迅速压水。使身体处于较高位置，以便观察目标。

③游近溺水者：入水后，一般用抬头爬泳迅速游近溺水者。当游近溺水者 2~3 米时，深吸一口气，再接近溺水者。接近时应用突然果断的动作拉住溺水者的手腕（图8-1-81）用力向右（或左）边一拉，使溺水者背向自己，再进行拖运。

图 8-1-80　　图 8-1-81

④拖运：拖运时，一般采用侧泳或反蛙泳技术。采用反蛙泳拖运法可用单手或双手托住溺水者的后脑或肩、腋部位，用反蛙泳蹬腿前进（图 8-1-82）。

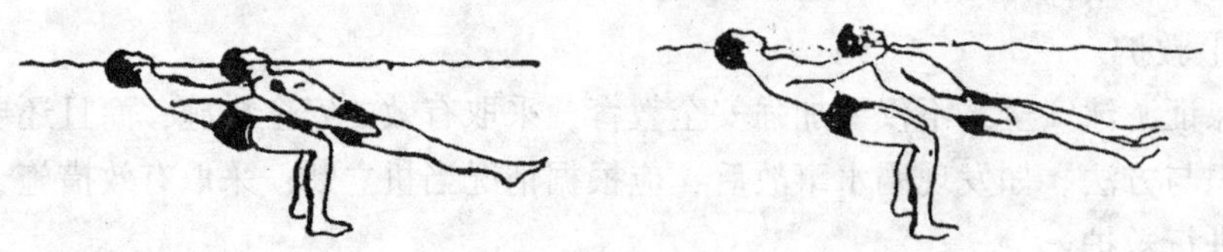

图 8-1-82

采用侧泳拖运法可托溺水者后脑或同侧肩腋部（图 8-1-83），或穿过一腋扶其下颏、腋下，侧泳游进（图 8-1-84）。

无论采用哪种方法拖运都要时刻注意让溺水者的脸部露出水面。

图 8-1-83　　图 8-1-84

⑤出水上岸：如果溺水者处于昏迷状态，那么他全身是松弛的，这时救护人员就不能采取往上托的办法，而应采用由下往上拉的办法为好（图 8-1-85）。

⑥抢救：上岸后，应先排除气管、胃内积水和口、鼻内的杂物。方法是：救护者单腿跪地，将溺水者腹部放在自己屈膝的大腿上，使其足高头低，用手捶拍溺水者背部，加速排水。若溺水者牙关紧闭，可采用两手大拇指顶住溺水者下颌骨，使其张口。若溺水者已清醒，应穿好衣服休息；若昏迷不醒，应立即施行人工呼吸。

实践证明，口对口吹气的方法效果好。操作方法是使溺水者仰卧，一手捏住其鼻子，另一手托其下颏，救护者深呼吸后嘴对嘴将气吹入溺水者肺部，接着松开捏住鼻子的手，嘴离开，并用手压一下溺水者的胸部，帮助呼吸，如此反复进行，每分钟做 14~20 次。

⑦解脱：救护者如被溺水者抓住或抱住，应立即解脱，解脱时利用反关节和杠杆的原

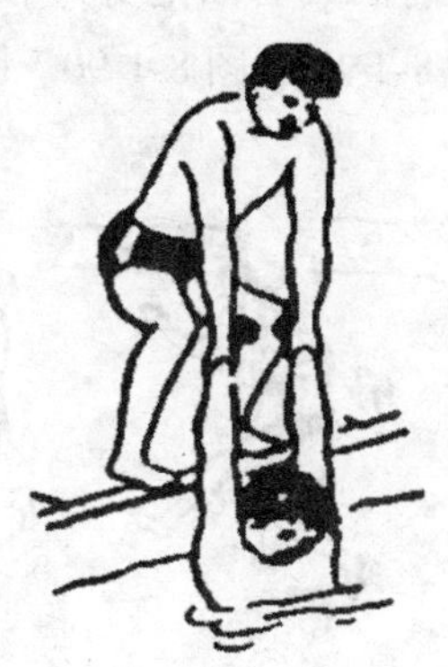

图 8-1-85

理，动作要迅速、突然。解脱的方法依被抓或抱住的情况不同而异。一般有虎口解脱法、扳指解脱法、推扭解脱法、托肘解脱法。

虎口解脱法：两臂或两手被溺水者抓住时，救护者两手握拳，用力由里向外扭转，同时用力下压，即可从虎口解脱（图 8-1-86）。

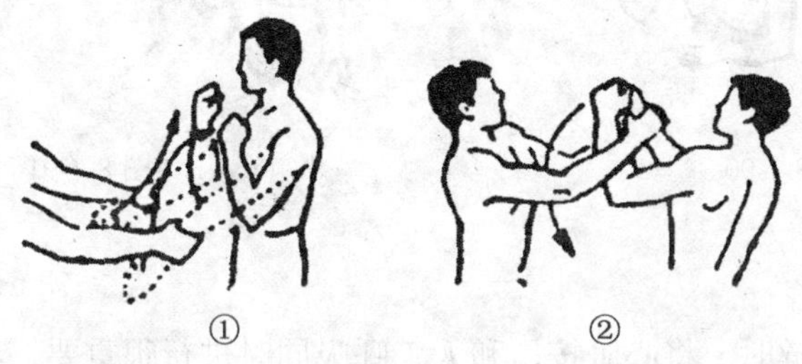

① ②

图 8-1-86

扳指解脱法：溺水者从背后抱（抓）住救护者，但两臂未被束缚时，可分别用左右手抓住溺水者的左右手中的一指，反向扳开，即可解脱（图 8-1-87）。

推扭解脱法：若溺水者从前面抱住腰、背等部位，但两臂未被束缚，可一手按住溺水者的后脑，另一手托其下颌向外扭转溺水者的颈部，使之解脱（图 8-1-88）。

图 8-1-87 图 8-1-88

托肘解脱法：凡是被溺水者从前面或后面把身体和两臂都抱（抓）住时，可采用将溺水者的肘部上托的方法解脱（图 8-1-89、图 8-1-90、图 8-1-91）。

图 8-1-89

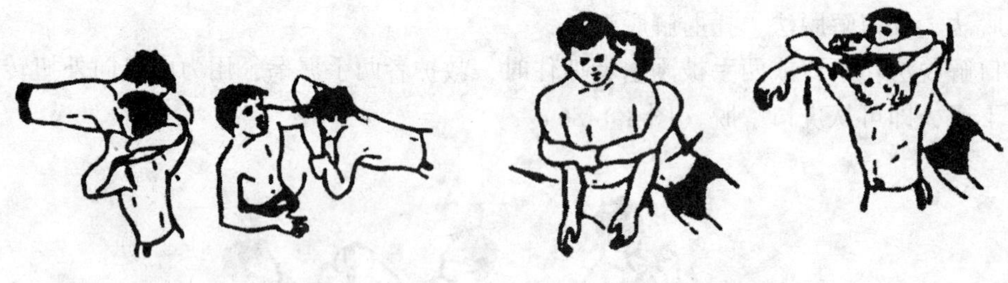

图 8-1-90　　图 8-1-91

（3）心脏按压

当溺水者失去知觉时，将心脏按压和人工呼吸同时进行很重要。心脏按压法包括：俯卧压背法、仰卧举臂压胸法、侧卧压胸法和胸外压放心脏法。这里介绍常用的仰卧举臂压胸法和胸外压放心脏法两种。

①仰卧举臂压胸法：此法特点是既可做人工呼吸又能起到压心脏的作用，因此遇溺水者呼吸、心脏均停止时可采取此法。具体方法是：溺水者后仰，救护者跪于溺水者头部上方，握其两手腕。操作呼吸动作时，救护者上身前倾，增加压力，将溺水者的双臂弯曲，用其两前臂压迫双肋处，通出肺部空气（图 8-1-92）。操作吸气动作时，将溺水者双手提起，向左右两侧做伸展动作，此时胸腔扩展，空气便会进入肺里（见图 8-1-93）。这样再继续将溺水者的两臂经头上，回复到呼气的手势。

②胸外压放心脏法：此法使用于溺水者无心跳或心跳极其微弱时。具体方法：溺水者仰卧，救护者跪在溺水者身旁，将一手掌置于溺者的胸骨下端，另一手掌覆在上，两手掌重叠在一起，两臂伸直，借助身体的重力，稳健有力地向下垂直加压（见图 8-1-94），压力集中在手掌根部，使溺水者胸骨下陷 3~4 厘米，压缩心脏，然后抬起手腕，使胸廓扩张，心脏舒张。这样有节奏地进行，成人每分钟 60~80 次，小孩 80~100 次，直至心脏再跳动或确已死亡为止。

图 8-1-92　　图 8-1-93　　图 8-1-94

做人工呼吸和心脏按压，应先在 3~4 秒内做 2 次人工呼吸，然后做 15 次连续的心脏按压，这样反复进行。另外，做心脏按压的同时，应注意观察两点：切颈动脉查脉搏；观察瞳孔。当呼吸停止和心脏停止跳动，瞳孔就会扩大，反之，瞳孔缩小。

第二节　瑜　伽

"瑜伽"一词来自梵语词根 yuj，意为联合、加入、结合和束缚，即把人的注意力集中起来加以引导、运用和实施，也有结合或交融的意思。

古代印度先哲帕坦伽利把瑜伽的方法分为 8 个方面：一是制戒，即道德规范；二是内制，即通过自律进行自我净化；三是体式；四是呼吸控制，即有节律的呼吸；五是制感，即使精神超越感官和外部事物，得到自由；六是专注；七是冥想；八是入定或三摩地，即由深邃的冥想中产生的超然意识，此时瑜伽冥想者与他冥想的对象——超灵或宇宙圣灵合而为一。

现代瑜伽是为了顺应现代生活节奏、情调、方式，在印度古典瑜伽的基础上加以改良或简化而形成的新型瑜伽。其基本原则大致包括 5 个部分：适宜的放松；适量的运动；适当的呼吸调理；合理的饮食调节（素食）；积极的思考与冥想。这种瑜伽形态，有利于瑜伽的普及与推广，但淡化了瑜伽的本质特色与功能，算是瑜伽的浅表尝试。

一、瑜伽呼吸法

调息最重要的功能是用来调整人体内经络中生命之气的运行与平衡流通，起到平和、净化身心的作用。要掌握好瑜伽特有的调息法，首先要从瑜伽的呼吸练习开始，一步步，循序渐进。

呼吸是基础，它是为我们更好地进行调息所进行的准备，也可以说是调息的一部分，其更多的作用是加强我们身体对吸入气体的利用与控制。而在所有呼吸法中，最为重要的就是腹式呼吸法。除此之外还有胸式呼吸法、肩式呼吸法以及将三者结合在一起的瑜伽式呼吸法。

（一）自然呼吸法

这是一种非常简单的呼吸方式，自然呼吸非常轻松舒适，可以在任何时间练习。意识完全放在呼吸上，使其逐渐放缓形成一个非常放松的舒适的节奏。在练习自然呼吸法时关键就是要顺其自然，不用刻意引导呼吸以及身体的变化。

练习方法：

（1）坐姿或仰卧，闭上双眼，放松全身。然后观察呼吸一段时间，完全把意识放在呼吸的节奏上。观察空气随着呼吸从鼻孔一出一进，不要强加任何外力，呼吸完全在自然状态下产生。感觉吸气时，凉凉的空气进入鼻孔，呼气时，温暖的空气从鼻孔排出。

（2）分步完成自然呼吸的练习。①观察在呼吸时，空气由嘴后部喉咙上端一出一进。②意识放在喉咙处，感觉呼吸时，空气通过喉咙。③意识放在胸部，感觉呼吸时，空气进出于气管和支气管。④感觉呼吸时，空气进出于肺部，感受肺部的扩张和收缩。⑤意识放在胸骨，观察胸骨随着呼吸扩张和收缩。⑥意识放在腹部，观察腹部在吸气时隆起，呼气时落下。⑦最后，把意识放在从鼻孔到腹部的整个呼吸过程上。⑧收回意识，睁开双眼，完成自然呼吸的练习。

（二）腹式呼吸法

腹式呼吸法是瑜伽中最重要也是最基础的一种呼吸方法，它是我们学习其他呼吸或调息的基础。腹式呼吸是通过加大横膈膜的活动、减少胸腔的运动来完成练习的。其在呼吸的过程中要求胸腔保持不动，只是感觉腹部随着一呼一吸在起伏，当然很多初学者在开始阶段很难体会到腹部的起伏，但只要坚持练习，意识放在腹部，感受腹部好像在一起一落，通过一段时间的练习就可以顺利掌握。

练习方法：

（1）取仰卧或舒适的冥想坐姿，放松全身。

（2）观察自然呼吸一段时间。

（3）右手放在腹部肚脐，左手放在胸部。

（4）吸气时，最大限度地向外扩张腹部，胸部保持不动。

（5）呼气时，最大限度地向内收缩腹部，胸部保持不动。

（6）循环往复，保持每一次呼吸的节奏一致，细心体会腹部的一起一落。

（7）经过一段时间的练习之后，就可以将手拿开，只是用意识关注呼吸过程即可。

（三）肩式呼吸法

肩式呼吸可以理解为胸腔扩张时的最后一步，是胸式呼吸的延续。有些著作中将腹式呼吸称为肺下叶呼吸、胸式呼吸称为肺中叶呼吸，而肩式呼吸称为肺上叶呼吸。由此可见，肩式呼吸主要是肺上叶的部分来参与进行的。

练习方法：

（1）取仰卧或舒适的冥想坐姿，放松全身。

（2）先练习胸式呼吸几分钟。

（3）然后吸气，胸腔完全扩张之后，体会体内不能再吸入多余气体。

（4）肩、锁骨微微上耸，同时略微再用力吸一下气，体会体内再次吸入一小部分气体。

（5）慢慢呼气，先放松肩膀和锁骨，之后再放松胸部，将体内气体排出。

（6）循环往复，保持均匀的呼吸节奏。

（四）完全呼吸法

瑜伽式呼吸也称完全式呼吸法，它结合了腹式呼吸、胸式呼吸、肩式呼吸，三者合一，使呼吸效果达到最好。瑜伽完全式呼吸法是大多数调息法练习中的必要条件。在呼吸过程中，当已经较好地掌握了呼吸方法和意念时，可以不做肩式呼吸，只结合腹式和胸式呼吸即可。但要注意，呼吸要自然，不要使用任何外力。

练习方法：

（1）取一舒适坐姿，或仰卧，放松全身。

（2）缓慢深长地吸气，保持胸腔不动，使腹部慢慢向外完全扩张。

（3）呼吸要非常慢，听不到任何一点呼吸的声音。感觉空气进入到肺部底端，腹部充满气体。

（4）腹部扩张完成后，胸腔自然地衔接腹部的扩张，尽量向上、向外扩张胸腔，腹部略微自然向内收缩。

（5）胸腔扩张完成后，锁骨和肩部微微上耸，把空气吸满肺部的最上端。此时身体的其他部位是放松的。

（6）呼气时，最先放松肩膀、锁骨及胸腔上部，之后胸部向内、向下收缩。最后尽量向内收缩腹部，使肺部的空气排空。整个呼气过程应该非常和谐、流畅。

这是一遍完整的瑜伽完全式呼吸。初学者每天练习 5~10 遍，逐渐延长练习的时间到 10 分钟。

（五）胸式呼吸法

通过扩张和收缩胸腔，利用肺中间的部位来完成呼吸，呼吸同等量的空气时，胸式呼吸要比腹式呼吸需要更多的力气。在运动时或处于紧张的状态下使用胸式呼吸较多。但是很多人在紧张过后，还是继续使用这种不良的呼吸方法，形成不良的呼吸习惯，使紧张感继续。练习过程中主要是胸腔区域的扩张与收缩，腹部要保持平坦。

练习方法：

（1）取仰卧或舒适的冥想坐姿，放松全身。

（2）观察自然呼吸一段时间。

（3）吸气时，慢慢地、最大限度地向外、向上扩张胸部，腹部尽量不动。

（4）呼气时，慢慢地放松胸腔，感觉胸腔向下、向内收缩，腹部尽量不动。

（六）其他与呼吸相配合的有效练习方法

1. 提肛契合法

在吸气时，收缩肛门。悬息由 1 数至 5，同时始终保持在悬息期间收缩肛门。呼气，放松收缩的肛门。也可以在时间上和呼气一致地做提肛，而不是和吸气一致地提肛。

2. 会阴收束法

悬息，用力收缩会阴。尽量长久地保持收缩的时间。放松，恢复呼吸。

二、瑜伽体式及练习方法

瑜伽体式经过几个世纪的发展，已经可以完整地使身体的每一块肌肉、神经及腺体都得到锻炼。这些体式使人们得以保持体形，使身体更为强健而富有弹性，预防各种疾病，还可减轻身体的疲劳，舒缓神经系统。但是，这些体式真正重要的作用在于，它们能约束、训练大脑，不仅仅追求身体的完美，同时也追求感官、精神、智力等的完美。

（一）体式简介

1. 山式

这个体式是一个基本的站立姿势，意为要像山一样牢固地站立不动。通过这种方法，我们的臀部收缩，腹部收紧，胸部挺直（图 8-2-1）。

练习方法：

图 8-2-1

（1）双脚并拢站立，伸展所有脚趾平放于地面。

（2）膝部绷直，膝盖向上提升，收缩臀部，提拉大腿后部肌肉。

（3）收腹、挺胸、脊椎骨向上伸展，颈部挺直。

（4）把身体的重量均匀分布在脚跟和脚趾上。

（5）山式的理想姿势是双臂伸展过头顶，但是为了方便，也可以把双臂放在体侧。

2. 树式第一式

这个体式能增强腿部肌肉和平衡感。

练习方法：

（1）以山式站立。

（2）弯曲右腿，把右腿脚跟放在左大腿的根部。脚掌放于左腿上，脚趾朝下。

（3）以左腿保持平衡，双掌合拢，伸直手臂举过头顶（图 8-2-2）。

（4）保持这个体式几秒钟，深长地呼吸。然后放低手臂，分开双掌，伸直右腿。回到山式站立。

（5）重复这一动作，以右脚站立，把左脚跟放在右大腿的根部。两侧保持相同的时间，然后回到山式站立，放松。

图 8-2-2

3. 三角伸展式

这个体式可增强腿部肌肉，去除腿部和臀部的僵硬，纠正腿部畸形，使腿部能够均匀

地发展。同时它还能缓解背部疼痛以及颈部扭伤，增强脚踝，强健胸部。

练习方法：

(1) 以山式站立。

(2) 深吸气，跳步分开两腿，两脚距离 90~105 厘米。两臂侧平举与肩齐，手掌朝下。手臂与地面保持平行。

(3) 右脚向右转 90°，左脚稍转向右，左腿从内侧保持伸展，膝部绷直。

(4) 呼气，向右侧弯曲身体躯干，右手掌接近右脚踝，如果可能的话，右手掌应该完全放在地面上（图 8-2-3）。

(5) 向上伸展左臂（图 8-2-4），与右肩成一条直线，并伸展躯干。腿后部、后背以及臀部应该在一条直线上。两眼注视向外伸展的左手拇指。提升右膝盖，右膝正对脚趾，始终保持右膝挺直。

(6) 保持这个姿势半分钟到 1 分钟，均匀深长地呼吸。然后从地面抬起右掌，吸气，回到上面第（2）步。

(7) 把左脚向左转 90°，右脚也稍转向左，两膝绷直，继续在另一侧重复第（2）步到第（6）步。然后吸气，并回到第（2）步。左侧保持体式的时间与右侧相同。

(8) 呼气，跳回到山式。

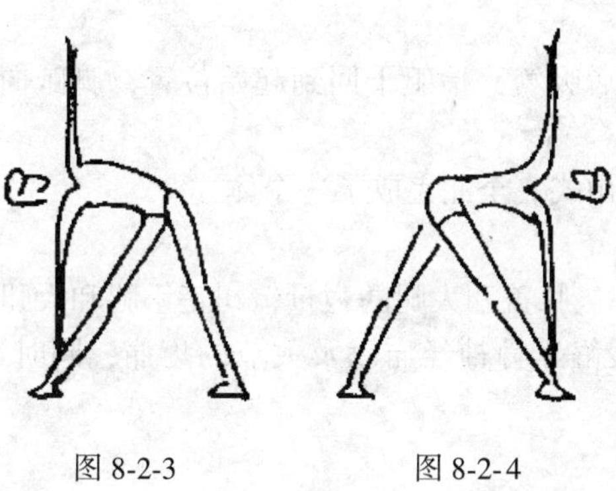

图 8-2-3　　图 8-2-4

4. 三角扭转伸展式

该体式是与三角伸展式相反的体式，可加强大腿、小腿的肌肉以及腿部筋腱，增加脊柱下部的血液循环，同时还可以消除背部疼痛，增进腹部器官功能，加强臀部肌肉。

练习方法：

(1) 以山式站立。深吸气，分开双腿 90~105 厘米。两臂侧平举与肩平，手掌朝下。手臂与地面平行（图 8-2-5）。

(2) 右脚向右转 90°，左脚向右转 60°，保持左腿伸展，膝盖绷直。

(3) 呼气，躯干与左脚一起向右转，从而使左手掌贴近右脚外侧的地面。

(4) 向上伸展右臂，使其与左臂成一条直线。眼睛注视右手拇指（图 8-2-6、图8-2-7）。

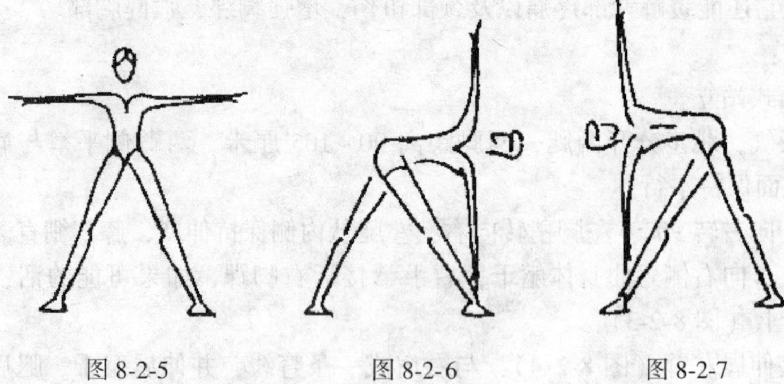

图 8-2-5　　图 8-2-6　　图 8-2-7

（5）保持膝盖绷直。右脚脚趾不要离开地面。注意左脚外侧要接触地面。

（6）伸展肩部和肩胛骨。

（7）保持这个姿势半分钟，正常地呼吸。

（8）吸气，从地面抬起手，躯干转回到起始位置，回到第（1）步。

（9）呼气，在左侧重复该体式，左脚向左转 90°，右脚向左转 60°，把右手贴近左脚外侧的地面。

（10）在两侧保持同样的时间，可以通过呼吸来调整，比如在每一侧都保持 3~4 次呼吸。

（11）保持一定时间后吸气，抬躯干回到起始位置，脚趾向前，手臂回到第（1）步位置。

（12）呼气，跳回到山式。至此完成了这个体式。

5. 三角侧伸展式

这个体式可加强脚踝、膝盖和大腿的力量，纠正小腿和大腿的缺陷，强健胸部，并减少腰部和臀部的脂肪，缓解坐骨神经痛以及关节的疼痛，同时还能增加肠胃蠕动，促进排泄。

练习方法：

（1）以山式站立。深吸气，跳步分开双腿 120~135 厘米。两臂侧平举与肩平，手掌朝下。

（2）缓慢吸气的同时，把右脚向右转 90°，左脚也稍向右，左腿向外伸展，膝部绷直。弯曲右腿直到大腿和小腿成直角，右大腿与地面平行。

（3）右手掌贴近右脚这侧的地面，右腋紧贴右膝外侧。在左耳上方完全伸展左臂，保持头部向上（图 8-2-8、图 8-2-9）。

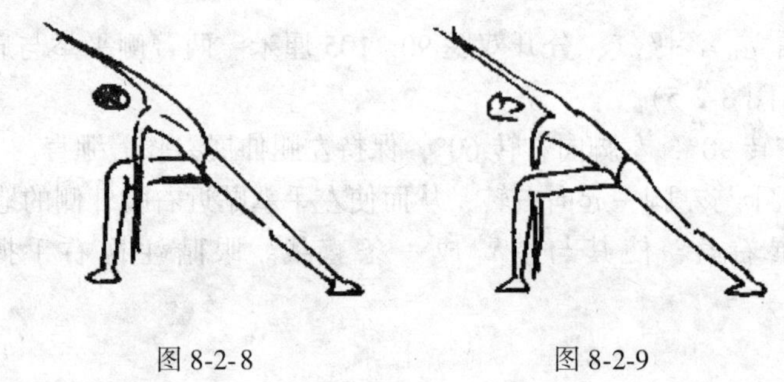

图 8-2-8　　图 8-2-9

（4）腰部和腿筋要绷直。胸部、臀部和腿部应该在一条直线上，因此胸部要向上和向后伸展，伸展身体的每一个部分，注意力集中于身体的后部，尤其是脊柱。伸展脊柱直到感到所有的椎骨和肋骨都获得完全伸展，感觉甚至全身的皮肤都被伸展和拉伸。

（5）保持这个体式半分钟到 1 分钟，均匀深长地呼吸。吸气，右手掌离开地面。

（6）吸气，伸展右腿，抬手臂回到第（1）步的位置。

（7）吸气，在左侧重复从第（2）步到第（5）步的动作。

（8）吸气，跳回到山式。

6. 三角扭转侧伸展式

这个体式使腹部器官得到收缩，帮助消化，并能够促进腹部和脊椎的血液循环，还有助于排除肠内废物。

练习方法：

（1）以山式站立。

（2）深吸气，跳步分开双腿 120~135 厘米。两臂侧平举与肩齐，手掌朝下。

（3）右脚向右转 90°，左脚向右转 60°，左腿完全伸展，膝部绷直。弯曲右腿到大腿和小腿成直角，右大腿与地板平行。

（4）呼气，扭转躯体和左腿使左臂绕过右膝，左腋抵右膝外侧，左手掌贴近右脚外侧的地面（图 8-2-10、图 8-2-11）。

（5）向右侧努力扭转脊柱，躯干扭转，伸右臂过右耳。眼睛注视伸展的右臂。自始至终左膝保持绷直。

（6）保持这个体式半分钟到 1 分钟，均匀深长地呼吸。吸气，左掌离开地面。抬起躯干，伸直右腿，抬起手臂回到第（2）步。

（7）呼气，在左侧重复从第（3）步到第（5）步的体式。

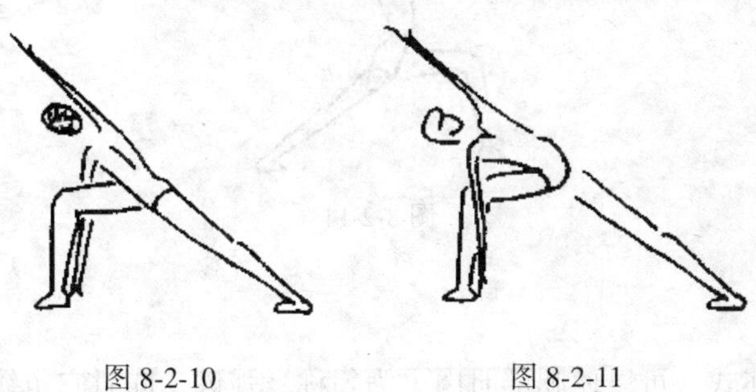

图 8-2-10　　　　图 8-2-11

7. 站式第一式

在这个动作中，胸部得到完全的扩展，有助于深度呼吸；这个体式还可以缓解肩部和背部的僵硬，强健脚踝以及膝盖，同时它还能减少臀部的脂肪。

练习方法：

（1）以山式站立。

（2）双臂上举过头，向上伸展，两掌相合（图 8-2-12）。

（3）深吸气，跳步分开双腿 120~135 厘米。

（4）呼气，转向右侧。同时右脚右转 90°，左脚也稍向右转（图 8-2-13）。弯曲右膝直到右大腿与地板平行，右胫骨与地板垂直，使右大腿和右小腿成直角。弯曲的膝盖不要超过脚踝，但应与脚后跟成一条直线。

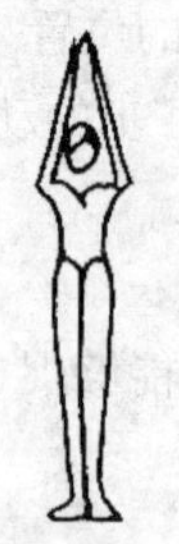

图 8-2-12

图 8-2-13

（5）完全伸展左腿，膝部收紧。

（6）脸、胸部和右膝应该在右脚朝向同一方向。头部向上，从尾骨开始伸展脊椎骨，眼睛注视相合的双掌（图 8-2-14）。

（7）保持这个体式 20~30 秒，正常呼吸。

（8）在左侧重复从第（4）步到第（6）步的动作。

（9）呼气，跳回到山式。

图 8-2-14

8. 站式第二式

通过练习这个体式，可以使腿部肌肉更为匀称、强健。同时它也缓解小腿和大脚肌肉痉挛，增强腿部和背部肌肉弹性，同时加强腹部器官。

练习方法：

（1）以山式站立。

（2）深吸气，跳步分开双腿 120~135 厘米。两臂侧平举与肩齐，手掌朝下。

（3）右脚右转 90°，左脚也稍向右转。左腿伸直，膝部绷直，伸展左腿的腿部筋腱。

（4）呼气，弯曲右膝直到右大腿与地板平行，右胫骨与地板垂直，使右大腿和右小腿成直角。弯曲的膝盖不要超过脚踝，而应与脚跟成一条直线（图 8-2-15）。

（5）双手向两侧尽量延伸，感觉好像有两人从不同方向把你朝两边拽。

（6）脸转向右侧，眼睛注视右掌。完全拉伸左腿后部的肌肉。腿后部、脊背以及臀部应该在一条直线上。

（7）保持这个体式20~30秒，保持深长的呼吸。吸气，回到第（2）步。

（8）左脚左转90°，右脚也稍向左转。弯曲左膝，继续在左侧重复从第（3）步到第（6）步的体式。

（9）吸气，再次回到第（2）步。呼气，跳回到山式。

图 8-2-15

9. 站式第三式

这一体式是站式第一式更为强烈的后续体式。这个体式能帮助收缩和加强腹部器官，使腿部肌肉更为匀称和强健，激发身体的活力，促进身体更敏捷，因此推荐跑步者练习。

练习方法：

（1）以山式站立。

（2）深吸气，跳着分开双腿120~135厘米。

（3）在右侧进行站式第一式的最后一式。

（4）呼气，身体向前弯曲，胸部抵住右大腿。手臂伸直，双臂相合（图8-2-16）。在这个体式上保持2次呼吸。

（5）呼气，身体稍向前倾，同时抬起左腿离地，右腿伸直，像棍子一样笔直。向内转左腿使左腿前部与地板保持平行（图8-2-17）。

（6）保持这个体式20~30秒，保持深长的呼吸。

（7）保持平衡的同时，除了右腿，整个身体要与地板平行。右腿应该完全伸展并绷直，与地面保持垂直。尽量拉伸右大腿后部，伸展双臂和左腿，感觉仿佛有两个人从不同方向把你向两边拽。

（8）呼气，回到站式第一式。

（9）在左侧重复这一体式。

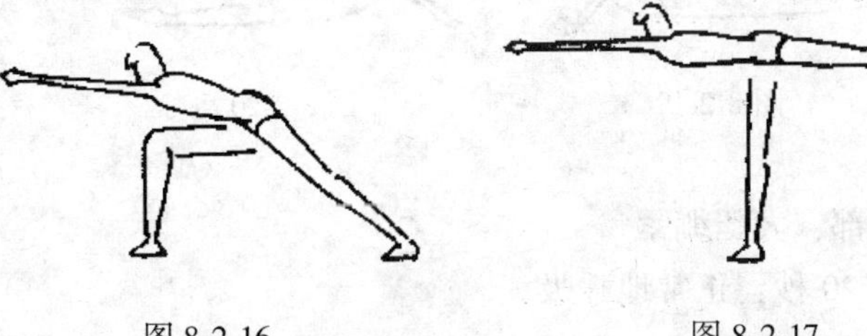

图 8-2-16　　图 8-2-17

10. 蝗虫式

这个体式就像一只趴在地上的蝗虫，因此得名。它可以帮助消化，并能够消除胃部疾病和肠胃胀气。

练习方法：

（1）胃部紧贴地面，脸朝下俯卧。手臂向后伸展。

（2）呼气，头部、胸部和腿部同时离开地面，尽量抬高。手和肋骨不要贴在地面上。只有腹部着地，承受着整个身体的重量（图 8-2-18）。

（3）收缩臀部，伸展大腿肌肉。双腿完全伸展和挺直。

（4）不要把身体的重量放在手上，而要把手臂尽量向后伸展，从而锻炼上背部的肌肉。

（5）尽量保持这个体式，正常地呼吸。

（6）起初，胸部和腿部抬起会有困难，但是随着腹部肌肉日益强健，练习这个体式将越来越容易。

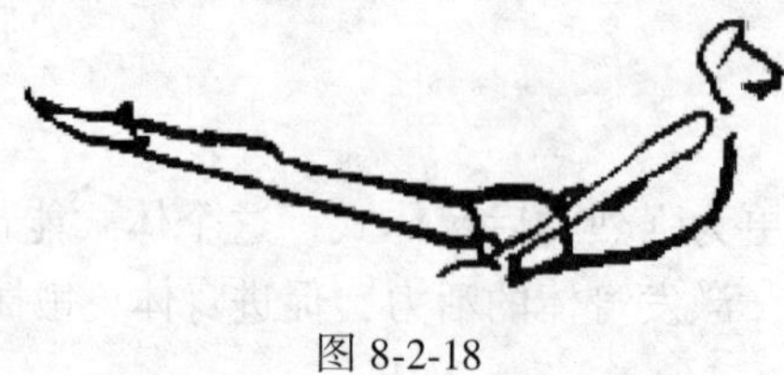

图 8-2-18

11. 眼镜蛇第一式

这个体式需要脸朝下躺在地面上，身体从躯干向上抬起，头部向后，如同一条正准备进攻的毒蛇。这个体式对于那些脊椎曾受过伤的人非常有益。

练习方法：

（1）脸朝下平躺在地面上。伸直双腿，双脚相靠。膝盖绷直，脚趾指向后。

（2）手掌放在骨盆区域附近。

（3）吸气，用手使劲按压地面，抬起躯干（图 8-2-19）。停留 2 次呼吸。

（4）吸气，从躯干向上抬身体，直到耻骨接触地面，在这个体式停留，把身体重量放在两腿和两掌上（图 8-2-20）。

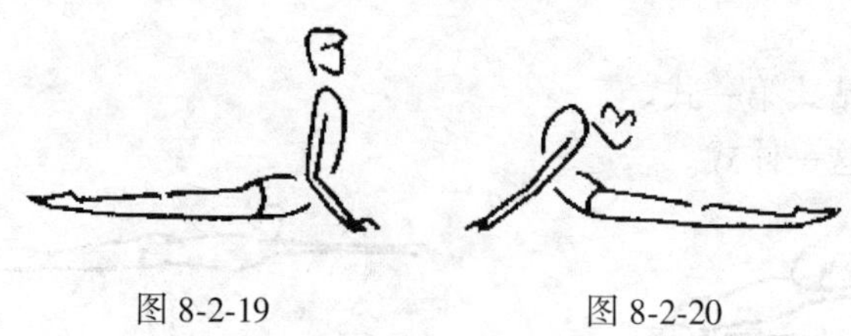

图 8-2-19　　图 8-2-20

（5）收紧肛门和臀部，大腿绷紧。

（6）保持这个体式 20 秒，正常地呼吸。

(7) 呼气，肘部弯曲，躯干重新放回地面上。重复这个体式 2～3 次，然后放松。

12. 半船式

这个体式仿佛一只船的形状，因此而得名。半船式功效主要在肝脏、胆囊和脾脏。

练习方法：

(1) 坐在地面上。双腿前伸，保持挺直。

(2) 十指相交放于脑后，正在颈部上方。

(3) 呼气，身体后仰，同时抬腿，保持膝盖绷直，脚趾伸直。身体的平衡靠臀部保持，脊柱的任何部位都不能接触地面（图 8-2-21）。练习者能够感觉到腹部和下背部肌肉的紧张。

(4) 腿部与地面保持 30°～35°角，头顶与脚趾在同一条直线上。

(5) 保持这个体式 20～30 秒，正常地呼吸。如果这个体式可以保持 1 分钟，那就意味着腹部肌肉强健有力。

(6) 在练习这个体式时，不要试图屏息，尽管有些时候我们总是习惯于在做这个动作时吸气之后屏息。因为如果屏息，那么体式所作用的将是腹部肌肉而不是腹部器官。练习这个体式时，深呼吸会松弛腹部的这种紧张感，吸气，呼气，然后保持这种呼吸，继续重复整个过程，但一定不要深呼吸。

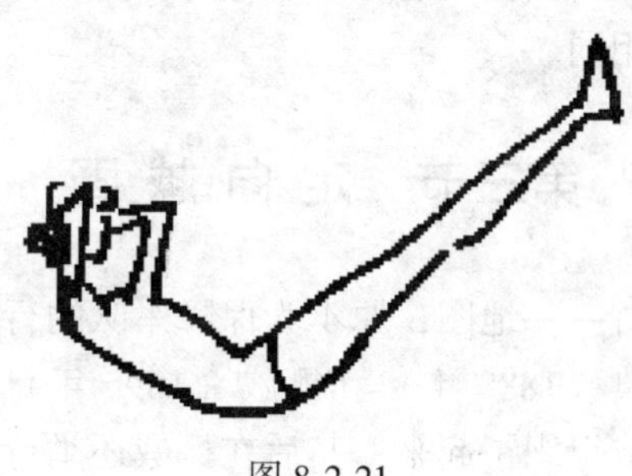

图 8-2-21

13. 头碰膝扭转前曲伸展坐式

这个体式不仅有益于肝脏和脾脏，帮助消化，还可以刺激脊柱的血液循环并缓解背痛。

练习方法：

(1) 坐在地面上，腿部向前伸直。

(2) 弯曲左膝，并向左移，保持左大腿的外侧和左小腿放在地面上。

(3) 把左脚脚后跟抵住左大腿内侧靠近会阴处。左脚大趾应该触碰到右大腿内侧。两腿应该成钝角。尽你所能把你的左膝向外伸展。

(4) 扭转躯干向左。

(5) 伸展右臂朝向伸出的右腿。翻转右前臂和手腕以使右手大拇指向下，而右手小拇指朝上。然后，右手抓住右脚内侧（图 8-2-22）。

(6) 躯干向后仰，左臂伸展过头，手腕向上，左手抓住右脚外侧。同样左手大拇指向下，而小拇指向上（图 8-2-23）。

（7）弯曲并扩展肘部。呼气，躯干翻转朝上，把头放在两臂间，头后部放在右膝上。试着用右肩后部去碰触右膝内侧，这样右侧肋骨的后部就可以放在右膝上。进一步伸展弯曲的左膝和左侧的肋骨（图 8-2-24）。

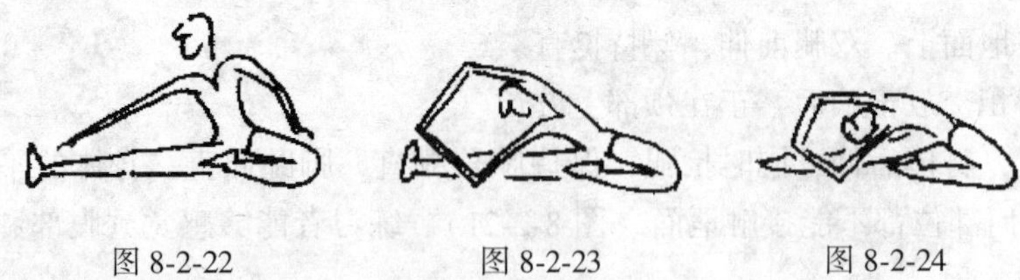

图 8-2-22　　图 8-2-23　　图 8-2-24

（8）保持这个体式 20 秒左右。由于腹部的收缩，呼吸会变得短促。

（9）吸气，松开双手，躯干回到原来的位置，那么你将朝向伸出的右腿，抬起头，伸直左腿，回到第（1）步。

（10）在另一侧重复上述体式。弯曲右膝，左腿伸直。躯干向右一直扭转到你朝向弯曲的右膝为止，朝左脚伸展左臂。然后翻转左前臂和左手腕使左手大拇指朝下。左手抓住左脚内侧，右臂伸展过头抓住左脚外侧接近脚后跟处。然后把头后部放在左膝上，试着用左肩后部去碰触左膝内侧，从而使左侧肋骨的后部放在左膝上，并伸展肋骨右侧。在这一侧保持体式的时间与另一侧相同。

第三节　定向越野

开展定向越野的基本器材——地图，原本为保障军队的行动而测制的。军人利用它进行体育竞赛的雏形最早在瑞典（1888 年）和挪威（1895 年）出现。1897 年 10 月 31 日，第一次面向民众的比赛在挪威组织了起来，其后在挪威还举行了一些小规模的比赛。到了 20 世纪初，定向越野在挪威销声匿迹，但在瑞典却得到逐步重视。1919 年 3 月 25 日，一次影响深远的定向比赛在斯德哥尔摩南部 Nacka 的林中举行，它的组织模式与规格标志着定向运动作为一个独立的体育项目，结束了它在准备时期的长期探索。因此，时任瑞典斯德哥尔摩体育联合会主席的吉兰特便被人们视作“现代定向运动之父”。

1961 年 5 月，十几个国家的定向运动积极分子在哥本哈根成立了国际定向运动联合会（简称“国际定联”），科学地划分、确定了全世界统一的正式专业项目、主要赛事、主要比赛项目，并制定了一系列的比赛规则和技术规范。国际定联成立时有成员国 10 个，到 2002 年底，已发展包括中国在内的 62 个国家和地区。国际定联早在 1977 年就成为国际奥委会承认的世界单项体育组织，并长期得到国际奥委会的支持。国际定联还是“国际世界越野会协会”、“国际单项体育联合会总会”的成员。在 2001 年，定向越野成为“世界运动会”的正式比赛项目。

定向越野的比赛方法就是运动员手持地图和指北针独立按顺序到访地图上所指示的各个点标，以最短时间到达所有点标者为胜。一条标准的定向路线，包括一个起点（用三角表示），一个终点（用双圆表示），每一个要找的点标（用单圆表示）图示为：

△——○——◎

这些点标已在地图上用数字标明，按顺序连线。点标与点标之间的路线并不是指定或固定的，相反运动员应该自己作出选择。

竞赛主要规则是指参赛者在比赛中必须遵守的规定，以确保成绩有效。运动员在起点处领取地图、指卡，在途中必须按顺序到访路线上的所有点标，每个点必须要打卡，在终点处必须将指卡和地图交回，并领取成绩单。

一、定向越野的器材和分类

（一）器材

1. 地图

地图是定向越野最重要的器材，它的质量的好坏直接关系到比赛过程是否安全、结果是否公正。为了方便使用者比较、辨别地面的障碍程度，同时保持地图在越野中的清晰易读，定向地图应尽可能多地表示出各种地物、地貌的特征，特别是在有植被的情况下，应使用较多的鲜艳色彩来表现图中的内容。

（1）比赛路线：由赛事组织者印刷或手绘在地图上，与比赛地图一齐发给比赛人员使用。

（2）地图比例尺：比例尺是地图上最重要的参数之一，要想学会、识别、使用地图，首先应该懂得比例尺。

（3）地图符号：地图符号是地图与用图者对话的语言，是我们获取现地地形信号的唯一来源，因此完整、准确地识别符号是正确使用地图的前提。

（4）地貌——等高线的识别：地貌是地表的高低起伏状态。

2. 指北针（图 8-3-1）

用于越野中辨别和保持方向，它是定向越野可借助的唯一合法器材，指北针的红色指针永远指向北方，要使红色指针永远与地图上标明北方的红色箭头或地图顶部红色横线保持方向一致，这样就不会迷失方向，知道自己身在何处。

3. 电子指卡、点鉴器和打印机（图 8-3-2）

图 8-3-1

图 8-3-2

为了证明每个人找到并到访了各个检查点，赛前组织者每人发一个基于电子点鉴系统的成绩验证装置——电子指卡。越野员使用它时，把指卡头往点鉴器的打卡区域轻轻一靠，听到哔哔声或看到打卡器上的红灯闪烁，便可确信到访及到访时间已被记录，然后通过便携式热敏打印机就可以在越野员到达终点后立即打印出到达各个点标的时间、点与点之间的用时以及跑完全程的用时。

4. 点标

它是设在各检查点的标志，用三面标志旗围成的“三角形灯笼”（图 8-3-3），每个面的标志旗呈正方形，沿对角线分开，左上方为白色，右下方为橙红色，尺寸为 30 厘米×30 厘米。每个点标上有一个编号，供运动员辨别是否要找的点标。

5. 号码布（图 8-3-4）

当比赛的级别较高、运动员较多时，这是用来识别队员的必需品，保证裁判工作的正常进行。

6. 检查点说明表（图 8-3-5）

图 8-3-3

图 8-3-4

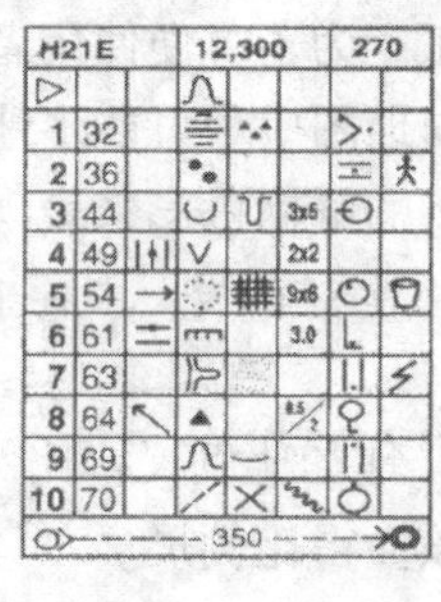

图 8-3-5

这是在越野员出发时，以表格的形式发给他们的一套世界统一的符号（和文字）系统。它可以使越野员在进入图上的检查点圆圈之后，不必再为寻找点标的位置而东奔西跑。

（二）分类

（1）定向越野按运动工具的不同可分为两种：一是徒步走向，如传统定向越野跑、接力定向、积分定向、夜间定向、五日定向、校园定向、公园定向等；二是工具走向，如滑雪定向、山地自行车定向、摩托车定向等。

（2）定向越野按性别的不同可分为男子组和女子组。

（3）定向越野按年龄的不同可分为青年组、老年组和少年组。

（4）定向越野按技术水平的不同可分为初级组（体验组和家庭组）、高级组和精英组。

（5）定向越野按参加人数的不同可分为个人单项、个人双项和集体项。

二、定向越野基本技术

（一）地图正置及拇指辅行法

1. 动作要领

先将地图正置，把拇指放在地图上自己的位置。这样你要前进的方向便在地图前面，使你清楚观察四周的环境及地理特征。当前进时，拇指随着移动，当改变前进方向时，地

图也要随着转移，即保持地图北向正北方。那样你可以在任何时候都能立即指出自己在图中的位置，可省不少时间和精力。

2. 练习方法

（1）明确自己的站立点、比赛路线、到达的目标（图 8-3-6）。

（2）转动地图，使地图与现地的方向一致（图 8-3-7）。

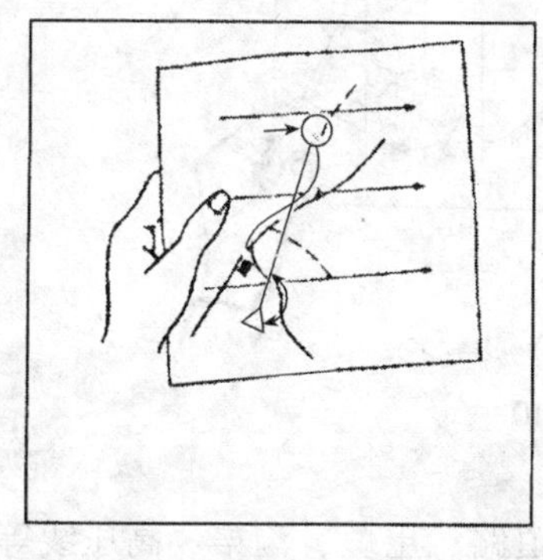

图 8-3-6

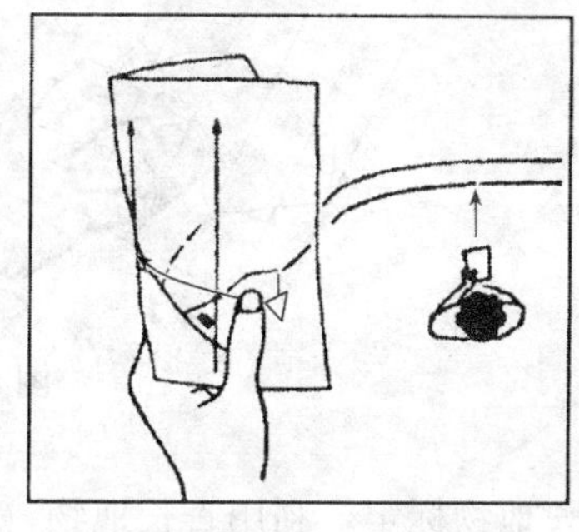

图 8-3-7

（3）以左手拇指压于站立点上（此时要把拇指想象为你自己）（图 8-3-8）。

（4）开始行进（图 8-3-9）。

图 8-3-8

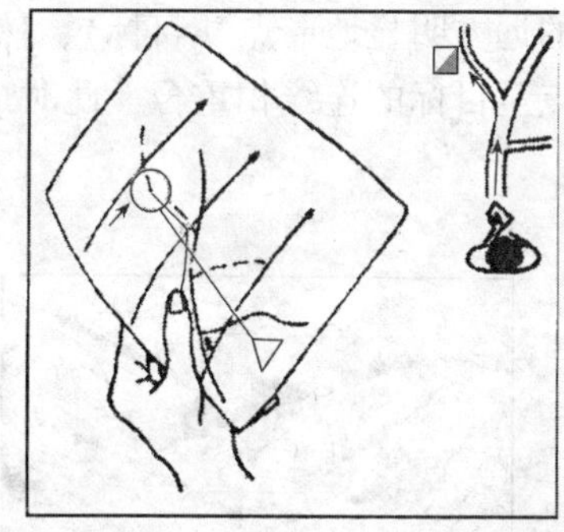

图 8-3-9

（二）指北针与地图结合使用法

1. 动作要领

利用指北针与地图，准确地找出目标的方向，每次前往目标前，可先观察目标周围的地势，加深印象，务求快速及准确地到达目的地。

2. 练习方法

（1）标定地图

标定地图就是为了使定向地图的方位与现地的方向相一致。

①概略标定：定向地图的方位是，上北、下南、左西、右东，当我们现地正确地辨别了方向之后，只要将地图的上方对现地的北方，地图即已标定。

②利用磁北线标定：先使透明式指北针圆盒内的定向箭头“↑”朝向地图上方，并使箭头的平行线与地图上的磁北线重合（或平行），然后转动地图，使磁针北端对正磁北方向，地图即已标定（图 8-3-10）。

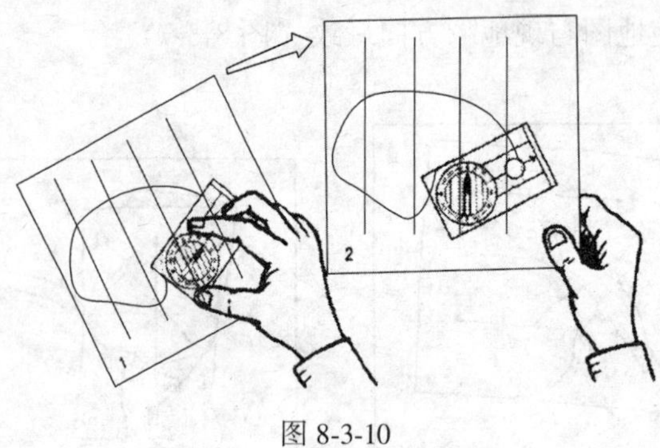

图 8-3-10

③利用直长地物标定：利用直长地物（如道路、土垣、沟渠、高压线等）标定地图，首先应在图上找到这段直长地物，对照两侧地形，使图与现地各地形点的关系位置概略相符，然后转动地图，使图上的直长地物与现地的直长地物方向一致，地图即已标定（图 8-3-11）。

④利用明显地形点标定地图：当你位于明显地形点上，并已从图上找到该地形点的位置（即自己所在的站立点）时，可以利用明显地形点标定地图。方法是：先选择一个图上与现地都有的远方明显地形点（目标），然后转动地图，使图上的站立点至目标的连线与现地的站立点至目标的连线相重合，此时地图即已标定（图 8-3-12）（利用明显地形标定地图）。

图 8-3-11

图 8-3-12

（2）对照地形

就是要通过仔细的观察，使图上和现地的各种地物、地貌一一“对号入座”，即相互对应。对照地形在定向越野比赛中的作用主要有两个：一是在站立点尚未确定时——只有正确地对照地形，才能在图上找出正确的站立点位置；二是在站立点已经确定，需要变换行进方向时——只有通过对照地形，才能在现地找到已选定的最佳行进路线。对照地形一般应先标定地图，然后根据不同的需要采用不同的对照方法：

①在站立点尚未确定前：首先应概略地标定地图，然后迅速地观察一下周围，记清最大或最有特征的地物、地貌的大概方位与距离，并从图上找到它们，此时站立点的位置即可概略地确定。若想较精确地确定，则需按下面所介绍的方法去做。

②在站立点已经确定之后：同样首先应概略地标定地图，然后从图上查明自己选定的越野路线上近前方两侧的特征物，同时记清它们的大概方位与距离，并将它们在现地辨别出来，然后再前进。如果因为地形太复杂，如山丘重叠、形状相似等，不易进行对照，可以先采用较精确的方法标定地图，然后用带刻度尺的指北针的长边切站立点和特征物，并沿这条直长边向前瞄准，则特征物一定在此方向线上。如此方法还不能解决问题，应变换对照位置，或者登高观察和对照。在这里需要特别强调的是，无论在什么情况下进行现地对照地形，都必须特别注意观察和对照地形的顺序与步骤问题。现地对照地形的顺序一般是：先对照大而明显的地形，后对照一般地形；由近及远，由左至右；由点及线，由线及面；逐段分片，有规律地进行对照。在步骤方面，首要的，也是必不可少的是要保持地图方位与现地方位的一致，然后再根据不同需要进行下面的步骤。

(3) 确立站立点

熟练地掌握在图上确定站立点的各种方法是学习使用地图的关键。对于这些方法，除了要记住它们各自的步骤、要领，尤其重要的是要学会根据不同情况，对他们进行选择使用和结合使用。

①直接确定：当自己所处位置是在明显地形点上时，只要从图上找出该地形点，站立点即可确定。这是一种在行进中，特别是奔跑中最常用的方法。但是，采用直接确定法的困难在于：在紧张的进程中，怎样才能很快地发现可供利用的明显地形点？当同一种明显的地形点互相靠近的时候，怎样才能够正确地区别它们，防止“张冠李戴”？可以称得上是明显地形点的地物主要有：

——单个的地物；

——现状地物的拐弯点、交叉点（呈“十”字形）、交汇点（呈“丁”字形）（图8-3-13），直接确定利用道路交汇点）和端点；

——面状地物的中心或者有特征的边缘。

可以称得上是明显地形点的地貌主要有：

——山地、鞍部、洼地；

——特殊的地貌形态：陡崖、冲沟等；

——谷地的拐弯、交叉和交会点：

——山脊、山背线上的转折点、坡度变换点。

②利用位置关系确定站立点（图8-3-14）。当站立点位于明显地形点附近时，可以采用位置关系法。利用位置关系法确定站立点主要是依据两个要素，一是站立点至明显点的方向，二是站立点至明显点的距离。在地形起伏明显的地方，还可以结合高度差情况进行判定。

③利用“交会法”确定：当站立点附近无明显地形点时，可以利用“交会法”确定站立点。按不同情况，它又可以具体分为90°法、截线法、连线法、后方交会法和磁方位角交会法。这些方法的优点是：不需要判断或测量距离也能确定出较为准确的站立点位置，这对于初学者学习、巩固使用定向地图的训练是很有意义的。但是，它们中的一些方

图 8-3-13

法，要么只能在某些特定的条件下才能运用，要么就是步骤繁琐，费时费力，因此在定向越野比赛中一般较少使用。

90°法：当待测点位于线状地形（包括道路、沟渠、山背线、谷底线、坡度变换线等）上时，如果在与越野方向相垂直的方向上能够找出一个明显地形点，那么确定站立点就简单得多：线状地形符号与垂直方向线的交点即为站立点。

截线法：当待测点位于线状地形上，但在其与越野方向相垂直的方向上没有明显地形点，可以采用此法。其步骤是：标定地图；在线状地形的侧方选择一个图上与现地都有的明显地形点；利用指北针的直长边缘（也可用三棱尺、铅笔等）切于图上明显地形点的定位点上（为便于操作可插一细针），然后转动指北针，使其直长边照准该地形点；沿指北针的直长边向后画方向线，该方向线与线状地形符号的交点，就是站立点在图上的位置，见图 8-3-15（利用 90°法确定站立点）。

图 8-3-14

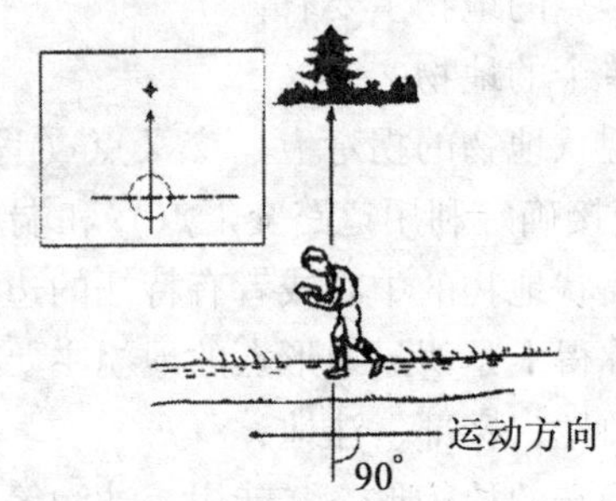

图 8-3-15

连线法：当待测点位于线状地形上，同时待测的位置恰好是在某两个明显地形点的连线上，可以利用这种方法确定站立点，见图 8-3-16（连线法确立站立点）。

后方交会法、磁方位角交会法：这两种方法只在下述情况下使用，即在待测点上无线状地形可利用，而且地图与现地相应地都有两个以上的明显地形点。后方交会法通常要求地形较开阔，通视良好。其工作步骤如下：在图上找到选定的方位物之后，标定地图；然后按照截线法的步骤分别向各个方位物瞄准并画方向线，见图 8-3-17（后方交会法确定站立点）。

磁方位角交会法：既可以在地形开阔时使用，也可以在丛林中使用。但是，在丛林中

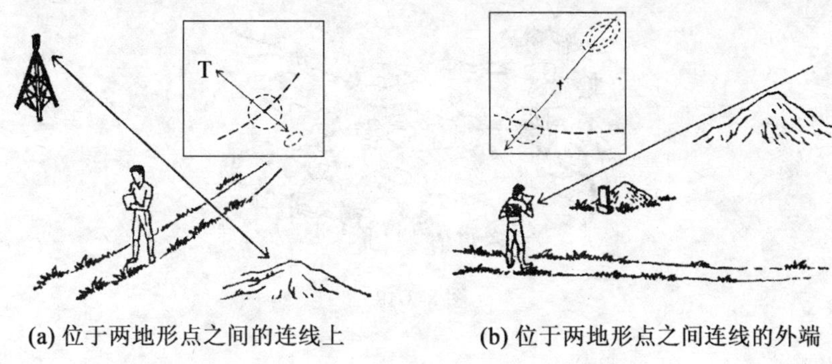

(a) 位于两地形点之间的连线上　　(b) 位于两地形点之间连线的外端

图 8-3-16

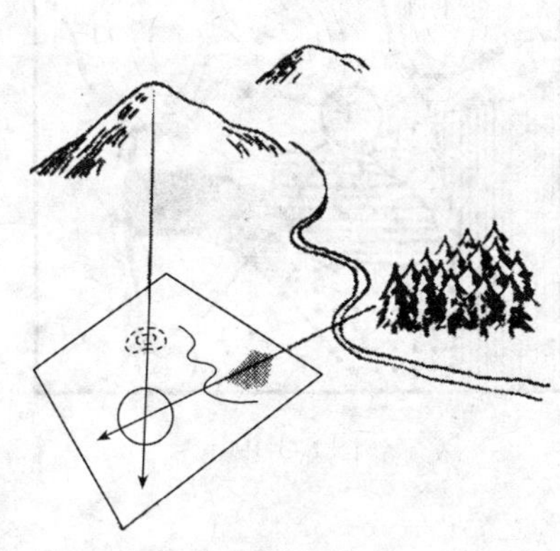

图 8-3-17

需要攀爬到便于向远方观察的树上或其他物体上进行。其步骤如下：

第一步，选择图上和现地都有的两个明显地形点，并用指北针分别测出至该两地形点的磁方位角；

第二步，标定地图。将所测磁方位角图解在地图上。图解磁方位角时，要先转动指北针的分度盘，让指标分别对正所测的方位角值，再将指北针的直长边分别切于图上被照准的两个地形点符号并转动指北针；待磁针与定向箭头重合后分别沿直长边描画方向线。两方向线的交点，就是站立点在图上的位置，见图 8-3-18（磁方位角交会法确定站立点）。

（三）扶手法

1. 动作要领

利用明显地理或人做特征作引导，使前进时更具信心。如小径、围栅、小溪涧、山嘴等，皆是有用的扶手。

2. 练习方法

当检查点位于线状地形或在其附近时，可用“借线法”。越野员在行进时要先明确站立点，然后利用易辨认的线状地形，如小径、围栅、高压线、小溪涧、山嘴等，作为行进的“引导”，使自己越野时更具信心，见图 8-3-19（借线法行进图）。

图 8-3-18

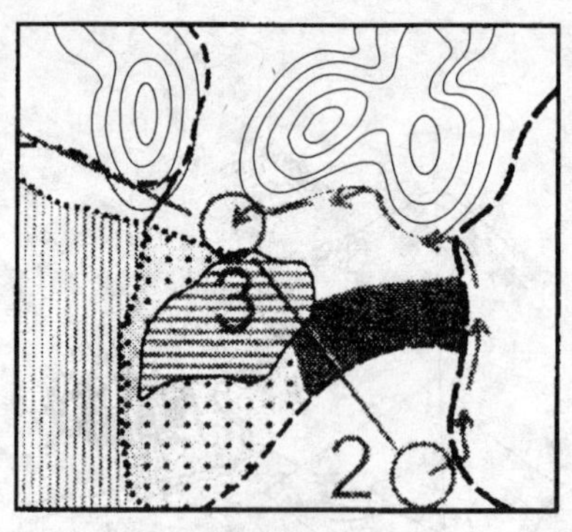

图 8-3-19

（四）搜集途中所遇特征

1. 动作要领

辨别前往控制点途中所遇到的地理特征，确保前进方向及路线正确。切勿将相似的特征误认。

2. 练习方法

当站立点距离检查点较远，途中地形又很复杂时，可用“导线法”（图 8-3-20）。行进过程中，要多次利用各个明显地形点，确保前进方向与路线的正确性。但需注意：切勿将相似的地形点用错。

（五）攻击点

1. 动作要领

先找出控制点附近特别明显的特征，然后利用指北针，从攻击点准确而迅速地前往控制点。攻击点必须是容易辨认，如电塔架、小路交点等。

2. 练习方法

当检查点附近有高大、明显的地形点时，可用“借点法”（图 8-3-21）。行进前，要先将目标辨认清楚（亦可用其他物体佐证），然后用最快的速度前往检查点。

（六）数步测距

1. 动作要领

先在地图上量度两点间的距离，然后利用我们的步幅准确地测量要走的路程。

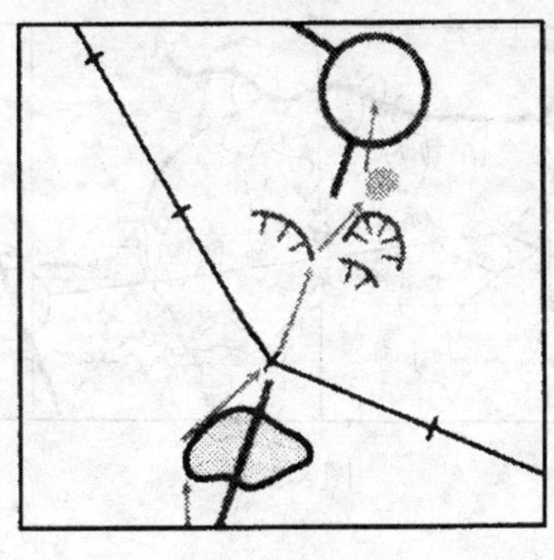

图 8-3-20

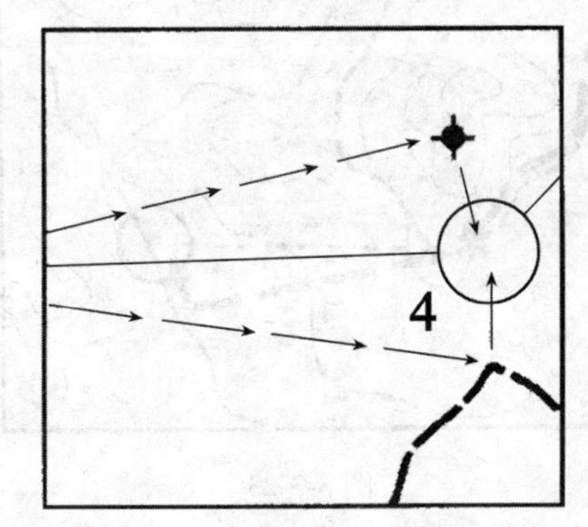

图 8-3-21

2. 练习方法

站立点（或辅助点）与检查点在同一高度，或站立点（或辅助点）与检查点之间的可通行或无其他不利奔跑的障碍物时，可用“水平位依法”沿着等高线走。先量度100米我们所需步行的步数（设120步），当我们在地图上发觉由起点到第一点的距离是200米便可计算出应走240步。为了减少步数的数目，我们利用“双步数”，只数右脚落地的一步，便可把步数减半。上面的例子双步数为120步，见图8-3-22（借复步法行进）。

（七）目标偏测

1. 动作要领

利用指北针前进，把目标偏移，当到达目标的上面或下面时，才沿“扶手”进入目标。

2. 练习方法

当检查点位于线状地形上或其附近时，所处的位置因与其相对而不是顺延，此时如果我们直接瞄准它前进，途中多种因素造成的偏移一定会使越野员在到达该线状地形后，不知检查点在何方（应该向左找还是向右找）相反，假如一开始我们就有意识地将目标方向往左或往右偏移一定的角度，则在到达线状地形后就非常明确检查点所在的位置了，见

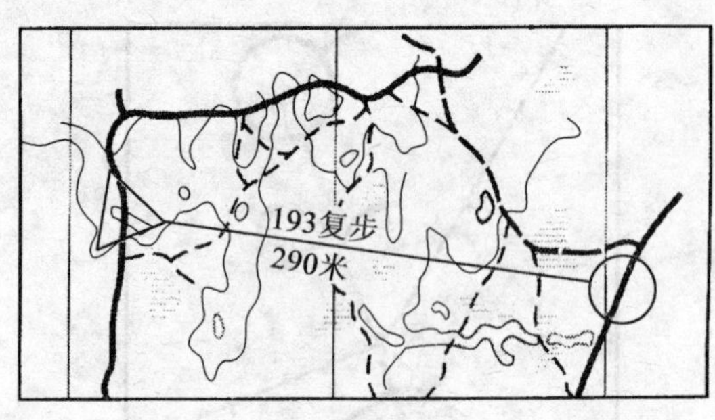

图 8-3-22

图 8-3-23（借偏向瞄准法行进）。

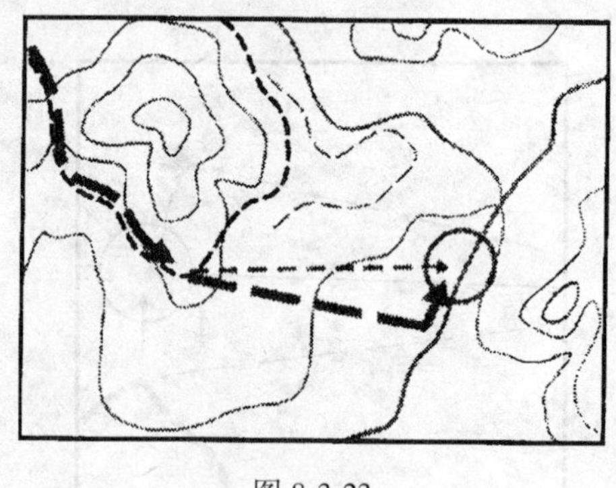

图 8-3-23

第四节　野 外 生 存

"野外生存"是指在远离居民点的山区、丛林、荒漠、高原、孤岛等复杂地形的区域，在没有外部提供生命所赖以维持的物质条件下，个人或小集体靠自己的努力，在不太长的一段时间内，保存和维持生命的基本手段和方法。

一、野外生存常识

参加野外生存活动，不仅是一种智力、体力的锻炼，更是一种培养大学生综合素质的有益运动和手段。

那么，去野外需要做些什么准备，具备哪些知识，才能趋利避害，保持身心的健康愉快呢？下面简单谈谈野外生活的一些基本常识。

（一）准备

这是进入野外生活前的重要工作。要根据地形特点、季节以及预定生活的时间进行准备，主要包括食用品、炊具、净水和燃料、取火用具、防潮保暖的衣物、帐篷（吊床），以及用来防治感冒、腹泻、中暑和驱赶蚊蝇、治疗虫蛇叮咬的药品和用具。另外，对自己身体状况和适应能力也应作出恰当的估计。

（二）食用品

根据自己具备的知识和能力，可以捕获、采集一些野生动植物与携带的食物配合着吃，这样不仅可以增加野外生活的情趣，又可减少食品的携带量。食用野生动物、植物，一般应充分清洗、熟制。加工食物时也可以利用野外的就便材料，如竹筒、芭蕉叶等。

在野外就餐时必须注意：不得在禁猎区打猎，更不得捕捉国家规定的保护动物；自觉维护果农和菜农的经济利益；谨防食用有毒的野生植物；注意防止山林火灾。野炊完毕后，必须将未燃尽的柴草完全熄灭。

获得饮用水解决的办法很多，主要有：寻找未经污染的井、泉、河流、池塘等；到山上的合水线部分如山谷、冲沟、凹部寻找水源；挖坑收集雨水或用塑料薄膜等收集露水和地下水蒸气；砍、摘某些富水的植物的茎部吸其水汁，摘食富水的野果。

如果处境对寻水不利或者在干燥的季节、气候里，要惜水如金，有重点、有计划地用水。如果在长距离跋涉中断了水，可以在口中含一块干净、光滑的卵石，以减轻口、喉部位的干燥程度，或者在潮湿的土地中挖一小坑，借湿气浸润。

（三）宿营

应选择干燥、避风但又方便用水和其他生活需要的地点，如岩洞、石缝、大树下、林间空地等。宿营的方法主要有三种：住帐篷，睡吊床、睡袋，住用树枝、干草搭成的窝铺。无论用哪种方法，都需要注意防备虫、蚊、蝇、蚂蟥、蜈蚣、蚂蚁、毒蛇或其他动物的侵袭。

（四）防病

山丘丛林地易患感冒、腹泻、中暑等疾病。因此有条件的应服预防药或打预防针。在野外要讲究适量的衣着与充足、卫生而营养丰富的饮食，并要保证休息，以便维持体力，抗御病患。当发生疾病时，除了要及时利用携带的药品治疗外，还可以利用自己所熟悉的中草药或其他野生植物（如野蒜、野姜）治疗和帮助减轻病症。

野外也有某些植物对人的皮肤、眼睛等有害。如漆树（部分人对它过敏）、某些豆科攀缘植物（如荷包豆）和生长在沼泽与海边的白榜树等。对于这类植物，首先应避免与其直接接触，如不慎中毒（皮肤接触），可用水或稀醋酸、高锰酸钾溶液洗涤，或敷硼酸软膏、口服苯海拉明片或异丙嗪片等。

二、野外生存的技能

（一）野外辨别方向

1. 利用地物特征判定

下述地物可以帮助我们辨别方向：

房屋：房屋一般门朝南开，在我国北方尤其如此。

庙宇：庙宇通常朝南向设门，尤其是庙宇群中的主要殿堂。

树木：树木通常朝南的一侧枝叶茂盛，色泽鲜艳，树皮光滑；向北的一侧则相反。同时，朝北一侧的树干上还可能生有青苔。再如植物特征，一般阴坡，即北侧山坡，低矮的蕨类和藤本植物比阳面发育得更好；一般单个植物（不是植物之间层叠）的向阳面枝叶较茂盛，向北的阴面则矮小。

凸出地物：例如墙、地埂、石块等，其向北一侧的基部较潮湿，并可能生长苔类植物。

凹入地物：例如河流、水塘、坑等，其向北一侧的边缘（岸、边）的情况与凸出地物相同。

2. 利用太阳与时表判定

上午 9 时至下午 4 时之间按下面这句话去做，就能较快地辨别出概略的方向：“时数折半对太阳，‘12’指的是北方。”如在上午 9 时，应以 4 时 30 分的位置对向太阳；如在下午 2 时 40 分（即 14 时 40 分），则应以 7 时 20 分的位置对向太阳，此时“12”字的方向即为北方。为提高判定的准确性，可在“时数折半”的位置上竖一细针或草棍，并使其阴影通过表盘中心（图 8-4-1）。

需要注意的是：

（1）“时数”是按一日 24 小时而言，例如下午 1 时，就是 13 时；

（2）在判定方向时，时表应平置（表面向上）；

（3）此方法在南、北纬度 20°30′之间的地区的中午前后不宜使用；

（4）要注意时差的问题。即要采用“以标准时的经线为准，每向东 15°加 1 小时，每向西 15°减 1 小时”的方法将标准时间换算为当地时间。

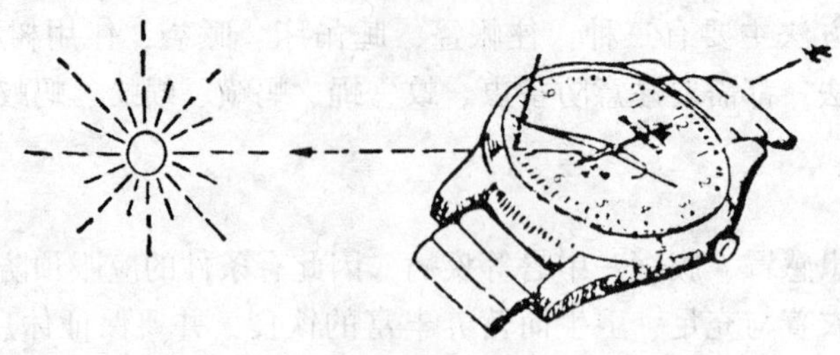

图 8-4-1

3. 利用指北针

当指北针的磁针静止后，其 N 端（通常都有标志）所指的方向即为北方。

利用指北针辨别方向是十分简便快捷的，但是需要注意：

（1）尽量保持指北针水平；

（2）不要距离铁、磁性物质太近；

（3）不要错将磁针的 S 端当做北方，造成 180°的方向误判。

4. 夜间利用星体

（1）利用北极星：北极星位于正北天空，观察时，其距离地平面的高度约相当于当地的纬度。寻找时，通常要根据北斗七星（即大熊星座）或 W 星（即仙后星座）确定。北斗七星是七颗比较亮的星，形状像一把勺子，将勺头甲乙两星连一直线向勺口方向延长，约为甲乙两星间隔的五倍处，有一颗略暗的星，即北极星（图 8-4-2）。

当地球自转，看不到北斗七星时，则可利用 W 星寻找。W 星由五颗较亮的星组成，形状像个“W”字母，向 W 字缺口方向延伸约为缺口宽度的两倍处，就是北极星。

（2）利用南十字星：在北纬 20°30′以南的地区，夜间有时可以看到南十字星，它也可以用于辨别方向。南十字星由四颗较亮的星组成，形同“十”字。在南十字星的右下方，沿甲乙两星的连线向下延长约该两星的四倍半处（无可见的星），就是正南方

(图 8-4-3)。

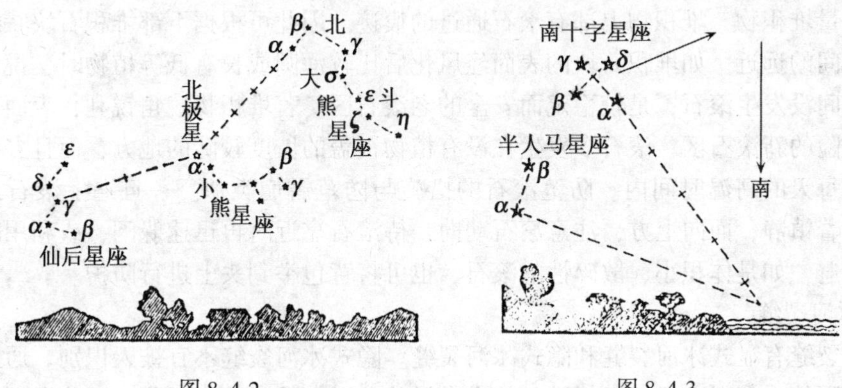

图 8-4-2　　　　图 8-4-3

(二) 气象知识

在野外活动最令人担心的就是天气的变化。因此，在准备野外生存活动前最好从电视、报纸、收音机里收集最新的天气状况，尤其是收音机，可随身携带，随时收听天气预报。但天气预报通常只能报出大范围内的天气变化趋势，对于局部地区的小气候的变化无法预报，尤其是山区的小气候往往是一日多变。因此，利用观察自然界的变化，通过观察天空中云的颜色、种类、风向等来预测天气。

在我国民间有很多观察自然变化来预测天气变化的方法。如远山可见，表示天晴；近山模糊，表示有雨。另外，天快下雨时，由于气压会降低，空气的湿度增加，有些敏感的动物就会做出一些反应，如鱼跃出水面、青蛙鸣叫不停、燕子低飞等。

在野外活动时，如夜晚气温降低将预示第二天是好天气，相反，如夜间闷热，第二天可能会变天。如果在野外活动时带有气压高度计，则可从其显示的高度数来预测天气，高度增加说明气压低，高度降低说明天气将变好。

另外，我们还可由云的形状、高低来预测天气的变化。

(三) 山间危险的防护

1. 雪崩

雪崩是雪山地区经常发生的一种自然现象，它对高山探险的登山运动员具有极大的危害。雪崩多发生在大雪以后的 2~3 天内，在一天中，多发生于上午 10 时至下午 2 时之间。要防范雪崩应注意以下几点：

(1) 下雪期间或下雪后的第 2 天，不要靠近陡斜的坡面和雪堆，因为这时容易发生雪崩，大部分雪崩遇难都是在这样的情况下发生的，特别是大雪后尤为危险。

(2) 在行进时的具体路线选择上，要尽量避开雪崩区。如必须经过，则要做好充分准备，通过的时间要避开雪崩多发期，通过雪崩区时每人要系上雪崩飘带，人与人之间的距离应缩短，组与组之间的距离应拉长，后面的人要踏着开路者的足迹轻步快速通过。

(3) 遭遇雪崩时，不要惊慌失措，首先要尽快甩脱背包，再将冰镐插入坡面并尽量握牢，以防止身体滚坠。

(4) 在行进时，遇上恶劣天气，应视作雪崩警报。

2. 滚石

经风化破碎的石块，在重力、风力等作用下，从山上滚落下来，称为滚石。滚石区的下部有大量堆积物，堆积物上部有滚石通过的痕迹。因此可根据下部堆积石块状况辨别滚石发生时间的远近。如堆积石块的表面经风化后比较浑圆或长有低等植物时，说明该处已有较长时间没发生滚石，是较稳定而安全的老滚石区。若堆积物棱角锐利，表面新鲜，则为比较危险的新滚石区。滚石多发生在没有植物覆盖的坡度较陡的地方，而且多发生于高温季节和每天的高温时间内。防范滚石的措施与防范雪崩类似。一旦遇上滚石，切忌乱跑，应沉着镇静，面向上方，注意滚石动向，待滚石靠近时再迅速躲闪，或利用附近的巨大石块躲避，如是体积小、散碎性的滚石，也可将背包举到头上进行防护。

3. 冰河裂缝

冰河裂缝有显式冰河裂缝和隐式冰河裂缝。隐式冰河裂缝不宜被人识别。通过冰河裂缝区时，野外生存者必须结组行进，并由有经验的运动员在前面开路。开路者要根据隐式冰河裂缝显示的特点进行识别，把隐式冰河裂缝上的覆盖物去掉，使其显露成显式冰河裂缝，或设置其他标志。然后采取跨越、绕行并架设挂梯等措施通过。一旦有人陷入隐式冰河裂缝，陷入者应尽量甩掉背包和摆脱绳索的缠绕，结组的其他队员要采取行进中保护的方法，迅速保护和抢救。

4. 泥石流

在地球引力的作用下，高山湖或冰川湖的湖岸有时会塌方或造成湖底泄漏，此时湖水就会夹杂着大量泥沙和石块呈泥浆状流泻下来，形成泥石流。泥石流的来势不像雪崩那样迅猛，因此野外生存者在登山过程中遇到泥石流时要躲避它并不难。但要特别注意由于人睡眠或休息时警惕性不高，要切忌将宿营位置选在泥石流的通道上。

5. 雷电

雷电是高山区阴雨时常见的自然现象，它会给登山活动带来一定的危险。发生雷电时，可根据闪电和雷声传到的时间间隔和当时的风向，判断出产生雷电云层的距离和动向，并依此采取防范措施。应尽可能在雷电赶到之前，把能导电的装备、器材放置到离人较远的地方。附近有雷电时，要停止使用通信器材。而野外生存者最好进入帐篷内或较安全的地点躲避。

6. 蚊虫叮、蛇咬

在热带丛林中露营和行进时，应注意防止蚊虫和蚂蟥叮咬，尤其要防止蛇咬。

除了眼镜王蛇外，其他蛇一般不主动攻击人。蛇的感觉灵敏，对栖息处的地面或树枝的振动极为敏感，一遇到响动便会逃之夭夭。因此，在行进时，可手拿木棍“打草惊蛇”。通常蛇在遇到人又来不及躲避时，便蜷曲成一团，并将头弯在中央警惕地注视着发出声响或敌害晃动的方向。此时，人如果不注意而未发现它，或无意踩及或触及它，毒蛇会冲出来咬人。因此，在毒蛇出没的地区行进时应随时注意，以减少被咬的可能性。被蛇咬的部位一般有70%以上是在足部，如穿长裤、高腰登山鞋，即使被咬也不会伤及肉体中毒。在野外露营时，在住地周围适当撒一些石灰粉，以防毒蛇侵入。睡前检查床铺，压好蚊帐，早晨起来检查鞋子，这样一般可确保无事。

人一旦被蛇咬伤，首先应分清是无毒蛇还是有毒蛇咬的，这可从皮肤上的伤痕辨别(图8-4-4)，前5种均为毒蛇咬痕，最后1种为非毒蛇咬痕。

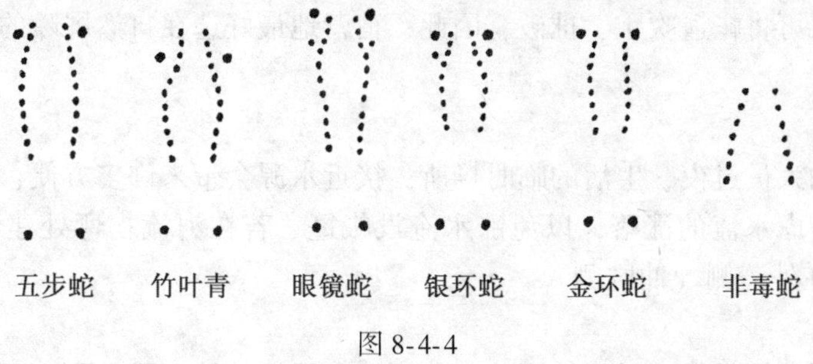

图 8-4-4

通过查看咬痕或观察被咬者在 15 分钟内没有什么反应，可基本确定是无毒蛇咬伤，这种情况下则可按一般外伤处理。若无法判断，则应按毒蛇咬伤处理。被毒蛇咬伤后，应将伤口部位尽量放到最低位置，保持局部相对固定，以减缓蛇毒在人体内的扩散和被人体吸收。并立即用柔软的绳子、布条或者就近拾取适用的植物茎、叶，在伤口上方 2~10 厘米处结扎（图 8-4-5），结扎的松紧程度以能阻断淋巴和静脉血的回流，但又不影响动脉血流为宜。结扎的动作要迅速，最好在受伤后 3~5 分钟内完成。以后每隔 15~20 分钟放松 1~2 分钟，以免被扎肢体因缺血而坏死。结扎后，可用清水、冷开水加盐或肥皂水冲洗伤口。经过冲洗处理后，再用锐利的小刀挑破伤口，或挑破两个毒牙痕间的皮肤，同时在伤口周围的皮肤上用小刀挑开如米粒大小破口数处。这样可使毒液外流，并防止创口闭塞，但注意不能刺得太深，否则会伤及血管。还可直接用嘴吸吮伤口排毒，边吸边吐，每次都要用清水漱口，若口腔内有黏膜破溃等情况就绝不能用口吸，以免中毒。在施用有效的蛇药 30 分钟之后，可去掉结扎。如无蛇药片，可就地采用几种清热解毒的草药，如半边莲、芙蓉叶以及鱼腥草等，将其洗净后，加少许食盐捣烂外敷。敷时不可封住伤口，以免妨碍毒液流出，并要保持药料新鲜，以防感染。

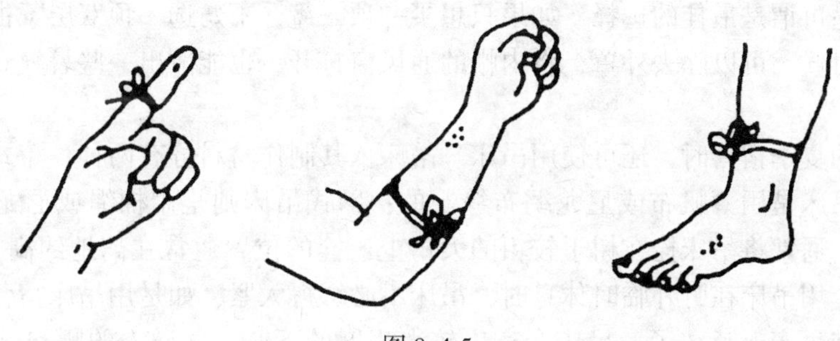

图 8-4-5

（四）宿营地的选择

选定营地，应以安全、避风、近水、平坦为基本原则。

1. 安全

在选择宿营地时，要首先考虑安全因素。建营前必须对所处的环境仔细观察，营地应远离雪崩、冰崩、裂缝、滚石、山洪等山间威胁。当你或多或少感到有某种危险时，绝对不要在此露营。即便有些地方貌似安全，其实有极大的隐患。

2. 避风

野外的强风可将帐篷吹跑、扯破，因此，宿营地最好选在自然屏障的避风处，如山丘或巨石的背后。

3. 近水

营地是活动人员过夜、生活的临时场所，接近水源会带来许多方便，但若在河流两岸设营必须充分考虑水流的涨落，以免涨水淹没帐篷。若在河流拐弯处建营则选在内湾侧（沉积侧），不在外湾侧（冲刷侧）。

4. 平坦

宿营的主要功能是保证睡眠，因此，营地建在平坦的地面或雪面上要比凹凸不平的碎石堆上舒服得多，而软土则更是理想的建营场所，若地面有碎石和荆棘应予以清除。若在高山地区的冰碛物地形上建营，应把地面铺平，把有棱角的石块搬掉，最好铺上一层包装箱或包装布。在冰雪地上建营，首先将浮雪铲平，然后将雪踏平踩实之后再行搭帐篷。冰雪地如遇暴风雪，必须轮流值班，以防大雪掩埋帐篷造成人员的缺氧窒息。

（五）帐篷等的使用及选择

当我们选择好营地，准备宿营时，应首先在营地的下风处搭好炊事帐篷，建好炉灶，烧上一锅水，然后再依次向上搭建用于存放公用装备的仓库帐篷和各自的宿营帐篷。当整个营地的帐篷搭建好时，烧的水已开锅，可以马上饮用并开始做饭。另外，还要在下风处，远离水源的地方搭上一个简易厕所。

1. 帐篷

帐篷是野外活动的“家”，为自己选择一个安全舒适的居所，对于喜欢野外生活的人是很重要的。

选择帐篷应考虑其用途、季节、环境等因素，根据自己的实际需要来选择合适的帐篷。一般来说，春、秋两季野营以“人”字形或蒙古包形旅游帐篷为最佳；冬季从防寒的角度考虑，经济条件允许的话，可购置一个质地上乘的高山帐篷；夏季出游，一顶带凉棚的屋式帐篷可谓是最佳的选择。如果只想买一顶帐篷，不妨选一顶双层蒙古包形旅游帐篷，天热的时候，可以除去外罩，将内帐的通风窗打开，也能散出一些暑气。

2. 吊床

在炎热的夏季宿营时，还可使用吊床。吊床依其制作材料分有两种：布式吊床和网式吊床。布式吊床是用薄帆布或尼龙绸布缝制的；网式吊床则是用棉绳或尼龙绳编织而成的。在野外，通常将吊床拴在树干较粗的大树上，拴的位置通常在离地约高 1 米的地方，以便于上下。用吊床在野外临时休息时，吊床不必绑得太紧，如是用吊床宿营，由于人体的重量，人在吊床上睡久了，吊床会产生较大程度的下坠，这样人的腰和颈部会感到不适，因此一定要将吊床尽量拉直拴紧，以减少吊床的弯曲程度。在使用吊床时需准备一个吊床专用帐篷及一块比吊床略长、较宽的塑料布，以防蚊虫叮咬和防雨。

3. 窝棚与树屋

在森林野营日久，还可就地取材，利用伸手可及的枝条和随处可见的大树搭建窝棚与树屋。最常见的窝棚是单坡窝棚。在两棵树之间系一条绳子或拴一根杆子，用枯树枝捆绑搭建窝棚的框架，然后用带有茂密树叶的树枝覆盖框架，最后在上面盖上一块编织布或塑料布，将布的下边缘用石头压好固定即可。还可搭建三角形窝棚，选一棵易弯的小树，在

其顶部系一根绳子，调整好所需高度后将绳子的另一端斜拉固定在地上，这样就搭好了三角形窝棚的支架。然后剪去顶部和里面的树枝，用它们搭在绳的两侧，多一点的树叶可增强其保暖和抗风性。外面再盖上一层雨布，就可风雨无忧了。

4. 雪洞和雪屋

在高山地区采用雪洞和雪屋宿营，可以减轻攀登者的装备，从而加快登山活动的进度。雪洞和雪屋的保暖性能也比帐篷好，有利于攀登者的休息。在严寒区积雪厚的地区可以掏筑雪洞以避风寒，洞容量的大小根据需要而定。

5. 冬季露营时睡袋的使用

在严寒区露营时，夜间最好不要睡觉，应利用白天中午太阳光强时睡 1~2 小时。雪地宿营时睡袋不能直接放在有冰雪的地面上，可把松树枝和外衣铺在睡袋下面，以免人体使冰雪融化而发冷。在使用睡袋前应使其充分蓬松，这样保湿效果更好。睡袋必须经常保持干燥，晴天时应将其晒干。每次使用后，要把袋内的暖空气放掉，以免暖空气遇冷后水汽凝结弄湿睡袋。进睡袋时衣服不可穿得过多，穿多了会使人出汗，致使睡袋潮湿而隔热性能降低。

为了在睡袋中使身体产生热量，可侧躺在睡袋一边，模仿骑自行车的动作，用力摆手和腿，直到四肢温暖。靠着这个温度，可睡 1~2 个小时。整夜这样反复，可保不致冻僵冻死。

（六）野炊

野营中最大的乐趣是在风景秀丽的山坡上或小溪边，在欣赏风景的同时，品尝着自己用山里的水、山里的柴、山间的动植物烧烤出来的美味。然而要在山间做出一顿能让人饱食的野餐来，从搭建野炊灶，就近取水、取火到准备山间的特色小吃，同样是需要一定的知识和技能的。

1. 搭建野炊灶

搭建野炊灶是野营中很重要的一种技能，是野炊的基础和必备条件。通常搭建野炊灶时，要充分利用当地的地形、地物及所能寻找到的燃料来进行修建。现在，野营时人们还可携带汽油炉、煤气炉等现代化设备。但在不具备这些条件时，需搭建简易、实用的炉灶，用以烧水、煮饭、烧烤等。

2. 取水的方法

水的来源很广，需要留心观察。在一些山区，在离山溪或瀑布较近时，可听到“哗哗”的流水声。另外，还要仔细观察，在一些较为潮湿的山区，如在有洼地、竹丛的地方，常常是在落水洞的附近。这些落水洞的洞口有的直接可看到水，有的看不到水，但只要深入下去，往往便能找到地下水。另外，在地下水较浅的地方，泥土潮湿，蚂蚁、蜗牛、螃蟹等会在此做窝；在夏天的傍晚，蚊虫会在此成柱状盘旋飞绕；在冬天，青蛙、蛇类动物喜欢在此冬眠。

在野外，通常雨水是可饮用的。下雨时，可将塑料布系在几棵邻近的树上以大量收集雨水，也可将空罐头盒、杯子等容器放在干净的石头上（不要放在地上，以免地面上的泥溅到容器中）接雨水。另外，在野外，还可饮用断崖裂缝或岩石中流出的清水，最好不要饮用从杂草中流出的水。对于湖泊或河流中的水，最好也不要直接饮用，可在离水边一二米的地方挖一个小坑，坑里渗出的水要比从河湖中直接提取的水清洁。

3. 采摘野生植物

野生植物的营养价值很高，含有多种维生素。可食的野生植物包括野果和野菜。其中野果主要有：山葡萄、沙棘、火把果、野栗子、椰子、木瓜等；野菜主要有：苦菜、蒲公英、马齿苋、小蓟草、荠菜、野苋莱、扫帚菜等。另外，较好吃的野生植物还有蘑菇（香菇、草菇、口蘑、猴头菌等）。采摘野生植物时应由有采摘经验的人带领进行采摘，以便有效地鉴别有毒或无毒。通常鉴别野生植物有毒或无毒的方法主要有：

（1）根据有关部门编制的可食野生植物的图谱进行认真鉴别。这是较可靠的一种办法。

（2）将采集到的植物割开一个口子，放进一小匙盐，然后仔细观察这个口子是否改变原来的颜色，通常变色的植物是不能食用的。

（3）将采摘的植物的幼嫩部分取一点，在嘴里用前齿嚼碎后，用舌尖尝一下是否有苦涩、辛辣及其他异味，如异味很浓则有可能有毒，应立即吐掉并漱口。

（4）将野生植物下锅煮，煮后的汤水加入浓茶，若有大量沉淀，或将煮后的汤水摇荡，若产生大量泡沫，则不可食用。

（5）在缺乏以上一切鉴别工具及手段时，可进行少量的试尝，若 8~12 小时内身体无头晕、恶心、头痛、腹泻等中毒症状时，则可大量食用。

（七）野外烧烤

烧烤是在参加野外活动中充满情趣也是容易掌握的野炊方法之一，烧烤的方法不仅适用于肉、禽、鱼等动物性原料，还可适用于植物性原料（采摘的野菜及蘑菇等）及米、面等原料，在野外时，通常可采用的烧烤方式有以下几种：

1. 明烤

明烤是一种将要烤制的食物用调味品腌渍后，放于敞口灶篝火的铁架、铁栅上烤制成熟的一种方法。使用明烤时，由于火力较为集中，烤制的食物要经常翻动，使之均匀受热，还要掌握好食物与火的距离，保证食物内外成熟一致。

2. 泥烤

将鱼、鸡、鸭等原料用调味品腌渍后，用荷叶等包好，再用黄泥将其裹紧密封，放在火中烤制的一种方法。烤制时火不能太大，且要经常翻动，翻动时如发现裂缝要马上用黄泥封好，防止烧及里面的食物，造成表皮焦枯。

3. 竹烤（或筒烤）

竹烤又叫筒烤，将要烤制的原料，如切成小块的肉、菜和米等放进竹筒里，密封后将竹筒放在火上烧烤至原料成熟。

（八）篝火的搭法

篝火给人们带来温暖，带来光明，还可驱走野兽。因此，掌握搭建篝火的方法是十分重要的。

1. 框架式篝火

将木柴交互成 90°角搭成“井”字形框架，层层上叠，然后从底部点燃。这种形式的篝火火焰旺盛、均匀，适于做饭、取暖。

2. 窝棚式篝火

把一根较大的木柴一端用木柴或石块垫高，在其左右呈“人”字形放置较小的木柴

和树枝，在背风面点燃。这种篝火燃烧面积宽，可产生较多的木炭，可供几个人在其周围取暖宿营。

3. 放射式篝火

将木柴或树枝以某点为圆心呈放射状排放，从中心点燃，随着木柴的燃烧，逐渐将木柴往中心推送，这种篝火燃烧时间长，可在周围宿营。

在野外点燃篝火时，一定要小心，以防失火，烧火前要清除周围的易燃杂草、枯枝、落叶等，宿营后离开前一定要把篝火完全熄灭。

(九) 野营救护

野营时带一些常用和应急药品的小药盒，是必不可少的。小药盒所准备的常用药见登山装备中的日用装备部分所列。

野营时如遇到下列突发伤病，应作如下处理：

1. 昏厥

野外造成昏厥的原因多是由于摔伤、疲劳过度、饥饿过度等造成。主要表现为脸色突然苍白，脉搏微弱而缓慢，失去知觉。遇到这种情况，不必惊慌，一般过一会儿便会苏醒。醒来后，应喝些热水并休息。

2. 中毒

其症状是恶心、呕吐、腹泻、胃疼、心脏衰弱等。遇到这种情况，首先要洗胃，快速喝大量的水，用手指触及咽部引起呕吐，然后吃蓖麻油等泻药清肠，再吃药用炭等解毒药及其他镇静药，多喝水以加速排泄，为保证心脏正常搏动，应喝些糖水、浓茶，并立即送往医院救治。

3. 冻伤

如发现皮肤有发红、发白、发硬等现象，应用手或干燥的绒布摩擦伤处，促进血液循环，减轻冻伤。轻度冻伤用辣椒泡酒擦便可见效。如发生身体冻僵的情况，不要立即将伤者抬进温暖的室内，应先摩擦伤者肢体，做人工呼吸，待伤者恢复知觉后再移动至较温暖的地方抢救。

4. 中暑

其症状是突然头晕、恶心、昏迷、无汗或湿冷，瞳孔放大，发高烧。发病前，常感口渴头晕，浑身无力，眼前阵阵发黑。此时应立即在阴凉通风处平躺，解开衣裤带，使全身放松，再服十滴水、仁丹等药。发烧时，可用凉水擦头面部，或冷敷散热。如昏迷不醒，可掐人中穴、合谷穴，促其苏醒。

总之，“野外生存”作为一门体育学科的新兴课程，它涵盖了登山与攀岩的基本技能，只有在掌握这些基本技能的基础上，才能迅速地适应和把握“野外生存”的生活技能与常识，才能在野外遇到任何情况时，运用这些技能来自食其力，生存下去。

参考文献

1. 易勤等．高校体育教程新编［M］．武汉：武汉大学出版社，2007
2. 易勤，郭晶等．大学体育教程［M］．武汉：武汉大学出版社，2005
3. 孙麒麟．体育实践教程［M］．大连：大连理工大学出版社，2002
4. 史绍蓉等．大学运动健康（理论）［M］．北京：高等教育出版社，2006
5. 朱卫雄等．大学生体质与健康［M］．武汉：武汉大学出版社，2007
6. 从群等．大学体育［M］．上海：上海交通大学出版社，2006
7. 左从现等．高校体育教程［M］．武汉：武汉大学出版社，2006
8. 游春栋等．体育与健康［M］．北京：清华大学出版社，2006
9. 邓树勋等．现代大学体育理论教程［M］．广东：广东高等教育出版社，2006
10. 金其荣．体育与健康实践教程［M］．北京：北京大学出版社，2006
11. 虞定海．中国传统保健体育［M］．上海：上海科学技术出版社，2009
12. 邱丕相．中国传统体育养生学［M］．北京：人民体育出版社，2007
13. 艾扬格．瑜伽之光［M］．北京：世界图书出版公司，2006
14. 孙洪涛．体育教程［M］．长沙：湖南师范大学出版社，2006
15. 凌月红．体育健康教育与运动处方［M］．北京：北京体育大学出版社，2005
16. 邓树勋．大学体育［M］．广州：中山大学出版社，2003
17. 杨忠伟．体育运动与健康促进［M］．北京：高等教育出版社，2004
18. 杨文轩．当代大学体育［M］．北京：人民体育出版社，2005
19. 陈吉棣．运动营养学［M］．北京：北京医科大学出版社，2002
20. Dianne Hales. 现代健康指导手册［M］．北京：中国轻工业出版社，2000
21. 季成叶．体质自我评价和运动健康处方［M］．北京：北京体育大学出版社，2002
22. 顾德明等．健美训练［M］．北京：人民体育出版社，2004
23. 纪斯超．网球［M］．北京：北京体育大学出版社，1998
24. 蒋立．乒乓球［M］．北京：人民体育出版社，1997
25. 马振洪．篮球［M］．北京：人民体育出版社，1998
26. 彭美丽．羽毛球技巧图解［M］．北京：人民体育出版社，2003
27. 球类运动·足球［M］．北京：高等教育出版社，2000
28. 苏丕仁．乒乓球教学与训练［M］．北京：人民体育出版社，1995
29. 滕栋梁等．大学体育教材［M］．长春：吉林人民出版社，1996
30. 王双忠．道馆式跆拳道［M］．北京：北京体育大学出版社，2004
31. 虞重干．排球运动［M］．北京：人民体育出版社，1999
32. 张清澍．体育舞蹈［M］．北京：北京体育大学出版社，1997